现代西方经济学教程

XIANDAI XIFANG JINGJIXUE JIAOCHENG

主　编　冯鑫明

副主编　张运华

何育静

姚蓓艳

江苏大学出版社

图书在版编目(CIP)数据

现代西方经济学教程/冯鑫明主编. —镇江：江苏大学
出版社,2009.8
ISBN 978-7-81130-108-3

Ⅰ. 现… Ⅱ. 冯… Ⅲ. 现代资产阶级经济学－教材
Ⅳ. F091.3

中国版本图书馆 CIP 数据核字(2009)第 151177 号

现代西方经济学教程

主　　编/冯鑫明
责任编辑/徐云峰　段学庆
出版发行/江苏大学出版社
地　　址/江苏省镇江市梦溪园巷 30 号(邮编：212003)
电　　话/0511-84446464(传真)
网　　址/http://press. ujs. edu. cn
排　　版/镇江文苑制版印刷有限责任公司
印　　刷/丹阳市兴华印刷厂
经　　销/江苏省新华书店
开　　本/787 mm×960 mm　1/16
印　　张/20.5
字　　数/440 千字
版　　次/2009 年 8 月第 1 版　2012 年 8 月第 2 次印刷
书　　号/ISBN 978-7-81130-108-3
定　　价/32.80 元

如有印装质量问题请与本社营销部联系(电话:0511-84440882)

前　言

目前,我国正处于新的经济增长时期,需要实事求是地吸收西方经济理论的成果为我所用。基于此,我们集中一批优秀中青年教师的智慧并结合教学实践编写了本书。

本书较系统地阐述了微观经济学、宏观经济学的基本理论和方法,主要内容有供需均衡理论、消费者行为理论、生产理论、成本理论、厂商均衡理论、分配理论、一般均衡分析和福利经济学理论、微观经济政策、通货膨胀和失业理论、宏观经济政策、经济周期、经济增长理论以及国民收入的核算、决定和变动理论等。本书力求做到深入浅出、通俗易懂、内容充实、体系完整、表达精准,并结合我国经济改革实践,吸收了西方一些最新的理论研究成果,并配合大量的经济学案例,以引导学生用经济学的思维方法来思考问题。

按章节编写顺序,本书编著者有何育静、姚蓓艳、张运华、冯鑫明等老师,最后统稿由冯鑫明、张运华老师完成。本书参考了大量的国内外经济学文献,并未一一列出,在此特向文献作者表示感谢!

由于时间仓促,不当之处在所难免,恩请读者不吝指教。

编著者

2009 年 5 月

目录

第一章

绪 论

【本章要点】

　　本章从总体上介绍经济学研究的基本问题、研究对象以及根据不同标准进行的经济学学科分类,并介绍经济学的研究目的和研究方法。

　　西方经济学是研究市场经济条件下社会资源的配置和利用的学说,它系统地分析各种经济现象形成的原因和变化的特点,提出解决各种经济问题的经济政策。本章是《现代西方经济学教程》的总论部分,是学习该学科的基础。

【案例】

经营决策问题

　　创办福特公司碰到的第一个问题是生产什么样的汽车——"制造一辆适合大众的汽车,价格低廉,谁都买得起"。面向大众,面向消费者,使得福特汽车公司的产品有了巨大的市场需求,"赢得了千千万万美国人的心","T型车第一年的产量达到10 660辆,打破了汽车业有史以来的所有纪录"。迅速上升的产量让亨利·福特考虑如何进行生产的问题,"计每一位工人固定在一个位置,负责一件工作,而让汽车从一个工序转到另一个工序,汽车会更快成形,同时可以节约无数的工时",福特创造了世界上第一条汽车生产流水线,让劳动和资本设备更有效地结合,节约投入,同时又生产更多的汽车。福特公司是为谁生产呢?它生产的是汽车,销售汽车得到的收入如何分配呢?福特汽车公司的最低日薪为5美元——几乎两倍于当时的最低日薪。福特先生认为,既然已经能够大批量生产价格低廉的汽车,如果员工们能够买得起的话,就可以卖出更多的车。"我可以找到创造高工资的生产方法。如果降低薪水,就是降低顾客的数量。"

　　福特汽车公司遇到的生产什么产品、采用什么方法进行生产和收入分配问题就是生产决策问题,也是每一家企业都要遇到的问题。

　　在市场竞争中,企业随时随地会遇到决策问题。亨利·福特相信乔治·B·塞尔登对所有内燃机驱动的公路车辆所拥有的专利无效,做出必须抵制这种垄断的决策。最后,福特汽车公司赢得了这场使其和整个蓬勃发展的汽车工业摆脱威胁的战争,走上了继续发展的道路。并且,福特公司还在坚持不断地创新,这些创新决策使公司不断地取得成功。

——摘自高汝熹等,管理经济学,北京师范大学出版社,2007

第一节　西方经济学的研究对象

一、经济资源的稀缺性和经济学的产生

西方经济学研究的基本前提是资源的有限性和人类欲望的无限性,而西方经济学就是最大限度地找到缓解两者矛盾的方法。假如人们的消费欲望以及由这些欲望所引起的对物品和劳务的需要是有限的,并且满足这些需要的手段又是取之不尽、用之不竭的,就不会产生稀缺性问题,经济学也就不会产生。实际上,在人类社会中情形恰恰相反,经济资源是有限的,或在一定时期内是既定的,故利用其所生产的产品也是既定的,而人类的欲望是无限的,由此便产生了稀缺性问题。

人类欲望的无限性是指人的欲望或需求是无穷无尽的。欲望是指人们既有缺乏的感觉,又有求得满足的愿望,是人们的一种心理感受。从欲望或需求的层次来考察,较低层次的欲望或需求一旦相对地得到满足,人们就会产生较高层次的欲望或需求,所以人的欲望是无限的。

西方经济学家把满足人类欲望的物品分为"自由物品"和"经济物品"。前者指人类不费任何代价就能自由取用的物品,如阳光、空气等,几乎是取之不尽、用之不竭的;后者指人类必须付出代价方可得到的物品,即必须借助生产资源并通过人类加工出来的物品,它在人类社会生活中占有相当重要的地位,但其数量是有限的。

相对于人类无穷无尽的欲望而言,"经济物品"以及生产这些物品的资源总是不足的,这就是稀缺性。这里所说的稀缺性,不是指物品或资源绝对数量的多少,而是相对于人类欲望的无限性来说,物品和资源总是不足的。

上述原因产生了以下问题:(1)一定的经济资源只能提供一定的产品,产品是有限的;(2)时间是有限的,即人的生命是有限的,人的一生不能使一切欲望都得到满足;(3)欲望的满足是以他人提供的劳务为前提的,而他人所提供的劳务也是有限的,因此,满足人的欲望的方式也只能是有限的。如何利用有限的物品和劳务在有限的时间内去满足最重要、最迫切的欲望便成为人类经济生活的首要问题。解决这一问题就要进行选择。所谓"选择",具体说来,它包括:(1)如何利用现有的资源;(2)如何利用有限的时间;(3)如何选择满足欲望的方式;(4)如何在必要时牺牲某些欲望来满足另一些欲望。于是就产生了人类社会所共有的三大基本经济问题,即:(1)生产什么与生产多少;(2)如何生产;(3)为谁生产。

经济学正是为了解决这些问题而产生的。因此,稀缺性的存在与选择的必要性促使了经济学的产生。

基于上述理由,当代西方经济学家在总结前人观点的基础上,提出了意见较为一致的关于经济学的定义:经济学主要是研究如何利用和配置稀缺的社会资源进行生产,以及如何把社会产品分配给社会成员以供其消费的问题的学科。

二、机会成本和生产可能性边界

既然社会资源是稀缺的,经济社会就应该充分利用现有的社会资源,有选择地把社会资源配置到不同商品的生产中去。为了说明资源的有效配置,西方经济学家提出了机会成本和生产可能性边界两个重要概念。

经济资源的稀缺性决定了整个社会的经济物品是一个定量,这就意味着为了从事这种产品的生产就必须放弃别种产品的生产。当将一定的经济资源用于生产某种产品时,所放弃的别种产品生产上最大的收益就是这种产品生产的机会成本。例如,某人拥有一块土地,投入一定量的人力和资金后可生产 1 000 千克谷物,价值 600 美元,若他用同样的投入可以生产棉花 200 千克,价值 500 美元,那么他生产 1 000 千克谷物的机会成本是 200 千克棉花,即 500 美元,而他生产 200 千克棉花的机会成本则是 1 000 千克谷物,即 600 美元。机会成本产生的原因是资源的稀缺性,运用机会成本可以做到资源的有效配置。

因此,在制订国家经济计划中,在投资项目的可行性研究中,在新产品开发乃至人们选择工作中,都存在机会成本问题。这要求人们面对各种可能的方案应做出正确合理的选择。实现机会成本最小化,是经济活动行为方式的基本准则之一。

与机会成本这一概念密切相关的是生产可能性边界。生产可能性边界是指在一定技术水平下连接既定资源用于生产两种产品的最大产量组合点的曲线。作为一个经济社会,必然具有一定数量的人口、工具,一定数量的土地、水力和其他自然资源,即总是具有一定数量的经济资源和一定水平的生产技术条件,当它为解决四个基本问题而进行选择时,实际上就是解决这些相对稀缺的经济资源如何被分配到千千万万种可能生产的产品和劳务中。为简化起见,假设这个社会用既定的经济资源和生产技术只生产两种商品——黄油和大炮,如果多生产黄油就得少生产大炮,反之亦然,如表 1-1 所示。假如全部资源用来生产黄油可生产 4 万吨(图 1-1 中 E 点的生产组合),若全部用来生产大炮可生产 10 万门(图 1-1 中 A 点的生产组合)。在这两个极端的生产

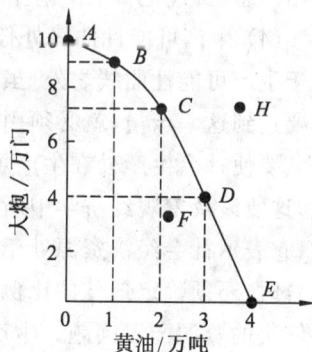

图 1-1 社会的生产可能性曲线

可能性之间还存在着各种可能的黄油和大炮的组合,即 B ,C,D 的组合点。将这五种可能的组合点绘于坐标图中就形成一条曲线,这一曲线就是生产可能性曲线。

表 1-1 大炮和黄油的组合

可能的组合	大炮/万门	黄油/万吨
A	10	0
B	9	1
C	7	2
D	4	3
E	0	4

从生产可能性曲线能够发现以下四个问题：

(1) 不同生产方案有不同的机会成本。例如，由 B 点到 D 点要多生产 2 万吨黄油，就必须放弃 5 万门大炮，也就是说，此时增加 2 万吨黄油的机会成本是 5 万门大炮；反之，增加 5 万门大炮的机会成本是 2 万吨黄油。

(2) 生产可能性曲线上的任何一个组合点都是现有资源可以支撑的最大产量组合。例如 A，B，C，D，E 都是既定资源可以支撑的最大产量组合，而且达到了既定资源的充分利用。

(3) 处于生产可能性曲线内的任何一点都表示出现了资源闲置。例如 F 点，它位于生产可能性曲线以内，虽然既定资源能够生产最大组合产量，但当资源未达到最充分利用时，就有一部分设备、资本、劳动等资源存在闲置。导致这一情形可能的原因一般有三个：经济萧条、社会动荡（如战争、动乱等）、经济体制缺乏效率。对于不同国家、不同时期应分析其中的哪一种原因起主要作用：如果是经济萧条，就应采取宏观经济政策刺激经济复苏，以使闲置资源逐渐被利用；如果是社会动荡，则要采用政治或军事手段来使社会稳定下来，此时资源才有可能被利用；如果是体制缺乏效益，则应通过体制改革或重新设计以促使资源的充分利用。总之，应把 F 点从生产可能性曲线内推到生产可能性曲线上。

(4) 生产可能性曲线外任何一点的产量组合都是既定资源无法支撑的。例如 H 点，它位于生产可能性曲线之外，虽然产量组合水平很高，但却是现有资源所无法支撑的。如果一定要达到这一产量，就必须引进外部资源，例如引进外资、劳务或技术等。

要使社会生产处在生产可能性边界上，则必须充分利用现有的经济资源和提高经济效益，这便涉及宏观经济学中所要解决的资源利用问题。当社会生产处在生产可能性边界上时，它表示社会经济资源处于充分就业状态。但在这种状态下，社会在选择生产两种产品的组合时，还须确定最佳的比例，例如选择 B 点还是 E 点，抑或是其他点？这便是经济学中所要解决的资源配置问题。生产可能性边界图是可供社会生产选择的清单。

三、资源配置和资源利用

英国经济学家琼·罗宾逊指出，当把经济学定义为研究稀缺资源在各种可供选择的用途间进行分配的科学时,英国有300万工人失业,而美国的国民生产总值的统计数字则下降到原来水平的一半。这一评论意在指责经济研究偏向于资源配置,而忽视了资源利用。

前面所说的经济社会的三大基本经济问题,都是研究相对稀缺的经济资源如何分配给各种不同的用途,这实质上是考察资源的合理配置问题。若用生产可能性曲线解释资源配置问题,则可转化为应在生产可能性曲线的哪一点来进行生产组合。如前所述,A,B,C,D,E 的生产组合点都是可以的,那么到底应在哪一点来组织生产? 这就是资源配置问题,也就是把经济资源分别组合到哪些部门、企业中以生产不同的产品。但在现实的经济社会中,还有另一方面的问题,即劳动者失业、生产设备和自然资源的闲置是经常出现的情形,如图1-1中处于生产可能性边界以内的 F 点所表示的情形。这就是说,生产可能性边界所表示的只是给定资源和技术条件的社会最大产量的各种组合的一种可能性,它所标定的产量是潜在的国民收入,而实际的国民收入往往小于它。这就需要进一步研究造成该状况的原因是什么,用什么办法来改变该状况,从而实现充分就业,使实际的国民收入接近或等于潜在的国民收入,这就是经济资源的充分利用问题。若用生产可能性曲线来解释,就是把生产可能性曲线内的生产组合点推到生产可能性曲线上。资源利用就是指如何利用现有资源去生产更多的经济物品,以便更好地满足人类的欲望。资源利用需解决的主要问题有充分就业、物价稳定、经济周期和经济增长等。

第二节 西方经济学的研究内容

从解决经济资源的配置和利用来划分,西方经济学从总体上可分为微观经济学和宏观经济学两部分。前者研究资源配置问题,后者研究资源利用问题。

一、微观经济学

微观经济学是以单个经济单位为研究对象,通过研究单个经济单位的经济行为和相应的经济变量单项数值,来说明价格机制如何解决资源配置问题的经济学。单个经济行为包括居民户如何支配收入,怎样以有限的收入获得最大的效用和满足;单个厂商如何把有限的资源分配在各种商品的生产上以取得最大利润。单个经济变量包括单个商品的产量、成本、利润、要素的数量,单个商品(包括生产要素)的效用、供给量、需求量、价格等。微观经济学通过对这些单个经济行为和单个经济变量的分析,阐明它们之间的各种内在联系,从而确定和实现最优的经济目标。简而言之,微观经济学实际上要解决两个基本问题:一是居民户(消费者)的各种产品的需求与厂商对产品的供给如何决定着每一产品的产销量和价格;二是居民户作为生产要素的供给者与厂商作为生产要素的需求者,供求双方如何决定着生产要素的使用量及其价格(工资、利息、地租、正常利润)。总之,它涉及的是市场经济和价格机制的运行问题,所以微观经济学又被称为市场均衡理论或价格理论。微观经济学实际上研究的是一个经济社会的既定经济资源被用来生产什么产品,生产多少以及如何生产,产品怎样在社会成员之间进行分配,即资源配置问题。解决资源配置问题的办法如下:生产什么、生产多少取决于消费者的货币投票;如何生产取决于不同生产者之间的竞争以及成本与收益的比较;为谁生产取决于由生产要素的供求关系所确定的要素价格。微观经济学的研究内容主要包括供求和均衡价格理论、消费者行为理论、生产者行为理论、市场结构理论、分配理论、市场失灵与微观经济政策理论。

二、宏观经济学

宏观经济学是以整个国民经济为研究对象,通过研究经济中各有关总量的决定及其变化,来说明资源如何才能得到充分利用的经济学。总体经济问题包括经济周期、经济增长、就业、通货膨胀、财政和金融、进出口贸易和国际收支等。经济总量包括国民收入、就业量、消费、储蓄、投资、物价水平、利息率、汇率及其这些变量的变动率等。宏观经济学通过对这些经济总量的研究来解决国民经济中三个根本问题:一是已经配置到各个生产部门和企业的经济资源总量的使用情况如何决定国民收入或就业量;二是商品市场、货币市场和劳动市场的总供求如何决定着一国的国民收入水平和一般物价水平;三是国民收入水平和一般物价水平的变动与经济周期及经济增长的关系。其中国民收入的决定和变动是宏观经济学的核心,所以宏观经济学又被称为国民收入决定理论或国民收入分析。它研究的实际上是一国经济资源的利用现状怎样影响国民经济总体,使用什么手段来改善经济资源的利用,以实现潜在的国民收入和经济的稳定增长问题。所以宏观经济学研究的是经济资源的利用问题。

宏观经济学的研究内容主要包括国民收入核算理论、国民收入决定理论、通货膨胀理论、失业理论、经济周期与经济增长理论、宏观经济政策理论。

三、微观经济学和宏观经济学的关系

微观经济学和宏观经济学是西方经济学中既相互区别又互为前提、彼此补充的两个分支学科。作为一个经济社会,不仅有个量的问题,还有总量的问题;不仅有资源配置问题,还有资源利用问题。只有把两个方面的问题都解决了,才能解决社会的经济问题。西方经济学之所以有微观和宏观之分,主要是因为两者的经济目标与研究方法有着明显的差异。微观经济学以经济资源的最优配置为目标,采用个量分析方法,而假定资源利用已经解决;宏观经济学以经济资源的有效利用为目标,采用总量分析方法,而假定资源配置已经解决。所以宏观经济学、微观经济学互将对方所考察的对象作为自己的理论前提,互将对方的理论前提作为自己的研究对象,两者是各具功效、彼此补充、不可分离的整体。况且,宏观经济学与微观经济学的界限实际上是不能截然分开的。例如,所有的经济总量均由经济个量加和而成,孤立地考察就会"只见树木,不见森林";再如,同一个经济现象,从这一角度来看是宏观经济问题,从另一个角度来看却又是微观经济问题,只有全面考察才不至于偏颇。所以,近年来当代西方经济学出现了微观经济学宏观化、宏观经济学微观化的趋势。

第三节 西方经济学的研究方法

一、实证分析法和规范分析法

西方经济学的研究方法包括实证分析方法和规范分析方法两种,这两种分析方法具有不同的特点。当以实证方法对经济问题进行分析时,经济学称为实证经济学;当以规范方法对经济问题进行分析时,经济学称为规范经济学。

实证分析法试图超脱或排斥一切价值判断,只研究经济本身的内在规律,并根据这些规律分析和预测人们经济行为的效果。它要回答客观事物"是什么"的问题。具体而言,实证分析法着重说明经济现象是什么,有哪些可选择的方案,以及这些方案实施的结果如何等问题,它在整个分析过程中具有明显的客观性特点。

规范分析法以一定的价值判断为基础,提出某些标准作为分析处理经济问题的标准,树立经济理论的前提作为制定经济政策的依据,并研究如何才能符合这些标准。它要回答客观事物"应该是什么"的问题。具体而言,规范分析法研究经济行为应该是什么,经济问题应如何解决等问题,它具有强烈的主观色彩。

在经济学的分析方法上,实证分析方法和规范分析方法并存,它们并不是绝对互相排斥的。规范经济学要以实证经济学为基础,而实证经济学也离不开规范经济学的指导。一般来说,越是较为具体的经济问题,越需要更多的实证性;越是高层次的问题,越需要更多的规范性。从这个意义来说,与微观经济学和宏观经济学是从不同角度来研究经济问题而并不矛盾一样,实证经济学和规范经济学在经济目标的不同层次上进行研究,两者功效各异、互相补充,构成不可分离的整体。例如,对于 8% 年经济增长率的目标,实证分析法就要研究应在多大的储蓄比例和加速系数下可以达到这个目标,并且可以检验这个结论是否正确;规范分析法就要研究 8% 的年经济增长率目标假定本身是否正确,它能不能成为目标,实现这一目标对社会产生的后果是好是坏等。因此,在对任何一个经济现象进行研究时,不仅要对经济过程本身进行研究,而且要对经济过程作出判断,方能说明经济过程的全貌,而不至于走向片面。正因为如此,近年来西方经济学特别是其中的宏观经济学的规范化分析有所加强。但总的来说,实证经济学越来越成为主流,实证方法的运用极为普遍。

二、局部均衡分析和一般均衡分析

在运用实证方法分析经济问题时,还涉及具体的分析工具,如均衡分析、静态分析与比较静态分析、动态分析、经济模型等。均衡分析原是物理学的概念,是指当一物体同时受到方向相反、大小相等的两个外力的作用时,该物体由于受力相等而处于静止状态,这种状态就是均衡。19世纪英国经济学家A·马歇尔把这一概念引入经济学中,它是指经济中各种对立的、变动着的力量处于一种力量相当、相对静止、不再变动的状态。均衡分析所要说明的是各经济变量之间的关系,分析均衡实现的条件及发生变化的原因。均衡分析在西方经济学中,特别是在微观经济学中处于极其重要的地位。当人们把微观经济学叫做市场均衡理论时,实际上是从方法论的角度来解释经济学的。均衡分析分为局部均衡分析和一般均衡分析。

局部均衡分析是由英国经济学家A·马歇尔提出的,这种分析方法是假定在其他条件不变的情况下,分析某一时间、某一市场的某种商品(或生产要素)的供给与需求达到均衡时的价格决定。这里讲的"其他条件不变",是指某一市场、某一商品的供求、价格等对该市场的其他商品的供求、价格等以及所有市场的商品供求、价格等不发生影响,而该市场的其他商品的供求、价格等以及其他所有市场的商品供求、价格等对该市场的某种商品的供求、价格等也不发生作用,它将研究的范围只局限于某一市场或某一经济单位的某种商品或某种经济活动,并假定这一市场或经济单位与其他市场或经济单位互不影响,所以称为局部均衡分析。

一般均衡分析是由法国的经济学家瓦尔拉斯提出的。这种分析方法是分析一个经济系统中所有的市场如何同时达到均衡。因为在一个经济系统中,各个市场相互依存、相互影响,某一市场的变动会影响其他市场的变化,所以还需要总体均衡分析。一般均衡分析把整个经济体系视为一个整体,从而研究市场上所有商品的价格、供给和需求同时达到均衡状态下的价格决定问题。也就是说,一种商品的价格不仅取决于它本身的供给和需求状况,也受到其他商品的价格和供求状况的影响,因为一种商品的价格和供求的均衡,只有在所有商品的价格和供求都达到均衡时才能决定。

三、静态分析、比较静态分析和动态分析

与均衡分析密切相关的是静态分析、比较静态分析和动态分析方法。宏观经济学和微观经济学所采用的分析方法,从一个角度看是均衡分析,从另一个角度看就是静态、比较静态和动态分析,实际上它们是密不可分的。

静态分析是分析经济现象的均衡状态以及有关的经济变量达到均衡状态所需要具备的条件,它完全抽象掉了时间的因素和具体变动的过程,是一种静止地、孤立地考察某些经济

事物的方法。例如考察市场价格时，它研究的是价格随供求关系上下波动的趋向点或者供求决定的均衡价格。也就是说，这种分析只考察任一时点上的均衡状态，注重的是经济变量对经济体系发生影响的最后结果。

比较静态分析是分析在已知条件变化后经济现象的均衡状态的相应变化，以及有关的经济变量在达到新的均衡状态的相应变化，即对经济现象有关变量一次变动（而不是连续变动）的前后进行比较。例如，已知某种商品的供求状况，可以考察其供求达到均衡时的价格和产量。现在，消费者的收入增加而导致对该商品的需求增加，从而产生新的均衡，使价格和产量都较以前有所提高。只把新的均衡所达到的价格和产量与原均衡的价格和产量进行比较，这便是比较静态分析。

动态分析则是对经济变动的实际过程进行分析，其中包括分析有关变量在一定时间过程中的变动，这些经济变量在变动过程中的相互影响和彼此制约的关系，以及它们在每一时点上变动的速率等。这种分析的重要特点是考察时间因素的影响，并把经济现象的变化当做一个连续的过程来看待。

静态分析说明各种经济变量达到均衡的条件；比较静态分析说明从一种均衡状态变动到另一种均衡状态的过程，即原有条件变动时均衡状态发生了哪些相应的变化，并把新旧均衡状态进行比较；动态分析则在引进时间因素的基础上说明均衡的实际变化过程，说明某一时点上经济变量的变动如何影响下一时点上该经济变量的变动，以及这种变动对整个均衡状态变动的影响。这三种分析工具在微观与宏观经济学中都得到了广泛运用。

四、经济模型

经济模型是经济理论的数学或图像表现，也是一种分析经济问题的方法，它通过研究各种经济变量之间的关系来寻找经济活动的内在规律，同时说明影响经济活动的各经济变量之间的关系。简单地说，将经济理论用变量的函数关系来表示就叫做经济模型。一个简单的经济模型可用文字来说明（叙述法、散文法），也可用数学方程式来表示（代数法），还可用几何图形来表示（几何法、画图法）。

当代西方经济学家认为，一个实证的经济模型主要包括以下部分：定义、假设、假说和预测。

定义是对经济模型所用变量的含义作出明确规定。经济变量从不同的角度可以划分为两种类型：一种是内生变量和外生变量；另一种是存量和流量。内生变量是指在一个经济模型中需加以说明的变量；外生变量则是指那些可以影响内生变量，但本身不被经济模型研究的外在因素所决定的变量。例如关于农作物价格的经济模型，供给量、需求量和价格就是内生变量，它们是这个经济模型需要分析的变量，但气候状况则是外生变量。存量是指在一定时点上存在的变量的数值，它说明在某一时点某种变量的多少；流量是指在一定时期内产生的变量数值，它说明在某段时期内某种变量变化了多少。例如，人口总数是个存量，而人口出生数是个流量;再如,国民财富是个存量,而国民生产总值、国民收入则是流量。

假设是提出经济模型的前提条件。经济模型一般是在一些假设前提下建立的,目的是先舍弃若干次要因素或变量,把复杂现象简化和抽象为数量不多的主要变量,然后按照一定的函数关系把这些变量变成单一方程或者联立方程组,以构成经济模型。例如,一种商品的价格取决于许多因素,如果建立一个经济模型来研究这种商品的价格,就需要假设其他条件不变,以分析它是怎样由供给和需求决定的。

假说是在一定假设下利用定义以说明变量之间的关系,它是建立经济模型的核心部分和关键步骤。例如,一种商品的价格在其他条件不变的情况下由商品的供给和需求决定,这就是现代西方经济学价格原理的重要假说。

预测是根据假说对经济现象未来发展提出的看法,在经济模型的建立中具有两重意义:(1)它是经济模型的应用,经济模型在现实经济生活中的应用是通过预测实现的;(2)它是经济模型的检验,如果根据一个经济模型所作出的预测与实际情况不符,则说明该经济模型是不完善或错误的。

综上所述,建立一个经济模型的步骤依次是:明确定义,作出假设,提出假说,进行预测。如果预测与实际情况相符,则肯定这个模型;如果预测与实际情况不符,应否定这个模型或重新修改。

五、理性人假定

西方经济学的诸多命题都是在一定的假设条件下推演出来的,例如理性人假定、完全信息假定,其中理性人假定是西方经济学在经济分析和由此得出的经济理论中关于人类经济行为的一个基本假定。这一假定是指作为经济决策的主体都是充满理智的,既不会感情用事,也不会轻信盲从,而是精于判断和计算,其行为是理性的。作为经济主体的居民户、厂商和政府,尽管其在经济生活中作用不同,各具特点,但由于理论抽象需要简明、典型,故在理论分析中一般都被视为理性人。在经济活动中,经济主体所追求的唯一目标是自身经济利益的最大化。具体地说,消费者追求满足最大化,生产要素所有者追求收入最大化,生产者追求利润最大化,政府追求目标决策最优化。可以设想,要是没有这种理性人假定,人们都对生活好坏抱着无所谓的态度,那么经济学就很难提出任何有用的理论。当然,这种假定既不意味着它完全符合实际情况,也不意味着它一定是最好的或合理的。在现实经济生活中,人们在作出某项决策时,并不总是经过深思熟虑;人们在许多场合往往按习惯办事,受骗上当总是难免的。人们在进行经济决策时,除了经济利益之外,还受到社会的、政治的以及道德等各方面的影响和制约。西方经济学家认为,经济分析之所以要作出这样的假定,无非是在影响人们经济行为的众多复杂的因素中,抽出主要的、基本的因素,以在此前提或基础上提出一些重要的结论,并据此对人们的有关经济行为作出预测,提供行动方针或政策决策的理论基础。

第四节 西方经济学的形成和发展

　　西方经济学从开始系统研究至今已有 300 多年的历史。300 多年来,西方经济学的发展大致经历了四个阶段。

一、重商主义经济学

　　重商主义流行于 15—17 世纪的西欧,是最早的资产阶级经济学说。当时正是西欧封建制度逐渐解体,并开始向资本主义制度过渡的历史时期,经济发展较快的领域是商品流通领域,特别是对外贸易部门以及生产出口商品的部门。重商主义认为财富是货币,货币是金银;财富和利润来源于流通领域,是贱买贵卖的结果;国家应积极干预经济,对外贸易奖出限入,才能增加一国的财富。这些观点代表了处在资本原始积累时期的商人资本的利益,在历史上起着促进商品经济发展的进步作用。但从理论上讲,重商主义只重流通,不重生产,其基本观点是不正确的。

二、古典经济学

　　古典经济学产生于 17 世纪中叶,其创始人是英国经济学家威廉·配第,经亚当·斯密发展成为完整的体系,最后被大卫·李嘉图推向高峰;在法国则由布阿吉尔贝尔开始,经过魁奈和杜尔哥的进一步发展,到西斯蒙第而告完结。古典经济学是西方资产阶级成长时期的经济学说,它以促进资本主义生产,增加资本主义的国民财富为目的,以资本主义生产为中心,全面研究了资本主义生产、交换和分配过程,并取得了一系列成果。在方法论上,古典经济学提出了劳动价值论,并就剩余价值的某种特殊形式(利润或地租)考察剩余价值,它不仅把价值归为劳动,而且事实上也把剩余价值归结为剩余劳动。古典经济学分析了工资与利润的对立,揭示了资本主义社会中阶级利益的对立。此外,古典经济学还就资本积累、再生产理论、经济危机、国际贸易等提出了一系列有价值的见解。在经济政策方面,古典经济学强调"看不见的手"即市场机制的自发调节作用,主张全面的自由竞争和自由放任,反对国家对经济活动的干预,认为国家的职能应该局限在抵抗外国侵略、维护社会秩序和举办某些公共工程,即充当资本主义社会的"守夜人"。但是,20 世纪 30 年代发生的震撼西方世界的经济危机粉碎了传统经济学的论断。传统经济学由于无法在理论上解释这场危机的原因,在实践上也无法提出应付这场危机的方法而破产。

三、凯恩斯经济学

19 世纪末 20 世纪初,绝大多数西方经济学家否认会出现普遍的生产过剩和经济危机。在他们看来,市场机制是万能的,"看不见的手"能够使经济自动恢复均衡,但是经济危机并不因为经济学界不承认而不存在,相反,它却频频发生。1929—1933 年出现了迄今为止最为严重的经济危机,当时整个资本主义世界工业下降了37.2%,失业人数达 3 500 万人。经济危机使西方经济学家不得不面对现实。从 19 世纪末 20 世纪初开始,经济波动理论成为西方经济学的研究热点。英国经济学家凯恩斯于 1936 年,即 20 世纪 30 年代大危机过后的第三年,发表了他的重要著作《就业、利息和货币通论》,否定了传统经济学的两个基本原理,即供给自行创造需求的萨伊定律和储蓄必然转化为投资的传统理论,由此导致了所谓"凯恩斯革命"。

凯恩斯认为就业量取决于有效需求的大小,有效需求包括消费需求和投资需求,两者受到边际消费倾向递减、资本边际效率递减和流动偏好三个"基本心理规律"的制约。凯恩斯从这三个"基本心理规律"的心理作用出发,说明边际消费倾向递减引起消费需求不足,资本边际效率递减和流动偏好引起的利息率偏高导致投资需求不足。由于有效需求不足,社会就业量达不到充分就业水平,于是"非资源失业"的出现是不可避免的。凯恩斯以有效需求不足理论为依据,提出了必须依靠政府采取调节经济的措施,才能消除失业和生产过剩的政策主张。其具体办法是在有效需求不足时,运用财政和货币政策来刺激消费,增加投资,以弥补消费需求和投资需求的不足。

四、当代西方经济学

20 世纪 60 年代末 70 年代初,西方国家普遍出现了"停滞膨胀"的现象,一方面经济停滞不前,失业量大量增加;另一方面通货膨胀日趋严重,价格水平持续上涨。面对这种情况,凯恩斯学派既提不出正确的解释,又找不到合适的应付方法,从而陷入了困境。货币学派、供给学派等自由主义流派迅速崛起,并向凯恩斯学派发起了强有力的挑战,成为 70 年代末 80 年代初英国等西方国家政府制定经济政策的理论依据。

当货币学派和供给学派向凯恩斯学派发起挑战时,西方经济学界又产生了一个新的经济学流派——新古典主义学派。新古典主义学派又叫做"理性预期学派",该理论认为公众是有理性的,他们能够对政府的经济政策和其他经济信息做出合理的反应并相应地调整其经济行为。作为政府制定经济政策依据的凯恩斯经济学,由于其没有考虑到公众的理性预期,因而所制定的经济政策难以取得理想的效果。但是,直到目前为止还没有一种西方经济学说能取代凯恩斯学说的位置。凯恩斯学说的核心是有效需求不足理论,即就业不足,反对凯恩斯理论的西方经济学家不仅没驳倒这一核心理论,反而不得不以某种形式接受这一理论。

到了 20 世纪 90 年代,西方经济学界形成了以新凯恩斯主义学派经济学、新古典主义学派经济学为代表的主流经济学的格局。不论是新凯恩斯主义学派还是新古典主义学派都认为,应该把宏观经济学和微观经济学结合起来,利用微观经济分析去理解宏观经济问题。

【名人传记】

亚当·斯密简介

1723 年亚当·斯密出生在苏格兰法夫郡(County Fife)的寇克卡迪(Kirkcaldy)。亚当·斯密的父亲也叫 Adam Smith,是律师,也是苏格兰的军法官和寇克卡迪的海关监督,他在亚当·斯密出生前几个月去世;母亲玛格丽特(Margaret)是法夫郡斯特拉森德利(Strathendry)大地主约翰·道格拉斯(John Douglas)的女儿,亚当·斯密一生与母亲相依为命,终身未娶。

亚当·斯密常想事情想得出神、丝毫不受外物干扰,有时也因此发生糗事,例如:亚当·斯密担任海关专员时,有次因独自出神将自己公文上的签名不自觉写成前一个签名者的名字。亚当·斯密在陌生环境发表文章或演说时,刚开始会因害羞频频口吃,一旦熟悉后便恢复辩才无碍的气势,侃侃而谈;而且亚当·斯密对喜爱的学问研究起来相当专注、热情,甚至废寝忘食。

1723—1740 年间,亚当·斯密在家乡苏格兰求学,在格拉斯哥大学(University of Glasgow)时期亚当·斯密完成拉丁语、希腊语、数学和伦理学等课程;1740—1746 年间,赴牛津大学(Colleges at Oxford)求学,但在牛津并未获得良好的教育,唯一的收获是阅读大量格拉斯哥大学缺乏的书籍。1751 年后,亚当·斯密在格拉斯哥大学不仅担任过逻辑学和道德哲学教授,还兼负责学校行政事务,一直到 1764 年离开为止;这一时期中,亚当·斯密于 1759 年出版的《道德情操论》获得学术界极高评价。而后于 1768 年开始着手著述《国富论》,1773 年时《国富论》已基本完成,但亚当·斯密多花 3 年时间润饰此书,1776 年 3 月此书出版后引起大众广泛的讨论,影响所及除了英国本地外,连欧洲大陆和美洲也为之疯狂,因此世人尊称亚当·斯密为"现代经济学之父"和"自由企业的守护神"。

1778—1790 年间亚当·斯密与母亲和阿姨在爱丁堡定居,1787 年被选为格拉斯哥大学荣誉校长,也被任命为苏格兰的海关和盐税专员。1784 年斯密出席格拉斯哥大学校长任命仪式,因斯密之母于 1784 年 5 月去世,所以迟迟未上任,到 1787 年才担任校长职位,直至 1789 年卸任。斯密在去世前将自己的手稿全数销毁,于 1790 年 7 月 17 日与世长辞,享年 67 岁。

—— 摘自海尔布罗纳的《世间俗人》

【本章小结】

1. 西方经济学研究的基本前提是人类欲望的无限性和资源的有限性,西方经济学就是最大限度地找到缓解两者矛盾的方法。

2. 经济学是研究人们和社会如何作出选择,使用有其他用途的稀缺经济资源以在现在或将来生产各种商品,并把商品分配给社会的各个成员或集团以供消费之用的一门社会科学。为了说明资源的配置问题,西方经济学使用了两个重要概念:机会成本和生产可能性曲线。

3. 西方经济学包括微观经济学和宏观经济学两大部分。微观经济学主要研究资源配置问题,宏观经济学主要研究资源利用问题。二者既相互区别,又相互联系。

4. 西方经济学的研究方法包括实证分析方法与规范分析方法,其中实证分析方法又包括局部均衡分析和一般均衡分析;静态、比较静态和动态分析;经济模型;理性人假定。

5. 西方经济学的产生和发展经历了重商主义、古典经济学、新古典经济学和凯恩斯主义。

【重要名词和术语】

稀缺性　生产可能性曲线　经济体制　微观经济学 宏观经济学 实证经济学
规范经济学　边际分析　均衡分析　流量　存量

【复习思考题】

1. 人们的消费问题是属于微观经济学还是宏观经济学的研究对象?

2. 经济物品是指(　　)。
   - A. 有用的物品
   - B. 稀缺的物品
   - C. 要用钱购买的物品
   - D. 有用且稀缺的物品

3. 下列命题中(　　)不是实证经济学命题。
   - A. 1982 年 8 月美联储把贴现率降到 10%
   - B. 1981 年失业率超过 9%
   - C. 联邦所得税对中等收入家庭是不公平的
   - D. 社会保险税的课税依据现在已超过 3 万美元

4. 如何运用生产可能性曲线分析资源配置和资源利用问题?

5. 微观经济学和宏观经济学的区别和联系是什么?

6. 大学生要完成大学学业有哪些机会成本?

第二章

需求、供给与均衡价格理论

【本章要点】

　　本章主要介绍影响需求和供给的因素;均衡价格的形成过程及其变动;均衡价格的应用、弹性和收益之间的关系等。

　　均衡价格理论是微观经济学的核心。在市场经济中,价格作为市场参与者传递关键性的经济信息,在资源配置中起着至关重要的作用。本章从需求、供给分析入手,讨论市场均衡价格的决定过程,以此对市场运行机制进行总体考察。

【案例】

人死画值钱——价格的决定

　　一个画家总不得志,作品卖不出去。于是他的朋友策划了一个骗局,宣称该画家已死,并请一些评论家对其作品进行狂轰滥炸式的赞扬。结果,这些原本卖不出去的画价格狂升,画家和他朋友着实发了一笔财,但已经成名的画家却无法以原来的身份生活并作画了。

　　供求分析是经济学的基本工具。西方有句谚语:你要使一只鹦鹉成为一个经济学家,只要教会它说"需求"和"供给"就可以了。

第一节　需　求

一、欲望与需求

　　需求产生于需要,而需要产生于人的欲望。欲望(want)是指人们对某种物品既有缺乏的感觉,又有获取的愿望,即对某种物品的需要。美国著名学者马斯洛(A. Maslow, 1908年—1970年)于1943年在《人类动机理论》一书中,将人们欲望分为五个层次:第一层次为生理需要;第二层次为安全需要;第三层次为社会(或社交)需要;第四层次为尊重需要;第五层次为自我实现的需要。在这五个层次的需要中,生理需要是最基本的,自我实现的需要是最高层次的。只有在满足了一个较低层次的需要之后,人们才会去追求另一个较高层次的需要。一般认为,人的欲望和需要是无止境的,人总是追求欲望满足的最大化。

单纯研究人的欲望和需要是一个心理学问题,而这种欲望和需要能否实现以及实现到何种程度,则是社会经济问题。经济学所考察的需求(demand)是指消费者在某一特定时间内,在各个可能的价格水平下愿意且能够购买的商品和劳务的数量。需求有两个必要条件:一是消费者有购买欲望,二是消费者有支付能力,二者缺一不可。

需求有个人需求和市场需求之分。个人需求是指单个消费者对于某商品每一种可能的价格愿意并且能够购买的数量;市场需求是对市场上某一商品所有的个人需求的总和。

二、影响需求量的因素和需求函数

(一) 影响需求量的因素

消费者对商品的需求量取决于多种因素,大致可归纳为以下几个方面:

第一,商品自身的价格。商品自身的价格是影响该商品需求量的主要因素。一般来说,对某种商品需求量的多少与该商品价格的高低负相关,即某种商品价格越高,则对该商品的需求量越小;反之,则越大。

第二,消费者偏好。对于同一种商品,消费者的需求量也会有所不同,这是由于消费者的偏好在起作用。所谓消费者偏好,就是指消费者对某种商品的偏爱和喜好。消费者的偏好和需求量之间呈同方向变动关系。大量广告宣传的目的不仅在于告诉人们有什么样的商品及其性能,还在于通过改变人们的偏好而增加其对某种商品的需求量。

第三,消费者的收入水平。消费者的收入决定了其支付能力。收入对需求的影响根据商品的不同特性而不同。随着消费者收入的提高,其对高档、耐用、优质商品(如汽车等)的需求量会增加,而对某些低档、劣质商品的需求量则会减少。

第四,相关商品的价格。相关商品包括两种类型:一是替代商品,如白菜与茄子、火柴与打火机;二是互补商品,即需要互相补充才能发生效用的商品,如汽车与汽油、照相机和胶卷、录像机和录像带。对于某种商品来说,即使它自身价格不变,但由于其他相关商品的价格发生了变化,也会使其需求量发生变动。一般来说,某种商品价格的变化与其替代商品需求量的变化正相关,而与互补商品的需求量的变化负相关。

第五,人口数量及其构成状况。如果消费者人数增加意味着就业的增加、产量的增加和收入的增加,那么其对商品需求量的也将增加。但是如果消费者人数的增加并没有伴随实际购买力的增加,即这种增加的需求不是有效的需求,那么商品的需求量也不一定增加。人口结构的变化也会影响某种产品的需求量。例如,人口老龄化将导致对老年人物品需求量的增加。

第六,心理预期。预期是消费者根据现有条件对未来作出的估计。如果消费者预计未来某种商品的价格将上涨,则会导致该商品需求量的增加;相反,如果消费者预计未来某种商品的价格将下跌,则会导致该种商品需求量的减少。

总之,影响需求的因素是多种多样的,除上述因素之外,还有文化习惯、历史传统、消费习惯等。

(二) 需求函数

如果把影响需求量的因素作为自变量,把需求量作为因变量,则可用函数关系来表示影响需求量的因素与需求量之间的关系,这就是需求函数。以 Q_d 代表需求量,P 代表商品自身价格,P_r 代表其他商品价格,F 代表消费者偏好,M 代表消费者的货币收入,P_e 代表预期价格,f 代表函数对应关系,则需求函数可以表示为

$$Q_d = f(P, P_r, F, M, P_e)$$

如果不考虑其他自变量的影响,只考虑商品本身价格对需求量的影响,则需求函数可以表示为

$$Q_d = f(P)$$

上述函数也可称为需求的价格函数,如果需求函数是线性的,则可将上述函数写成

$$Q_d = a - bP \quad (a>0, b>0)$$

式中 a 为常数,是与价格 P 无关的自发性需求;b 为正数,$-b$ 则表明需求量与价格呈反方向变动的关系。

三、需求表和需求曲线

上述分析表明,在特定时期、特定市场内人们对某种商品的需求量同该商品的价格之间存在着相应的因果数量关系,即不同的价格有着不同的、且与之相适应的需求量。需求量与价格的关系除可用需求函数加以抽象表述外,还可用需求表和需求曲线进行具体、形象的刻画。

(一) 需求表(demand schedule)

需求表就是表明价格与需求量之间关系的表格。利用表格的形式来说明价格与需求量之间的关系会更加具体、明确,表2-1就是反映某商品的需求表。

表 2-1 某商品的需求表

价格 P	个人需求量				市场需求量 Q_d
	Q_{dA}	Q_{dB}	Q_{dC}	...	
6	2	1	4	...	60
5	3	2	6	...	62
4	4	3	7	...	67
3	5	4	8	...	77
2	6	5	13	...	90
1	8	7	15	...	110

（二）需求曲线（demand curve）

从需求表可以看出，正常的需求量应该表现为：在其他条件不变的情况下，商品价格越高，购买的商品数量就越少；反之，商品价格越低，购买的商品数量越多。人们把商品价格与购买数量之间的关系依照连续的价格变动对应的购买数量所描绘出来的曲线，称为需求曲线，如图 2-1 所示。

在图 2-1 中，纵轴 P 为价格，横轴 Q 为需求量，需求曲线向右下方倾斜，斜率为负，表明商品价格与需求量之间呈反向变动关系，我们将这种商品的需求量与价格之间呈反方向变动的关系称为需求规律（law of demand）。

需求规律就绝大多数商品而言是成立的，但在现实生活中也有一些例外。

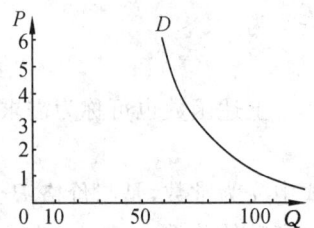

图 2-1　需求曲线

1. 吉芬效应（Giffen effect）

吉芬是 19 世纪英国经济学家。1845 年爱尔兰发生大饥荒，吉芬发现土豆的价格下降时，对它的需求量也下降；价格上升时，对它的需求量也上升。由于爱尔兰发生饥荒，各种食品价格都上涨，在土豆价格升高时肉类等其他优质高档食品的价格更高，人们无力购买价格更高的食品和其他副食品，不得不减少甚至放弃这类食品，越来越多的人转向购买价格相对便宜的土豆以维持生存。吉芬还考察了其他一些商品，也得到与土豆类似的结论。在特定条件下，需求量同价格关系呈同方向变动的商品大多是一些低档生活必需品，这些商品被称为"吉芬商品"。

2. 炫耀性消费（conspicuous consumption）

炫耀性消费首先是 19 世纪末 20 世纪初由美国经济学家凡勃伦（Veblen，1857—1929 年）提出和论述的。某些消费需求不是为了生活必需，而是为了显示高贵的身份和社会地位，例如对金银首饰、珠宝项链等高档奢侈品及古董、名画和珍贵邮票等高档收藏品的需求。当这些商品价格高昂时,对其需求量就会增加,当其价格下跌时,需求量就会减少。凡满足炫耀性消费的商品,称之为"炫耀商品"。

四、需求量的变动和需求的变动

需求量的变动是指在其他条件不变的情况下,只是由于商品价格变动所引起需求量的变动。所谓其他条件是指影响需求量的有关因素,如消费者收入、消费者偏好等。当这些条件被假设不变时,需求量只受价格量变动的作用,并对它作出反应。需求量的变化情况如果通过需求曲线来反映,则表现为同一条需求曲线上点的移动。图 2-2(a)表示需求量的变动情况,在同一条需求曲线上,因价格不同引发的需求量的变化,即价格由 P_0 变为 P_1 或 P_2 时,需求量分别由 Q_0 变为 Q_1 或 Q_2,在需求曲线上则表现为从 A 点移动至 B 点或 C 点,这就是需求量的变动。

需求的变动是指在价格不变的情况下,只是由于其他影响因素的变化所引起的需求量的变动。例如,在商品价格不变的条件下,由于消费者收入增加,消费者对某种商品的购买量在任何一种价格水平上都会比过去增多,这就是需求的变化。如果从需求曲线上看,需求的变动不再是同一需求曲线上点的移动,而是表现为需求曲线的整体移动。图 2-2(b)表示需求的变动,在同一价格 P_0 水平下,由于收入增加或减少使得需求曲线分别移动至 D_1 或 D_2,需求曲线的右移表示需求的增加,需求曲线的左移表示需求的减少。

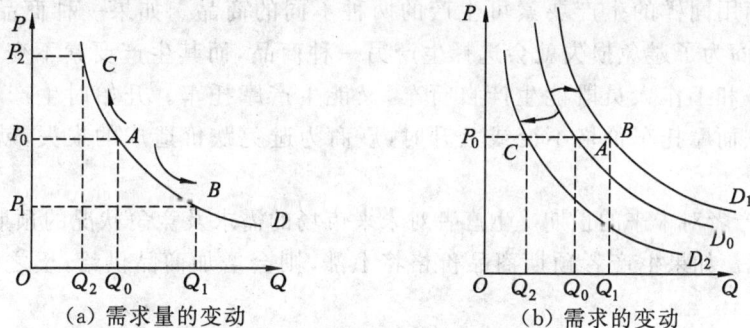

(a) 需求量的变动　　　　(b) 需求的变动

图 2-2　需求量的变动与需求的变动

第二节　供　给

一、生产和供给

供给是对应于需求而形成的概念。需求是对消费者而言的,供给则是对生产者而言的。

所谓供给是指生产者在某一特定时期内,在每一价格水平上愿意而且能够提供的某种商品和劳务的数量。供给也有两个必要条件:一是有出售愿望,二是有供应能力,二者缺一不可。

供给也可分为个别供给和市场供给。个别供给是指单个厂商对应于某个商品的数量;市场供给是该商品市场所有的厂商在一定价格条件下个别供给的总和。

二、影响供给量的因素和供给函数

(一) 影响供给量的因素

第一,商品自身的价格。在假设其他条件不变的情况下,特别是生产要素的成本和其他商品的价格不变时,如果一个商品的价格越高,厂商所获取的利润就越大,从而愿意提供的产量就越大;反之,若一个商品的价格越低,厂商愿意提供的产量就越小。

第二,生产要素的价格,即产品的生产成本。在商品价格不变的条件下,如果生产要素的价格提高了,那么生产这种商品的利润就减少,因而这种商品的供给量也会减少;反之,则会引起这种商品供给的增加。

第三,生产者技术水平。在一般情况下,生产者技术水平的提高能够降低生产成本,增加厂商利润,此时厂商会提供更多的产量。

第四,相关商品的价格。相关商品价格的变化也会对供给量产生影响。这里的相关商品是指厂商用同样的生产要素可生产的两种不同的商品。如果一种商品的市场价格下跌,那么厂商为了避免损失就会选择生产另一种商品,而其生产要素不变。例如,某厂商的机器设备和工作人员既能生产自行车,又能生产摩托车。开始时生产自行车,当自行车价格下跌而摩托车价格不变或上升时,厂商为避免跌价造成的损失,就会转向生产摩托车。

第五,生产者对未来的预期。生产者对未来市场的需求及竞争状况的预期也会影响商品的供给状况。如果生产者预期商品价格将上涨,则会增加商品供给;反之,则减少商品供给。

(二) 供给函数(supply function)

如果把影响供给量的因素作为自变量,把供给量作为因变量,此时所形成的函数关系就是供给函数。供给函数可表示为

$$Q_s = f(P, P_r, L)$$

在对供给进行研究时,一般假定其他条件不变,而着重研究价格对供给量的影响程度,即供给的价格函数,其公式为

$$Q_s = f(P)$$

其中 Q_s 为市场供给量;P 为所供给商品的价格;f 为函数关系。

如果供给函数是线性的,则可写为

$$Q_s = -c + dP(c,d>0)$$

三、供给表和供给曲线

从上述分析中可以看出,虽然影响供给的因素很多,但最主要的因素是所供给商品的自身价格。用以反映价格和供给量之间关系的表就是供给表。

(一) 供给表(supply schedule)

供给表是对商品价格与其供给量之间关系的一种表格反映形式。与需求表类似,它包括个别供给和市场供给两种。表2-2为某商品的供给表。

表 2-2 某商品的供给表

价格 P	个人供给量				市场供给量 Q_s
	Q_{sA}	Q_{sB}	Q_{sC}	…	
6	150	55	34	…	600
5	125	47	29	…	550
4	100	39	24	…	500
3	76	31	19	…	400
2	53	23	14	…	280
1	20	15	9	…	80

(二) 供给曲线(supply curve)

供给曲线是用来表示商品的供给量与价格之间关系的曲线。根据表2-2绘制出一条供给曲线,如图2-3所示。在图2-3中,纵轴 P 表示商品价格,横轴 Q 表示商品供给量,供给曲线是一条从左下方向右上方倾斜的曲线,斜率为正,表明商品的价格与供给量之间呈同方向变动关系。商品的价格和供给量之间呈同方向变动的关系,称为供给规律(law of supply)。

供给规律针对大多数商品而言是成立的,即随着商品价格的提高,供给量会随之增加。同需求规律一样,供给规律也有一些例外情况,其中最典型的例外是劳动的供给。当工资增加时,劳动供给量一般会增加,但当工资增加到一定程度后,劳动的供给量反而会下降,如图2-4所示。此外某些稀缺商品,如文物、古董等,由于价格上升也会出现供给量减少的情况。

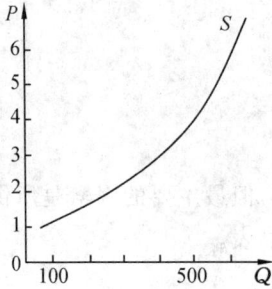

图 2-3　供给曲线

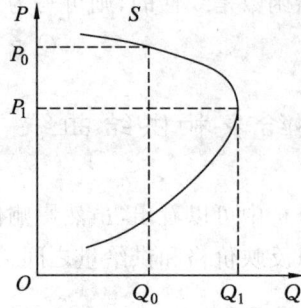

图 2-4　劳动的供给曲线

四、供给量的变动和供给的变动

　　当影响供给的其他因素不变时,由商品本身价格的变动所引起的供给量的变化,称为供给量的变动。这种变动表现为同一条供给曲线上点的移动,如图 2-5(a)所示。

　　如果把影响供给量的其他因素引进来加以考察,在商品本身价格不变的情况下,假设厂商生产成本增加或减少,反映在供给曲线上则表现为供给曲线的平行移动。供给曲线向右下方移动,表示供给增加,供给曲线向左下方移动,表示供给减少,如图 2-5(b)所示。

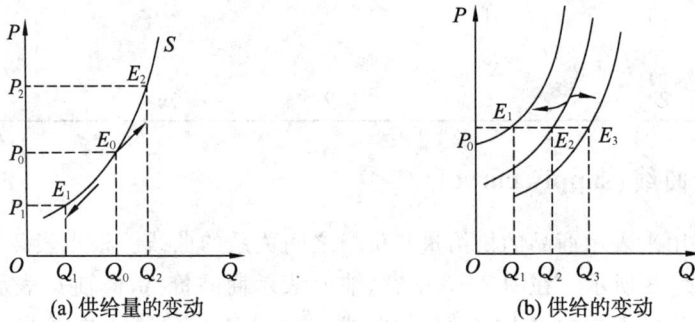

(a) 供给量的变动

(b) 供给的变动

图 2-5　供给量的变动与供给的变动

第三节　均衡价格

一、均衡价格的概念

　　均衡(equilibrium)本是物理学中的概念,它表示当物体同时受到方向相反、大小相等的两个外力的作用时,该物体所处于的一种静止状态的现象。最早把"均衡"概念引入经济学中的是英国经济学家马歇尔,他把经济学中各种对立的、变动着的力量所处于的一种力量相当、相对静止、不再变动的现象看做是一种均衡。

均衡价格(equilibrium price)是由市场上买卖双方供求力量的均衡水平决定的,卖者愿意出售商品数量与买者愿意购买的商品数量完全相等时,买卖双方成交的价格称为均衡价格。因此均衡价格是买卖双方都愿意接受的价格,是需求价格与供给价格相一致时的价格,是买卖双方都认为是最佳方案时的均衡价格状态。在均衡价格状态下,买卖双方交易的商品数量称为均衡数量。

二、均衡价格的决定

假设市场是完全竞争的市场,如果在某一价格水平上供给量超过了需求量(即超额供给),供给者之间的竞争将压低价格,而价格下降又会促使需求量增加,供给量减少。一旦需求量超过了供给量(超额需求),需求者之间的竞争又会抬高价格,而价格上升又会使供给量增加,需求量减少。如此,供给、需求与价格相互影响,此消彼长,直至供给量与需求量相一致,商品的价格趋于稳定,达到市场均衡状态,如图2-6所示。

如果开始时商品的价格为P_1,供给量为Q_1,需求量为Q_2,则有超额供给(Q_1-Q_2),此时供给者之间的竞争将导致价格下降,使供给量减少,需求量增加,直至价格降至P_0时,供求数量相当(均为Q_0),达到均衡状态。

如果初始商品价格为P_2,相应的供给量为Q_2,需求量为Q_1,则存在超额需求(Q_1-Q_2),此时需求者之间竞争将导致价格上升,引起需求量减少,供给量增加,直至价格升至P_0时,供给量与需求量相等(均为Q_0),称为均衡数量。

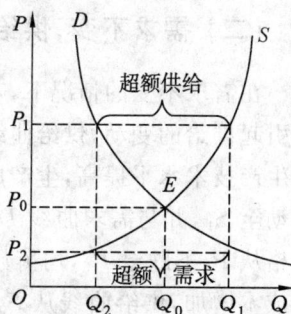

图2-6　均衡价格的形成

三、均衡价格的变动

上述对均衡价格的分析是在没有任何外界干扰的情况下,需求与供给相互之间的均衡状态。如果这种均衡由于市场价格的波动而发生变化,那么就会使需求曲线和供给曲线的位置发生变动,从而打破原来的均衡,此时只有再一次经过市场供求的自发调节才能重新形成新的均衡。

(一) 供给不变,需求变动对均衡的影响

假定某种商品的供给不变,无论需求如何变化,均衡点则始终会在供给曲线上,因此,新

的均衡状态是依据供给曲线的状态确定的。在图 2-7 中,需求曲线 D_0 与供给曲线相交于 E_0,E_0 为均衡点,均衡价格为 P_0,均衡数量为 Q_0。

在供给不变时,其他因素变化也会引起需求的变化。例如当收入提高时,需求曲线向上方移动,由 D_0 移至 D_1,则新的需求曲线 D_1 与原供给曲线 S 形成新的均衡,均衡点为 E_1,均衡价格从 P_0 升至 P_1,均衡数量从 Q_0 增至 Q_1。当收入减少时,需求曲线向下方移动,由 D_0 移至 D_2,新的均衡点 E_2 形成的均衡价格 P_2 低于原有均衡价格 P_0,均衡数量 Q_2 小于原有的均衡数量 Q_0。显然,供给不变、需求变动的情况下,典型的供给曲线将使均衡价格和均衡数量与需求同方向变动。

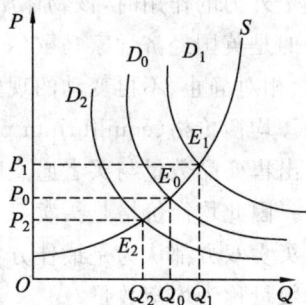

图 2-7　供给不变,需求变动
对均衡的影响

(二)需求不变,供给变动对均衡的影响

在需求不变的情况下,若因除价格以外的其他因素的变化引起供给的变动,供给曲线将发生移动。在图 2-8 中,如果生产技术水平提高,生产成本下降,则供给曲线从 S_0 向右移动至 S_1,并与需求曲线 D 相交于 E_1 形成新的均衡,均衡价格从 P_0 下跌至 P_1,均衡数量从 Q_0 增至 Q_1。反之,如果生产成本增加,供给曲线从 S_0 向左移动至 S_2,新的均衡点 E_2 形成的价格从 P_0 升至 P_2,均衡数量减少到 Q_2。显然,在需求不变、供给发生变动的情况下,正常的需求曲线将使价格与供给反方向变动,均衡数量与供给同方向变动。

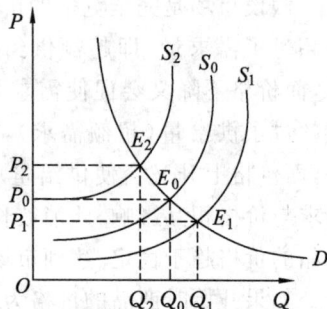

图 2-8　需求不变,供给变动
对均衡的影响

(三)需求与供给同时变动对均衡的影响

供给和需求同时发生变动的情况比较复杂,因为需求和供给两方面既可以按同方向变动,也可以按反方向变动。即使在变动方向确定之后,也存在着供求变动程度问题,大体可以分为以下几种情况。

1. 供给和需求同向变动

供给和需求同向变动又可分为同时增加、同时减少两种情况。

(1)供给和需求同时增加。供给增加将导致均衡价格下降,均衡数量增加;需求增加将使均衡价格上升,均衡数量增加。因此,供求同时增加,肯定会使均衡数量增加,而均衡价格的变动方向不确定,它取决于供给和需求增加幅度的大小:如果供给和需求增幅相同,则价格不变;如果供给大于需求的增幅,则价格下降;如果供给小于需求的增幅,则价格上升。

(2)供给和需求同时减少。供给和需求同时减少将导致均衡数量减少,对均衡价格的影响也自然表现为价格不变、上升或下降三种情况,其原因主要取决于供求减少的幅度大小。

2. 供给和需求反向变动

供给和需求反向变动又可分为以下两种情况：

（1）供给增加，需求减少。供给增加将使均衡价格下降，均衡数量上升；需求减少将使均衡价格下降，均衡数量减少，因此此时新的均衡价格肯定下降，但均衡数量变动方向则不确定，它取决于供给和需求哪一个数量上升或下降的幅度更大些。

（2）供给减少，需求增加。此时均衡价格上升，均衡数量变动的情况不确定。

综上所述，可以得出以下结论：

第一，均衡价格和均衡数量与需求按同方向变动。需求增加，则均衡价格提高，均衡数量增加；需求减少，则均衡价格降低，均衡数量减少。

第二，均衡价格与供给按反方向变动，均衡数量与供给按同方向变动。供给增加，则均衡价格降低，均衡数量增加；供给减少，则均衡价格提高，均衡数量减少。

第三，需求与供给同时增加或减少会引起均衡数量按同方向变动，但均衡价格却表现为提高、降低和保持不变三种情况。

四、均衡价格的运用

上述均衡价格及其变动分析是以纯粹的市场经济学为出发点，以完全竞争的市场为前提的；然而纯粹的市场经济只是理论上的一种假设，现实中由于政府和庞大的私人企业对市场的干预及其他因素的介入，市场一般表现为不完全竞争的形式，致使在市场中观察到的价格与依照严格假定建立起来的均衡价格不一致。因此，只能通过诸如存货的变动和商品脱销等一系列市场现象来判断市场价格是高于还是低于均衡价格。

（一）支持价格

支持价格是指政府为扶植某一行业或某种产品的生产而对该行业产品规定高于均衡价格的最低价格下限，例如，为了扶持农业或农场主的利益，国家对农产品实行支持价格，即规定农产品的最低价格，使这种价格高于由市场需求和市场供给决定的均衡价格。为了维持这种支持价格，政府必须收购过剩的部分产品，如图 2-9 所示。

图 2-9 中，假设农产品的市场均衡价格为 P_0，但政府为了扶持该行业的发展，而确定其产品价格为 P_1。由于 P_1 高于 P_0，结果导致需求减少至 Q_1，而供给量却增加至 Q_2，这样就出现了供大于求的情形，(Q_2-Q_1) 为供大于求的部分。按照均衡价格理论，此价格是难以维持的。要维持此价格水平，政府部门就必须将过剩供给部分 (Q_2-Q_1) 进行收购。

（二）限制价格

限制价格是指政府为限制某些产品价格上涨而规定的该产品最高价格上限，一般都低于均衡价格。实行限制价格将导致该产品供给量减少、产品短缺,出现排队购买,实行配给制,甚至出现抢购和黑市贸易,如图 2-10 所示。图 2-10 中,假设某产品的市场均衡价格为 P_0,政府为了把其价格控制在较低的水平,规定其最高价格为 P_1。由于 P_1 低于 P_0,必然导致需求增加,需求量为 Q_1;而供给者由于产品价格较低而减少供给,供给量为 Q_2,这样就出现了供不应求的局面。政府为了维持此价格水平,只有通过票证供应的方式来限制需求。

限制价格政策只应用于短期的某些特殊情况。若限制价格政策持续的时期过长,将会挫伤投资者的积极性,使短缺变得更加严重,最后迫使政府放弃价格限制,价格上涨将会更加严重。

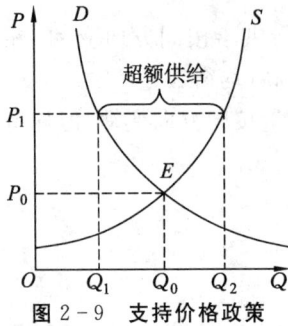

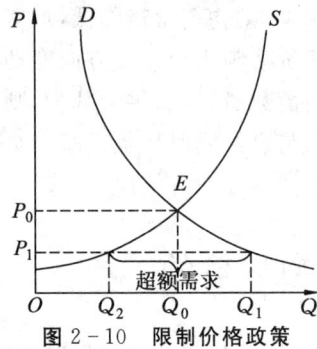

图 2-9 支持价格政策　　　　图 2-10 限制价格政策

第四节　弹性理论

人们对需求、供给与价格之间关系的分析,揭示了需求规律和供给规律,那么当影响需求和供给的因素发生一定幅度的变动时,需求和供给会变动多少?本节探讨的弹性理论就是对需求、供给与价格之间相互关系进行的定量分析。所谓弹性(elasticity),在物理学上是指物体在外力的作用下发生变形,当外力作用取消后立即恢复原状的特性。如果用数学语言表达,它表示一个因变量的相对变动与一个自变量的相对变动之比,即因变量的变动率与自变量的变动率之比。弹性的大小用"弹性系数"(elasticity coefficient)表示,其公式为

$$弹性系数 = \frac{因变量变动的百分比}{自变量变动的百分比}$$

微观经济学将弹性理论引入经济分析,用以表示存在函数关系的经济变量之间,一个变量的变动对另一个变量变动的反应程度,即需求量和供给量的变动对影响需求和供给的因素变动的反应程度。

一、需求价格弹性

（一）需求价格弹性的概念和公式

所谓需求价格弹性,是指商品需求量变动率与引起其变动的价格变动率之比,其弹性系数计算公式为

$$E_d = \frac{需求量变动的百分比}{价格变动的百分比}$$

如果用 E_d 代表需求价格弹性系数,Q 为初始需求量,ΔQ 为需求的变动量,$\Delta Q/Q$ 为需求量的变动率,P 为初始价格,ΔP 为价格的变动量,$\Delta P/P$ 为价格的变动率,则 E_d 可写为

$$E_d = \frac{\Delta Q/Q}{\Delta P/P} = \frac{\Delta Q}{\Delta P} \cdot \frac{P}{Q}$$

需求价格弹性强调的是需求对价格的相对变化,而不是绝对变化。例如,某种商品的价格下降 10%,对其需求量增加 12% ,则该商品的需求价格弹性为 1.2 。

需要注意的是,由于需求量的变动方向与价格的变动方向相反,需求价格弹性系数就应为负值,但习惯上一律记为正值,所以在公式中标有绝对值符号。

1. 弧弹性及其计算

所谓弧弹性,就是需求曲线上两点之间的平均弹性,其计算公式是基于需求价格弹性的基本公式。由 $\Delta Q = Q_2 - Q_1$, $\Delta P = P_2 - P_1$, $Q = (Q_1 + Q_2)/2$, $P = (P_1 + P_2)/2$,则

$$|E_d| = \left| \frac{\Delta Q}{\Delta P} \cdot \frac{P_1 + P_2}{Q_1 + Q_2} \right|$$

2. 点弹性及其计算

点弹性是与弧弹性相对应的概念,是需求曲线上某一点的弹性。依据数学推理,在弹性系数计算基本公式中令 $\Delta P \rightarrow 0$,则 $\Delta Q/\Delta P$ 就趋于一个极限值,即 Q 对 P 的导数。依据 $E_d = (\Delta Q/\Delta P) \cdot (P/Q)$ 可得出点弹性的计算公式为

$$|E_d| = \left| \lim_{\Delta P \to 0} \frac{\Delta Q}{\Delta P} \cdot \frac{P}{Q} \right| = \left| \frac{dQ}{dP} \cdot \frac{P}{Q} \right|$$

式中 dQ/dP 即为需求曲线的斜率;P 为给定点的价格;Q 是给定点的需求数量。

［例］　已知某需求函数的关系式为 $Q = 120 - 20P$,求价格为 4 时的需求价格弹性系数。

［解］　将 $P = 4$ 代入需求函数式,得出 $Q = 40$,又知 $dQ/dP = -20$,

把以上三个数字代入点弹性公式,得

$$|E_d| = |(-20) \cdot (4/40)| = 2$$

（二）需求价格弹性的类型

根据弹性系数数值的大小,可以将商品的需求弹性分为五类:

(1) 需求完全无弹性,即 $|E_d| = 0$。需求量对价格变动没有任何反应,价格无论如何

变化,需求量始终保持不变,其需求曲线为一条与横轴垂直的直线,如图 2-11(a)所示。

(2) 需求完全弹性,即 $|E_d|=\infty$。需求对价格是具有完全弹性的,表现为需求曲线是一条平行于横轴的直线,其价格为常数,需求量可以任意变化,如图 2-11(b)所示。

(3) 需求单元弹性,即 $|E_d|=1$。需求对价格为单元弹性,即价格的变动率与需求量的变动率相等,其需求曲线为正双曲线,如图 2-11(c)所示。

(4) 需求富有弹性,即 $|E_d|>1$。需求量变化的百分比大于价格变化的百分比,其需求曲线为一条比较平缓的曲线。

(5) 需求缺乏弹性,即 $|E_d|<1$。需求量变化的百分比小于价格变化的百分比,其需求曲线为一条比较陡峭的曲线。

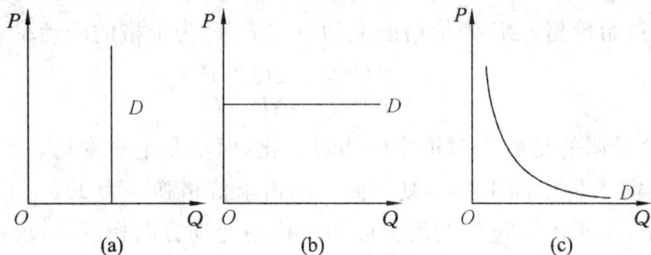

图 2-11 需求弹性的不同形态

(三) 需求价格弹性与总收益之间的关系

经济学中总收益等于商品价格与销售量的乘积,即 $TR=P \cdot Q$,其中 TR 是总收益的缩写。需求价格弹性说明需求量(Q)对价格(P)变化的反应程度。如果需求量因价格而变,那么商品销售量(Q)就会有相应变化。显然需求价格弹性同总收益之间具有一定关系,需求弹性不同,对总收益的影响就不同。

如果某种商品是富有弹性的,那么当该商品的价格下降时,需求量增加的幅度必然大于价格下降的幅度,总收益会增加。反之,价格上升时,总收益会减少。

假设某商品的需求价格弹性 $E_d=2$,当价格 $P_1=100$ 元/件时,销售量 $Q_1=100$ 件,则其总收益 $TR_1=P_1 \times Q_1=100 \times 100=10\,000$ 元。但假设价格下降10%,即 $P_2=90$ 元/件,按照 $E_d=2$,销售量增加20%,即 $Q_2=120$ 件,则 $TR_2=90 \times 120=10\,800$ 元。显然 $TR_2>TR_1$,说明对于需求富有弹性的商品降价会使总收益增加。再假设其价格上涨10%,即 $P_2=110$ 元/件,则其销售量 Q_2 减少20%,为80件,此时总收益 $TR_2=110 \times 80=8\,800$ 元,则有 $TR_2<TR_1$,说明需求富有弹性的商品涨价会使总收益减少。

如果某商品的需求是缺乏弹性的,那么当该商品价格下降时,因其需求量增加幅度小于价格下降幅度,所以总收益会减少。相反,价格上升,总收益也会增加。仍以上例为例,假设商品需求弹性系数 $E_d=0.5$,$P_1=100$ 元/件,$Q_1=100$ 件,此时 $TR_1=100 \times 100=10\,000$ 元。设价格下降10%,则 $P_2=90$ 元/件,$Q_2=105$ 件,$TR_2=90 \times 105=9\,450$ 元,说明需求缺乏弹性的商品降价会导致总收益减少。假定价格上涨10%,即 $P_2=110$ 元/件,则

$Q_2 = 95$ 件，$TR_2 = 110 \times 95 = 10\ 450$ 元，显然 $TR_2 > TR_1$，说明对于需求缺乏弹性的商品来说，涨价会使总收益增加。如果该商品是需求单元弹性的商品，因其价格和需求量变动的幅度完全相同，因而不论是价格上涨还是价格下降，总收益始终不变。

可以将需求价格弹性与总收益之间的关系归纳为表 2 - 3。

表 2 - 3 需求价格弹性与总收益

价格的变动方向	$E_d > 1$	$E_d = 1$	$E_d < 1$
价格上升	TR 下降	TR 不变	TR 上升
价格下降	TR 上升	TR 不变	TR 下降

（四）影响需求价格弹性的因素

一种商品需求价格弹性的大小受多种因素的影响，主要表现在：

（1）消费者对商品的需求强度。一般来说，消费者对生活必需品的需求强度大，且较为稳定，不易受其他因素影响出现大幅度的变动，所以这类商品弹性较小；而消费者对于高档消费品的需求强度小且不稳定，因此其弹性较大。

（2）所购买商品在家庭开支中所占的比重。如果所占比重小，其弹性就较小；如果所占比重较大，其弹性就较大。

（3）商品的替代品数目及替代程度。一种商品如果有许多替代品，则该商品的需求弹性会较大；如果一种商品的替代品对其替代程度较高，则该商品的需求弹性也会较大。

（4）商品用途的广泛性。用途广泛的商品需求弹性较大；反之，需求弹性较小。

（5）商品使用时间。使用时间较长的商品具有较大的需求弹性；使用时间较短的商品的需求弹性较小。

二、需求收入弹性和交叉弹性

（一）需求收入弹性

1. 定义

需求收入弹性通常简称为收入弹性，它是指收入变动的比率所引起的需求量变动的比率。若用 E_I 表示收入弹性，I 表示收入，公式可以写为

$$E_I = \frac{\frac{\Delta Q}{Q}}{\frac{\Delta I}{I}} = \frac{\Delta Q}{\Delta I} \cdot \frac{I}{Q}$$

收入弹性是在假设消费者偏好、该商品本身价格与相关商品价格不变的前提下，分析该种商品需求量对收入变动的反应程度的。收入与需求量一般成正比关系，其比值为正值。

2. 分类

微观经济学认为应以收入弹性系数的正值和负值作为划分正常商品与劣质商品的标准,需求量随收入增加而增加即 $E_I > 0$ 的商品为正常商品;需求量随收入增加而减少即 $E_I < 0$ 的商品为劣质商品。

一般又可将 $E_I > 1$ 的商品定义为奢侈品, $E_I < 1$ 的商品定义为生活必需品。

(二) 需求交叉弹性

1. 定义

需求交叉弹性简称为交叉弹性,它是指相关的两种商品中,一种商品价格变动的比率所引起的另一种商品的需求量变动的比率。如果用 X,Y 代表两种商品, E_{XY} 代表商品 X 的需求量变化对商品 Y 价格变化的反应程度,则需求交叉弹性公式为

$$E_{XY} = \frac{\dfrac{\Delta Q_X}{Q_X}}{\dfrac{\Delta P_Y}{\Delta P_Y}} = \frac{\Delta Q_X}{\Delta P_X} \cdot \frac{P_Y}{Q_X}$$

2. 分类

根据商品之间的不同关系——替代或互补,可以将需求交叉弹性分为两类:

(1) 正值弹性,即 $E_{XY} > 0$。当商品 X 与商品 Y 之间存在替代关系时,需求交叉弹性为正值,例如,当牛肉的价格上涨而猪肉价格不变时,对猪肉的需求量将增加。

(2) 负值弹性,即 $E_{XY} < 0$。当商品 X 与商品 Y 之间存在互补关系时,需求交叉弹性为负值。例如,当录像机的价格上涨时,尽管录像带的价格不变,但对录像带的需求量也会减少。

需求交叉弹性是一个十分重要的概念,首先它可以说明同类产品生产者之间竞争的激烈程度。例如生产玻璃杯的厂商与生产搪瓷杯的厂商之间的竞争,由于玻璃杯与搪瓷杯之间有着较高的交叉弹性,无论哪一种杯子价格发生波动(提价或降价),均会使另一种杯子的需求量增加或减少。相反,生产男鞋和女鞋的厂商之间的竞争就不会过于激烈,这是因为两者之间交叉弹性较小,既不存在替代关系,也不存在互补关系。其次,在反垄断中需求交叉弹性的概念也得到了运用。在反托拉斯法中禁止对某种商品的生产和销售进行垄断,如果一种商品的交叉弹性很低,即很难找到相近的替代品,那么对该商品进行垄断生产和销售的厂商就要受到法律制裁。

三、供给弹性

(一) 定义

供给弹性是指价格变动的比率所引起的供给量变动的比率,即某种商品的供给量对其自身价格变动的反应程度。

$$供给弹性 = \frac{供给量变动的百分比}{价格变动的百分比}$$

若以 E_s 表示供给弹性,Q 表示供给量,P 表示价格,则其公式可表示为

$$E_s = \frac{\Delta Q / Q}{\Delta P / P}$$

供给弹性也可分为供给点弹性和供给弧弹性。

(二) 分类

依据供给弹性系数的大小,在理论上可将供给弹性分为五种类型。

1. 供给无弹性

供给无弹性即 $E_s = 0$,它表明供给量对价格变动没有任何反应,在图形上供给曲线与横轴呈垂直状,如图 2-12(a)所示。

2. 供给弹性无穷大

供给弹性无穷大即 $E_s = \infty$,它表明在既定的价格上供给量是无限的,在图形中供给曲线与横轴平行,如图 2-12 (b)所示。

3. 单位供给弹性

单位供给弹性即 $E_s = 1$,它表明供给量与价格变动的幅度相同,在图形中与横轴呈 $45°$,向右上方倾斜,如图 2-12(c)所示。

4. 供给富有弹性

供给富有弹性即 $E_s > 1$,它表明供给量变动幅度大于价格变动幅度,在图形中供给曲线为向右上方倾斜,但比较平缓的曲线,如图 2-12(d)所示。

5. 供给缺乏弹性

供给缺乏弹性即 $E_s < 1$,它表明供给量变化幅度小于价格变动幅度,在图形中供给曲线呈陡峭状向右上方倾斜,如图 2-12(e)所示。

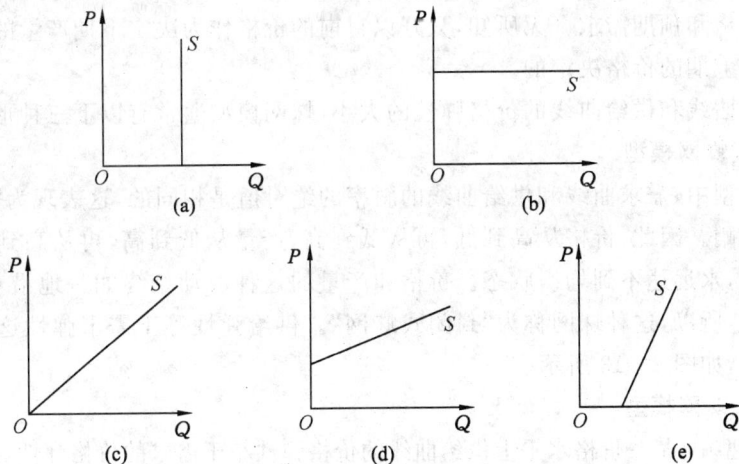

图 2-12 供给弹性的不同形态

（三）影响供给弹性大小的因素

供给弹性的大小主要受以下几方面的影响：

（1）生产的难易程度。在一定时期内，容易生产的产品的价格变动时，若其产量的变动速度快，则供给弹性大；反之，供给弹性小。

（2）生产规模和规模变化的难易程度。具备一定生产规模的资本密集型企业，因受设计能力和专业设备的制约，其生产规模较难变动，调整的周期较长，因而其产品的供给弹性小；反之，其产品的供给弹性大。

（3）生产成本的变化。如果一种产品产量的增加，只引起单位成本的略微提高，那么供给弹性就大；反之，如果产品的增加促使其成本的大幅度增加，那么供给弹性就小。

（4）对价格的预期。产品价格变动时，厂商是否立即增加或减少生产以及增加或减少的幅度取决于厂商的预期。

第五节　蛛网模型

上述对需求、供给与价格的均衡分析，是在抽象了时间因素的前提下进行考察的，因此它是一种静态的均衡分析。如果引入时间因素考察均衡状态的变动过程，则称之为动态均衡分析。这种理论是由美国经济学家和意大利、荷兰的经济学家在 20 世纪 30 年代各自提出的，由英国经济学家定名为蛛网模型（cobweb model）。蛛网模型所考察的是价格波动对下一周期产量的影响，以及由此而产生的均衡变动，它以其图形如蛛网而得名。蛛网模型分析的前提有：（1）产品本身不易储存，必须尽快出售；（2）市场信息极不灵通，生产者对其产品的预期价格和预期需求一无所知，只好以目前的价格作为决定下期产量的依据，而目前的产量也是由上期的价格决定的。

根据需求曲线和供给曲线的价格弹性的大小，蛛网模型通常有以下三种形式：

1. 封闭式蛛网模型

在这种模型中，需求曲线和供给曲线的斜率的绝对值是相同的，这表现为需求曲线和供给曲线一样陡峭。因此，价格从高到低，再从低到高，产量从低到高，再从高到低，均按同一幅度不断波动，永远达不到均衡状态。价格和产量的这种波动始终如一地沿着一个封闭的环路循环不已，所以，这种蛛网称为"封闭式蛛网"。供给弹性等于需求弹性这一条件，称为蛛网稳定条件，如图 2-13 所示。

2. 收敛式蛛网模型

在这种模型中，某一价格水平上供给曲线的价格弹性小于需求的价格弹性，即供给曲线比需求曲线陡峭，价格和产量均以越来越小的幅度波动，直至达到均衡，其过程如图 2-14 所示。

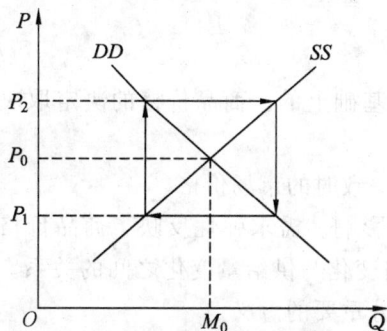

图 2-13　封闭式蛛网模型

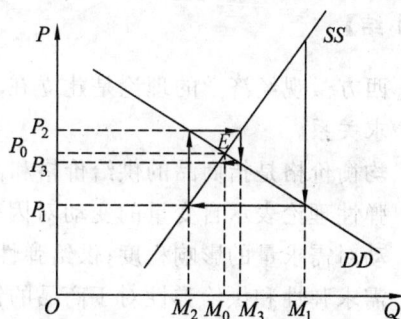

图 2-14　收敛式蛛网模型

图 2-14 中 OM_0 为均衡产量，OP_0 为均衡价格，E 为均衡点。第一阶段中，当产量为 OM_1 时，$OM_1 > OM_0$，本期产量 OM_1 决定本期价格 OP_1；第二阶段中，本期价格决定了下期产量为 OM_2，产量减少了，价格必然上升，本期产量 OM_2 决定本期价格 OP_2。第三阶段中，第二阶段价格决定第三阶段产量，即 OP_2 决定了第三阶段产量 OM_3，本期产量决定本期价格 OP_3。依此类推，在以后连续的时间序列中，逐年成交价格和交易量将环绕价格和产量的均衡值波动，且波动的幅度逐渐缩小，并终将沿着图示的途径趋于其均衡值，这种蛛网称之为"收敛式蛛网"。供给弹性小于需求弹性这一条件，称为蛛网稳定条件。

3. 发散式蛛网模型

在这种模型中，供给的价格弹性大于需求的价格弹性，即供给曲线比需求曲线平缓，此时价格变动引起的供给量的变动大于价格变动引起的需求量的变动，如图 2-15 所示。当出现供过于求时，为使市场出清已有的供给量，要求价格按需求曲线下降，这就导致下一年的供给量减缩（因供给弹性较大）而出现供应短缺。供应短缺又导致该年成交价格上升，从而进一步导致第三年的供应量更大幅度的增加和该年价格更大幅度的下降。因此，在供给价格弹性大于需求价格弹性的情况下，一旦出现失衡状态，竞争机制不仅不能使其恢复均衡，而且会使价格和产销量的变动在时

图 2-15　发散式蛛网模型

间序列中呈发散型，越来越偏离均衡，此时称为动态不稳定均衡。这种蛛网称之为"发散式蛛网"，而供给弹性大于需求弹性这一条件，则称为蛛网不稳定条件。

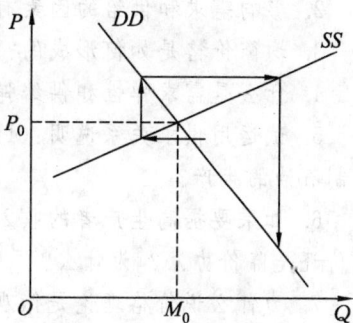

蛛网模型是西方学者根据一些假设条件而提出的一种理论模型，对理解某些行业产品的价格和产量的波动提供了一种思路。但不少学者认为，这些条件尤其是生产者始终只是简单地把上个时期价格作为本时期价格预期并以此作为决定产量的依据，这种非理性预期假设是不符合实际的，因而这种理论所描述的现象在现实生活中是很少存在的。

【本章小结】

1. 西方微观经济学的理论是建立在其价格理论基础上的。商品价格的决定取决于供求关系。
2. 均衡价格是指商品的供给价格和需求价格相一致时的市场价格。
3. 弹性理论表示自变量的变动对因变量产生的影响。需求弹性反映了商品价格的变动对需求量的影响程度；供给弹性是研究价格变化与供给量变化之间的关系。研究需求弹性和供给弹性对于商品的销售具有十分重要的意义。
4. 根据需求曲线和供给曲线的价格弹性的大小,蛛网模型通常有以下三种形式:封闭式蛛网模型、收敛式蛛网模型和发散式蛛网模型。

【重要名词和术语】

需求　需求规律　供给 供给规律　供求规律　均衡价格　需求价格弹性
需求收入弹性　需求交叉弹性　供给弹性

【复习思考题】

1. 需求与需求量、供给与供给量的变动有何不同?
2. 影响需求和供给的因素有哪些?
3. 均衡价格是如何形成的? 需求或供给的变动对均衡状态有何影响?
4. 什么是需求弹性和供给弹性? 它们分别包括哪几种具体的弹性关系?
5. 试运用供求关系说明:(1) 谷贱伤农;(2) 为什么20世纪70年代石油输出国组织要限制石油的生产?
6. 如果要提高生产者的收入,那么对农产品等生活必需品和轿车等高级消费品应采取提价还是降价办法? 为什么?
7. 为什么说价格理论是微观经济学的核心?
8. 某人对消费品 X 的需求函数为 $P=100-\sqrt{Q}$,试分别计算价格 $P=60$ 和需求量 $Q=900$ 时的需求价格弹性系数。
9. 甲公司生产皮鞋,现价每双60美元,某年的销售量每月为10 000双,但其竞争者乙公司在该年1月份把皮鞋价格从每双65美元降到55美元,甲公司2月份销售量跌至8 000双。

试问:

(1) 这两个公司皮鞋的交叉弹性是多少(设甲公司皮鞋价格不变)?

(2) 甲公司皮鞋弧弹性是—2,乙公司把皮鞋价格保持在55美元,若甲公司将销售量恢复到每月10 000双的水平,则每双要降价到多少?

第三章

消费者行为理论

【本章要点】

本章介绍效用与边际效用、边际效用递减规律、无差异曲线、边际替代率及消费者均衡问题。

消费者行为理论是研究消费者在商品价格一定的条件下如何通过选择，以有限的收入来获得最大满足的理论。它要回答的问题是：消费者在日常生活中购买消费品的种类和每件消费品的数量是由哪些因素和根据什么原则来决定的，以及消费者达到均衡状态的条件。

第一节　基数效用与边际效用分析

消费者行为理论是以效用理论为基础的。效用理论有基数效用理论和序数效用理论之分，因此，消费者行为理论也分为以基数效用理论为基础的消费者行为理论和以序数效用理论为基础的消费者行为理论。在微观经济学中，最早使用的是基数效用论者提出的边际效用分析方法。

一、效用与基数效用

（一）效用

研究消费者行为的出发点是欲望，欲望的满足就是效用（utility），它是人的一种心理感觉，而不是商品本身存在的有用性。效用与有用性（或商品的使用价值）具有不同的含义，前者是主观感觉，而后者是客观存在。一种商品如果能使消费者获得某种满足和感到愉快，这个商品就有效用；如果不能使消费者得到满足，该商品的效用就等于零。例如，香烟对吸烟

35

者具有效用,而对不吸烟者则无效用;张某喜欢吃米不喜欢吃面,李某喜欢吃面不喜欢吃米,那么米对张某效用大而对李某效用小,面对李某效用大而对张某效用小。

与效用相对应的是负效用,它是某物给人带来的不舒畅感,例如过量饮酒给人带来的不舒服感觉,超过适量部分的酒就具有负效用。

【案例】

对效用的理解——最好吃的东西

兔子和猫争论,世界上什么东西最好吃。兔子说:"世界上萝卜最好吃。萝卜又甜又脆又解渴,我一想起萝卜就要流口水。"

猫不同意,说:"世界上最好吃的东西是老鼠。老鼠的肉非常嫩,嚼起来又酥又松,味道美极了!"

兔子和猫争论不休、相持不下,跑去请猴子评理。

猴子听了,不由得大笑起来:"瞧你们这两个傻瓜蛋,连这点儿常识都不懂!世界上最好吃的东西是什么?是桃子!桃子不但美味可口,而且长得漂亮。我每天做梦都梦见吃桃子。"

兔子和猫听了,全都直摇头。那么,世界上到底什么东西最好吃?

这个故事说明效用完全是个人的心理感觉,不同的偏好决定了对同一种商品效用大小的不同评价。

(二)基数效用

在对效用的最初分析中,西方经济学家认为可以用基数数字对商品满足消费者欲望的能力加以衡量,即可以用 1,2,3,4,… 这样的基数来具体计量一件物品效用的大小,并在此基础上对效用进行加总求和。这个基数表示的效用则称为基数效用(cardinal utility)。

例如,一个面包的效用是 2 个单位,看场电影的效用是 3 个单位,一件上衣的效用是 50 个单位,等等。这就是西方经济学普遍承认的基数效用论。这种理论认为,由于效用是消费者从商品的消费中所感觉到的满足,因此,消费者通过自有的方法即通过主观心理感受,就可以准确地知道并说出每一个商品所给予的效用数量。

二、总效用与边际效用

基数效用论把效用分为总效用和边际效用。

总效用(total utility)是指消费者在一定时期内消费一定数量的某种商品所获得的满足的总和。总效用在一定的范围内是商品数量的增函数,即在一定范围内总效用随商品数量的增加而增加。其效用函数为

$$TU = f(Q)$$

其中 TU 为总效用;Q 为消费商品和劳务的数量;f 为对应关系。在这一函数关系中,Q 为自变量,TU 为因变量。

边际效用(marginal utility)是指消费者在一定时期内每增加一个单位商品或劳务的消费所获得的新增加的效用,边际效用等于总效用的变动量与商品消费的变动量之比,即

$$MU = \frac{\Delta TU}{\Delta Q}$$

上述公式的经济含义是:边际效用等于总效用增量与商品增量之比,其大小与总效用增量成正比,与商品增量成反比。总效用与边际效用是两个不同的概念,总效用是指连续消费某一类商品得到的全部效用总和;而边际效用是指连续消费某一类商品时,最后增加的某个单位的消费所带来的效用,或者说增加一个单位消费所带来的总效用的增量。可用表 3-1 来说明总效用与边际效用之间的关系。

表 3-1 总效用与边际效用关系

某种商品消费量	总效用	边际效用
0	0	0
1	8	8
2	14	6
3	18	4
4	20	2
5	20	0
6	18	-2

在表 3-1 中,某种商品的消费量从 0 增加到 1,消费者获得的效用是 8 个单位,这时总效用由 0 增加到 8,总效用量的增量为 8;消费量从 1 增加到 2 时,总效用增加到 14,总效用量的增量即边际效用为 6,依此类推;当消费量增加到 4 时,总效用最大,消费者的消费达到饱和。以后再增加消费量时,总效用不再增加,边际效用为零;如果继续增加消费量,就要产生负效用。

总效用与边际效用的关系还可以通过图 3-1 加以说明。在图 3-1 中,横轴表示商品消费量,纵轴表示效用;TU 表示总效用曲线,MU 表示边际效用曲线。当边际效用为正时,总效用增加;边际效用为 0 时,总效用最大;边际效用为负时,总效用减少。

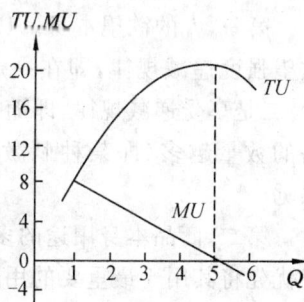

图 3-1 总效用与边际效用

【案例】

价值悖论：水比钻石有用得多，为什么价格却如此低？

商品的需求价格不是由 TU 而是由 MU 决定，即 $P＝MU/$数量。虽然水的 TU 大于钻石，但水的数量大，因此，水的 MU 小，水的价格低；钻石的用途虽不及水，但数量少，MU 大，所以钻石的价格高昂。

三、边际效用递减规律

随着消费者对商品消费量的增加，商品的边际效用是递减的。这种情况普遍存在于一切物品的消费中，因此被称为边际效用递减规律。

（一）边际效用递减规律的含义

这一规律可以描述为：在其他条件不变的情况下，随着消费者所消费的商品数量的增加，消费者从每一新增商品中得到的满足是不断减少的。其基本含义可以概括为以下几个方面：(1)边际效用的大小与消费数量成反比，消费数量愈多，再增加一个单位的消费时，欲望获得满足的程度愈小；(2)边际效用的大小与欲望的强弱成正比，当消费者消费第一个商品时，欲望最强烈，从而边际效用最大；(3)边际效用递减受特定时间的限制，由于欲望具有再生性和反复性的特点，所以，只有在特定时间内对商品的连续消费才会体现出边际效用递减；(4)实际中的边际效用为正；(5)人们对一件商品的估价取决于该物品的边际效用。

（二）边际效用递减的原因

边际效用递减规律存在的原因可以从两个方面解释。

第一，人的欲望本身。19 世纪时，德国经济学家戈森提出了关于欲望的两条规律：一是欲望强度递减规律，即在一定时期内，一个人对某商品的欲望强度随着物品数量增加而减少；二是享受递减规律，即随着欲望的满足，人们得到的满足是递减的。这说明消费一种商品的数量越多（即某种刺激的反复），人们获得的满足程度越少，如连续喝水时就有这种感觉。

第二，商品本身用途的多样性。一种商品可以具有多种用途，当其数量有限时，消费者会优先将其用于最重要的用途，然后才用于次要的用途，此时前者的边际效用就大于后者。因此，如果商品有几种不同的用途，其重要性有大有小，也会使商品的边际效用递减。

（三）边际效用递减规律与需求曲线

决定需求曲线向右下方倾斜的原因，可以用边际效用递减规律作进一步的说明。消费者购买商品的原因是欲通过消费商品以得到满足或效用，而购买量的不同所带来的效用量的大小也是不同的。边际效用递减规律证明,随着购买使得消费量的增加,边际效用是递减的。从消费者的角度看,其支付价格的高低与边际效用大小是正相关的,即边际效用大,所愿支付的价格就高,反之则低。既然随着购买而使消费量增加,商品给消费者带来的边际效用是递减的,消费者所愿支付的价格就会如影随形而相应下降。因此,价格与需求量之间必然呈反方向变动关系,需求曲线向右下方倾斜。

(四) 货币收入的边际效用

西方经济学家认为不仅商品的边际效用是递减的,货币收入的边际效用也是递减的。货币收入的边际效用是指每增加或减少一个单位的货币收入所增加或减少的效用。因此,同样数量的货币,对穷人和富人而言,其边际效用是有区别的。货币收入的边际效用可用公式表示为:$\lambda = MU/P$。

四、效用最大化原则

边际效用递减规律既然是一种不可改变的规律,那么在人们的收入和商品价格既定的条件下,如何使有限的收入获得最大效用呢? 这就是效用最大化原则。实现效用最大化,要按两种不同情况来决定。

(一) 消费一种商品时,边际效用为 0

如果消费者连续消费的是同一种商品,要实现效用最大化,就必须使边际效用等于 0,即当消费者最后一个商品的边际效用(MU)为 0 时,消费者从这种商品中获得的总效用(TU)最大。

这种情况可以通过表 3 - 1 和图 3 - 1 进行分析。从表 3 - 1 和图 3 - 1 中可以看出,当连续消费一种商品,消费量 $Q = 5$ 时边际效用为 0,总效用最大(不再增加);当消费量 $Q > 5$ 时,边际效用为负值,总效用量也下降;当消费量 $Q < 5$ 时,总效用未达到最大值,边际效用仍然大于 0。从效用曲线上也可以看出,当连续消费一种商品时,只有当总效用曲线位置最高,且边际效用曲线与横轴相交时,才符合效用最大化原则。

(二) 消费多种商品时,每一个货币单位购买的商品所具有的边际效用相等

如果消费者同时消费多种商品,要实现效用最大化,就必须使各项开支中每一个货币单位购买的商品所具有的边际效用相等。如果购买商品时没有满足这一条件,就要把钱从一个货币单位获得边际效用少的商品转换到一个货币单位获得边际效用多的商品上,直至该商品的一个货币单位所获得的边际效用同其他商品的边际效用相等。

这里先以同时消费 A,B 两种商品如何实现效用最大化组合为例进行分析。表 3 - 2

给出的是商品 A 和商品 B 的效用参数。

在表3-2中,假设商品 A,B 为购买的仅有两种商品,其单位价格为1元,消费者在一定时期内的收入为8元,并且全部花完。那么,该消费者如何支配其收入,即购买商品 A 和 B 各多少时,才能保证实现效用最大化和满足最大化?

表3-2　商品 A 和商品 B 的效用组合

商品数量(Q)	1	2	3	4	5	6	7	8	总效用（TU）
商品 A 的边际效用(MU_A)	11	10	9	8	7	6	5	4	60
商品 B 的边际效用(MU_B)	19	17	15	13	12	10	8	6	100

已知消费者有8元钱货币,总共可买8件商品,消费者所得的总效用取决于 A,B 两种商品购买组合。

第一种购买组合:全部购买商品 A（A 为8件,B 为0件）,这时所得总效用 $TU=60$;

第二种购买组合:全部购买商品 B（B 为8件,A 为0件）,这时所得总效用 $TU=100$;

第三种购买组合:A,B 两种商品各买4件,这时所得总效用 $TU=TU_A+TU_B=(11+10+9+8)+(19+17+15+13)=102$;

第四种组合:商品 A 购买2件,商品 B 购买6件,这时所得总效用 $TU=TU_A+TU_B=(11+10)+(19+17+15+13+12+10)=107$。

在以上几种购买组合中,只有第四种购买组合所得总效用最大。因为此时购买的 A,B 两种商品的最后一件的边际效用均为10,即 $MU_{A2}=MU_{B6}$。

由上述分析可知,消费者同时消费两种商品时实现效用最大化的充分必要条件有:(1)限制条件,消费者在既定的收入和商品价格既定的条件下花完全部收入;(2)实现条件,消费者用同样收入购买的最后一个单位的两种商品的边际效用相等。以上充分必要条件可以用下面联立的方程组表示:

$$\begin{cases} P_AQ_A+P_BQ_B=M \\ \dfrac{MU_A}{P_A}=\dfrac{MU_B}{P_B}=\lambda \end{cases}$$

式中 P_A,P_B 分别表示 A,B 两种商品的价格;Q_A,Q_B 分别表示 A,B 两种商品的购买量;M 表示货币收入;MU_A 和 MU_B 分别表示 A,B 两种商品的边际效用;$MU_A/P_A,MU_B/P_B$ 分别表示 A,B 两种商品所支出货币的边际效用。

五、消费者均衡

消费者均衡是指消费者在一定的收入和价格条件下,购买一定数量的商品使总效用达到最大或获得最大满足时的状态。

究竟怎样理解消费者均衡呢? 首先应明确在研究消费者均衡时有几个假设条件:第一,消费者的收入固定,这样每一个单位货币的效用是相等的;第二,商品的价格不变,这样消费者的实际收入水平不变;第三,消费者的偏好固定,这样消费者对各种商品效用和边际效用评价不变。

这里仅仅以 A,B 两种商品的购买组合为例进行说明。前面所假定的 A,B 两种商品购买量的特定组合,是保证效用最大化的唯一组合,既不再多购买商品 A,也不再少购买商品 B,货币收入的投向不再发生任何调整和转移,而是处于一种相对静止的状态,这种相对静止的状态正是经济学中均衡的含义。

如果花费在两种商品上所支出货币的边际效用并不相等,而是 $MU_A/P_A < MU_B/P_B$ 或 $MU_A/P_A > MU_B/P_B$,那将会是怎样的一种情况呢?

如果 $MU_A/P_A > MU_B/P_B$,说明在商品 A 上花费 1 元钱获得的效用大于在商品 B 上花费 1 元钱所获得的效用,不能实现效用最大化,其结果是消费者对收入投向进行调整,增加对商品 A 的购买量,同时减少对商品 B 的购买量。

如果 $MU_A/P_A < MU_B/P_B$,说明在商品 A 上花费 1 元钱获得的效用小于在商品 B 上花费 1 元钱所获得的效用,不能实现效用最大化,其结果是消费者对收入投向进行调整,增加对商品 B 的购买量,同时减少对商品 A 的购买量。

上述两过程一直调节到在 A,B 两种商品上的花费所带来的边际效用相等(即 $MU_A/P_B = MU_B/P_B$)为止。这时就实现了效用最大化原则,也就是实现了消费者均衡。

六、消费者剩余

消费者剩余(consumer surplus)是指购买某种商品时,消费者愿意支付的最高货币额与实际支付的货币额之间的差额。这一差额形成了消费者的无形节余。消费者购买某种商品愿意付出的价格取决于该物品的边际效用,而实际付出的价格取决于该物品的市场供求状况(即市场价格),两者的不一致造成了剩余。

例如,某市场上某商品的市场价格为 10 元/件,某消费者购买了 4 件,由于边际效用递减,每件商品的边际效用都不相同,消费者愿意支付的价格也各不相同:第一件他愿意付 20 元,按市场价格 10 元即可买到,剩余 10 元;第二件他愿意付 17 元,剩余 7 元;第三件他愿意付 14 元,剩余 4 元;第四件他只愿付 10 元,没有剩余,所以购买第四件商品以后消费者不再购买。该消费者按市场价格每件 10 元买了 4 件,共支出 40 元,而他愿意付出的价格为 20+17+14+10=61 元,二者之差(21 元)即为消费者剩余。

第二节 序数效用与无差异曲线分析

一、序数效用

基数效用论是建立在主观心理感受基础上的消费者行为理论。由于人的主观心理实际上是无法测量的,它只能概括地说明效用的大小,但不能说明究竟有多大,因此,20世纪以来西方经济学家主张效用只能按序数计量,此即序数效用。

所谓序数效用论,就是认为效用不是数量概念,而是次序概念,它不能用$1,2,3,4,\cdots$基数具体说明效用大小,而只能根据偏好程度,用第一、第二、第三、$\cdots$序数加以排列。消费者面对A,B两种商品时,只能说明他对商品A的偏好超过或不如对商品B的偏好,而不能具体说明他对商品A的效用比商品B的效用大多少或小多少。这就是说,序数效用函数只表示偏好顺序而不表示效用数值,序数效用论强调的是相对效用,而不像基数效用论注重绝对效用。序数效用论用无差异曲线进行分析。

二、无差异曲线

无差异曲线(indifference curve)用来表示能够给消费者带来同等效用水平或满足程度的两种商品的不同数量的各种组合。

假设一个消费者按照既定的价格购买X和Y两种商品,如果3个单位的X和2个单位的Y,或2个单位的X和3个单位的Y给其带来的满足程度相同,那么这两种组合中的任何一种对消费者来说,其满足程度是无差异的,区别仅在于两种商品的不同比例。利用无差异曲线既可以反映不同消费者的不同偏好,又可以描述他们所能够追求的效用最大化。

为了更好地理解无差异曲线,首先应了解无差异表。无差异表是两种商品具有相同满足程度的各种数量组合的统计表,如表3-3所示。在表3-3四种组合中,每一种组合给消费者带来的满足程度都相等,把各种不同组合的点连接起来就形成了一条无差异曲线I,如图3-2(a)所示。

表 3-3 无差异表

组合方式	商品 X	商品 Y
a	2	12
b	4	6
c	6	4
d	8	3

在同一个平面中可以有无数条无差异曲线,不同的无差异曲线反映不同的效用水平。无差异曲线越接近原点,它所代表的满足程度越低,反之则越高。无差异曲线越靠近原点,表明两种商品数量组合水平越低,反之越高。由此可见,在图 3 – 2(b)中三条无差异曲线代表的总效用大小关系是:$I_3 > I_2 > I_1$。

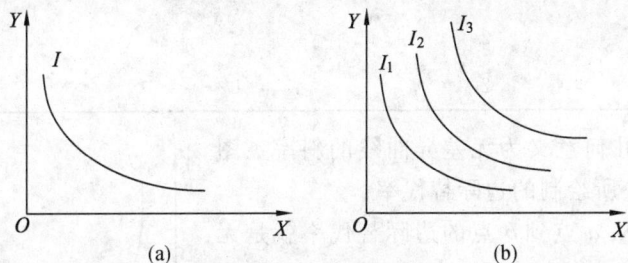

图 3 – 2　无差异曲线

无差异曲线具有以下特征:

第一,无差异曲线向右下方倾斜,说明两种商品数量关系呈反方向变化,即曲线的斜率为负。当增加一种商品的数量时,在保持相同满足程度的条件下,则必须减少另一种商品的数量。也就是说,消费者放弃一定数量某种商品所遭受的损失,一定要通过增加另一种商品的数量加以弥补,只有这样才能维持同等满足程度不变。这就是该曲线向右下方倾斜的根本原因。

第二,任何两条无差异曲线不能相交。如果它们彼此相交,则在交点上具有相同的数量组合,因而它们具有相同的满足水平,从而两条无差异曲线的满足程度也相同。但正是由于不同的满足水平,才会产生两条彼此不同的无差异曲线,这样便会产生逻辑上的矛盾。

第三,无差异曲线凸向原点,斜率递减。

三、边际替代率

边际替代率(marginal rate of substitution,MRS)是消费者在保持相同的满足程度时,增加一种商品的数量与必须放弃的另一种商品数量之间的比率。例如,消费者为了增加商品 X 的数量而放弃一定数量的商品 Y,增加的商品 X 的数量与放弃的商品 Y 的数量之比就是以商品 X 代替商品 Y 的边际替代率。如果用 MRS_{XY} 表示商品 X 代替商品 Y 的边际替代率,用 ΔX 表示商品 X 的增加量,用 ΔY 表示商品 Y 的减少量,则商品 X 代替商品 Y 的边际替代率公式为

$$MRS_{XY} = -\frac{\Delta Y}{\Delta X}$$

上式边际替代率应取绝对值,这是因为一种商品量与另一种商品量呈反方向变动,其计算值为负。根据前面介绍的无差异表 3 – 3 所给定的数据,可以计算出该表的边际替代率

MRS_{XY} 的数值,见表 3-4。

表 3-4　的边际替代率

变动情况	商品 X 的增加量(ΔX)	商品 Y 的减少量(ΔY)	边际替代率(MRS_{XY})
从 a 到 b	2	6	3
从 b 到 c	2	2	1
从 c 到 d	2	1	0.5

　　边际替代率的几何意义为无差异曲线的斜率。图 3-3 是根据图 3-2 所绘制的边际替代率。

　　在图 3-3 中,从 a 点到 b 点的边际替代率就是无差异曲线从 a 点到 b 点的斜率。更精确地说,边际替代率是无差异曲线某一点的负斜率,它也可以表示成两种物品边际效用的比率:

$$MRS_{XY} = \frac{MU_X}{MU_Y}$$

　　当 $\Delta X \to 0$,ΔY 也相应趋于一个无限小的值,于是 $\frac{\Delta Y}{\Delta X}$ 趋近一个极限值,即 $\frac{\mathrm{d}Y}{\mathrm{d}X} = \lim\limits_{\Delta X \to 0} \frac{\Delta Y}{\Delta X}$,而 $\frac{\mathrm{d}Y}{\mathrm{d}X}$ 正是无差异曲线任一点上的斜率。

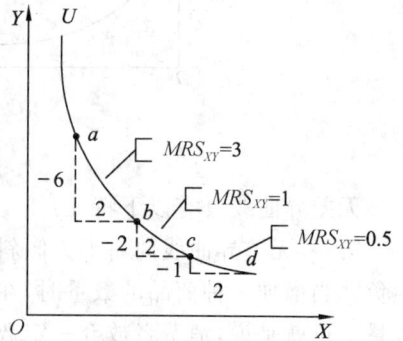

图 3-3　边际替代率

　　无差异曲线越陡峭,其斜率越大,即边际替代率越大;无差异曲线越平缓,其斜率越小,即边际替代率越小。无差异曲线的斜率从左上方向右下方是逐渐减少的,因此,它是一条凸向坐标原点的曲线。

　　无论从数值分析,还是从几何分析,边际替代率的变动趋势总是逐渐减少的,这就是序数效用中的边际替代率递减规律。它说明在连续增加某一商品时,人们所愿意牺牲的另一种商品的数量是递减的。这是因为随着某种商品的增加,它的边际效用递减;随着某种商品的减少,它的边际效用增加,所以某种商品能替代的另一种商品的数量越来越少。

　　西方经济学用序数效用论的边际替代率取代边际效用,用边际替代率递减规律取代边际效用递减规律,实际上二者是一致的。首先,边际替代率实际上就是两种商品的边际效用之比。序数效用论认为,消费者愿意用一定数量的 X 代替 Y,而不改变其满足程度的条件是

$$\frac{Y \text{ 减少的数量}}{X \text{ 增加的数量}} = \frac{X \text{ 的边际效用}}{Y \text{ 的边际效用}}$$

而　　　　　　　　　　边际替代率 $= \dfrac{X \text{ 的边际效用}}{Y \text{ 的边际效用}}$

可见,边际替代率不过是边际效用的另一种说法。其次,边际替代率之所以递减是因为消费

者对逐渐增加的商品 X 的主观评价降低,而对逐渐减少的商品 Y 的主观评价提高。因此,边际替代率递减仍然表示消费者主观心理感受的边际效用递减。

四、预算线

无差异曲线表明在同一条无差异曲线上各种商品组合为消费者提供的满足水平相同。但在现实中,任何消费者在购买商品时总要受到一定收入水平和一定价格水平的限制,于是序数效用论者在分析消费者行为时又建立了消费者的预算线(budget line)。预算线是用来表示消费者在一定的收入和商品价格条件下,用其全部收入所能购买的两种商品的不同数量的组合。预算线又称消费可能性曲线或价格线。

例如,某消费者现有一笔收入为 100 元,全部用来购买 X 商品和 Y 商品。假定商品 X 的价格为 10 元,商品 Y 的价格为 20 元,那么该消费者的全部收入都用来购买 X 商品,则最多可购买 10 个单位,而 Y 商品的购买量为 0;如果全部收入用来购买 Y 商品,则最多可购买 5 个单位,而 X 商品的购买数量为 0。由此可作出预算线,如图 3-4 所示。

在图 3-4 中,横轴表示 X 商品购买量,纵轴表示 Y 商品购买量,AB 就是预算线,其中 A 点表示消费者全部收入所能买到的 X 商品数量,B 点表示消费者全部收入所能买到的 Y 商品数量。在预算线 AB 上任意一点所代表的商品组合均代表着相同的支出水平。预算线与坐标轴围成的空间叫做预算空间,预算空间内的任意一点 C 所代表的商品组合都是消费者在既定的价格和收入条件下所能购买到的,但存在着货币结余;预算空间外的任意一点 D 所代表的商品组合都是消费者在既定的价格和收入条件下无法购买到的。由此可见,消费者只有在预算线上或预算线内进行决策时才具有实际意义;如果超过预算线范围,则意味着超出了消费者的承受能力,这在现实中是没有实际意义的。

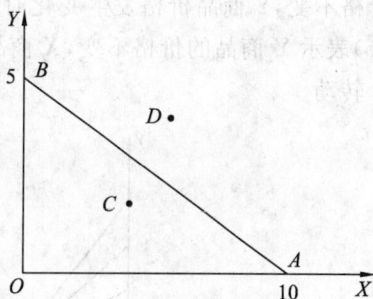

图 3-4 预算线

设消费者为获得最大满足而使全部收入购买 X,Y 两种商品,此时有

$$P_X X + P_Y Y = M$$

即

$$Y = \frac{1}{P_Y} M - \frac{P_X}{P_Y} \cdot X$$

如果消费者将全部收入都用于购买 Y,则购买的数量 $Y = M/P_Y$,它为预算线与纵轴的截距;如果消费者将全部收入都用于购买 X,则购买的数量 $X = M/P_X$,它为预算线与横轴的截距。消费者预算方程式是标准的二元一次线性方程,所以,预算线是一条直线,其斜率为该方程的导数,即

$$\frac{\mathrm{d}Y}{\mathrm{d}X} = -\frac{P_X}{P_Y}$$

斜率为负,表示预算线向右下方倾斜。由此可见,消费者预算线具有如下性质:第一,它是一条直线;第二,它的斜率为负,其值等于两种商品的价格之比。

预算线表示了现行价格、既定收入对消费者所能购买商品数量的客观限制。因此,如果价格与货币收入发生变化,必然会引起消费者所购买的商品数量的变化,在几何图形上表现为预算线的移动。

首先,分析在商品价格不变的条件下,货币收入变化对预算线的影响。当商品价格不变,消费者收入发生变化时,会引起预算线平行移动。也就是说,如果消费者收入增加,预算线平行向右移动,消费者的决策范围扩大;如果消费者收入减少,预算线平行向左移动,消费者的决策范围缩小,如图3-5所示。这种变化表明,消费者的全部收入用于购买其中任何一种商品的数量都会因收入的变化而变化。

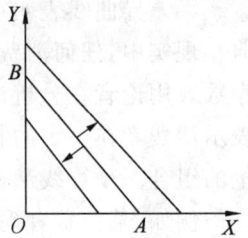

图3-5 收入变化对预算线的影响

其次,当消费者收入和一种商品的价格不变,而另一种商品价格发生变化时,也会引起预算线的移动。图3-6(a)表示 X 商品的价格不变,Y 商品价格发生变化时,预算线会以 A 点为轴心顺时针或逆时针转动;图3-6(b)表示 Y 商品的价格不变,X 商品价格发生变化时,预算线会以 B 点为轴心顺时针或逆时针转动。

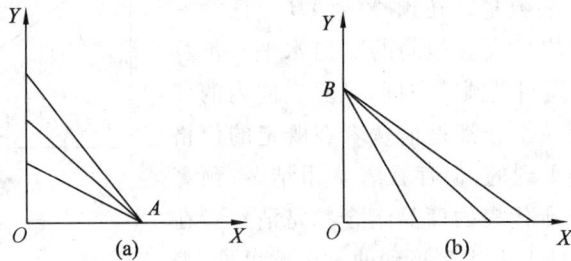

图3-6 价格变化引起预算线的变化

五、消费者均衡

前面已从基数效用论出发分析了消费者均衡,这里再从序数效用论出发,用无差异曲线和预算线来分析消费者均衡。无差异曲线和预算线实际上用于说明消费者的主观愿望和客观条件两个方面的问题。如何把主观愿望和客观条件结合起来,使消费者获得最大满足,或者说,如何以有限的货币收入在可以购买的商品间进行合理配置以求得最大效用,这就是消费者均衡理论所要研究和解决的问题。

将消费者的主观愿望和客观条件结合起来以考察消费者均衡,就要综合运用无差异曲线和预算线这两个分析工具,如图3-7所示。

图 3-7 中 I_1,I_2,I_3 是三种不同水平的无差异曲线;AB 是预算线,AB 与 I_2 相切于 E 点。若消费者选择 C 点的商品组合,由于该消费者没有用完全部收入,存在货币结余,所以未能达到最大的满足状态;若消费者选择 D 点的商品组合,虽然用完全部收入,但 D 点处在位置较低的无差异曲线 I_1 上,仍然未能获得最大满足。从图 3-7 上看,F 点的商品组合虽然位于较高的无差异曲线 I_3 上,但该点处于预算线之外,是消费者力所不及的。无差异曲线与预算线的切点 E 的商品组合既能保证消费者把收入用完,又处于较高的无差异曲线上,因此它是消费者均衡点,这时消费者的满足达到最大化。通过比较,可以发现 E 点以外的其他任何一点,要么收入用不尽,要么收入不够用,都不能同时保证收入刚好用完与效用最大化两个条件。可见,E 点才是消费者均衡点。因为此时不再发生收入支出的转移,处于相对静止状态。

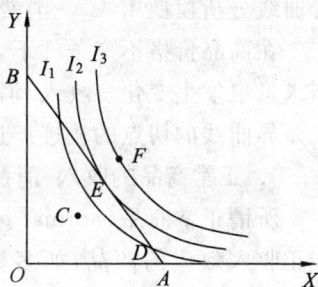

图 3-7　消费者均衡

那么,消费者均衡的条件或者说效用最大化的条件是什么呢? 图 3-7 中切点 E 位于预算线上,其满足效用最大化的限制条件为 $P_X \cdot X + P_Y \cdot Y = M$,同时切点上无差异曲线和预算线斜率相等:无差异曲线的斜率就是边际替代率 MRS_{XY},预算线的斜率是两种商品价格之比。由此可见,消费者均衡的条件即效用最大化的条件是:无差异曲线的斜率等于预算线的斜率。

由前面的阐述已知,无差异曲线的斜率(即边际替代率)为

$$MRS_{XY} = -\frac{\Delta Y}{\Delta X} = \frac{MU_X}{MU_Y}$$

预算线的斜率为 P_X/P_Y。

因而,消费者均衡的条件为

$$\frac{MU_X}{MU_Y} = \frac{P_X}{P_Y} \ 或 \ \frac{MU_X}{P_X} = \frac{MU_Y}{P_Y}$$

由此可见,这里分析的消费者均衡与效用最大化法则实际上是一致的,序数效用分析和基数效用分析所得出的消费者均衡条件是完全一致的。

六、收入、价格与替代效应

上述消费者均衡的分析是基于消费品价格、消费者收入、消费者偏好既定的假定之上的。当这些条件发生变化时,消费者行为会有什么变化? 这里介绍的收入、价格与替代效应是无差异曲线分析的延续。

(一) 收入效应

收入效应是在价格不变的前提下,消费者货币收入变化所导致的需求量的变化。无差

异曲线分析模型用收入-消费曲线以分析消费者对收入变动的反应。

在商品价格不变条件下,消费者货币收入的变化会使预算线发生平行移动,消费者均衡需求量也发生变化。收入-消费曲线就是消费者各个水平的预算线与可能达到位置最高的无差异曲线的切点的轨迹。这里分两种情况进行分析。

1. 正常商品的收入-消费曲线

所谓正常商品(normal goods),是指有收入-消费曲线正收入效应的商品,如多数工业品和高档商品,如图3-8所示。图中横轴 OX 和纵轴 OY 分别代表 X,Y 两种正常商品的需求量;直线 A_1B_1,A_2B_2,A_3B_3 分别代表不同收入水平的预算线;I_1,I_2,I_3 分别是三条不同水平的无差异曲线;A_1B_1,A_2B_2,A_3B_3 分别与 I_1,I_2,I_3 相切于 E_1,E_2,E_3。用同样的方法还可以得到许多切点,E_1,E_2,E_3 等切点的连线 I_α 就是收入-消费曲线。

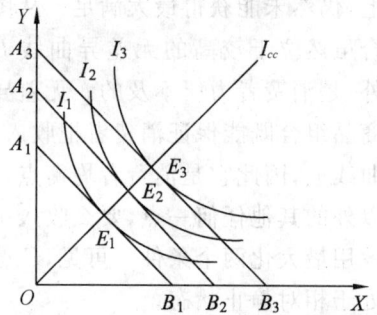

图3-8中的收入-消费曲线 I_α 向右上方倾斜,斜率为正,表示对两种正常商品的收入效应即商品需求量与收入量同向变动。当收入增加、预算线向右上方平移时,消费者所获得的商品组合量也越来越多。

图 3-8 正常商品的收入-消费曲线

2. 劣质商品的收入-消费曲线

所谓劣质商品(inferior goods),是指有收入-消费曲线负收入效应的商品。商品分为正常商品和劣质商品,不是对商品本身进行划分,而是相对于收入的划分。例如人们收入增加后购买高档服装,低档服装就成了劣质商品。同理可以得到劣质商品的收入-消费曲线,此时 I_α 向左上方倾斜,斜率为负,表示对劣质商品的收入效应即商品需求量与收入量反向变动。当收入增加、预算线向右平移时,消费者所获得的商品组合量也越来越少。

将 I_α 描绘于横轴为商品 X、纵轴为收入 I 的坐标中就可以得到一条表示消费者收入和商品购买量(需求量)之间关系的曲线,称为恩格尔曲线。恩格尔曲线是以19世纪德国统计学家恩格尔的名字命名的。恩格尔的统计分析表明,随着人们收入的增加,用于食品的支出在生活支出中所占比例将下降,用于住宅和穿着方面的支出比例将基本不变,用于其他方面的支出比例将增加,这一结果被称为恩格尔定律。恩格尔系数用于表示食品支出与收入总支出的比率,这一系数也常用来衡量一个国家和地区的富裕程度。

(二)价格效应

价格效应是在货币收入不变的前提下,商品价格变化所导致的消费者需求量的变化。无差异曲线分析用价格-消费曲线以分析消费者对价格变动的反应。

当消费者收入不变、偏好不变时,商品价格变化对需求量有一定的影响。为简化分析,现仍以两种商品为对象进行说明。

当 Y 商品价格不变,而 X 商品价格改变时,从公式上看有

$$P_X X + P_Y Y = M$$

而消费者预算线的斜率等于两种商品的价格之比。当一种商品价格发生变动时,预算线会发生旋转,其斜率必然发生变动,消费者均衡点也随之变动。这标志着消费者的需求量发生了变化,如图3-9所示。

图3-9中,横轴和纵轴分别代表 X 和 Y 两种商品;I,I_1,I_2 是三种不同水平的无差异曲线。这里假定消费者的货币收入、偏好等因素不变,只考察价格变化时对消费者的影响。当商品 X 价格不变时,消费者的预算线为 AB,它与无差异曲线 I 相切于 E 点,即均衡点为 E;当商品 X 的价格下降时,消费者在不减少 Y 商品购买量的情况下购买更多 X 商品,从而使预算线向右旋转到 AB_2,与无差异曲线 I_2 相切于 E_2 点,此时 E_2 点为均衡点;当 X 商品价格上升时,预算线会向左旋转到 AB_1,与 I_1 相切于 E_1 点,即均衡点为 E_1 点。依此类推可以找到相应于各种价

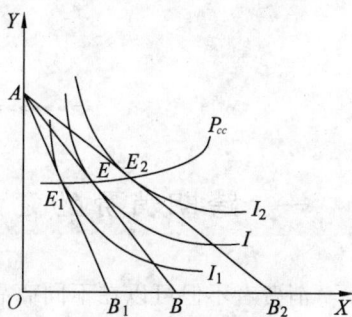

图 3-9　价格-消费曲线

格变化的均衡点,由 E_1,E,E_2,…所形成的轨迹反映了消费者在不同的价格水平上消费量的变化,称为价格-消费曲线(P_{cc})。若商品 X 的价格不变,只考察商品 Y 价格的变化对消费者的反应,同样可以得出类似的价格-消费曲线。

(三)替代效应

价格效应和收入效应说明了价格变动和收入变动对需求量的影响,实际上两者是互相联系、不可分割的。某种商品价格下降所引起的需求量增加,是替代效应和收入效应共同作用的结果。从替代效应看,任何商品价格的下降都会引起该商品需求量增加;从收入效应看,情况却不一定如此,因为商品价格下降将导致消费者实际收入增加。此时如果该商品是正常商品,实际收入增加将会增加该商品的需求;如果该商品是劣质商品,实际收入增加反而会减少该商品的需求。价格下降会不会增加该商品的需求,取决于替代效应大于还是小于收入效应。如果替代效应大于收入效应,那么价格下降会增加该商品的需求;如果替代效应小于收入效应,那么价格下降会反而减少该商品的需求。

【案例】

消费者行为理论对企业决策的启示

(1)消费者行为理论告诉我们,消费者购买商品是为了效用最大化,而且商品的效用越大,消费者愿意支付的价格越高。

(2)根据消费者行为理论,企业在决定生产时,首先要考虑商品能给消费者带来多大效

用,即要分析消费者的心理,满足消费者的偏好。

(3) 不同时代有不同消费时尚。一个企业要成功,不仅要了解当前的消费时尚,还要善于发现未来的消费时尚。

(4) 消费者行为理论还告诉我们,一种产品的边际效用是递减的。边际效用递减原理提示企业要进行创新,生产不同的产品。

第三节　跨期选择

一、跨期消费的意义

消费者不但可以在不同商品组合中作出选择,而且可以在不同时期的消费中进行安排。有些人喜欢目前少消费、多储蓄以期望将来多消费,有些人则喜欢寅吃卯粮,愿借钱来增加当前消费。这就涉及一个跨期选择(intertemporal choice)问题。现以一个最简单的模型来说明跨期选择。假定消费者可以在本期(假定是今年)和下期(假定是明年)中进行选择,今年和明年的收入分别为 $I_1 = 12\,000$ 和 $I_2 = 12\,600$,借贷的市场利率 $r = 5\%$。若今明两年收入全部用于今年消费,由于需用 5% 的利率借用明年的收入进行消费,故今年的消费金额总共为 $I_1 + \dfrac{I_2}{1+r} = 12\,000 + 12\,600/1.05 = 24\,000$;若今明两年收入全部用于明年消费,由于可将今年收入放贷到明年消费,故明年的消费金额总共为 $I_2 + I_1(1+r) = 12\,600 + 12\,000 \times 1.05 = 25\,200$。如果在一个坐标图形中同时表示上述两种情况,则图 3-10 (a)中 OM 表示明年消费金额(25 200),ON 表示今年消费金额(24 000),联结 M 和 N 所形成的线段就是跨期消费预算约束线。线段上每一点表示今年和明年消费的所有可能的组合。这条预算约束线的斜率为

$$\frac{OM}{ON} = \frac{I_1(1+r) + I_2}{I_1 + \dfrac{I_2}{1+r}} = 1 + r$$

在本例中跨期消费预算约束线的斜率是 1.05。显然,利率越高,MN 越陡。

现在假定某消费者的起初情况处于 MN 线的 A 点,这时他既不借用明年收入进行消费,也不储蓄钱留至明年消费。该消费者将今年的收入用于今年的消费为 OB,将明年的收入用于明年的消费为 OC,A 点可称为禀赋点。经过 A 点的一条无差异曲线 U_1 表示 U_1 上的每一点均是今年、明年两期消费的可能组合,但这一组合不同于 MN 线上每一点表示的各种可能消费组合。U_1 上的各种组合表示这些组合点所代表的今明两年的各种消费量对消费者而言是同样的,即效用是无差异的,而 MN 线上各点所代表的今明两年的各种消费量都是消费者两期收入所能消费起的。MN 线和 U_1 线都能上下平行移动。U_1 线越向上移

动,表示两期消费的效用水平越高,MN 线越向右上移动,表示两期消费的金额越大。

二、跨期消费中的均衡

现在将图 3-10(a)进行某些变动,把 U_1 向上移动到 U_2,使 U_2 正好和 MN 线相切于 E 点,如图 3-10(b)所示。在 E 点上,无差异曲线 U_2 的斜率和 MN 的斜率相等,这时该消费者的跨期消费达到了均衡状态。消费者今年的消费为 OD,明年的消费为 OF。图形上这种变动的经济含义为:消费者今年少消费一点(DB),储蓄一点钱到明年多消费一点(CF),可使其消费的效用水平从 U_1 提高到 U_2;相反,如果该消费者的初始禀赋点是 G 点,则该消费者借用一点明年的收入(FI)到今年多消费一点(HD),也可以使效用水平提高。

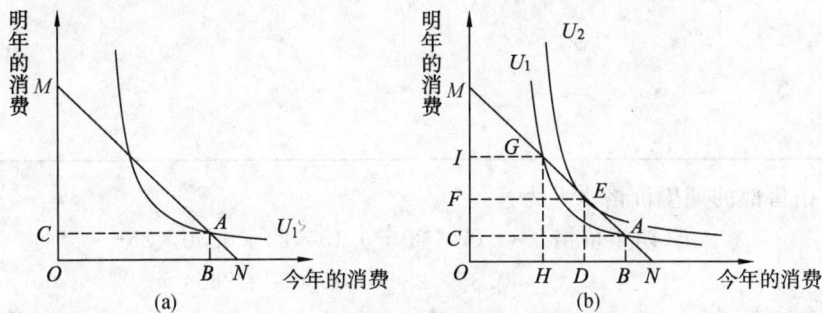

图 3-10　跨期消费选择

第四节　不确定情况下消费者的行为

前面关于消费者行为的研究是在一些假定的条件下进行的,事实上这些假定是不现实的,这时就需在分析中考虑未来不确定性的影响,即研究在风险和不确定性的情况下的决策问题。经济学中的风险是指某种不利事件发生的可能性。不确定性表明决策者无法获得某一时间所有可能的结果,或者每一种可能结果发生的概率是无法得到的。

一、期望值

如何判断某种概率分布的最终可能结果? 这里就要用到期望值的概念。如果以每一种可能结果发生概率作为权重,计算所有可能结果的加权平均值,就是概率分布的期望值或者概率分布的均值。其一般定义为:

$$E(\pi) = \sum_{i=1}^{n} P_i \pi_i$$

其中 π_i 为所有可能结果中的第 i 种结果；P_i 表示第 i 种结果可能发生的概率；$E(\pi)$ 表示某种事件的期望值；n 表示所有可能结果的总数。

例如，某公司销售部根据市场调研获得竞争对手产品降价后，本公司产品的各种可能价格水平及各自发生的概率见表 3-6，求公司销售部的期望价格水平。

表 3-6 竞争对手产品降价后某公司产品价格的概率分布

可能的价格水平/元	发生的概率/%
20	5
24	15
25	30
28	35
32	15

公司销售部的期望价格水平为

$$E(\text{期望价格}) = 0.05 \times 20 + 0.15 \times 24 + 0.30 \times 25 +$$
$$0.35 \times 28 + 0.15 \times 32 = 26.4 \text{ 元}$$

需要注意的是，本例给定的最终结果是五种价格水平的一种，而不会正好落在 26.4 元，期望值只表明在同等条件下重复同样决策时的最终平均值。

二、预期效用和预期效用函数

所谓预期效用是指每一种可能结果所带来的效用与该结果发生的概率的乘积总和。预期效用的概念满足了消费者行为理论中的假设，反映了决策者的决策偏好，即以利润的预期效用最大化作为基准进行风险决策。假设一个决策者面对一个风险项目投资进行决策，该项目会有 n 种可能结果，每一种可能结果的利润为 $\pi_1, \pi_2, \cdots, \pi_n$，每一种可能结果发生的概率为 $P_1, P_2, \cdots, P_n$，则该风险项目投资的期望效用为

$$E[U(\pi)] = P_1 U(\pi_1) + P_2 U(\pi_2) + \cdots + P_n U(\pi_n) = \sum_{i=1}^{n} P_i \pi_i$$

其中 $E[U(\pi)]$ 为预期效用；$U(\pi_i)$ 为效用函数，即给定某一个利润水平下可以获得的效用或满足程度。

例如，某投资项目有两种可能的利润结果：A 结果的利润为 20 元，概率为 20%，B 结果的利润为 50 元，概率为 80%。如果决策者对利润为 20 元的效用或满足程度为 10 单位，对利润为 50 元的效用或满足程度为 18 单位，则其预期效用为

$$E[U(\pi)] = 0.2 \times U(20) + 0.8 \times U(50) = 0.2 \times 10 + 0.8 \times 18 = 16.4 \text{ 单位。}$$

三、对待风险的态度

（一）风险厌恶者

假设某消费者现在拥有 10 美元的财富，他正在考虑是否要进行一次赌博。在这次赌博中，他赚 5 美元的概率是 50%，输 5 美元的概念也是 50%，因此他的财富将是随机的：他有 50% 的概率以拥有 5 美元告终，也有 50% 的概率以拥有 15 美元告终。所以，财富的期望值是 $E(\pi)=5\times50\%+15\times50\%=10$ 美元，期望效用是 $E[U(\pi)]=0.5U(5)+0.5U(15)$。

图 3-11 为风险厌恶者的效用函数。财富的期望效用是 $U(15)$ 和 $U(5)$ 的平均值，在图中标记为 $0.5U(5)+0.5U(15)$。财富的期望值的效用标记为 $U(10)$。注意，在图 3-11 中，财富的期望效用小于财富的期望值的效用，即

$$U(0.5\times15+0.5\times5)=U(10)>0.5U(15)+0.5U(5)$$

在这种情况下，我们称该消费者是风险厌恶者。

（二）风险喜好者

图 3-12 为风险喜好者的效用函数。财富的期望效用 $0.5U(5)+0.5U(15)$ 大于财富的期望值效用 $U(10)$。可以看出，厌恶风险的消费者的效用函数是凹的——它的斜率随着财富的增加而变得越来越小，而偏好风险的消费者的效用函数是凸的——它的斜率随着财富的增加而变得越来越大。因此，效用函数形状越凹，消费者就越厌恶风险；效用函数形状越凸，消费者就越偏好风险。

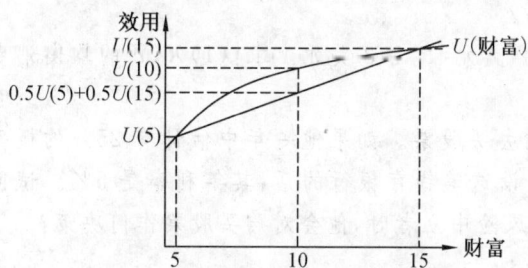

图 3-11　风险厌恶者的效用函数

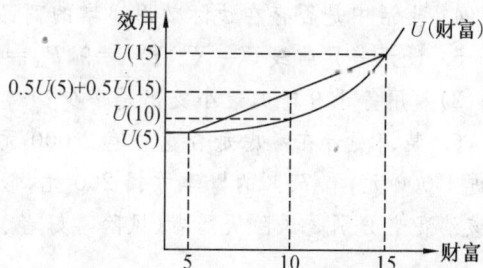

图 3-12　风险喜好者的效用函数

（三）风险中立者

当财富的期望效用恰好等于财富的期望值效用时，消费者是风险中立者。在这种情况下，消费者不关心财富的风险，而只关心它的期望值。

【本章小结】

1. 消费者行为理论是研究消费者通过选择,使有限的收入获得最大满足的方法,而消费者欲望的满足是通过商品的效用来实现的。

2. 西方经济学对于效用问题的研究共有两种理论:一是基数效用论;二是序数效用论。基数效用论所采用的分析法是边际效用分析法,序数效用论所采用的分析法是无差异曲线分析法。

3. 消费者均衡的条件是:$\dfrac{MU_X}{MU_Y}=\dfrac{P_X}{P_Y}$ 或 $\dfrac{MU_X}{P_X}=\dfrac{MU_Y}{P_Y}$

   序数效用分析和基数效用分析所得出的消费者均衡条件是完全一致的。

【重要名词和术语】

总效用　　边际效用　　无差异曲线　　边际替代率　　边际效用递减规律　　预算线
替代效应　　收入效应　　价格效应　　消费者剩余

【复习思考题】

1. 试利用效用原理解释钻石的价格比水贵。

2. 假定消费者购买 X 和 Y 两种商品,最初时有 $\dfrac{MU_X}{P_X}=\dfrac{MU_Y}{P_Y}$,若 P_X 下跌,P_Y 保持不变,且需求价格弹性小于1,则 Y 的购买量将如何变化?

3. 若某消费者的效用函数 $U=4\sqrt{X}+Y$,起初他消费 9 单位 X,8 单位 Y,现在 X 减少到 4 单位,试问他需要消费多少单位 Y 才能与以前的满足相同?

4. 生活中是否存在边际效用递增的商品?

5. 设无差异曲线 $U=X^{0.4}Y^{0.6}=9$,$P_X=2$ 美元,$P_Y=3$ 美元。求:(1) X,Y 的均衡消费量;(2)效用等于 9 时的最小支出是多少?

6. 某消费者在考虑是否花一笔 2 000 元去买股票。如果他一年中估计有 25％ 的概率赚进 1 000 元,有 75％ 的概率亏损 200 元,假设这笔钱存银行的话,其年利率是 5％。试问若该消费者分别是风险厌恶者、风险喜好者、风险中立者时,他会对购买股票作何决策?

第四章

企业和生产理论

【本章要点】

　本章介绍企业本质及目标;边际报酬递减规律;单一要素和两要素下的生产者均衡;规模报酬。

前一章从需求方面考察了消费者的行为理论,本章将从供给方面来考察生产者的行为。这里主要从实物形态的角度来研究投入与产出的关系,研究厂商如何使用一定的生产要素投入量生产出最大的产出量,或者为了得到一定的产出量,如何使生产要素投入量为最小。

第一节　企业及其目标

一、企业及其组织形式

1. 企业

企业(firm)即厂商或生产者,是将若干投入转化为产出的一种生产经营性组织。

为什么会产生企业? 企业存在的理由是什么? 不同的经济学家有着各自不同的说法。

有的经济学家认为,企业可实行分工合作,形成专业化生产的高效率。一个产品由一个人从头做到尾,效率极低,若由许多人分工合作完成,各人分别负责一道或几道工序,效率会大大提高。

有的经济学家认为,企业可实现团队生产的规模经济,做到 $1+1>2$。可以说,几乎所有工农业产品在大批量生产时成本会低得多,质量也容易得到保证,而只有企业且常常是一定规模的企业才能做到大批量生产。生产若由企业来组织,可采用先进设备,配备专人进行管理,并有专门渠道组织原材料采购和产品销售,这样就能大大提高效率。

还有的经济学家认为,市场与企业是两种相互替代的资源配置方式:市场交易通过不同经济主体间的合约实现,由价格机制从外部进行调节,即市场价格机制这只"看不见的手"指挥着人们生产什么、生产多少、如何生产等活动;企业则将市场交易活动变成企业内部的活动,由企业家运用权威协调人们的活动,以节省交易成本,降低市场风险。因此,企业的规模也要由市场交易成本与企业内部的交易成本的对比来决定。

2. 企业的组织形式

企业按照其法律组织形式可分为三类:

(1) 业主制,即个体业主制,它是归一个人所有并负责经营管理的企业,盈亏都由业主个人负责。业主制企业一般规模较小,但数量极多。

(2) 合伙制,它是两个或两个以上的业主合伙组成的企业,收益由合伙人分享,责任和风险由他们共同分担。一般来说,合伙制企业规模也较小。

(3) 公司制,它是一种现代企业组织形式,具有法人资格。法人是相对于自然人(如张三、李四等每一个具体的人)而言的,是具有独立财产并能独立承担民事责任的组织机构。

公司制企业按所承担的责任情况分为多种类型,其中主要有:(1) 由一定人数的股东组成,股东只以出资额为限对公司承担责任,公司只以其全部资产对公司债务承担责任的有限责任公司;(2) 由一定人数股东组成,公司全部资本分为等额股份,股东以其所认股份对公司承担责任,公司以其全部资产对公司债务承担责任的股份有限公司。

公司制企业实行法人治理结构,即形成由股东会、董事会、监事会和经理层组成并有相互制衡关系的管理机制。其中,股东会是公司权力机构;董事会是由股东选出、代表股东利益和意志并对公司经营作决策的机构;监事会是公司的监督机构;经理层是董事会聘任的负责公司日常经营管理的人员。

目前,股份有限公司是公司制最重要的组织形式。这一组织形式具有有利于筹集资金、组织大规模生产经营、分散市场风险等优点,也存在由经营权和所有权分离而带来的一些缺点。例如,由于公司日常经营管理是由经理层人员负责的,他们对公司经营状况最清楚,而股东和董事并不十分了解。于是,经理层人员就有可能为了自身利益去做一些不符合所有者利益和意志的事,这种情况称为"内部人控制"。

二、企业经营目标

企业作为生产经营性组织,总要以盈利为目标。追求利润最大化是传统经济学对企业目标的一个基本假定。对于业主制和合伙制企业来说,这一目标非常明显,但对股份制企业来说,这一目标似乎就有些问题了。对于股份制公司股东来说,要保证红利最大化,就必须使企业经营盈利最大化;对于公司经理层来说,由于他们不是所有者而是经营者,因此,他们直接关心的是如何将企业规模做大,实现产品销售的市场份额最大化,或者追求他们个人效用最大化,包括在职消费、个人收入等;而企业职工首先关心的则是自己的工资和奖金如何尽量提高等。这样企业经营目标似乎多元化了。然而应当指出的是,这些多元化的目标从根本上说与利润最大化这一基本目标并不矛盾,相反都要受这一基本目标的制约。这是因为:第一,企业规模要做大,必须建立在盈利基础上。如果不能盈利,企业缺乏效益,即使通过筹资把规模做大了,也不能持久。此外,企业扩大规模本身也是为了盈利。第二,扩大产品销售的市场份额同样是为了盈利,即使有的企业在产品销售中一时低价亏本经销,这也是为了压垮竞争者,夺取市场以最终求得利润最大化。第三,经营者和职工的收入最大化,更要建立在企业经营利润最大化基础上,否则一切都是空中楼阁。

在以下的分析中均使用企业追求最大化利润这一基本假设。

第二节　生产函数

一、生产和生产函数

所谓生产,从经济学角度看就是一切能够创造或增加效用的人类活动。效用就是消费者通过消费某种商品或服务所产生的满足程度。因此,所有能给人们创造或增加某种满足的活动都是生产活动。

生产离不开生产要素。生产要素是指在生产中投入的各种经济资源,包括劳动、土地和资本等。

劳动是人类为了进行生产或者为了获取收入而提供的劳务,包括体力劳动和脑力劳动。劳动并不是指劳动者本身,而是指劳动者提供的服务。劳动的价格是工资。

土地是一个广义的概念,不仅包括泥土地,还包括山川、河流、森林、矿藏等一切自然资源。土地的价格是地租。

资本是指生产过程中使用的各种生产设备,如机器、厂房、仓库等资本物品,并不是专指货币。资本的价格是利息。

除了上述传统的生产三要素外,英国经济学家马歇尔在《经济学原理》中又增加了一种生产要素即企业家才能,其价格就是利润。因此,"生产三要素"说便发展为"生产四要素"说。

生产任何一种产品都需要投入上述生产要素。在技术水平不变的情况下,生产出来的产品数量取决于所使用的生产要素的数量以及它们之间的相互配合状况。生产函数用于表示生产要素的某种组合与其可能生产的最大产量之间的关系。生产函数一般采用列表、图形或数学方程式表示。若用 Q 代表某种产品的产量,x,y,z 等代表各种生产要素的投入量,则生产函数的方程式可写成

$$Q=f(x,y,z)$$

式中 x,y,z 等为自变量;Q 为因变量。方程式的含义是:在一定的技术水平条件下,假如 x,y,z 等各种生产要素的投入量已知,那么就可以知道某种产品的最大产出量 Q;反之,假如

最大产出量 Q 已知,那么也就可以知道 x,y,z 等各种生产要素的最低投入量。

生产函数具有两点基本性质:

(1) 在既定的技术水平下,如果各种生产要素的数量增加,产出量也随之增加。因此产出量是各生产要素的增函数。如果发生了技术进步,生产函数本身就会改变。假如技术进步提高了劳动生产率,那么得到与原先同样的产量所必须投入的劳动量将会减少。

(2) 生产函数表示的是最大产出量,这意味着资源得到充分利用。或者说,生产函数所反映的投入与产出之间的关系是以企业经营管理得好、一切投入要素的使用都非常有效为前提的。当然,在实际应用中的产出数据并不就是最大产出量,因此有的学者把根据实际数据得到的生产函数称为"实际生产函数",而把前者称为"理论生产函数"。

在分析生产要素与产量之间的关系时,一般只考虑劳动和资本两种要素投入的情况。生产函数可简化为

$$Q=f(L,K)$$

例如,当 $Q=f(L,K)=KL-0.5L^2-0.32K^2$ 时,有以下两式成立:

$$Q=f(L,10)=10L-0.5L^2-32$$
$$Q=f(20,K)=20K-200-0.32K^2$$

生产函数是 20 世纪 20 年代末由美国经济学家道格拉斯与柯布提出的,他们根据美国 1899 年—1922 年的工业统计资料得出了这一时期美国的生产函数,称为柯布-道格拉斯生产函数。其形式为

$$Q=AL^\alpha K^{1-\alpha}(A,\alpha\ 为常数,且\ 0<\alpha<1)$$

其中 α 为劳动的产出弹性,$1-\alpha$ 为资本的产出弹性。产出弹性是指产出量对生产要素投入量变动的敏感程度。

同时,道格拉斯与柯布还根据具体数据得出 $A=1.01,\alpha=0.75$,即

$$Q=1.01L^{0.75}K^{0.25}$$

其中劳动 L 的产出弹性为 0.75;资本 K 的产出弹性为 0.25。

各种产品生产中投入的各种要素之间的配合比例,称为技术系数。技术系数可以是固定的,例如每生产一单位某产品必须投入一定量的资本和劳动,随着产量的增加或减少,这两种要素必须按固定比例增加或减少。这种固定技术系数的生产函数称为固定比例的生产函数。相应地,有些产品生产中的要素配合比例是可变的,这种生产函数称为可变比例的生产函数。

对于某一生产函数,如果投入的所有生产要素变化 λ 倍,产量也同方向变化 λ^n 倍,则称该生产函数为 n 齐次生产函数,若 $n=1$,则为线性齐次生产函数。

例如,在 $Q=f(x_1,x_2,\cdots,x_n)$ 中,若 $x_1,x_2,\cdots,x_n$ 全部同时增加为 $\lambda x_1,\lambda x_2,\cdots,\lambda x_n$,则产量 Q 会增加为 $\lambda^n Q$,即 $\lambda^n Q=f(\lambda x_1,\lambda x_2,\cdots,\lambda x_n)$。在齐次生产函数中有一种典型的生产函数,即为柯布-道格拉斯生产函数。

二、短期和长期

分析生产函数还应区分长期与短期。这里的"短期"、"长期"不是指一个具体的时间跨度,而是指能否使厂商来得及调整生产规模(固定的生产要素和生产能力)所需要的时间长度。"长期"是指时间长到可以使厂商调整生产规模以达到调整产量的目的;"短期"则指时间短到厂商来不及调整生产规模以达到调整产量的目的,而只能在原有厂房、机器、设备条件下依靠多用或少用一些人工和原材料等来调整产量。例如,某产品市场需求量由于某种原因暂时迅速扩大,厂商可通过充分利用原有设备,加班加点来增加产量以满足需求,这就是短期调整生产;相反,如果市场对该产品的需求量由于人们对其偏好普遍变大而长期地增加,则厂商应增加设备、扩大生产规模来满足增长了的市场需求,这就是长期调整生产。

可见,在长期中一切生产要素都是可以变动的,不仅劳动投入量、原材料使用量可变,资本设备量也可变;而在短期中,只有一部分要素是可变的,如劳动投入量及原材料数量,而另一些生产要素不随产量的变动而变动,如机器、设备、厂房、高级管理人才等。

"短期"、"长期"是相对的概念。在有些生产部门如钢铁工业、机器制造业等部门中,所需资本设备数量多,技术要求高,不容易变动生产规模,此时几年的时间也许就是"短期";反之,有些行业如普通服务业、食品加工业,所需资本设备数量少,技术要求低,比较容易变动生产规模,此时几个月的时间也许就是"长期"。

生产中两种最重要的投入是劳动与资本,因此,在经济分析中通常假定企业只使用这两种要素。在短期内,假设资本数量不变,只有劳动随产量变化,则生产函数可表示为 $Q=f(L)$,这种生产函数称为短期生产函数;在长期内,资本和劳动都可变,则生产函数可表示为 $Q=f(L,K)$,这种生产函数称为长期生产函数。

第三节　短期生产函数

假定其他投入不变,只有一种要素如劳动投入量 L 可变,研究这种投入要素的最优使用量就属于一种可变投入要素的最优利用问题。为了探讨这一问题,需要研究总产量、平均产量和边际产量这三个概念及其相互关系。

一、总产量、平均产量和边际产量

总产量(total product,TP)是指投入一定量的生产要素后所得到的产出量的总和。

平均产量(average product,AP)是指平均每单位生产要素投入量的产出量。如果用 X

表示某生产要素投入量,那么 $AP=TP/X$。

边际产量(marginal product,MP)是指增加或减少一单位生产要素投入量所带来的产出量的变化。如果用 ΔTP 表示总产量的增量,ΔX 表示生产要素的增量,则

$$MP=\frac{\Delta TP}{\Delta X}=\frac{dTP}{dX}$$

为了说明三者之间的关系,假定只有一种可变要素投入,且只生产一种产品。假设生产函数的具体形式为 $Q=f(L)=27L+12L^2-L^3$,则劳动的平均产量 AP 为

$$AP=\frac{Q}{L}=27+12L-L^2$$

劳动的边际产量 MP 表示为

$$MP=\lim_{\Delta L\to 0}\frac{\Delta Q}{\Delta L}=\frac{dQ}{dL}=27+24L-3L^2$$

根据上述两式,投入的劳动量与总产量、平均产量和边际产量如表 4-1 所示。

表 4-1 总产量、平均产量和边际产量

劳动量(L)	总产量(TP)	平均产量(AP)	边际产量(MP)
0	0	—	—
1	38	38	48
2	94	47	63
3	162	54	72
4	236	59	75
5	310	62	72
6	378	63	63
7	434	62	48
8	472	59	27
9	486	54	0
10	470	47	-33

根据表 4-1 可画出总产量、平均产量和边际产量的曲线,如图 4-1 所示。

图 4-1 中的三条产量曲线表示一定技术水平条件下的投入产出关系。生产函数中的投入产出关系取决于技术水平。如果技术进步了,企业可采用更先进的设备,投入同样劳动会产出更多产品,于是这三条产量曲线都会相应向上移动,它表明劳动生产率提高了。先进技术的采用可使生产中的每一劳动小时、每一吨煤、每一度电、每一立方米的水等单位生产资源创造出更多产品。当然,如果劳动者素质提高、管理改进,同样可使每单位资本有更多产出,即大大提高资本生产率。

现在仍旧考察既定技术水平下的产量曲线。从表 4 - 1、图 4 - 1 中可以看到：

(1) 随着劳动量的增加,最初总产量、平均产量和边际产量都是递增的。

(2) 当劳动量增加到 4 个单位时,从边际产量曲线 MP 线可以看出,此时边际产量达到最大。

(3) 当劳动量增加到 6 个单位时,平均产量达到最大,为 63,这时边际产量也为 63,可见当 AP=MP 时,平均产量达到最大。

(4) 当劳动量增加到 9 个单位时,总产量达到最大,为 486,这时边际产量为 0。此时若再增加劳动量(如第 10 个单位),不但不会带来总产量的增加,反而只会使总产量减少。

根据上述分析,可对照图 4 - 1、表 4 - 1 进一步分析这三个产量之间的关系。

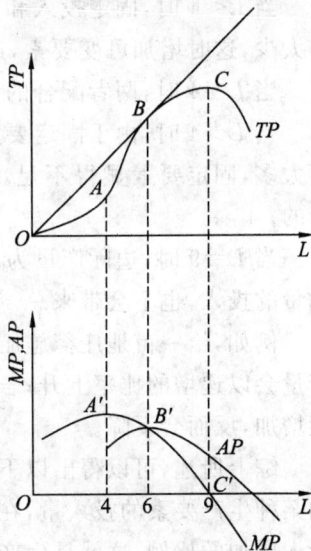

图 4 - 1 产量曲线

1. TP 和 MP 的关系

边际产量曲线是总产量曲线上各点切线的斜率值曲线,因此,劳动量取某值时的边际产量 MP 其实就是总产量 TP 曲线上该点的斜率,其斜率值最高的一点(图 4 - 1 中 A 点)便是边际产量曲线的最高点(图 4 - 1 中 A′ 点)。

边际产量是指增加一单位劳动所引起的总产量的增量,所以当边际产量大于 0 时,总产量处于递增阶段;当边际产量小于 0 时,总产量处于递减阶段;当边际产量等于 0 时,总产量达到最大值。

2. TP 和 AP 之间的关系

平均产量曲线是总产量曲线上各点与原点连线的斜率值曲线,即过原点与总产量曲线上的任一点作射线,则这条射线的斜率就是总产量为该值时的平均产量。

3. AP 与 MP 之间的关系

当边际产量大于平均产量时,平均产量处于递增阶段;当边际产量小于平均产量时,平均产量处于递减阶段;当边际产量和平均产量相等时,平均产量达到最大值。

二、生产要素报酬递减规津

从投入劳动量 L 的变动对总产量、平均产量和边际产量的影响可见,在开始阶段劳动的边际产量随劳动量的增加而增加,即边际产量处于递增阶段;当 L>4 时,边际产量处于递减阶段,这时总产量以递减的比率上升;当 L=9 时,边际产量为 0,总产量最大;此后若再增加劳动 L 的投入,总产量反而会逐渐减少。之所以发生这种情况,是由于固定投入的生产要素存在一个容量问题。

当 $L<4$ 时,固定投入和可变投入的配合比例不当,固定要素显得太多,而可变要素显得太少,这时增加可变要素,边际产量递增;

当 $L=4$ 时,两者配合的比例最适当,边际产量达到最大;

当 $L>4$ 时,由于固定要素的容量有限,可变要素增加又使两者比例失调,可变要素显得太多,固定要素显得不足,这时边际产量递减,总产量虽然增加,但是以递减的比率上升的;

当 $L=9$ 时,边际产量为 0,即可变要素已开始超过固定要素要求的比例,此时即使有劳动量的投入,也不会带来总产量的增加。

例如,给一亩地庄稼施肥,开始时随着肥料的增加,土壤结构得到改善,增加了其肥力,产量会以递增的比率上升;若不断施肥到一定程度,肥力过大,超过麦苗的需要,产量不仅不能增加,反而会下降。

综上所述,可以得出以下规律:在一定技术水平条件下,若其他生产要素不变,连续地增加某种生产要素的投入量,在达到某一点之后总产量的增加会递减,即产出增加的比例小于投入增加的比例,这就是生产要素报酬递减规律,亦称边际收益递减规律。

边际收益递减规律要发生作用必须具备三个前提条件:

(1)生产要素投入量的比例是可变的,即技术系数是可变的。这就是说,在保持其他生产要素不变而只增加其中某种生产要素投入量时,边际收益才发生递减;如果各种生产要素的投入量按原比例同时增加时,边际收益不一定递减。

(2)技术水平保持不变。如果技术水平提高,在保持其他生产要素不变而增加某种生产要素时,边际收益不一定递减。

(3)所增加的生产要素具有同样的效率。如果增加的第二个单位的生产要素比增加的第一个单位更为有效,则边际收益不一定递减。

三、一种要素合理投入区域

在边际收益递减的情况下,厂商应如何合理地选择要素投入以进行生产呢?

现代西方经济学中,通常根据总产量曲线、平均产量曲线和边际产量曲线,将产量的变化分为三个区域,如图 4-2 所示。第Ⅰ区域是平均收益递增阶段,第Ⅱ区域是平均收益递减阶段,第Ⅲ区域是负边际收益阶段。

第Ⅰ区域中,可变要素劳动量 L 投入的增加,会使平均产量增加。这时,每增加一个单位的劳动量都可提高平均产量,因而边际产量高于平均产量。这表明与可变要素劳动量 L 相比,固定要素(如资本 K 等)投入太多,配合比例不当。在这一区域,增加劳动量投入是有利可图的,它不仅能充分利用固定要素,而且使总产量以递增的比率增加。任何理性的厂商通常不会把可变要素投入的使用量限制在该区域内。

第Ⅱ区域中,从平均产量的最高点开始,随着可变要素劳动量 L 投入的增加,边际产量虽递减但仍大于 0,故总产量仍递增,直到最大时为止;另一方面,平均产量开始递减,这是因为边际产量已小于平均产量。

第Ⅲ区域中,从总产量的最高点开始,随着可变要素劳动量 L 投入的增加,边际产量为负值,总产量开始递减,这时每减少一个单位的可变要素投入反而能提高总产量。这表明与固定要素投入相比,可变要素投入太多,配合比例不当。显然,理性的厂商也不会在该区域进行生产。

可见,理性的厂商必然要在第Ⅱ区域进行生产。第Ⅱ区域为生产要素合理使用区域,又称经济区域;其他区域都是不经济区域。

但是,在第二区域生产中厂商究竟投入多少可变要素或生产多少,这些问题仍无法解决,因为这不仅取决于生产函数,而且取决于成本函数。假如厂商不考虑单位产品成本,而希望得到最大产量,那么劳动要素的投入量以图 4-2 中的 B 点最合适,因为这时的总产量最大;假如厂商考虑单位产品成本,不要求得到最大产量,那么劳动要素的投入量应以图 4-2 中的 A 点最合适,因为这时的平均产量最大。

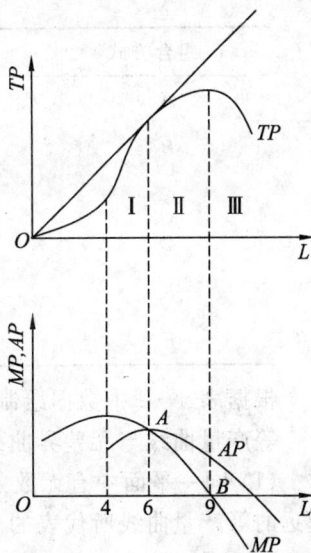

图 4-2　产量变化的三个区域

第四节　长期生产函数

在短期中假定只有一部分投入要素可变,且为了简化起见,假定只有一种投入要素可变,其他要素不变来考察投入与产出的关系。本节将分析长期生产函数。在长期中一切投入要素均可变,但为简化起见,假定只使用两种要素生产一种产品的情况。这种分析对具有两个以上可变要素投入的情况也适用,此时可以把这两个可变要素中的一种看成是所有其他可变投入要素的组合。

分析长期生产函数需要引进等产量曲线、等成本线等基本概念。

一、等产量曲线

等产量曲线(isoquant curve)是指其他条件不变时,为生产同一产量的两种生产要素投入量的不同组合的轨迹。

假设在总产量不变的情况下,劳动和资本间各种可能的数量组合如表 4-2 所示。

表 4 - 2   生产要素的各种组合

组合方式	劳动(L)	资本(K)	产量(Q)
A	1	8	10
B	2	5	10
C	3	3	10
D	4	2.3	10
E	5	1.8	10
F	6	1.6	10

根据表 4 - 2 中数据绘制相应的图形,如图 4 - 3 所示。

等产量曲线与无差异曲线相似,其基本性质也相同:

(1)同一平面中有无数条的等产量曲线,每一条都代表了一个特定的产出水平,离原点越远的等产量曲线所代表的产出水平越高;

(2)同一平面内,任意两条等产量曲线不相交;

(3)等产量曲线斜率为负,向右下方倾斜,并凸向原点。

等产量曲线的几何特点与无差异曲线相似,因此它又被称为生产无差异曲线。但两者是有区别的,等产量曲线表示产量,无差异曲线表示效用;等产量曲线是客观的,而无差异曲线是主观的。

如果两种生产要素不能相互替代,则等产量曲线变为直角线。例如,若资本和劳动的投入按 2∶1 的固定比例使用,此时生产 100 单位的产量必须投入 2 单位的资本和 1 单位的劳动,生产 200 单位的产量必须投入 4 单位的资本和 2 单位的劳动。若资本为 2 单位,而劳动小于 1 单位,则资本无法充分发挥作用。在这种固定比例的情况下,等产量曲线表现为图 4 - 4 所示的形式。连接原点与各等产量曲线的直角顶点连线的斜率即为固定技术系数。图 4 - 4 说明假如劳动与资本的投入中只有一种增加,而另一种不变,则增加的劳动或资本的边际产量为 0。只有两者同时同比例增加,产量才能按比例地增加。

如果两种投入的要素可完全替代,则等产量曲线为一条向右下方倾斜的直线。

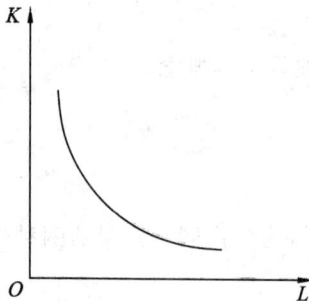

图 4 - 3   等产量曲线

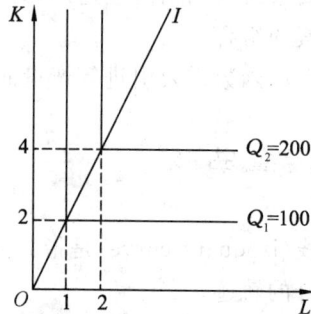

图 4 - 4   固定技术系数的等产量曲线

二、边际技术替代率

1. 边际技术替代率

与等产量曲线相联系的一个概念是边际技术替代率(marginal rate of technical substitution,MRTS)。

一条等产量曲线表示一个既定的产量水平,可以由两种可变要素的各种不同数量的组合生产出来。这就意味着生产者可以通过两要素之间的相互替换以维持一个既定的产量水平。因此,在维持产量水平不变的前提下,增加某一单位某种生产要素投入量时所减少的另一种要素的投入量,称为边际技术替代率。劳动对资本的边际技术替代率的公式为

$$MRTS_{LK} = -\frac{\Delta K}{\Delta L}$$

其中 ΔK 和 ΔL 分别为资本投入量和劳动投入量的变化量。

当劳动的变化量 $\Delta L \to 0$ 时,相应的边际技术替代率公式变为

$$MRTS_{LK} = \lim_{\Delta L \to 0}\left(-\frac{\Delta K}{\Delta L}\right) = -\frac{dK}{dL}$$

显然,等产量曲线上某一点的边际技术替代率就是等产量曲线在该点斜率的绝对值。边际技术替代率还可以表示为两要素的边际产量之比。边际技术替代率是建立在等产量曲线基础上的,因此,对于任意一条给定的等产量曲线来说,当用劳动投入去替代资本投入时,在维持产量水平不变的前提下,由增加劳动投入量所带来的总产量的增加量和由减少资本量所带来的总产量的减少量必定是相等的,即必有

$$|\Delta L \cdot MP_L| = |\Delta K \cdot MP_K|$$

整理得

$$-\frac{\Delta K}{\Delta L} = \frac{MP_L}{MP_K}$$

由边际技术替代率的公式得

$$MRTS_{LK} = -\frac{\Delta K}{\Delta L} = \frac{MP_L}{MP_K}$$

可见,边际技术替代率可以表示为两种要素的边际产量之比。

2. 边际技术替代率递减规律

在两种生产要素相互替代的过程中,普遍存在以下现象:在维持产量不变的前提下,当一种生产要素的投入量不断增加时,每一单位的该生产要素所能替代的另一种生产要素的数量是递减的,这一现象被称为边际技术替代率递减规律。

在表 4-3 中两种要素的投入组合沿等产量曲线从 A 点依次运动到 E 点时,劳动投入是等量增加的,而资本的减少量却越来越少。这表明为保持产量不变,在劳动的投入量不断增加时,它所能替代的资本量是越来越少的,即边际技术替代率是递减的。

表 4-3　边际技术替代率

组合方式	劳动(L)	资本(K)	边际技术替代率($MRTS_{LK}$)
A	1	8	
B	2	5	3
C	3	3	2
D	4	2.3	0.7
E	5	1.8	0.5

边际技术替代率递减的主要原因是：任何一种产品的生产技术都要求各投入要素间有适当的比例，这意味着要素之间的替代是有限的。简单地说，以劳动和资本两种要素投入为例，在劳动投入量很少和资本投入量很多的情况下，减少一些资本投入量很容易通过增加劳动投入量进行弥补，以维持原有的产量水平，即劳动对资本的替代是很容易的。但是，在劳动投入量增加到相当多的数量和资本投入量减少到相当少的数量时，再用劳动去替代资本将是很困难的。

三、等成本线

在生产要素市场上，厂商对生产要素的支付构成了厂商的生产成本。成本是追求利润最大化的厂商必须考虑的一个经济问题。生产理论中的等成本线和消费者行为理论中的预算约束线极为类似。

等成本线（isocost line）是生产要素价格一定时，花费一定的总成本所能购买到的两种生产要素的各种不同数量组合的轨迹。

假如要素市场中既定的劳动的价格（即工资率）为 P_L，既定的资本的价格（即利息率）为 P_K，厂商既定的成本支出为 C，则成本方程为

$$C = P_L \cdot L + P_K \cdot K$$

由成本方程可得

$$K = \frac{C}{P_K} - \frac{P_L}{P_K} \cdot L$$

上式给出的成本方程是线性的，所以等成本线是一条直线。它与横轴的截距表示既定的成本全部购买劳动时的数量，即 C/P_L；与纵轴的截距表示既定的成本全部购买资本时的数量，即 C/P_K。联结这两个截距点的线段就是等成本线，它表示既定的全部成本所能购买的劳动和资本的各种组合，如图 4-5 所示。

在图 4-5 中，等成本线以内区域中的任何一点（如 C 点），表示既定的全部成本用来购买该点所代表的劳动和资本组合后还有剩余；等成本线以外区域中的任何一点（如 D 点），表示用既定的全部成本购买该点所代表的劳动和资本的组合是不够的；唯有等成本线上的

任何一点,才表示用既定的全部成本刚好能购买的劳动和资本的组合。

等成本线和预算线的变动情况类似:

(1) 总成本 C 增加时,等成本线右移;总成本 C 减少时,等成本线左移。

(2) P_L 下降时,等成本线以 A 为轴点,向外转动(A 点不变,B 点向右);P_L 上升时,等成本线以 A 为轴点,向内转动(A 点不变,B 点向左)。

(3) P_K 下降时,等成本线以 B 为轴点,向右转动;P_K 上升时,等成本线以 B 为轴点,向左转动。

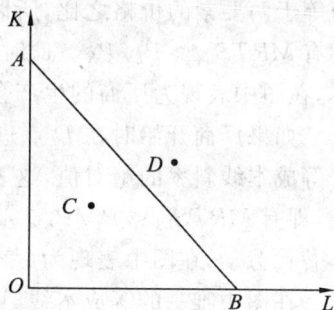

图 4-5　等成本线

(4) P_L,P_K 同方向同比例变化时,如果是同比例增加,等成本线左移;如果是同比例减少,等成本线右移。

(5) P_L,P_K,C 同方向同比例变化时,等成本线不变。

四、最优的生产要素组合

在长期生产中,所有生产要素的投入数量都是可变动的,任何一个理性的生产者都会选择最优的生产要素组合进行生产。

1. 关于既定成本条件下的产量最大化

假设在一定的技术条件下,厂商用两种可变生产要素——劳动和资本生产一种产品,且劳动的价格 P_L 和资本的价格 P_K 是已知的,厂商用于购买这两种生产要素的全部成本 C 也是既定的。如果企业欲以既定的成本获得最大的产量,应该如何选择最优的劳动投入量和资本投入量的组合呢?

将厂商的等产量曲线和相应的等成本线绘于同一个坐标系中,如图 4-6 所示。图 4-6 中有一条等成本线 AB 和三条等产量曲线 Q_1,Q_2 和 Q_3。等成本线 AB 的位置和斜率取决于既定的成本 C 和既定的两要素的价格比例 P_L/P_K。由图 4-6 可见,唯一的等成本线 AB 与其中一条等产量曲线 Q_2 相切于 E 点,该点就是生产均衡点。它表示在既定成本条件下,厂商应按照 E 点所代表的生产要素组合进行生产,即劳动投入量和资本投入量分别为 L_E 和 K_E,此时厂商就会获得最大产量。

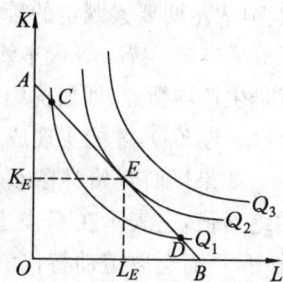

图 4-6　成本一定时产量
最大的均衡

下面进一步具体分析等成本线 AB 和等产量曲线 Q_1 的两个交点 C 点和 D 点。如果厂商开始时在 C 点进行生产,由图 4-6 可知,在 C 点时等产量曲线斜率的绝对值大于等成本线斜率的绝对值。由于等产量曲线上某一点斜率的绝对值等于该点上的两要素的边际技术替代率,等成本线斜率的绝对值等于两要素的价格之比,所以在 C 点两要素的边际技术替代率大于两要素的价格之比,即有 $MRTS_{LK} > P_L/P_K$。此时厂商就会在不改变总成本支出的条件下不断地以劳动替代资本,在图中表现为厂商的生产会沿着等成本线 AB 由 C 点不断向 E 点靠近。

如果厂商开始时在 D 点进行生产,由图 4-6 可知,在 D 点等产量曲线斜率的绝对值小于等成本线斜率的绝对值,这表示在 E 点的两要素的边际技术替代率小于两要素的价格之比,即有 $MRTS_{LK} < P_L/P_K$。这种情况下,厂商就会在不改变总成本支出的条件下不断以资本替代劳动,在图中表现为厂商的生产会沿着等成本线 AB 由 D 点不断向 E 点靠近。

在图中唯一的等成本线 AB 与等产量曲线 Q_2 的相切点 E 就是厂商的生产均衡点。因此,在生产均衡点 E 有

$$MRTS_{LK} = \frac{P_L}{P_K}$$

它表示为了实现既定成本下的最大产量,厂商必须选择最优的生产要素组合,以使两要素的边际技术替代率等于两要素的价格之比,这就是两生产要素的最优组合原则。

边际技术替代率可以表示为两要素的边际产量之比,因此上式可以写为

$$MRTS_{LK} = \frac{MP_L}{MP_K} = \frac{P_L}{P_K}$$

进一步,可以有

$$\frac{MP_L}{P_L} = \frac{MP_K}{P_K}$$

它表示厂商可以不断调整两要素投入量,使最后一个单位的成本支出无论用于购买哪一种生产要素,其所获得的边际产量都相等,从而实现既定成本条件下的最大产量。

2. 既定产量条件下的成本最小化

生产者在既定的产量条件下会力求实现成本最小化。在图 4-7 中存在等产量曲线 Q 和等成本线 A_1B_1,A_2B_2,A_3B_3;唯一的等产量曲线 Q 代表既定的产量,三条等成本线具有相同的斜率(表示两要素既定的价格),却代表三个不同的成本量,其中等成本线 A_3B_3 代表的成本大于等成本线 A_2B_2,等成本线 A_2B_2 代表的成本大于等成本线 A_1B_1。Q 和 A_2B_2 相切于 E 点,这就是生产均衡点(即最优组合点),它表示在既定的产量条件下,生产者只有选择 E 点的要素组合(L_E 与 K_E),才能实现成本最小化。

如果厂商开始时在 C 点进行生产,在此点等产量曲线斜率的绝对值大于等成本线斜率的绝对值,它表示在 C 点上的两要素的边际技术替代率大于两要素的价格之比。在生产过程中,厂商会以劳动替代资本,以达到最优。

如果厂商开始时在 D 点进行生产,在该点等产量曲线斜率的绝对值小于等成本线斜率的绝对值,它表示在 D 点上的两要素的边际技术替代率小于两要素的价格之比。在生产过程中,厂商会以资本替代劳动,以达到最优。

在图 4-7 中,既定的等产量曲线 Q 和等成本线 A_2B_2 的切点 E 便是生产均衡点。在该点有

$$MRTS_{LK} = \frac{P_L}{P_K}$$

它表示厂商应该选择最优的生产要素组合,以使两要素的边际技术替代率等于两要素的价格之比,从而实现既定产量下的最小成本。

边际技术替代率可以表示为两要素的边际产量之比,所以上式可以写为

$$MRTS_{LK} = \frac{MP_L}{MP_K} = \frac{P_L}{P_K}$$

进一步有

$$\frac{MP_L}{P_L} = \frac{MP_K}{P_K}$$

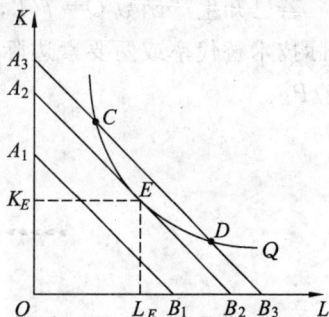

图 4-7　产量一定时成本
最小的均衡

它表示为了实现既定产量下的成本最小化,厂商应该不断调整两要素投入量,使花费在每一种要素上的最后一个单位的货币支出所带来的边际产量相等。

这是厂商在既定产量条件下使成本最小化的两要素的最优组合原则。这个原则与厂商在既定成本条件下产量最大化的原则是相同的。

五、生产扩展线

在其他条件不变的情况下,当生产的产量或成本发生变化时,企业会重新选择最优的生产要素组合,以便在变化了的产量条件下实现最小的成本,或在变化了的成本条件下实现最大的产量。由此,引出生产扩展线的概念。

在生产要素的价格、生产技术和其他条件不变时,如果企业改变成本,等成本线会发生平移;如果企业改变产量,等产量曲线会发生平移。这些不同的等产量曲线与不同的等成本线相切,形成一系列不同的生产均衡点,这些生产均衡点的轨迹就是生产扩展线,如图 4-8 所示。

由于生产要素的价格保持不变,两要素的价格之比是固定的,而生产的均衡条件为两要素的边际技术替代率等于两要素的价格之比,因此在生产扩展线上的所有生产均衡点的边际技术替代率都是相等的。

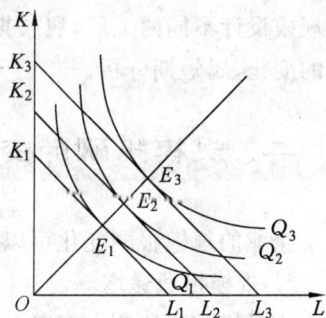

图 4-8　生产扩展线

生产扩展线表示在生产要素价格、生产技术和其他条件不变的情况下,当生产的成本或产量发生变化时,厂商必定会沿着生产扩展线来选择最优的生产要素组合,从而实现既定成本条件下的最大产量,或实现既定产量下的最小成本。生产扩展线是厂商在进行长期生产的扩张或收缩时所必须遵循的规律。

若已知生产函数 $Q=f(L,K)$ 及要素价格 P_L,P_K，则不难求得生产扩展线，其方法是使边际技术替代率或两要素边际产量之比等于两要素价格之比，即 $MRTS_{LK}=MP_L/MP_K=P_L/P_K$。

第五节　规模报酬

一、规模报酬的含义

经济学中另一个关于产量随投入量的变化而变化的概念是规模报酬。现实生活中可看到，造船厂、钢铁厂若没有数千个工人就够不上规模，而服装厂、食品厂雇上几千个工人，恐怕就大而不当了。造船厂、钢铁厂规模太小，效率不高；服装厂、食品厂规模太大，效率也不高。换言之，当生产规模逐渐扩大时，对于某些生产技术，效率会越来越高；但对于另一些技术，效率会越来越低。这就是所谓的规模报酬问题。

规模报酬变化是指在其他条件不变的情况下，企业内部各种生产要素按相同的比例变化时所带来的产量变化。

规模报酬与生产要素报酬是两个不同的概念。规模报酬研究的是工厂的规模本身发生变化时，产量如何变化；而生产要素报酬是指要素投入的边际产量收益。前者是厂商根据经营规模设计不同的工厂，属长期分析；后者是在既定的生产规模中，增加可变要素时相应产量的变化，属短期分析。

二、规模报酬的变动

企业的规模报酬变化可以分规模报酬递增、规模报酬不变和规模报酬递减三种情况。

1. 规模报酬递增

产量增加的比例大于各种生产要素增加的比例时，称之为规模报酬递增。它表现为生产规模扩大后，企业能利用更先进的技术和机器设备等生产要素，而较小规模的企业可能无法利用这样的技术等生产要素。随着人力和机器的增加，企业内部的生产分工将更合理和专业化。

2. 规模报酬不变

产量增加的比例等于各种生产要素增加的比例时，称之为规模报酬不变。例如，当全部生产要素（劳动和资本）都增加 100％ 时，产量也增加 100％。通常，当生产规模扩大到生产要素的效率和生产专业化的好处得以充分发挥、劳动生产率得到充分提高的时候，规模报酬达到不变的阶段。

3. 规模报酬递减

产量增加的比例小于各种生产要素增加的比例时,称之为规模报酬递减。企业生产规模过大,使生产的各个方面难以协调,从而降低了生产效率。它表现为企业内部合理分工的破坏、生产有效运行的障碍、获取生产决策所需的各种信息难度加大等。

一般来说,在长期生产过程中企业的规模报酬的变化呈现出以下规律:当企业从最初很小的生产规模开始逐步扩大时,企业进入规模报酬的递增阶段;当企业得到由生产规模扩大所带来的产量递增的全部好处后,企业一般会继续扩大生产规模,将生产保持在规模报酬不变的阶段,这个阶段时间可能比较长;此后,企业若继续扩大生产规模,就会进入一个规模报酬递减阶段。

三、规模报酬与规模经济

与规模报酬概念相关的一个概念叫规模经济。

所谓规模经济是指随着生产规模的扩大,产品平均成本下降的情况。如果产品平均成本随生产规模扩大而上升,则称规模不经济。规模经济与规模报酬递增相联系。事实上,规模经济的形成与规模报酬递增的原因是基本相同的,可以说规模报酬递增来自规模经济。当然,两者不完全相同。规模报酬重点考察产品的数量与投入的数量变化之间的关系,重在实物形态,而规模经济重点考察产量变动过程中成本的变动情况,重在价值形态。

与规模报酬、规模经济相关的概念还有经济规模。经济规模通常指生产能力大小或企业规模大小。不少产品生产需要有一定的经济规模,才能取得规模经济,并获得规模报酬递增的好处。然而,各个企业的生产究竟要多大的规模才有规模经济,这要由产品本身的性质决定。一个钢铁厂中几百名职工的规模或许不可能有规模经济,但一家理发店中也许几十名职工就已经够大了。可见,经济规模不等于规模经济。

四、规模经济与范围经济

大企业往往不仅有规模经济,还具有一种称之为范围经济的优势。

所谓范围经济,是指某些企业同时生产基本技术和相同设备或相关的多种产品时所拥有的生产和成本的优势,从而使联合生产能超过个别生产。例如,某大型食品企业生产系列产品,这些食品在生产过程中由于可联合使用某些设备,又具有共同的知名品牌,因而可联合营销,因此生产系列食品的成本会低于单独生产这些食品的企业。可见,范围经济和规模经济不同。范围经济是利用相同设备或相关的生产要素生产多种产品时所形成的经济,而规模经济是大规模生产同种产品而形成的经济。

【案例】

控制规模经济与规模不经济

《华尔街日报》曾经刊登过两篇文章讨论过去生产规模决策对公司现状的影响。这种决策中的一部分对公司的发展起了推动作用,而其他的则不然。

规模太小的公司怎样才能有效地和大公司竞争呢?对于两个计算机公司,答案自然是合并。1993年5月,AST Research——美国第八大PC制造商,同意收购美国第七大PC制造商Tandy Corporation,变成了PC行业中的第四大制造商。根据《华尔街日报》的分析,这次收购可能会使AST公司研制出更具有竞争优势的新产品,并获得更好的规模经济。合并后的规模经济源于AST更有能力进入一些新的市场和扩大市场份额,而Tandy公司的6600 Radio Shack商店和其他计算机销售网点则帮助AST公司建立了直接的销售渠道。AST的主要目的是利用Tandy公司的销售能力取得更大的规模经济,从而降低成本,然后依靠由此带来的价格优势增大自身的竞争能力。

在某些情况下,公司机构也可能过于庞大从而无法有效地和单位成本较低的小公司进行竞争。《华尔街日报》报道日本的几家大型钢铁公司由于生产规模扩大,其效益已不如一些小型的公司。世界上最大的钢铁公司Nippon钢铁公司就是这类公司的典型代表。在Nippon最大的钢厂附近,东京钢铁公司开了一个小的分厂,它的规模为日本一般钢厂的1/20,而效率却是一般钢厂的5倍。新的工厂使钢材的价格下跌了39%。日本的"大型钢铁公司"的现状类似于10年前美国的大型钢铁公司。现在,日本最大的三个钢铁公司的净利润下降至原来的77%~92%。

这种趋势是世界性的:规模庞大,产量高的公司正在解体,而小的工厂正以其高效、低成本的生产方式越来越居于主导地位。世界第二大钢铁公司的总裁说:"显然在不久的将来,小型钢厂将生产世界上大部分的钢材。"另一大型钢铁公司的主席也观察到:"如果大型钢铁公司抓住机遇进行重组,他们将有可能保持自己在本行业中的主导地位。如果丧失了这种机遇,后来者将代替他们。"但是《华尔街日报》对大公司的看法远没有这么乐观:与中型公司不同,许多历史悠久的厂商仍保持着自己低效的企业文化,臃肿的人事体制,对早已过时的工厂进行巨额投资。显然,一些大型的钢厂已经过于庞大,从而存在着严重的规模不经济现象。

——摘自陈章武等,管理经济学,机械工业出版社,2001

◇◇

【本章小结】

1. 追求利润最大化是传统经济学对企业目标的一个基本假设。
2. 生产函数表示生产要素与其最大产量之间的关系。

3."短期"、"长期"不是指一个具体的时间跨度,而是指能否使厂商来得及调整生产规模(固定的生产要素和生产能力)所需要的时间长度。

4. 企业的规模报酬变化可以分规模报酬递增、规模报酬不变和规模报酬递减三种情况。如果随着生产规模扩大,产品平均成本下降,称之为规模经济;如果产品平均成本随生产规模扩大而上升,则称之为规模不经济。规模经济与规模报酬递增相联系。事实上,规模经济的形成与规模报酬递增的原因是基本相同的,可以说规模报酬递增来自规模经济。

【重要名词和术语】

生产函数　短期　长期　边际产量　平均产量　生产要素报酬递减
等产量曲线　边际技术替代率　等成本线　规模报酬

【复习思考题】

1. 规模报酬递增、不变和递减与可变比例生产函数的报酬递增、不变和递减的区别是什么?"规模报酬递增的厂商不可能面临要素报酬递减的现象"这一命题是否正确?为什么?

2. 假设招聘工厂流水线操作工,你在平均劳动产出与边际劳动产出中更关心什么?如果发现平均产出开始下降,你会雇用更多的工人吗?这种情况意味着刚雇用的工人的边际产出如何?

3. 试判断下列说法是否正确:

(1) 假定生产某产品需用两种要素,如果这两种要素价格相等,则该生产者最好用同等数量的两种要素投入生产。

(2) 如果两种要素 A 和 B 的价格相等,则产出量一定时,最低成本支出的要素投入组合将取决于等产量曲线斜率为 -1 那点。

(3) 假定生产 X 产品使用 A 和 B 两种要素,则 A 的价格下降必导致 B 的使用量增加。

(4) 在要素 A 和 B 的当前使用水平下,A 的边际产量为 3,B 的边际产量为 2,每单位要素 A 的价格为 5,B 的价格为 4。由于 B 是比较便宜的要素,厂商如减少 A 的使用量而增加 B 的使用量,社会将以更低的成本生产出同样多产量。

(5) 扩大企业规模可取得规模经济效益,因此企业规模越大越好。

4. 已知某厂商的生产函数 $Q=L^{3/8}K^{5/8}$,当 $P_L=3$ 美元,$P_K=5$ 美元时,试求:

(1) 产量 $Q=10$ 时的最低成本及使用的 L 与 K 之值;

(2) 总成本 $C=160$ 美元时厂商均衡的 Q,L 与 K 之值。

5. 已知生产函数为

(a) $Q=4\sqrt{KL}$; (b) $Q=\dfrac{10KL}{K+L}$。

试求:

(1) 厂商的生产扩展线；

(2) 当 $P_L=1,P_K=4,Q=10$ 时使成本最小的投入组合。

6. 已知生产函数 $Q=L^{0.5}K^{0.5}$，证明：

(1) 该生产规模报酬不变；

(2) 受报酬递减规律支配。

7. 设生产函数 $Q=L^{0.6}K^{0.2}$，试问：

(1) 该生产函数是否为齐次函数？次数为多少？

(2) 该生产函数的规模报酬情况；

(3) 假如 L 与 K 均按其边际产量取得报酬，当 L 与 K 取得报偿后，尚有多少剩余产值？

第五章

成本理论

【本章要点】

前章主要从实物形态的角度,研究了生产要素的投入与产出之间的关系,以及生产者均衡等问题。在市场经济条件下,厂商追求的经营目标是利润最大化。因为利润等于总收益减去总成本,所以在本章中主要研究生产成本问题。

成本,通常来说是指厂商为了得到一定数量的商品或劳务所付出的代价。换言之,成本是厂商生产一定数量的商品或提供一定数量的劳务所耗费的生产要素的价值,它等于投入的每种生产要素的数量与每种要素单位价格之积的总和。

某种产品的生产成本是该产品供给价格的主要决定因素。厂商愿意按照一定的供给价格提供一定数量的商品。厂商确定其产品供给价格的最主要、最基本的决定因素就是产品的生产成本。

第一节 成本和成本函数

一、几种成本概念

针对不同的对象或在不同的场合,成本这一概念具有不同的含义。下面介绍几种成本概念。

1. 机会成本

这一概念在第一章中已有论述。机会成本存在需要两个前提条件:第一,生产要素是稀缺的;第二,生产要素具有多种用途。当一个社会或一个企业用一定的经济资源生产一定数量的一种或几种产品时,这些经济资源就不能同时被用于其他的生产用途方面。也就是说,这个社会或这个企业所获得一定数量的产品收入,是以放弃用同样的经济资源来生产其他产品时所能获得的收入作为代价的,由此便产生了机会成本的概念。比如,某人有一笔10万元,他既可以存入银行也可以投入股市,可一旦投入股市,便无法再存入银行,也就丧失了因存入银行可能得到的利息收入,这笔利息收入就构成了10万元投入股市的机会成本。

一般地,使用一定经济资源生产某种产品的机会成本是指生产者所放弃的使用该经济资源在其他生产用途中所能得到的最高收入。在西方经济学中,企业的生产成本应该从机会成本的角度来理解。因此,有些账本上没有记载的项目,如业主家庭的无偿劳动、优惠贷款或无息贷款的实际利息等都是机会成本,是生产成本的一部分。机会成本是经济分析和经济决策中常用的概念,故又称经济成本。

2. 显性成本和隐性成本

机会成本只是一种因生产要素在使用上选择不同用途而产生的相对成本,并不是企业经营活动中实际发生的真实成本。企业经营活动中实际发生的成本往往包含两部分:显性成本和隐性成本。

显性成本是指厂商在生产要素市场上购买或租用所需要的生产要素的实际支出。例如,某厂商雇佣了一定数量的工人,从银行取得了一定数量的贷款,并租用了一定数量的土地,为此,该厂商就需要向工人支付工资,向银行支付利息,向土地出租者支付地租。这些支出便构成了该厂商生产的显性成本。这些成本都会在企业的会计账册上反映出来,因此,它又称为会计成本。从机会成本的角度看,这笔支出的价格必须等于这些相同的生产要素用于其他最好用途时所能得到的收入;否则,该企业就不能购买或租用到这些生产要素,并保持对它们的使用权。

隐性成本是指企业使用自有生产要素时所花费的成本。这种成本之所以称为隐性成本,是因为似乎厂商使用企业主自有生产要素时不用花钱,即不发生货币费用支出。例如,使用自有设备不用计折旧费,使用自产原材料、燃料不用花钱购买,使用自有资金不用付利息,企业主为自己企业劳动服务时不用付工资,使用自有的房产不用付房租等。然而,不付费使用自有生产要素不等于没有成本,因为这些要素如不自用,完全可以给别人使用而得到报酬。例如,厂房、设备租给其他企业可得租金,资金借给别人可得利息,企业主到其他企业打工就业可得工资。现在这些要素都为自己企业所用了,失去了为其他企业所用可得到的报酬,这种报酬就是企业使用自有要素的机会成本。这种成本就是隐性成本。

隐性成本加上显性成本就是厂商经营的真实的生产成本。

除了以上几种成本概念外,还有许多不同的成本概念。例如,生产领域中发生的成本称为生产成本,销售领域中发生的成本称为销售成本,在短期中支付给固定要素的费用叫固定成本,支付给变动要素的费用叫变动成本,支付给全部要素的费用叫总成本,每单位产品生产中耗费的成本叫平均成本,每增加一单位产品所增加的成本叫边际成本等。

二、成本函数

产品数量和相应的成本之间的函数关系就是成本函数,其数学表达式为

$$C = f(Q)$$

成本函数与成本方程不同。成本函数表示成本和产量之间的关系,而成本方程表示成本等于投入要素价格之和。

成本理论之所以要讨论成本函数,是因为企业决定生产多少产量时必须要比较收益和成本的关系以求利润最大化,而收益和成本都随产量而变动,因此必须研究成本和产量的关系。

成本函数取决于两个因素:生产函数和投入要素的价格。生产函数反映投入的生产要素与产出之间的物质技术关系,它表示在各种形式下厂商为了得到一定数量产品至少要投入多少单位生产要素。生产函数结合投入要素的价格就决定了成本函数。例如,某种产品生产需投入 L,K 两种生产要素,其生产函数 $Q=4KL$,如已知 $K=25$,那么由生产函数可得 $L=Q/100$。因为 $C=P_L \cdot L$,若已知 $P_L=500$,那么成本函数 $C=5Q$。

第二节　短期成本

在短期中,投入的要素有可变要素和不变要素,即短期成本分为变动成本和固定成本。

一、总固定成本、总变动成本和总成本

1. 总固定成本

总固定成本(用 TFC 表示)是为生产一定量的产品而对固定生产要素所支付的那部分成本。例如,机器、设备、厂房、固定管理人员的工资、固定资产的保险费等均为固定成本。在短期内这部分固定要素的投入量都是不变的,所以,总固定成本是一个常数,它不随产量的变化而变化。即使企业停产,产量为零时,总固定成本仍然存在,且为不变常数,如图 5-1(a)所示。图中的横轴 Q 表示产量,纵轴 C 表示成本,总固定成本 TFC 曲线是一条水平线。

2. 总变动成本

总变动成本(用 TVC 表示)是为生产一定量的产品而对可变生产要素所支付的成本之和。例如,厂商对原材料、燃料动力和工人所支付的工资等均为变动成本。总变动成本 TVC 曲线如图 5-1(a)所示,它是一条由原点出发向右上方倾斜的曲线。TVC 曲线表示在短期内厂商根据产量的变化不断地调整可变要素的投入量,所以,总变动成本随产量的变动而变动。当产量为零时,总变动成本也为零。在这以后,总变动成本随着产量的增加而增加。

3. 总成本

总成本(用 TC 表示)是为生产一定量的产品而对全部生产要素所支出的成本,它是总

固定成本和总变动成本之和。总成本 TC 曲线如图 5-1(a)所示,它是以总固定成本 TFC 曲线在纵轴上的截距为出发点的一条向右上方倾斜的曲线。

总成本用公式表示为

$$TC = TFC + TVC$$

二、平均固定成本、平均变动成本和平均成本

1．平均固定成本

平均固定成本(用 AFC 表示)是平均每生产一单位产品所消耗的固定成本,等于总固定成本除以产量所得之商,即

$$AFC = \frac{TFC}{Q}$$

平均固定成本 AFC 曲线如图 5-1(b)所示,它是一条向两坐标轴渐近的双曲线。AFC 曲线表示在总固定成本不变的前提下,随着产量的增加,平均固定成本越来越小。

2．平均变动成本

平均变动成本(用 AVC 表示)是平均每生产一单位产品所消耗的变动成本,用公式表示为

$$AVC = \frac{TVC}{Q}$$

3．平均成本

平均成本(用 AC 表示)是平均每生产一单位产品所消耗的全部成本。它等于平均固定成本与平均变动成本之和,用公式表示为

$$AC = \frac{TC}{Q} = \frac{TFC + TVC}{Q} = AFC + AVC$$

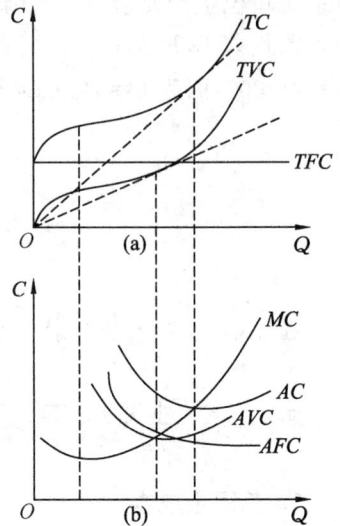

图 5-1 短期成本曲线

三、边际成本

边际成本(用 MC 表示)是厂商增加一单位产量时所增加的总成本,用公式表示为

$$MC = \Delta TC / \Delta Q$$

即

$$MC = \frac{\mathrm{d}TC}{\mathrm{d}Q} = \frac{\mathrm{d}(TFC + TVC)}{\mathrm{d}Q} = \frac{\mathrm{d}TVC}{\mathrm{d}Q}$$

MC 曲线、AVC 曲线、AC 曲线都呈现出 U 形的特征。它们表示随着产量的增加,平均变动成本、平均成本和边际成本都是先递减,当各自达到本身的最低点后再递增。

四、短期成本变动的决定因素——边际报酬递减规律

第四章已经介绍了边际报酬递减规律,这一规律也可以从产量变化所引起的边际成本变化的角度来理解:假定生产要素的价格是固定的,开始时每增加一单位可变要素投入所产生的边际产量是递增的,反过来说,在这一阶段每增加一单位产量所需要的边际成本是递减的;在其边际报酬递减阶段,每增加一单位可变要素投入所带来的边际产量是递减的,反过来说,在这一阶段每增加一单位可变要素投入所带来的边际成本是递增的。

显然,边际报酬递减规律作用下的短期边际产量与短期边际成本之间存在着一定的对应关系,即在短期生产中,边际产量的递增阶段对应于边际成本的递减阶段,边际产量的递减阶段对应于边际成本的递增阶段,边际产量的最大值对应于边际成本的最小值。因此边际报酬递减规律作用下的边际成本 MC 曲线表现出先降后升的 U 形特征。

下面从边际报酬递减规律所决定的 U 形 MC 曲线出发,分析其他短期成本曲线的特征以及短期成本曲线相互之间的关系。

(1) 关于 TC 曲线、TVC 曲线和 MC 曲线之间的相互关系。

由于每一个产量水平下的 MC 值就是相应的 TC 曲线的斜率,且在每一产量上的 TC 曲线和 TVC 曲线的斜率是相等的,因此,在每一产量水平下的 MC 值就是相应的 TC 曲线和 TVC 曲线的斜率。于是 TC 曲线、TVC 曲线和 MC 曲线三者表现如下相互关系:与 MC 曲线的先降后升的特征相对应,TC 曲线和 TVC 曲线的斜率也由递减变为递增。此外,MC 曲线的最低点 A 与 TC 曲线的拐点 B、TVC 曲线的拐点 C 相对应,如图 5-2 所示。

(2) 关于 AC 曲线、AVC 曲线和 MC 曲线之间的相互关系。

对于任何边际量和平均量而言,当边际量小于平均量时,平均量就递减;当边际量大于平均量时,平均量就递增;当边际量等于平均量时,平均量达到本身极值点。

AC 曲线、AVC 曲线和 MC 曲线三者关系如图 5-3 所示。MC 曲线与 AC 曲线相交于 AC 曲线的最低点 D,与 AVC 曲线相交于 AVC 曲线的最低点 F。在 AC 曲线的下降阶段,MC 曲线低于 AC 曲线;在 AC 曲线的上升阶段,MC 曲线高于 AC 曲线。类似地,在 AVC 曲线的下降阶段,MC 曲线低于 AVC 曲线;在 AVC 曲线的上升阶段,MC 曲线高于 AVC 曲线。

比较图 5-3 中 AC 曲线和 MC 曲线的交点 D 以及 AVC 曲线和 MC 曲线的交点 F,可以发现前者的出现慢于后者,并且前者的位置高于后者。也就是说,AVC 曲线降到最低点 F 时,AC 曲线还没有降到最低点 D,而且 AC 曲线的最小值大于 AVC 曲线的最小值,这是由于平均总成本不仅包括变动成本还包括固定成本。

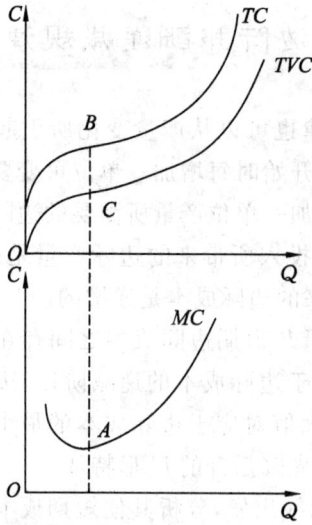

图 5-2　*TVC*, *TC* 和 *MC* 间关系　　图 5-3　*AVC*, *AC* 和 *MC* 间关系

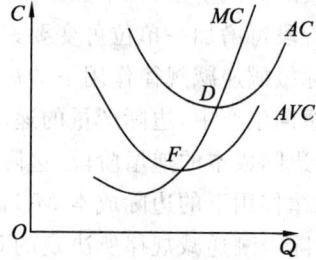

第三节　长期成本

在长期内所有的投入要素都是可变的。厂商根据自己的目标来选择最佳的方式,既可以改变原材料的投入量、劳动的投入量来调节产量,也可以改变主要设备、更新设备技术、扩大生产规模来调节产量。总之,在长期中厂商可以调整所有种类的生产要素的投入量。因此,在长期中没有固定成本与可变成本的区别。

在长期成本分析中,讨论的是长期总成本、长期平均成本和长期边际成本。

一、长期总成本

长期总成本(用 *LTC* 表示)是指厂商在长期中生产各种特定产量时所花费成本总量。

长期总成本曲线如图 5-4 所示。

长期总成本曲线是短期总成本曲线的包络线。所谓包络线是指厂商的长期总成本曲线将无数条短期总成本曲线(每条短期总成本曲线对应一个可供选择的生产规模)包围起来,每条短期总成本曲线与长期总成本曲线不相交但相切。

若厂商可任意选择生产规模,那么对于某个事先确定的产量水平,厂商应计算在各种可供选择的工厂规模下的生产总成本,并选择总成本最小的生产规模。在图 5-4 中,假定厂商可以在三种不同的工厂规模中选择产量为 Q_1 的规模,如选择工厂规模为 STC_1,厂商的总成本(一旦确定了工厂规模,此处的总成本就是短期总成本)为 SQ_1;如选择工厂规模为 STC_2,厂商的总成本为 TQ_1;如选择规模为 STC_3,则总成本为 UQ_1。厂商可用三种不同规模来生产同一产量 Q_1,但选择规模 STC_1 时的总成本最低,此时 S 点位于 LTC 曲线上,是短期总成本曲线和长期总成本曲线的切点。从图 5-4 中可见,若产量为 Q_2,则应选择 STC_2 的生产规模;若产量为 Q_3,则应选择 STC_3 的生产规模。所以,长期总成本曲线是一系列最低成本点的轨迹。

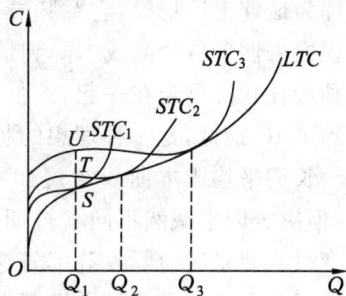

图 5-4　长期总成本和短期总成本

LTC 曲线的形状与 STC 曲线的形状相似,但有两点区别:第一,LTC 曲线从原点出发而 STC 曲线不从原点出发,这是因为在长期中不存在固定成本,所以产量为零时,长期总成本也为零;第二,STC 曲线和 LTC 曲线形状的决定因素不同,STC 曲线的形状是由可变投入要素的边际收益率先递增后递减决定的,而在长期中所有的投入要素都是可变的。因此,这里对应的不是要素边际收益率问题而是要素的规模报酬问题,即 LTC 曲线的形状是由规模报酬先递增后递减决定的。

二、长期平均成本

长期平均成本(用 LAC 表示)是指每单位产品的长期成本,它等于长期总成本 LTC 与产量 Q 之比,即

$$LAC = \frac{LTC}{Q}$$

长期平均成本 LAC 曲线如图 5-5(a)所示。

长期平均成本曲线也是短期平均成本曲线的包络线。在被长期平均成本曲线所包络的无数条短期平均成本曲线中任选三条,分别记为 SAC_1,SAC_2 和 SAC_3,这三条 SAC 曲线是与图 5-4 中的三条 STC 曲线相对应的。因此,为进行比较将图 5-4 作为图 5-5(b)。从图中可以看到,STC 曲线与 LTC 曲线的切点和 SAC 曲线与 LAC 曲线的切点在同一垂直线上,它表示是在同一产量水平上的,其原因为 $AC = TC/Q$。

三条短期成本曲线分别表示不同生产规模下平均成本的变化情况,越往右,其代表生产规模越大,每条 SAC 曲线与 LAC 曲线相切,并且只有一个切点。

长期平均成本曲线与短期平均成本曲线的曲率不同,因此这两条曲线相切,但在绝大多数的场合下,两者不可能在最低点相切。在图 5-5(a)中,SAC_3 和 LAC 这两条曲线在 E 点相切,此时 E 点既是 SAC_3 的最低点,也是 LAC 的最低点。把短期平均成本曲线的最低点称为最优产出率,它意味着厂商通过确定可变投入要素的最佳数量来使单位产品成本降到最低,这就是在生产规模既定条件下厂商所能选择的最佳点。把长期平均成本曲线的最低

点称为最佳工厂规模,它意味着厂商通过选择最适宜的生产规模来使单位产品成本降到最低。在 E 点,长期和短期两种最佳状态重合在一起,这使厂商既做到 SAC 最低,又做到 LAC 最低,是一种理想的状态。

长期平均成本曲线与短期平均成本曲线虽然均为 U 形,但决定因素截然不同。短期平均成本曲线的形状是由可变投入要素的边际收益率先递增后递减决定的,而长期平均成本曲线的形状是由规模报酬递增决定的。

这里还要指出,厂商长期平均成本的下降,除了规模报酬递增这一原因外,还有另一原因,即厂商管理者和工人在长期生产工作中通过"干中学习"不断积累了经验,提高了效率。例如,工人的操作会越来越熟练,管理人员会不断改进管理,设计人员会掌握更节省和更有效率的设计方案,原材料供应商通过长期业务往来愿以更低的价格供应原材料,这些情况都使产品平均成本随企业累计产出增加而下降。

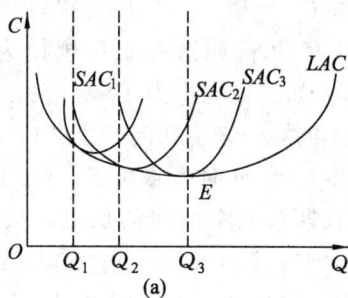

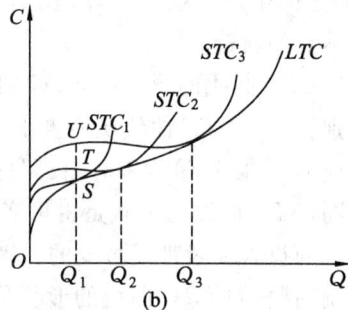

图 5-5 短期平均成本和
长期平均成本

三、长期边际成本

长期边际成本(用 LMC 表示)是指增加一单位产量时长期总成本的增量。长期边际成本是长期总成本对产量的导数,即

$$LMC = \lim_{\Delta Q \to 0} \frac{\Delta LTC}{\Delta Q} = \frac{\mathrm{d}LTC}{\mathrm{d}Q}$$

LMC 曲线可从 LTC 曲线中推出。由于长期边际成本 LMC 是 LTC 曲线上同一产量时的斜率,LMC 曲线也是 U 形的,如图 5-6 所示。

LMC 曲线与 LAC 曲线相交于 LAC 曲线的最低点即 E 点。E 点左侧是规模报酬递增的区域,在此区域中每增加一单位产量所导致的长期总成本的增量(即 LMC)小于每单位产品的长期成本(即 LAC),因此 LMC 曲线位于 LAC 曲线的下方;而 E 点右侧是规模报酬递减的区域,在此区域中每增加一单位产量所导致的长期总成本的增量大于每单位产品的长期成本,因此 LMC 曲线位于 LAC 曲线的上方。

LMC 曲线是每条 SAC 曲线与 LAC 曲线相切点所对应的产量下 SMC 曲线上各点的轨迹,即 LMC 曲线总是与某一特定的

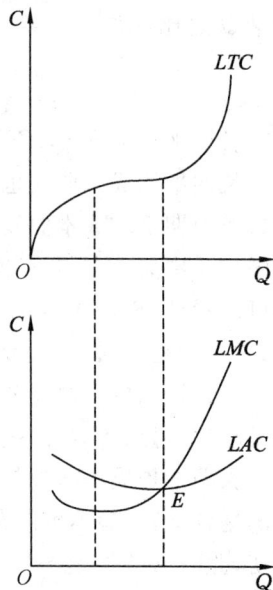

图 5-6 长期成本

SMC 曲线相交,该交点代表的产量是 *LAC* 曲线与对应的 *SAC* 曲线相切之点对应的产量,如图 5-7 所示。

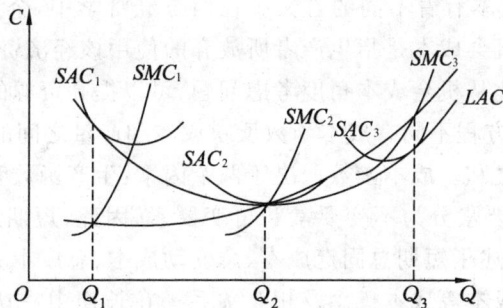

图 5-7　长期边际成本曲线

【案例】

电力的短期成本与长期成本

许多经济学家和工程师对电力生产的长期成本进行了较详细的研究。结果表明存在规模经济性,即在其发展历史中的 *LAC* 线为一条下降的成本函数,从而电力企业能显著地在 *LAC* 线的左侧选择其建厂规模,也意味着其 *LMC* 总小于 *LAC*。

电力企业的规模经济性主要体现在发电的技术上,电厂容量越大,发电越便宜。主要的制约因素是电的传输成本。电产量越是集中在一个单独的大容量厂生产,电被输送到地理位置较分散的用户所需的传输成本越高。

电力企业的短期成本线与长期情况有很大区别。发电系统必须在短期甚至一天中满足用电量的巨大波动(电是无法储存的),高峰时段要比非高峰时段生产和传输更多的电。然而电力企业不可能通过调整其固定容量来适应每天的用电波动,因为这种波动随时都在发生,且都是暂时的变化。所以其短期产量的增减会沿着 *SMC* 和 *SAC* 进行调整,特别在容量固定条件下,会发生平均成本和边际成本的递增(至少在用电高峰,产量增大时会出现)。

从技术上讲,在较高产量下的短期成本递增有两个主要原因:(1) 配套发电设备都有其设计能力,短期超过设计能力是可以的,但会发生如过热损失、击穿风险等情况;(2) 任何发电系统都有分厂,各分厂又各有不同的技术参数(产出/燃料比率)。效率最高的设备用于满足基本需求的连续供应,低效设备作为替代设备,在需求增加时才加入到生产中来,平均成本也随之上升(低效设备需耗费更多的燃料,但具有造价低、点火快等特点)。

上述关于电力调度的事例说明:总电力系统必须考虑各生产分厂 *SMC* 的递增,若各分厂的 *SMC* 不递增的话,就不存在调度问题,所有的发电任务都分派给效率最高的厂就可以了。

——摘自赵炳新等,西方经济学教程,山东人民出版社,2002

83

【本章小结】

1. 从不同的角度,成本有着不同的含义。在西方经济学中,企业的生产成本应该从机会成本的角度来理解。机会成本是指生产者所放弃的使用该经济资源在其他生产用途中所能得到的最高收入。因此从机会成本角度考虑问题,可以提高资源的配置效率。

2. 成本函数与成本方程不同。成本函数反映成本和产量之间的关系,而成本方程表示成本等于投入要素价格之和。成本函数取决于两个因素:生产函数和投入要素的价格。

3. 在短期中投入的要素分为不变要素和可变要素,因此,短期成本分为变动成本和固定成本,同时进一步地阐述了短期总固定成本、总变动成本、总成本、边际成本、平均成本、平均变动成本和平均固定成本等成本概念及相互关系。在长期中一切生产要素都是可变的,因此本章主要阐述了长期总成本、长期平均成本和长期边际成本这三个成本概念及其的相互关系。

【重要名词和术语】

机会成本 显性成本 隐性成本 成本函数 固定成本 变动成本 平均成本
边际成本

【复习思考题】

1. 要素报酬递减规律与短期边际成本曲线的形状有什么联系? 如果投入的可变要素的边际产量开始时上升,随后下降,那么短期边际成本曲线和短期平均成本曲线是怎样的? 如果边际产量一开始就下降,那么成本曲线又会怎样?

2. 为什么长期平均成本曲线也是 U 形? 为什么由无数条短期平均成本曲线推导出来的长期平均成本曲线必有一点也只有一点与最低短期平均成本相等?

3. 某企业打算投资扩大生产,其可供选择的筹资方法有两种:一是利用利率为 10% 的银行贷款,二是利用企业利润。该企业的经理认为应该选择后者,理由是不用付利息因而比较便宜,你认为他的观点是否有道理?

4. 填表:

单位:美元

Q	TC	FC	VC	AFC	AVC	AC	MC
0	50						
1	70						
2	100						
3	120						

续表

Q	TC	FC	VC	AFC	AVC	AC	MC
4	135						
5	150						
6	160						
7	165						

5. 设某生产者的生产函数 $Q=\sqrt{KL}$，已知 $K=4$，其总值为100，L 的价格为10。

试求：

(1) L 的投入函数和生产 Q 的总成本函数、平均成本函数、边际成本函数；

(2) 如果 Q 的价格为40，生产者为了获得最大利润，应生产多少 Q？其利润为多少？

(3) 如果 K 的总值从100上升到120，Q 的价格为40，生产者为了获得最大利润应生产多少 Q？其利润为多少？

6. 已知某厂商的长期生产函数 $Q=aA^{0.5}B^{0.5}C^{0.25}$，$Q$ 为每月产量，A,B,C 为每月投入的三种生产要素，其价格分别为 $P_A=1$ 元，$P_B=9$ 元，$P_C=8$ 元。

(1) 推导出厂商长期总成本函数、长期平均成本函数和长期边际成本函数；

(2) 在短期内，C 为固定生产要素，A 与 B 是可变生产要素，推导出厂商的短期总成本函数、短期平均成本函数、短期平均可变成本函数和短期边际成本函数。

第六章

市场理论

【本章要点】

本章介绍市场类型及四种市场的基本特征;不同市场条件下的短期与长期均衡条件;纳什均衡;上策均衡。

第四章介绍了消费者行为理论,第五章介绍了生产者行为理论,按照西方经济学观点,市场是由消费者行为和生产者行为共同决定的。本章将消费者行为和生产者行为一起考察,以分析市场的价格和数量是如何决定的。市场价格和数量的决定随着市场组织类型的不同而有所不同。

西方经济学家把市场分为四种类型:第一种类型是完全竞争的市场;第二种类型是完全垄断的市场;第三种类型是垄断竞争的市场;第四种类型是寡头市场。本章先介绍完全竞争市场的理论。

第一节　有关厂商行为的几个概念

一、市场及其类型

市场一般指商品买卖的场所。每一种商品都有一个市场,市场一般不是一个单一的地点,而是一个区域;它可能有固定场所,也可能没有固定场所。

市场可以按不同方法进行分类,西方经济学家通常按照竞争程度这一标准,从厂商数目、产品差别程度、厂商对产量和价格的控制程度及厂商进入市场的难易程度等特点,将市场分为四类:完全竞争、完全垄断、垄断竞争和寡头垄断。这四种类型市场的特点如表6-1所示。

表 6-1　四种市场的基本特征比较

市场结构类型	厂商数目	产品差别程度	个别厂商控制价格程度	厂商进入行业难易程度	现实中接近的行业
完全竞争	极多	无差别	没有	完全自由	农业
垄断竞争	很多	有些差别	有一些	比较自由	零售业
寡头垄断	几个	有差别或无差别	相当大	有限	汽车制造业
完全垄断	一个	唯一产品，没有替代品	很大，但常受政府管制	不能	公用事业

二、厂商与行业

厂商是指根据一定目标（一般追求利润最大化）为市场提供商品和劳务的独立经营单位，与它采取独资经营、合伙经营还是股份公司的形式无关，也与它的经营范围或业务内容是从事生产制造还是从事商品与劳务的推销无关。

行业或产业（industry）是指制造或提供同一或类似产品或劳务的厂商的集合，如纺织业、机器制造业、食品加工业等，而纺织业又可分为棉织业、针织业、丝织业等。

厂商与行业是成员与集体的关系，在经济分析中必须区分厂商与行业。例如分析需求曲线时就应弄清楚是厂商需求曲线还是行业需求曲线，因为两者并不总是相同。"行业"（或产业）这一概念有时常常和"部门"一词的含义基本相同。

此外，行业与市场两个概念也应进行区分。行业是生产或供给方面的概念，而市场则包括供求双方的关系。

三、厂商收益

为了说明厂商在各种市场中如何决定产量和价格，首先应介绍厂商收益、利润概念，以及实现利润最大化的条件。

厂商收益是指厂商销售其产品所取得的货币收入。这里有三个基本的收益概念应加以区分。

总收益（total revenue，TR）指厂商出售一定数量产品后所得到的全部收入，它等于产品单价 P 乘以销售数量 Q，可用公式表示为

$$TR = P \times Q$$

平均收益（average revenue，AR）指厂商销售每单位产品所得到的平均收入，它等于总收益除以总产销量，也就是单位产品的市场价格。平均收益可用公式表示为

$$AR = \frac{TR}{Q} = \frac{P \times Q}{Q} = P$$

$AR=P$ 在任何市场条件下均成立。

边际收益(marginal revenue,MR)指增加或减少一单位产品的销售量所引起的总收益的变动量,可用公式表示为

$$MR=\frac{\Delta TR}{\Delta Q} \text{或} MR=\frac{\mathrm{d}TR}{\mathrm{d}Q}$$

既然厂商收益是厂商销售产品取得的货币收入,那么不管产品价格在销售中是否因销售量(即产量)变动而变动,厂商收益总与销售量(产量)有关,这种关系称为收益函数。与三个基本的收益概念相对应的收益函数是总收益函数、平均收益函数和边际收益函数。

四、利润及其最大

利润是总收益与总成本的差额。当总收益超过总成本时,此超额为厂商的利润;当总成本超过总收益时,此超过额为厂商的亏损。总收益超过总成本最大时,利润最大;总成本超过总收益最小时,亏损最小。

设利润为 π,则有

$$\pi=TR-TC$$

这里所说的利润是指经济利润或者超额利润,在此有三个利润概念要进行区分。一是会计利润,它是指销售总收益与会计成本(显性成本)的差额。二是经济利润,它是指销售总收益与企业经营的机会成本或经济成本的差额。经济成本不仅包含会计成本(即显性成本),还包括隐性成本。在人们的经济活动中,不但隐性成本要合于机会成本原则,显性成本也要合于机会成本原则,因此,通常将会计成本与隐性成本之和作为经济成本。但应记住,经济成本是企业经营中所使用的各种要素(不管是否自有)的机会成本的总和。三是正常利润,它是指经济成本超过会计成本的部分,亦即厂商投入经营活动的各项资源的机会成本超过会计成本的部分的总额。例如,假定某企业从一项经营活动中获得销售总收益是 10 万元,会计成本是 6 万元,则会计利润为 4 万元;如果厂商的机会成本是 9 万元,则经济利润就是 1 万元,而正常利润则是 3 万元。可见,正常利润实际上是包含在经济成本中的,从长期来看,它是使厂商留在该市场(行业)中经营的必要条件。也就是说,厂商收益不仅要能补偿会计意义上的费用,而且要能补偿所用各项资源的机会成本,否则就会亏损。如果厂商收益正好等于经济成本,则经济利润为零,但经济利润为零,不等于没有正常利润。利润是总收益与总成本的差额,这里的总成本是指经济成本总和,利润乃指经济利润。

厂商从事经济活动的目的在于求得经济利润最大,因此厂商在决定产量时,一方面要考虑增加产量会增加多少收益,即边际收益(MR),另一方面要考虑增加产量会增加多少成本,即边际成本(MC)。如果增加一单位产品时所增加的收益为 10 美元,而增加的成本为 8 美元,则增加这一单位产品的生产和销售能给该厂商带来 2 美元的利润;相反,如果减少这一单位产品的生产,就要减少 2 美元的利润。一般来说,只要边际收益大于边际成本,厂商

就会增加生产;如果边际成本大于边际收益,厂商就会缩减生产,直到边际收益和边际成本相等时为止。此时厂商的利润达到最大,或者亏损达到最小,于是厂商的产量就确定在 $MR=MC$ 的产量点上,即不再有变化的趋势。因此 $MR=MC$ 可定义为利润最大化的基本条件,它适用于任何类型的厂商行为。在任何市场结构中,求厂商获得利润最大时的均衡产量和均衡价格,也就是求 MR 与 MC 相等时的产量和价格。

对 $MR=MC$ 定理可用微分法证明:

$$\pi = TP(Q) - TC(Q)$$

$$\frac{d\pi}{dQ} = \frac{dTR}{dQ} - \frac{dTC}{dQ} = MR - MC$$

利润最大化的一阶条件即必要条件为 $\frac{d\pi}{dQ}=0$,因此有

$$MR = MC$$

利润最大化的二阶条件即充分条件为 $\frac{d^2\pi}{dQ^2}<0$,即

$$\frac{d^2TP}{dQ^2} = \frac{d^2TR}{dQ^2} - \frac{d^2TC}{dQ^2} = \frac{dMR}{dQ} - \frac{dMC}{dQ} < 0$$

也就是说,边际收益的增加率小于边际成本的增加率。

在完全竞争市场上,对单个厂商而言价格 P 是既定的常数,因而厂商的 MR 也为常数,即 $MR=dTR/dQ=dPQ/dQ=PdQ/dQ=P$。故 $dMR/dQ=0$。因此,在完全竞争市场上有 $\frac{dMP}{dQ}<\frac{dMC}{dQ}$,即 $\frac{dMC}{dQ}>0$。MC 的一阶导数大于 0,说明利润最大的均衡点必须位于 MC 曲线斜率为正即 MC 曲线上升的阶段。

在不完全竞争的市场上,MR 为变量,利润最大化的均衡点必须落在 MC 曲线斜率大于 MR 曲线斜率的区间。

第二节 完全竞争市场理论

一、完全竞争市场的特点

要讨论完全竞争市场条件下的价格和产量的决定因素,首先应对完全竞争市场的基本特征有概要的了解。完全竞争市场是指不包含有任何垄断因素的市场,它需要同时具备以下四个特征,缺少其中任何一个都是不完全竞争市场。

(1) 该产品在市场上有大量的卖主和买主,从而厂商面临既定的价格水平。由于市场上存在大量互相独立的买者和卖者,他们购买和出售的产量只占市场总额中极小的一部分,

因而任何一个厂商或买者只能按照既定的市场均衡价格销售和购买其愿意买卖的任何数量而不对价格产生明显的影响。市场价格只能由全体买者的需求总量和全体卖者的供给总量共同决定,每一个厂商只是市场价格的接受者,而不是价格的制定者。

(2)产品同质。所有厂商均提供标准化产品,它们不仅在原料、加工、包装、服务等方面相同,而且完全可以互相替代。这就是说,消费者所购买的同一种商品,无论是由哪一家厂商生产的,其在性质和质量上都是均一的,没有好坏高低之别。如果一个厂商稍微提高其产品价格,所有的顾客将会转而去购买其他厂商的产品。

(3)市场中所有的生产要素可以自由流动。完全竞争的市场要求所有的资源都能在行业之间自由流动,该行业的工厂规模和厂商数目在长期内可以任意变动,不存在任何法律的、社会的或资金的障碍,以阻止厂商进入或退出该行业。

(4)信息充分。所有买卖者都具有充分的知识,完全掌握现在和将来的价格信息,因而任何人都不会以高于市场的价格进行购买或以低于市场的价格进行销售。同样,生产者对其产品的成本和价格也具有充分的信息知识,都会在最佳的生产规模上从事生产。

显然,完全竞争市场是一种理论上的理想市场,实际生活中并不存在。有的行业近似符合上述一些条件,例如农产品中的小麦、玉米等市场在某种程度上符合前三个条件,但是要符合第四个条件则不可能。大部分产业甚至连前三个条件都不能符合,例如许多产品的性质和质量不可能同一;资源不可能任意流动,如劳动力的流动要受到劳动技能的限制;专利权使厂商不可能随意进入新产品的生产;等等。

尽管如此,西方经济学家认为对完全竞争理论的研究仍十分必要和十分重要。因为理论是现实的一般抽象,它可以用来解释和预测社会现象。完全竞争的理论可以认为是一种理想的模式,也是进行社会资源合理使用的比较标准。

二、完全竞争市场的行业需求曲线和厂商需求曲线

厂商需求曲线是指单个厂商所面临的消费者对其产品的需求曲线,它与整个行业所面临的需求曲线是不同的。当然,两者之间也存在着一定的联系。

根据对完全竞争市场的假定,单个厂商都是市场价格的接受者,他改变销售量不会引起市场价格的变动。也就是说,单个厂商在既定的市场价格下可以改变销售量,也可以出售任何数量的产品,他既没有必要降价,也不能提价,因为市场上的产品完全同质。如果该厂商把自己的销售价格抬至比市场价格略高一点,其销售量便降为零。因此单个厂商面临的是一条具有完全价格弹

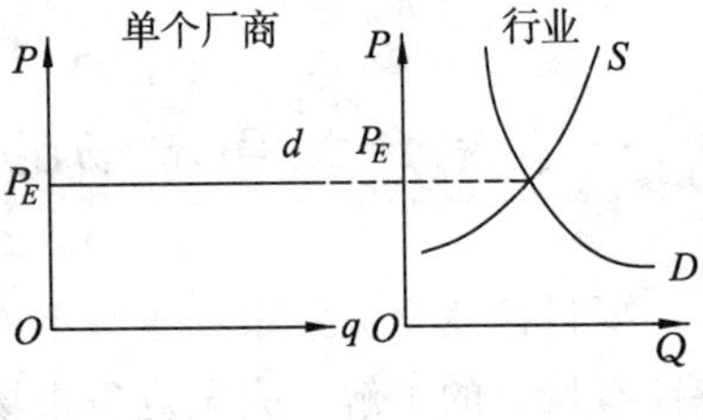

图 6-1 厂商需求和行业需求

性的水平需求曲线。与完全竞争厂商不同,完全竞争行业的需求曲线为一条自左向右下方倾斜的曲线,它表示该行业所有厂商的需求曲线之和,如图 6-1 所示。

图 6-1 中，Q 代表行业的需求或供给的商品数量，q 代表个别厂商的销售数量。当市场按供求规律决定某商品的市场价为 P_E 时，作为个别厂商只能接受这一价格作为自己产品的销售价格。不管该厂商在市场上销售多少产品，均不能变动这个价格。因此，个别厂商所面临的曲线为 d 曲线，是一条弹性无穷大的曲线。它表明在完全竞争情况下的厂商可以按市场价格销售掉任何数量的商品。

三、完全竞争条件下的总收益、平均收益和边际收益

有关总收益、平均收益和边际收益的概念前已述及，这里探讨在完全竞争条件下的总收益、平均收益和边际收益曲线。

由于完全竞争厂商面临的是由市场供求情况决定的均衡价格，厂商的总收益曲线为一条从原点出发向右上方倾斜的直线，如图 6-2(a) 所示，$TR = P \times q$，P 为 TR 曲线的不变斜率。

虽然 $AR = P$ 在任何市场条件下均成立，但 $AR = MR = P$ 只有在完全竞争市场中才成立。因为只有在完全竞争市场上，厂商才是价格的接受者，其产品的价格才是常数，因此厂商每销售一单位产品所获得的边际收益才等于价格。正是由于 $AR = MR = P$，单个厂商的平均收益曲线和边际收益曲线同为一条曲线，即单个厂商面临的需求曲线，如图 6-2(b) 所示。

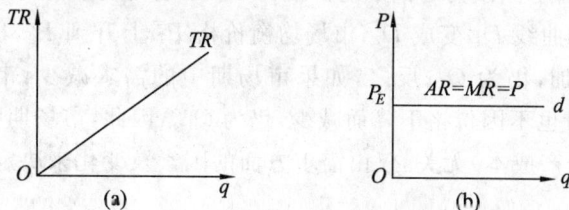

图 6-2　厂商的收益曲线

四、完全竞争情况下厂商的市场期均衡

西方经济学关于企业短期或长期经济行为的划分不是以时间长短为标准。短期生产是指部分生产资源不能变动，而部分投入要素可以变动的生产。按照马歇尔的观点，厂商生产通常分为三个时期，即市场期、短期和长期。西方经济学家主要注重对短期和长期的理论研究，因此，这里先简略介绍一下市场期的价格决定。

所谓"市场期"或称"特短期"，是指厂商对市场供给的产品数量固定不变的一段时间。这段时间的长短也不确定，可能是一天、一周，也可能是一个月、一个季度、一年甚至更长的时间，它完全取决于在这段时期内产品的供给量是否变动。无论短期或长期，个别厂商都能

够调节其产量;而在市场期中,个别厂商均不能对其产量进行调整。市场期中常见的、典型的例子就是每天菜场上市的蔬菜、鲜鱼等市场供应情况。在这一段时间内,厂商对市场的提供总量有限,不能增多;同时,这些商品很容易腐烂变质而无法减少。如果蔬菜、鲜鱼可以冷冻,待机而售,则它不是市场期的概念。

市场期的特点是有交换而无生产。每件要卖的东西已经生产出来,因此,没有产量的问题,唯一的问题是按什么价格处理现有的供给以进行"市场卖清"。

市场期内每个厂商的供给量都固定不变,整个市场的供给量也固定不变。因此,市场期中的市场供给曲线是一条与横坐标垂直的直线,如图6-3所示。

图6-3表明,市场期中供给曲线的价格弹性为零,因而市场价格不取决于供给者,完全取决于市场需求单方面的因素。

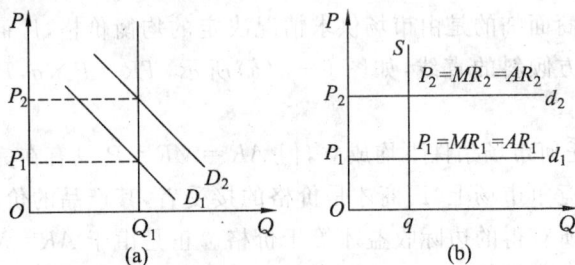

图6-3 完全竞争市场的市场期均衡

假设原来的市场需求曲线为D_1,市场价格为P_1,市场均衡量为Q_1。如果市场期中的需求增加,原来市场需求曲线D_1变成D_2,市场均衡价格P_1上升到P_2,这时市场的供给量并不因价格的上升而增加,仍为Q_1;反之,如果市场期中的需求减少,市场均衡价格下跌到P_1,这时市场的供给量也不因价格下降而减少,仍为Q_1。因此,市场期中的市场均衡价格与供给方面的因素(如生产成本)无关,仅由需求方面的因素及变化来决定。

五、完全竞争情况下厂商的短期均衡

在短期内,厂商可随需求情况的变化而在一定范围内调整可变投入和产销量,以求利润最大或亏损最小。当利润最大时,厂商将不再调整其产销量,从而达到最大化经济分析的均衡状况;当每个厂商都达到均衡时,整个行业也达到均衡状态。

在完全竞争条件下,厂商短期均衡(即取得最大利润或最小亏损)的必要条件仍然是$MC=MR=P$。前面已经对$MR=MC$定理进行了数学论证,下面将用图形和表格进一步说明该定理。

假设某厂商的成本函数和价格分别为

$$TC=2Q^3-5Q^2+10Q+25$$

$$P=66$$

据此,可求得下列函数:

$$MC = \frac{\mathrm{d}TC}{\mathrm{d}Q} = 6Q^2 - 10Q + 10$$

$$AC = \frac{TC}{Q} = 2Q^2 - 5Q + 10 + \frac{25}{Q}$$

$$TR = PQ = 66Q$$

$$\pi = TR - TC = -2Q^3 + 5Q^2 + 56Q - 25$$

$$TVC = 2Q^3 - 5Q^2 + 10Q$$

以上函数均为产量 Q 的函数,因而可分别求出产量从 0 增加到 6 时的 $TC, MC, AC,$ TR, π, TVC 等具体数值,再由 $MC = P$ 的均衡条件可求得利润最大时的产量值及最大利润值。

现将这些数值整理成表 6-2 的形式。

表 6-2　完全竞争厂商的短期成本、收益和利润

产量 (Q)	价格 (P)	固定成本 (TFC)	变动成本 (TVC)	总成本 (TC)	边际成本 (MC)	平均成本 (AC)	总收益 (TR)	利润 (π)
0	66	25	0	25	—	—	0	-25
1	66	25	7	32	6	32	66	34
2	66	25	16	41	14	20.5	132	91
3	66	25	39	64	34	21	198	134
4	66	25	88	113	66	28.25	264	151
5	66	25	175	200	110	40	330	130
6	66	25	312	337	166	56	396	59

根据表 6-2 可以绘制出 TC 与 TR,MC 与 AC 以及利润 π 曲线,如图 6-4 所示。通过对总收益与总成本、边际收益与边际成本的分析,可以作出短期利润最大化的决定。

在图 6-4(a)中,TR 曲线与 TC 曲线相交于 A, C 两点,当产量在 Q_2, Q_3 之间时,$TR >$ TC,厂商总能获得利润。那么在哪个产量点上,该厂商才能获得最大利润呢? 根据 $MR =$ MC 定理,当 TC 曲线的斜率 MC 与 TR 曲线的斜率 MR 相等时所确定的产量点为最大利润产量点。因此,只要在 TC 曲线上找到一点 D,在该点上使 TC 曲线的斜率与 TR 曲线的斜率相等,此时与 D 点对应的产量为 Q_1。在 Q_1 产量点上有 $MC = MR$,Q_1 为最大利润的产量点。在图 6-4(a)中,$Q_1 = 4$,$\pi = 264 - 113 = 151$。从表 6-2 中可以看到,与 $MC = P = 66$ 对应的产量单位为 4,其对应的利润为 151。在 A, C 两点有 $TC = TR$,说明当产量分别为 Q_2 和 Q_3 时,厂商收支相抵,没有利润,也不亏本。

由　　　　　　　$\pi = TR - TC = AR \cdot Q_1 - AC \cdot Q_1$

$$= Q_1(AR - AC)$$

$$= Q_1(P-AC)$$

可知,厂商均衡时是盈利还是亏损,取决于市场价格和均衡产量时的平均成本:当 $P>AC$ 时,$\pi>0$;当 $P<AC$ 时,$\pi<0$;当 $P=AC$ 时,$\pi=0$。

从以上的分析可知,当厂商处于短期生产均衡状态时有 $MR=MC=P$,这时企业的利润最大化。利润最大化是否意味着厂商一定能够赚钱呢?回答是否定的。因为厂商能否赚钱取决于对均衡产量下的价格与平均成本的比较,而均衡本身并没有表明这种比较的结果究竟如何,赚钱只是其中的一种可能性。不过无论在何种情况下,当厂商处于短期均衡状态时,不是利润最大化,就是损失最小化。

六、完全竞争厂商的短期供给曲线

供给曲线表明产品供给量和市场价格之间的关系。一定的价格水平下会有一定的供给量。当价格处于某一水平时,各个厂商都会根据自己的情况决定适当的供给量。当价格水平变化时,各厂商的供给量也会随之变化。

某厂商的短期供给曲线如图 6-5 所示,该厂商的短期生产均衡条件是 $MR=MC=P$。

因此,价格不同,企业选择的产量也不同。图 6-5表示某厂商的边际成本曲线与三条可能的需求曲线相交,从而选择不同产量水平的情况。在不同的价格下,企业会有不同的供给量水平。当价格为 P_1 时,厂商的生产均衡点是 A,生产量为 Q_1;当价格为 P_2 时,厂商的生产均衡点是 B,生产量为 Q_2;依次类推。但是,当价格低于平均变动成本 AVC 时,企业将不会生产。例如,当价格低于 P_3 时,厂商不再按照 $MR=MC=P$ 的原则进行生产,因为生产越多,亏损越多。

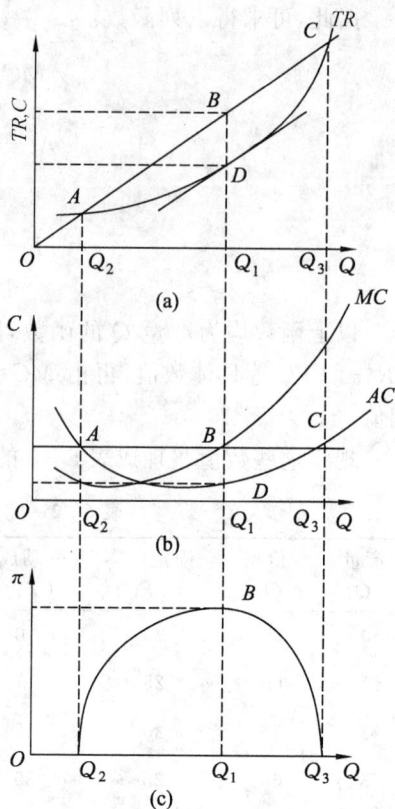
图 6-4 完全竞争厂商的短期均衡

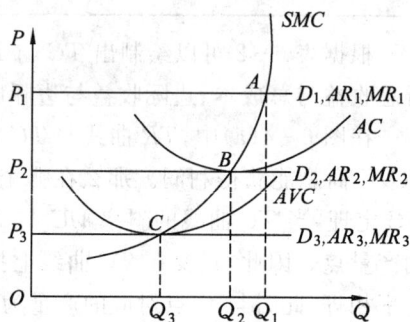
图 6-5 完全竞争厂商的供给曲线

因此可以得出如下结论:在完全竞争情况下,厂商的短期供给曲线就是高于平均变动成本曲线的短期边际成本曲线。

一个行业是由许许多多生产同样产品的厂商组成的,因而一个行业的供给曲线就是许许多多个别厂商的供给曲线的总和,即该行业中所有厂商高于平均变动成本的边际成本曲线的横向总和。

一个行业的短期供给曲线和市场需求曲线共同决定市场的均衡价格。虽然任何个别厂商不能够影响市场价格,但是一个行业中所有企业的总体行为(即行业总供给曲线)和消费者的总体行为(即总需求曲线)共同决定市场的价格水平。该市场价格水平就是个别厂商所必须接受的市场价格。每个厂商都按该市场价格决定自己的企业行为。

在市场均衡价格水平下,每个厂商都在 $MC = P$ 条件下生产和销售产品,在短期内没有一个厂商会改变产量。由于市场总需求量等于总供给量,因此在短期情况下的市场价格也不会发生变化,该产品市场及所有的厂商都处在短期均衡状态中。

七、完全竞争厂商的长期均衡

在短期均衡下,企业利润最大化有三种可能,即可能获利、可能亏损、可能收支相抵。这是由于短期中厂商除了按 $MC = P$ 条件确定生产量以外,没有其他选择。但厂商的长期均衡不会出现这种情况。

在长期生产中,厂商没有固定成本的概念,所有生产要素都可以随意变动,既可以选择规模,也可以自由地进入或退出某个行业的生产。当某个行业里的所有厂商都能获利时,新厂商将会进入该行业,以分享利润。新厂商的进入使得供给增多,行业的短期供给曲线右移而市场需求曲线没有变动。这意味着市场的均衡价格将会下降。此时,不管是新厂商还是旧厂商,都要根据新的市场均衡价格来调节生产量。只要在该行业中还能获利,新企业就会继续进入,市场均衡价格也将继续下降,一直到整个行业的价格水平和平均成本水平相等,这时新企业不再进入该产业,而整个行业的净利润也为零,称为"零利润均衡"。反之,假如行业中所有的厂商都处于亏损状态,厂商的收益不能弥补其成本,厂

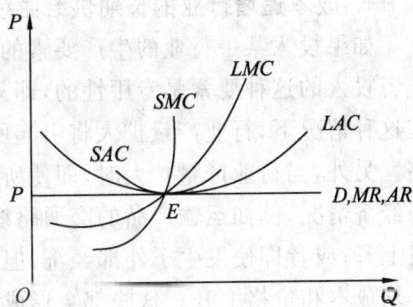

图 6-6 完全竞争厂商的长期均衡

商必然会转移出该行业,这样就导致生产量逐渐减少。这时整个行业的短期供给曲线左移,市场均衡价格将上升。厂商从行业中继续不断流出,价格也将不断继续上升,一直到厂商的收入刚好弥补其成本。这时整个行业的净利润又为零,即"零利润均衡"。完全竞争厂商长期均衡的状态如图 6-6 所示。

厂商长期生产的均衡状态是市场价格处于长期平均成本的最低点,在该点 $P = AR = MR = SMC = LMC = SAC = LAC$。这就是完全竞争厂商实现长期均衡的条件,当达到这一条件时,厂商既无净利润,亦无亏损。

根据成本定义,尽管厂商的长期均衡为"零利润均衡",不存在超额利润,但由于成本中

已包括正常利润,故厂商并非"无利可图"。在长期均衡状态中,厂商仍愿意从事生产和经营。

八、完全竞争行业的长期供给曲线

完全竞争厂商的短期供给曲线是停止营业点以上那部分边际成本曲线,而行业的短期供给曲线为厂商供给曲线之和,因而它是自左向右上方倾斜的曲线。那么,长期中行业供给曲线的情况又怎样呢?或者说,整个行业的产量增加或减少时,产品价格将会怎样变动?是否像短期中当整个行业产量增加时产品价格也一定相应上升?理论和实践告诉人们,在完全竞争市场中,长期行业供给曲线可能有三种形状:向上倾斜、向下倾斜和一条水平线。这三种形状是由任一完全竞争行业中的产量增加时,产品的长期平均成本究竟上升、下降或不变决定的。在完全竞争行业中,各厂商的产品是完全同质的,价格是完全相同的,因此行业长期均衡时,产品价格都等于长期平均成本,既无经济利润,也不亏损。从长期看,当整个行业产量(所有厂商产量之和)增加时,若产品平均成本上升,则产品价格上升;若平均成本下降,则产品价格下降;若平均成本不变,则产品价格不变。当行业产量随需求增长时,产品平均成本会因不同的外部经济情况和生产要素价格变动的情况而呈递增、递减和不变三种情况,因而供给曲线也出现三种不同情况。

1. 成本递增行业的长期供给曲线

如果投入某一行业的生产要素的需求量在整个社会对该要素的需求量中占很大比重,或者投入的这种要素是专用性的,即只有该要素才可生产这种产品,没有别的要素可替代,在这种情况下,行业产量扩大将引起所需生产要素价格的上涨,从而使单位产品平均成本提高。另外,当行业产量扩大时,即使所需投入生产要素的价格没有什么变化,但发生了外部不经济情况,例如运输产品的交通路线更拥挤,引起运输成本上升,这也会使产品成本和价格上升;或者即使发生了外部经济,但其影响不及要素价格上升的影响大,这也会引起产品平均成本和价格上升。这些都会形成一条向右上方倾斜的行业长期供给曲线。这种产品平均成本随产量增加而上升的行业称为成本递增行业。

2. 成本递减行业的长期供给曲线

在现实生活中,由于存在外部经济、规模经济以及技术进步,有些行业的产品平均成本会在增加产量时下降,这种行业称为成本递减行业。例如,某一行业扩大了生产规模,附近地区会建立起辅助性行业,专门供给生产工具和原材料,或进行维修,甚至还可组织联合运输,使用高效率的机械和人力等,这些都会节省该行业内各企业的生产成本,提高效率。这种情况就是外部经济。由于存在这些情况,这类行业的长期供给曲线表现为一条自左上方向右下方倾斜的曲线。如果外部经济效果很大,那么即使在行业产量增加时投入要素的价格有一定程度的上升,也可能出现产品的长期平均成本下降的情况,从而使供给曲线仍向右下方倾斜。

3. 成本不变行业的长期供给曲线

如果行业产量扩大对生产要素需求的增加并不会引起要素价格上涨,或者要素需求增加引起的要素价格上涨恰好被产量扩大所取得的规模经济和外部经济影响所抵消,那么产品的平均成本或产品价格不会随产量扩大而上升,这样的行业称为成本不变的行业,其行业长期供给曲线呈现为一条水平线,其供给的价格弹性无穷大。

第三节 完全垄断市场理论

一、完全垄断的定义

所谓"完全垄断",是指市场被某一个厂商独家控制的状况。完全垄断必须符合以下三个条件:

(1) 市场上只有一家厂商生产和销售某种商品;

(2) 该厂商所销售的商品没有非常类似的替代品;

(3) 任何一家新厂商不可能进入该市场中参与竞争。

若垄断者对目前和将来市场的价格和成本等具有充分的信息和知识,则叫做"完全垄断",否则就叫做"纯垄断"。不过,大多数西方经济学家并不区分这两个概念,只要符合上述三个基本条件,就叫做纯垄断或者完全垄断。

在一个市场上如何才能形成完全垄断? 主要有以下四方面的原因:

(1) 某个厂商可以控制生产该产品所需要的全部原料的供给。控制了产品的原料,其他厂商便不可能从事该产品的生产,因而无法参与竞争。例如,第二次世界大战以前,美国的"Alcoa 公司"(铝公司)拥有或控制了几乎全美国的所有铝矾土。铝矾土是生产铝的主要原料,因而该公司便垄断了美国的铝生产。

(2) 某个厂商拥有生产某种产品的专利权。各国政府和国际组织为鼓励发明创造和保护发明者的利益,都设立许多有关专利权的法律。在某项发明获取专利权的有效时期内,任何厂商不得制造同一产品在市场上销售,这样拥有了专利权就可以形成垄断。例如当玻璃纸刚刚发明出来时,美国的"Dupont 公司"(杜邦公司)就是依靠专利权垄断了全部玻璃纸的生产。

(3) 政府的特许也可以形成垄断。出于某种原因,政府会给予某个厂商生产某种产品的特权。当然,政府给予生产特权是基于宏观经济的需要,因此,该产品的生产和销售都必须在政府的控制下进行,以达到某种特殊的目的。

(4) "自然垄断"也可以形成垄断。所谓自然垄断,就是指某些产业的生产由于"规模报酬递增"的原因,一般厂商无法在生产成本上与之竞争。这样的产业需要巨大的资本设备才能有效地经营,但由于生产量最大,仍可以有效地降低成本。这些都是一般规模的企业无法做到的。于是,这种大规模生产的企业就形成了垄断。例如自来水、煤气、电力供应和污水处理等行业都存在明显的规模经济性,它们的成本会随着使用人数的增加(即供应量的增加)而减少。在这些行业中很容易形成自然垄断。

完全垄断是另一个极端的市场类型。在西方国家,完全符合三个完全垄断条件的情况是不存在的,即使在历史上出现过,也为反托拉斯法所禁止。尽管完全垄断市场并不存在,但完全垄断模型是分析现实世界中的近似完全垄断现象及了解控制市场中某些垄断力量的有用工具。

二、完全垄断厂商的需求曲线

在完全垄断情况下,市场上只有一个垄断厂商以某一价格销售产品,所以垄断者是"价格的制定者",而不是价格的接受者。垄断者在一定的需求曲线上选择价格和数量的结合点。因此,整个市场的需求曲线就是对该垄断产品的需求曲线,是一条从左上方向右下方倾斜的负斜率的需求曲线。需求曲线的含义为:如果该垄断厂商销售更多的产品,则必须降低价格。这样垄断厂商的边际收益 MR 必定小于产品售价 P。这不同于完全竞争条件下 $MR = P$ 的情况,也是完全垄断与完全竞争之间的区别之一。

现以表 6-3 和图 6-7 举例说明。

表 6-3　价格、产量和收益表

价格(P)	产量(Q)	总收益(TR)	边际收益(MR)
8.00	0	0	
7.00	1	7.00	7
6.00	2	12.00	5
5.50	2.5	13.75	
5.00	3	15.00	3
4.00	4	16.00	1
3.00	5	15.00	−1
2.00	6	12.00	−3
1.00	7	7.00	−5
0	8	0	−7

在表 6-3 中,价格随着产品数量的增加而不断下降。从价格和产量相乘所获得的总收益中,很容易计算出边际收益。显然,边际收益小于价格。在图 6-7 中,AD 曲线就是完全

垄断厂商所面临的需求曲线，AC' 曲线是根据表 6-3 所作出来的边际收益曲线 MR。

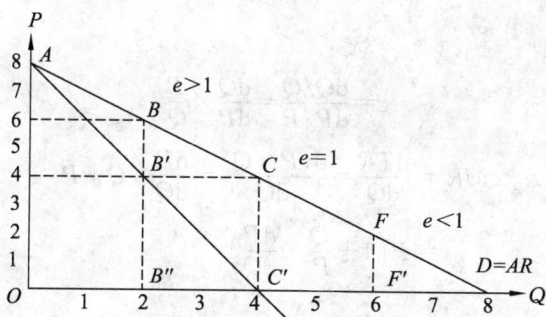

图 6-7　完全垄断厂商的需求曲线和收益曲线

从表 6-3 和图 6-7 中还可以进一步分析完全垄断情况下厂商的总收益和销售量、需求曲线和边际收益曲线、边际收益和价格之间的关系。

1. 总收益 TR 与销售量 Q 之间的关系

总收益先随着销售量的增加而增加，当其达到顶点后便开始下降，如图 6-8 所示。

图 6-8 中，TR 为总收益曲线，总收益的增加或减少与需求价格弹性有关。当产量为 0～4 时，需求价格弹性大于 1，因此随着产量的增加，价格不断下降，总收益却不断上升。当产量为 4 时，由于需求价格弹性等于 1，价格下降的幅度同需求量增加的幅度相等，总收益不变，即达到最高点。当产量大于 4 时，需求价格弹性小于 1，当产量继续增加时，总收益反而下降。

2. 需求曲线 D 和边际收益曲线 MR 之间的关系

由于需求曲线的斜率为负，因此边际收益曲线的斜率也为负，并且边际收益曲线斜率的绝对值是需求曲线斜率绝对值的 2 倍。

从图 6-7 中可看出，当价格为 4 美元时，需求曲线的位置在 C 点，而边际收益曲线的位置在 B' 点，刚好为需求曲线 D 的一半距离；当需求曲线交于横坐标 D 点时，边际收益曲线交于横坐标 C' 点，而 C' 点离原点的距离刚好也是 D 点离原点的距离的一半。边际收益曲线上每一点与需求曲线都有这种对应的关系。

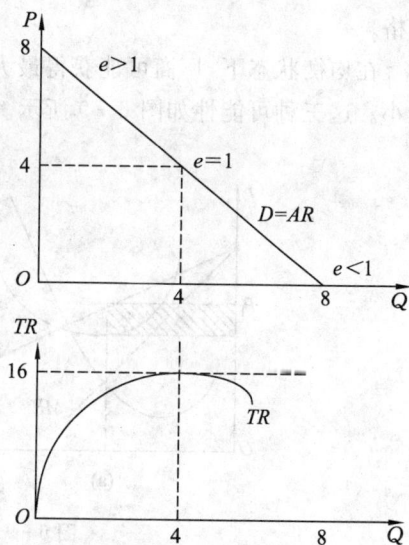

图 6-8　总收益曲线

3. 边际收益 MR 与价格 P 之间的关系

边际收益与价格之间的关系和需求曲线的价格弹性有密切的联系。它们之间的关系可用公式表示为

現代西方经济学教程

$$MR = P\left(1 + \frac{1}{e}\right)$$

证明如下：

$$e = \frac{\mathrm{d}Q/Q}{\mathrm{d}P/P} = \frac{\mathrm{d}Q}{\mathrm{d}P} \times \frac{P}{Q}$$

$$MR = \frac{\mathrm{d}TR}{\mathrm{d}Q} = \frac{\mathrm{d}(P \times Q)}{\mathrm{d}Q} = \frac{\mathrm{d}P}{\mathrm{d}Q} \times Q + P$$

$$= P\left(1 + \frac{Q}{P} \times \frac{\mathrm{d}P}{\mathrm{d}Q}\right)$$

$$= P\left(1 + \frac{1}{e}\right)$$

三、完全垄断厂商的短期均衡

完全垄断厂商的均衡和完全竞争厂商的均衡一样,也是指该厂商追求利润最大化。在短期内,垄断企业为了谋求最大利润,必须遵循边际收益等于边际成本的原则以确定产量和价格。

在均衡状态下,厂商可能获得最大利润,可能不盈不亏,也可能亏损,但亏损时其损失为最小。这三种可能性如图 6-9 所示。

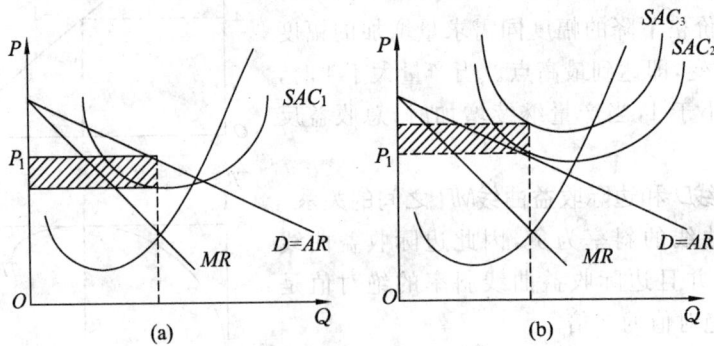

图 6-9 完全垄断厂商的短期均衡

四、完全垄断厂商的长期均衡

在完全垄断情况下,只有一家厂商进行生产并向市场提供产品,其并不担心因获利而吸引其他厂商进入该行业以参与竞争。因此从长期来看,只要厂商在其最适当的生产规模和最佳的生产量上获利或收支平衡,该厂商就会在该产业里存在下去,并且会不断地扩充或减少设备,以调整至能获得最大利润的生产量水平。此时该厂商可以独享纯利润。如果垄断

100

厂商在长期生产中发生亏损,则其必定会停止生产并退出该行业。因此,垄断厂商的长期生产活动会在有利可图的情况下存在,不存在无利可图的长期生产。

当完全垄断厂商处于长期均衡时,其长期边际成本 LMC 和边际收益 MR 相等,垄断厂商可以获得最大利润。这时的生产规模为与长期平均成本 LAC 曲线相切的短期平均成本 SAC 曲线所代表的规模。在该均衡点上,短期边际成本 SMC 曲线与长期边际成本 LMC 曲线相交。也就是说,完全垄断情况下厂商长期均衡的条件是:$LMC=SMC=MR$,同时 $SAC=LAC$。完全垄断情况下厂商长期均衡的情形如图 6 - 10 所示。

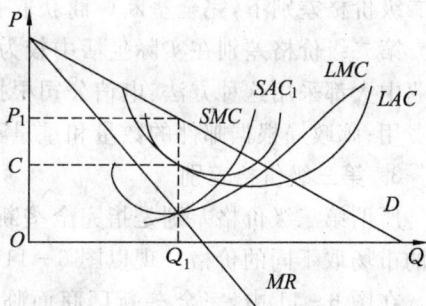

图 6 - 10　完全垄断厂商的长期均衡

在图 6 - 10 中,该完全垄断厂商长期生产均衡时的产量为 OQ_1,因为此时 LMC 曲线和 MR 曲线相交。对该厂商来说,长期均衡时的最佳生产规模是 SAC_1 所代表的规模,SAC_1 曲线与 LAC 曲线切点的横坐标为 Q_1。因此,该完全垄断厂商处于长期均衡时,有 $SMC=LMC=MR$,$P=P_1$,$SAC_1=C$,平均利润为 P_1C,总利润为 $P_1C×OQ_1$。

四、完全垄断的价格差别

完全垄断厂商可以自行决定其产量和价格,因而为获得最大可能的垄断利润,其可通过差别取价的方法以增加其总收益。所谓差别取价,是指完全垄断厂商对不同市场的消费者或对同一消费者不同的购买量,分别以不同的价格销售。这种取价方法不可能出现于完全竞争的市场,因为完全竞争市场的个别厂商的行为不能影响价格,而垄断者却可以做到。

差别取价的方法分为三种,现分别进行介绍。

1. 第一级价格差别

所谓第一级价格差别是指完全垄断厂商在销售其产品时,每个产品均以不同的价格出售以获得最大可能性收入。按西方经济学关于边际效用价值的观点,商品的价格是按边际效用的大小来确定的:边际效用大,价格必高;边际效用小,价格必低。第一级价格差别则假定完全垄断厂商能够根据每一个产品对每一个消费者所产生的效用大小来取价,即在差别价格下没有消费者剩余。

在实际经济活动中,采取第一级价格差别的取价方法非常罕见,它只有在两种情况下才会出现:一是完全垄断厂商的产品销售对象数量很少;二是完全垄断厂商能够精确地知道每个消费者所愿意接受的最高价格。

2. 第二级价格差别

所谓第二级价格差别是指完全垄断厂商将其垄断产品分批定价出售,以获得较大的收益。例如将某产品分四批出售,第一批所有产品的销售价为 10 美元,第二批所有产品的销售价为 8 美元,第三批所有产品的销售价为 6 美元,第四批所有产品的销售价为 4 美元。在第二级价格差别下,完全垄断厂商获取一部分而不是全部的消费者剩余。

第二级价格差别在实际生活中较为常见。例如,在煤气、水、电、邮政、电信等社会公用事业中大都采用这种方法:电信公司根据每天 24 小时中不同的时间,按不同的标准收取电话费用;邮政局根据邮件的数量和重量不同,所取的邮资也不同。

3. 第三级价格差别

所谓第三级价格差别是指完全垄断厂商对同样的产品在不同的市场取不同的价格。现以图 6-11 进行说明。

在图 6-11 中,完全垄断厂商面临两个不同需求状态的市场 D_1 和 D_2,这两个市场的边际收益分别为 MR_1 和 MR_2,将这两个市场的边际收益曲线相加得到 $\sum MR$ 曲线,这时该厂商的均衡产量为 Q_3,只是 Q_3 数量的产品分别销售到两个不同的市场。如果产品在第一个市场里销售所获得的边际收益大于在第二个市场里销售所获得的边际收益,那么该厂商一定会将产品运往第一个市场里销售,以获得更多利益;反之,如果该产品在第二个市场里销售所获得的边际收益大于在第一个市场里销售所获

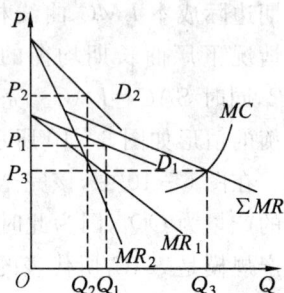

图 6-11　第三级价格差别

得的边际收益,那么该厂商则将把产品运至第二个市场里销售。无论在哪个市场,当产品增加供给数量时,其价格必定下降,因而其边际收益也会下降。这样,完全垄断厂商最终一定会将两个市场的销售量调整到 $MR_1=MR_2$ 上,即图 6-11 中 $Q_3=Q_1+Q_2$,此时两个市场的边际收益相等(都为 P_3)。

当完全垄断厂商按第三级价格差别取价时,两个市场的边际收益相等。此时,该产品在两个市场上售价的高低取决于两个市场对该产品的需求价格弹性的大小。现用数学方法加以说明。

以 MR_1 和 MR_2 分别代表两个不同市场的边际收益,P_1 和 P_2 分别代表产品在两个市场的价格,e_1 和 e_2 代表两个市场的需求价格弹性。根据前面介绍的原理可以得出

$$MR_1 = P_1(1-\frac{1}{e_1})$$

$$MR_2 = P_2(1-\frac{1}{e_2})$$

因为 $$MR_1 = MR_2$$

所以 $$P_1(1-\frac{1}{e_1}) = P_2(1-\frac{1}{e_2})$$

即 $$\frac{P_1}{P_2} = \frac{1-\frac{1}{e_1}}{1-\frac{1}{e_2}}$$

从上式中可以得出如下结论（这里的需求价格弹性均视为绝对值）：如果 $e_1 = e_2$，则 $P_1 = P_2$；如果 $e_1 > e_2$，则 $P_1 < P_2$；如果 $e_1 < e_2$，则 $P_1 > P_2$。

显然在第三级价格差别情况下，需求价格弹性较大的市场，产品的价格较低；需求价格弹性较小的市场，产品的价格较高。

第三级价格差别也存在一些实际范例。例如，电力公司对普通家庭用电和工业用电这两个不同的市场分别采取不同的收费标准；在国际贸易方面，销售同一产品时根据本国市场与别国市场分别定不同的价格。一般来说，外国市场价格偏低，而本国市场价格偏高。这是因为外国市场的需求价格弹性通常大于国内市场。

第三级价格差别的存在必须同时具备两个前提：

（1）不同市场必须分割开来。若甲市场中的购买者获知乙市场中的价格低，便转移到乙市场中去购买；或者乙市场中的购买者获知甲市场中的价格低，而跑到甲市场中去购买，这样差别价格便无法成立。

（2）不同市场里的需求曲线的价格弹性各不相同。如果需求曲线完全相同，价格也完全一样，差别价格便无法成立。

第四节　垄断竞争市场理论

完全竞争和完全垄断是市场结构中的两种极端情况。比较现实的市场是既存在竞争因素又存在垄断因素，介于完全竞争和完全垄断之间，是竞争和垄断混合在一起的市场。根据竞争因素和垄断因素所起的作用，这种市场又可分为垄断竞争市场和寡头垄断市场。前者中竞争的因素多一些，是比较接近完全竞争市场的市场结构；而后者中垄断的因素多一些，是比较接近完全垄断市场的市场结构。

一、垄断竞争的定义

所谓垄断竞争，就是指有许多厂商在市场中销售近似但不完全相同的产品的市场组织。垄断竞争的特点是：

1. 存在产品差别

这是指同一类产品有不同之处。不同种类的产品固然存在差别，但这里的产品差别主要是指同一类产品之间的差别。产生这种差别的主要原因有：一是产品之间的内在品质不同，如由于技术或原材料等不同而功效不同；二是产品的外观形象不同，如由于包装、商标等不同而功效不同；三是产品的经济空间不同，如产品的产地、销售地的地理位置及产品市场距消费者的远近不同；四是产品的推销方式不同，如广告、售后服务、服务态度等方面的不同。另外,消费者对客观上完全相同的产品也存在主观评价不同等。总之,产品差别可能来自产品有形或虚构的差别。

既然存在产品差别,产品之间就难以完全替代,那么垄断竞争市场必然具有一定的垄断性,垄断程度与产品差异程度呈同方向变动关系;既然这里的产品差别是同类产品之间的差别,产品之间就必然存在一定的替代关系,那么垄断竞争市场也必然具有一定的竞争性,竞争程度与产品的替代程度呈同方向变动关系。因此,产品差别是垄断竞争市场形成和存在的重要因素。

2. 厂商进出行业比较容易

由于厂商进出行业比较容易,厂商数目也较多。在垄断竞争行业内,产品的性质决定了厂商规模一般不是很大,投资建厂所需资金也不是太多。例如,建设一个生产皮鞋的工厂与建设一个生产汽车的工厂相比,所需投资和建设规模是大不一样的,因而前者处于垄断竞争行业,而后者处于寡头垄断行业。

可以说,行业内厂商数目和产品差别程度是决定市场竞争程度的因素。厂商越容易进入行业,行业内厂商越多,市场的竞争性就越强。

3. 厂商对产品价格略有影响力

垄断性使厂商能够具有一些定价自主权,而竞争性又使厂商的定价权十分有限。当厂商提高产品价格时,就会失去一部分但不是全部原有的顾客;当厂商降低产品价格时,就会得到更多但远远不是全部的顾客。

垄断竞争厂商一般存在于日用品工业、食品工业、零售商业、手工业等行业中。

二、垄断竞争厂商的短期均衡

垄断竞争市场是一种既非完全竞争又非完全垄断的市场结构。垄断竞争厂商的产品与其他厂商产品既有一定差别,又有很大替代性。同时,厂商进出行业比较容易,这使得一个垄断竞争厂商面临的需求曲线很可能比一个完全竞争厂商(其产品与同行业内其他厂商产品完全相同)的需求曲线弹性小,但它又很可能比垄断者(其产品与其他厂商产品完全不同)面临的需求曲线弹性大。这就是说,垄断竞争厂商面临一条向右下方倾斜但比垄断厂商需求曲线平坦得多的需求曲线。

垄断竞争厂商同样谋求利润最大化,其产量和价格决策的基本原则也是边际收益等于边际成本。在短期内,垄断竞争厂商的均衡与垄断厂商的均衡十分相似:若价格高于平均成本,则有超额利润;若价格低于平均成本,则会亏损;若价格刚好等于平均成本,则盈亏相等,如图6-12、图6-13所示。

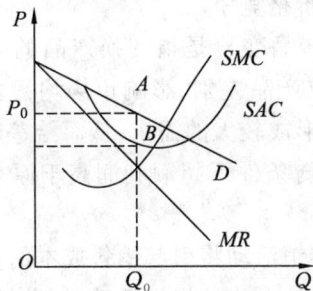

图 6-12　获利的垄断竞争厂商均衡　　图 6-13　亏损的垄断竞争厂商均衡

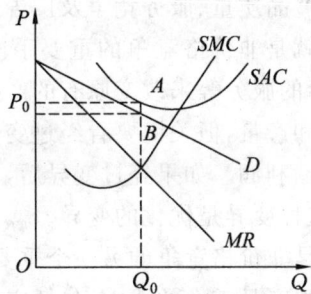

三、垄断竞争厂商的长期均衡

在长期内,垄断竞争厂商进出行业较自由。若获利,新厂商则会进入行业,提供相替代的产品与原来的厂商竞争,使原厂商市场份额缩小,产品价格下降,直到超额利润消失;反之,若亏损,行业内一些厂商将逐渐退出,这使得未退出厂商的市场份额增加,产品价格上升,直到不亏损为止。因此,垄断竞争厂商达到长期均衡时,其产品价格和平均成本相等,如图 6-14 所示。

从图 6-14 可见,垄断竞争厂商长期均衡时,不但要求 $MR = LMC$,而且要求 $P = LAC$,而对于垄断厂商来说,完全有可能在 $P > AC$ 的情况下实现长期均衡,因为它独占了市场。

从图 6-14 还可看到,垄断竞争厂商长期均衡必然处于平均成本曲线最低点的左边,即 A 点处于 B 点左边。而完全竞争厂商长期均衡时有 $P = LAC$,即如果该厂商按完全竞争厂商均衡条件那样运作,则均衡点应当在 C 点而不是 A 点,即价格应是 P_2 而不是 P_1,产量应是 Q_2 而不是 Q_1。从 Q_1 到 Q_2 的间距说明垄断竞争厂商没有被利用的

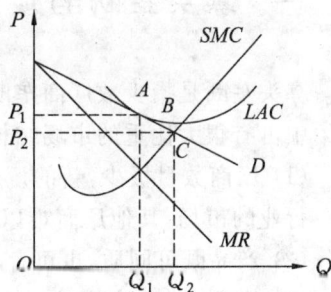

图 6-14　垄断竞争厂商的长期均衡

"超额生产力",它是价格超过边际成本而造成的效率损失。这似乎是垄断竞争市场结构的一个缺陷,但这种缺陷可以由垄断竞争市场上的产品差别给广大消费者带来的多样化满足而抵消或弥补。

四、非价格竞争

由于垄断竞争厂商的产品间有一定替代性,垄断竞争厂商控制价格的能力受到一定限制,需求曲线较平坦,厂商自由斟酌定价的幅度较小,因而价格竞争利益不大,这使垄断竞争

厂商更注重于产品质量、服务竞争及广告竞争等非价格竞争。

产品变异就是非价格竞争的重要手段之一。产品变异是指变换产品的颜色、款式、质地、做工和附带的服务等来改变原有的产品,以形成产品差别、影响市场均衡。产品变异将影响产品成本和产量,但关键要看经过变异后能否形成较大的需求,从而给垄断竞争的厂商带来更大的超额利润。如果经过变异后,在新的均衡条件下超额利润高于原来均衡时的超额利润,那么这种变异是优化的变异。

推销活动是非价格竞争的另一个重要手段。推销活动将引起销售成本的变化。销售成本是指用于增加产品需求的成本,包括广告开支、各种形式的推销活动,如送货上门、陈列样品、举办展销、散发订单之类的开支,其中以广告最为重要。

与完全竞争和完全垄断市场不同,广告对垄断竞争厂商具有十分重要的作用,它是垄断竞争厂商扩大产品销路的重要手段。广告将增加产品的销量,但也会增加销售成本,因此是否进行广告宣传以及动用多少资金进行广告宣传是垄断竞争厂商必须充分考虑的事情。

第五节　寡头垄断市场理论

一、寡头垄断的定义

寡头垄断是指少数厂商垄断某一行业的市场,控制这一行业的供给,其产量在该行业总供给中占有很大比重的市场结构。其基本特点是:

(1)厂商数目极少,新的厂商加入该行业比较困难。势均力敌的少数厂商已经控制了这一行业的市场,其他厂商难以介入并与之抗衡。

(2)产品既可同质,也可存在差别,厂商之间同样存在激烈竞争。

(3)厂商之间互相依存。与完全竞争、垄断竞争和完全垄断的厂商不同,寡头垄断厂商之间存在着实际的、可以觉察到的互相依赖关系,以致每个厂商在进行决策时都必须特别注意该决策对其对手的影响;每一个厂商的价格和产量的变动都会影响其对手的销售量和利润水平。

(4)厂商行为具有不确定性。厂商之间相互依存,因而厂商不能像完全竞争、垄断竞争和完全垄断厂商那样独立决策。任何一个厂商作出决策后,其结果自己不能左右,而取决于竞争对手的反应。这种反应是厂商无法预测的,这导致了厂商行为的不确定性。厂商行为的不确定性使厂商的决策面临很大困难,给寡头理论分析提出了难题,也导致寡头垄断厂商的均衡产量和价格难以确定。现根据寡头厂商是独立行动还是相互勾结来介绍几种重要的寡头理论模型。

二、古诺模型

古诺模型是法国数理经济学家古诺(Augustin Cournot)在 1838 年出版的《财富理论的数学原理研究》一书中首次提出的独立行动的寡头垄断模型。古诺以两个生产成本为零的出售同质矿泉水的厂商为研究对象。这两个厂商产品的边际成本都为零,面临相同的线性需求曲线,采用同样的市场价格出售产品,并且都认为不管自己的产量如何变化,对方的产量都保持不变。在此假设下古诺认为,两个厂商都会根据利润最大化原则不断地调整产量,直至各自的产销量正好等于市场为完全竞争市场时矿泉水产销量的三分之一。

古诺模型可用反应函数加以说明。

假设 A,B 两厂商共同面临的需求函数和成本函数分别为

$$P = 12 - \frac{1}{100}(Q_A + Q_B)$$

$$C = 0$$

因此,厂商 A,B 的利润函数分别为

$$\pi_A = PQ_A - CQ_A$$
$$= \left[12 - \frac{1}{100}(Q_A + Q_B) \right] Q_A - 0$$
$$= 12Q_A - \frac{1}{100}Q_A^2 - \frac{1}{100}Q_A Q_B$$

$$\pi_B = PQ_B - CQ_B$$
$$= \left[12 - \frac{1}{100}(Q_A + Q_B) \right] Q_B - 0$$
$$= 12Q_B - \frac{1}{100}Q_B^2 - \frac{1}{100}Q_A Q_B$$

为使利润最大,利润函数的一阶偏导数应为零,即

$$\frac{\partial \pi_A}{\partial Q_A} = 12 - \frac{1}{50}Q_A - \frac{1}{100}Q_B = 0$$

从中得

$$Q_A = 600 - \frac{1}{2}Q_B$$

$$\frac{\partial \pi_B}{\partial Q_B} = 12 - \frac{1}{50}Q_B - \frac{1}{100}Q_A = 0$$

从中得

$$Q_B = 600 - \frac{1}{2}Q_A$$

式子 $Q_A = 600 - \dfrac{1}{2}Q_B$ 和 $Q_B = 600 - \dfrac{1}{2}Q_A$ 分别被称为厂商 A 和厂商 B 的反应函数。

反应函数表明每个厂商的产量都是其竞争对手的产量的函数。一个厂商产量的增加会导致另一个厂商最优产量的下降。厂商 A 的反应函数表明对应 Q_B 的任何特定值，Q_A 是使 π_A 最大化的产量；厂商 B 的反应函数表明对应 Q_A 的任何特定值，Q_B 是使 π_B 最大化的产量。利润最大化的 Q_A 和 Q_B 必须同时满足两个反应函数。

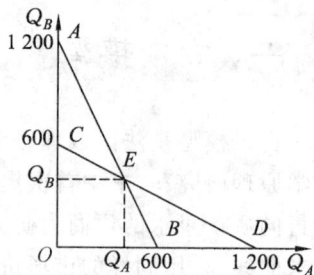

图 6-15　反应曲线与古诺均衡点

如果在直角坐标系中画出两个反应函数的曲线，其形状如图 6-15 所示。其中 AB，CD 分别为 A，B 厂商的反应函数曲线，两条曲线的交点 E 对应的 Q_A 和 Q_B 就是两个厂商的均衡产量，即

$$Q_A = 400$$
$$Q_B = 400$$

代入需求函数，得

$$P = 12 - \frac{1}{100}(Q_A + Q_B) = 12 - \frac{1}{100} \times (400 + 400) = 4$$

代入利润函数，得

$$\pi_A = 12Q_A - \frac{1}{100}Q_A^2 - \frac{1}{100}Q_A Q_B$$
$$= 12 \times 400 - \frac{1}{100} \times 400^2 - \frac{1}{100} \times 400 \times 400$$
$$= 1\ 600$$

$$\pi_B = 12Q_B - \frac{1}{100}Q_B^2 - \frac{1}{100}Q_A Q_B$$
$$= 12 \times 400 - \frac{1}{100} \times 400^2 - \frac{1}{100} \times 400 \times 400$$
$$= 1\ 600$$

需要注意的是，古诺模型厂商的边际成本不一定假设为零，这时仍可根据上述方法求得两厂商的产量、价格和利润。假定上述两个厂商的边际成本和平均成本都是 6，则可得 A，B 两厂商的反应函数为

$$Q_A = 300 - \frac{1}{2}Q_B$$
$$Q_B = 300 - \frac{1}{2}Q_A$$

此时产量 $Q_A = Q_B = 200$，价格都是 8。

三、贝特兰模型

古诺模型假定利用产量进行竞争。在寡头垄断市场上,厂商也可以通过选择价格实现利润最大化而进行竞争,此时分为两种情况:一种是同质产品的价格竞争,另一种是差别产品的价格竞争。古诺模型中分析的是同质产品,现分析贝特兰模型中同质产品的价格竞争。同质产品价格竞争模型是法国经济学家贝特兰(Bertrand)在 1883 年提出的,他认为寡头的双方均从对方将维持原来的价格不变出发,从而在价格上采取行动,以追求最大利润。

如果竞争对手不变动其价格,则任一厂商都可通过选择降价来争取顾客,而对手将会失去大量顾客。价格竞争的结局一定是两个厂商都按边际成本来定价。仍以上述两厂商为例,当其边际成本都为 0 即 $P=MC=0$ 时,整个市场的产量可将价格代入市场需求函数求得,即

$$0=12-\frac{1}{100}(Q_A+Q_B)=12-\frac{1}{100}Q$$

得
$$Q=1\,200$$

因此每个厂商产量都是 600,与古诺模型相比,价格降低了($0<4$),产量提高了($1\,200>800$)。如果两厂商边际成本都为 6,则 $P=MC=6$,将价格代入市场需求函数求得整个市场的产量 $Q=600$,即每个厂商的产量都是 300,此时它与古诺模型相比,价格也降低了($6<8$),产量也提高了($600>400$)。

对于差别产品的价格竞争,即使某厂商的价格比其对手更低,也不可能争取到所有顾客,因此,厂商的需求曲线仍会向下倾斜,但比较平缓,即比古诺模型中需求曲线更有弹性,但绝不像同质产品价格竞争模型中每个厂商所面临的一条水平的需求曲线。

四、折弯需求曲线模型

所谓折弯需求曲线,是指寡头垄断的个别厂商所面对的市场需求曲线,该曲线在某一价格上存在折弯现象。首先提出这一理论模型的是美国经济学家保罗·斯威齐(Paul Sweezy),故这一模型又称为"斯威齐模型"。

斯威齐模型建立在既定的市场价格上,任何一个寡头垄断者都不敢随意变动其销售量和价格的假设基础之上。如果其中一个厂商提高价格,则其他厂商必定不会随从提高价格,因为生怕其销售量会减少。因此,首先提高价格的厂商所面对的市场需求曲线的价格弹性会很大。如果其中一个厂商降低价格,则其他厂商必定也会随从降价竞相销售,以争取更多的销售量。对每一个寡头厂商来说,降低价格后所面临的需求曲线的价格弹性较小。基于这种假设,任何寡头厂商都不敢轻易地提高或降低既定价格,只有在价格与成本相差很大时才会改变价格,否则他们宁可在产品质量、设计、包装和广告宣传等方面加以竞争。斯威齐

模型如图 6-16 所示。

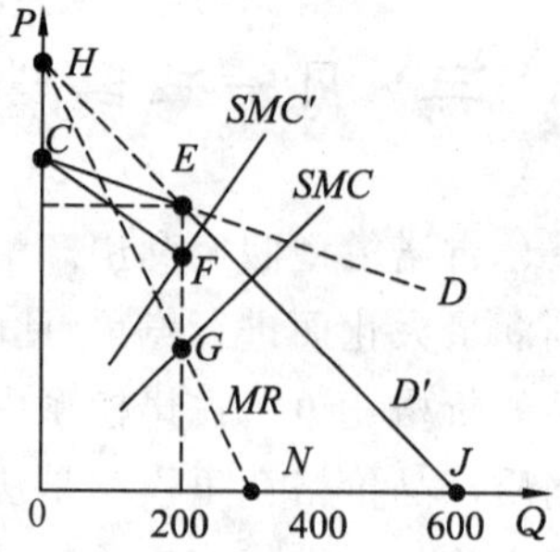

在图 6-16 中,某寡头厂商的产品量在 E 点时,其市场价格为 4 美元。当价格高于 4 美元时,需求曲线的弹性很大,为 D 曲线,即只要价格提高一点,其他寡头厂商都不会跟着提价,因为提价后对该厂商产量的变动影响很大;当价格低于 4 美元时,需求曲线为弹性较小的 D' 曲线,它表示其他厂商也会跟着降价以便竞争,此时该厂商的销售量将会受到限制。根据这种假定,该寡头厂商所面对的市场需求曲线是 CEJ,其中 CE 段价格弹性较大,EJ 段价格弹性较小。与需求曲线 CEJ 相应的边际收益曲线 MR 为 $CFGN$。在这一边际收益曲线中,CF 部

图 6-16　斯威齐模型

分是由 D 曲线求得的,GN 部分是由 D' 曲线求得的。MR 曲线同 SMC 曲线、SMC' 曲线相交之间的部分 FG 是非连续的,它表明在 E 点的价格和销售量上,寡头厂商的边际收益与许多不同水平的边际成本曲线相交,而价格和销售量不变。也就是说,在 FG 线段上虽然生产成本不一样,寡头厂商之间的利润也有差别,但寡头厂商仍然保持原来的价格水平和销售量,不敢轻易变动。如果寡头厂商降低售价以增加销售量,则边际收益(GN 线段)低于边际成本;如果寡头厂商提高售价减少销售量,则边际收益(CF 线段)高于边际成本。价格不能超过 E 点的原因还包括:当超过 E 点时需求曲线弹性变大,这使寡头厂商生产量大幅度下降,从而总收益减少。因此,E 点是寡头厂商最佳产量和价格水平点。FG 线段表示了寡头厂商之间的唯一区别,即平均成本的不同使得寡头厂商之间获利程度不一样,平均成本低的获利高,平均成本高的获利低。

斯威齐模型最主要的缺点是没有解释既定价格是如何产生的。一般的均衡理论都根据均衡的条件求出一个均衡价格,但斯威齐却先假定获得一个既定价格,然后再按其对寡头厂商行为的假定来分析寡头竞争现象。这种方法被称为是一种"事后的说明",而不是"事前的说明"。

五、卡特尔模型

前面介绍的几种寡头垄断模型都属于无形的寡头垄断,即寡头厂商之间为获得最大利润,均不采用达成正式协议或建立正式组织的形式以形成垄断市场。如果寡头厂商之间达成了正式协议或建立了正式组织,这就是"卡特尔"(cartel)。卡特尔是有形的寡头垄断。建立卡特尔组织的目的在于尽量避免寡头厂商之间由于竞争而造成的损失,以最大限度地增加总利润,减少各种不确定性因素的威胁,阻止其他厂商进入垄断市场来分享利润。

卡特尔在美国是非法的,在其他国家有的属于非法,有的属于合法。美国虽然早在 1890 年就产生了《谢尔曼反托拉斯法》,但卡特尔组织仍然存在,例如 20 世纪 50 年代美国电力设备制造商中普遍存在这一情形;有些贸易协会和专业组织有时发挥着近似于卡特尔

性质的职能;有的卡特尔形式甚至还得到美国政府的正式认可,例如某些飞越大西洋航线的航空公司是"国际航空交通运输协会"的成员,该协会能够规定该航线的统一价格。

卡特尔制定统一价格的原则是使整个卡特尔的利润最大化,因此必须要求边际收益等于边际成本,即 $MR = MC$。为此,卡特尔应根据有关资料确定每一可能的价格水平下对该行业产品的需求量,以确定卡特尔的需求曲线,并从中计算出边际收益曲线;同时将各厂商的边际成本曲线水平加总形成卡特尔边际成本曲线,MR 和 MC 曲线的交点所确定的产量水平和价格水平即为卡特尔利润最大化的均衡产量和价格,如图 6-17 所示。在图 6-17 中,D 是卡特尔的需求曲线,MR,MC 分别是由各个厂商的边际收益曲线和边际成本曲线求得的卡特尔的边际收益曲线和边际成本曲线。MR 与 MC 的交点确定了卡特尔的总产量 Q_0 和统一价格 P_0。

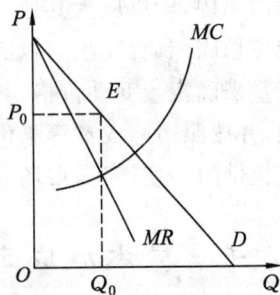

图 6-17　卡特尔的价格和产量的决定

卡特尔价格、产量的决定与完全垄断厂商价格、产量的决定是一样的。实际上,可以将卡特尔看成一个完全垄断厂商。

卡特尔在统一产品价格后,通常要规定生产限额以支持该价格。卡特尔分配产量定额的原则是使各个厂商的边际成本相等,并且与卡特尔均衡产量水平的边际成本相等。这种产量分配方式往往被认为是一种理想的分配方式,在现实中很难实现。这是因为卡特尔内部成员厂商之间产量的分配受到各厂商的地位、竞争能力、已有的生产能力、销售规模以及地区划分的影响。同时,卡特尔各成员厂商还可以通过广告、信用、服务等非价格竞争手段拓宽销路以增加产量。因此,卡特尔是不稳固的。各个厂商为了追求最大化的利润,往往会避开卡特尔的规定而另做手脚。

六、价格领导

公开勾结和达成协议在有些国家常常被认为是非法的,因此寡头垄断厂商更多的是采取暗中默契的非公开方式互相勾结。价格领导是其主要形式之一。

价格领导是指行业中的一个或极少数几个大厂商开始变动价格,其他厂商均随之变动。价格领导的厂商一般根据其地位、实力或市场行情来确定或变动价格,其他厂商则随之采取同样的行动。之所以如此,并不是它们之间存在合谋,而是出于各自追求最大利润的需要。如果价格领导厂商推出降价措施,其他厂商不降价,就会失去顾客;如果价格领导厂商推出涨价措施,其他厂商不涨价,实际上就等于降价。因此,一些竞争能力弱或预测能力差的较小厂商,为了自身的利益会不自觉地接受价格领导厂商确定或变动的价格。

根据价格领导厂商的具体情况,价格领导可分为晴雨表型的价格领导和支配型的价格领导。晴雨表型的价格领导是指晴雨表型厂商根据市场行情首先宣布能合理而准确反映整个行业成本和需求情况变化的价格,其他厂商则按这一价格对自己的价格进行调整。晴雨表型厂商并不一定是行业中规模最大、效率最高的厂商,但它熟悉市场行情,能代表其他厂商的愿望,所以成为其他厂商的领导者。支配型的价格领导是指销售占市场容量较大比重、地位稳固、具有支配力量的大厂商根据自己利润最大化的需要以及其他厂商希望销售全部产量来确定或变动价格,其他中小厂商则像完全竞争者一样以这一价格作出它们的需求曲线,并按照边际成本等于价格的原则确定均衡产量。在这种情况下,中小厂商可以出售其所能提供的一切产量,市场需求量与中小厂产量的差额全由支配型厂商提供。

七、成本加成定价法

成本加成定价法是在估计的平均成本的基础上,加上一个赚头据以确定价格的定价方法。它是寡头垄断厂商不按照 $MR=MC$ 原则追求利润最大化的一种常见的定价形式,其基本方法是:先根据厂商生产能力的某一百分比确定一个“正常的”或“标准的”产量数字,如生产能力的三分之二或四分之三,然后根据这一产量计算出相应的包含固定成本与可变成本的平均成本 AC,并在此基础上加上一个按平均成本的一定百分比 r 计算的赚头 $AC \cdot r$ 得出销售价格 P,即 $P=AC(1+r)$。因此,厂商制定的价格可以无需随实际产量的变动而频繁变动,使得价格比较稳定,减少了竞争者之间因价格变动可能带来的不利后果。至于作为利润的加成数字的大小,各个行业之间可以不尽相同,但在一定时期内一个行业应是相当稳定的,各个厂商应是大体一致的。当一个行业的全体厂商采用这种定价方法时,就能够产生一种稳定的价格格局,避免因价格竞争可能带来的不利后果。在这场合中,如果同行业的全部厂商都采用统一的会计制度,其投入要素的价格和生产函数也都相同,并用相同的百分比加成,此时这些厂商产品的价格就是一致的,否则它们的价格就会不一致。但不论各厂商的价格是否一致,成本加成定价法会使其价格变动方向一致。

成本加成定价法尽管不是按 $MR=MC$ 原则追求利润最大化的定价形式,但它可以避免价格随产量变动而频繁变动,从而使价格比较稳定,这就减少了寡头垄断厂商因价格竞争可能带来的不利后果,巩固了寡头垄断厂商的地位。

第六节 博 弈 论

由于寡头垄断厂商之间存在着相互依赖关系,因此,每个厂商决策时必须考虑自己的决策会给对手造成什么影响,对手会作出什么反应,自己又如何对付,这就好像棋手每下一步棋都必须考虑对方可能作出什么反应一样。于是,经济学家用博弈论(又称对策论)的方法来研究相互依存的厂商的决策行为。

博弈论与传统微观经济学中的决策理论有重大区别。在传统理论中,经济主体(个人或机构)作出决策时并不考虑自己的选择(决策)对别人的影响,也不考虑别人的选择对自己的影响;而博弈论研究的情况则不同。现用博弈论中的纳什均衡进行说明。

纳什均衡是美国数学家纳什(John Nash)于1951年总结出来的一种均衡理论。这种均衡是指参与博弈的每个人在给定其他人战略的条件下,选择自己的最优战略所构成的一个战略组合。例如甲、乙两个作案的嫌疑犯分别被审讯,如两人都坦白,各判3年;两人都抵赖,各判1年;1人坦白1人抵赖,抵赖者判6年,坦白者释放。这些结果可写成一个矩阵,如表6-4所示。

表6-4　囚犯的困境

甲＼乙	坦白	抵赖
坦白	−3,−3	0,−6
抵赖	−6,　0	−1,−1

在表6-4中,每个囚犯都有两种战略:坦白或抵赖。表中每一格的两个数字分别代表对应战略组合下甲、乙两个囚犯的结局。显然,在此例中纳什均衡是(坦白,坦白)。这是因为不管乙坦白还是不坦白,甲的最好战略都是坦白;同样,不管甲坦白还是不坦白,乙的最好战略也是坦白。结果两人都选择坦白,各判3年。这样的结局称为上策均衡,也称占优策略均衡。所谓上策均衡是指不管其他人采取什么策略,每个博弈者都会找到对自己最有利的策略所构成的一个策略组合。

通过本例可以引出博弈论中几个基本概念:(1)参与人或局中人。本例中就是囚犯甲和囚犯乙,他们是博弈当事人,总要选择最佳策略以实现自己效用或收益最大化。(2)策略集合。它是指参与人可能采取的全部策略,如本例中的坦白和抵赖两种策略。(3)收益或支付。它是指参与人采取一定策略后会得到的报酬,是参与人采取的策略的函数,如甲坦白而乙抵赖时,甲收益为0,而乙为−6。(4)均衡。它是指所有参与人最优策略的组合,如本例中的(甲坦白,乙坦白)就是一种均衡,且是上策均衡。

需要指出的是,上策均衡一定是纳什均衡,但纳什均衡不一定是上策均衡。例如,假定甲、乙两人在博弈中有如表6-5所示的报酬矩阵。

表6-5　纳什均衡——报酬矩阵

甲＼乙	策略1	策略2
策略1	2,1	0,0
策略2	0,0	1,2

显然该博弈没有上策均衡,因为乙采取策略1时,甲应采取策略1(2＞0),而乙采取策略2时,甲也应采取策略2(1＞0),不存在不管乙采取策略1或策略2,甲总应采取某种策略

的情况;对于乙来说,情形同样是如此。总之,并不存在不管对方采取何种策略,甲或乙总应采取某一策略的情况,而只有给定对方某种策略时,甲或乙才能确定一个正确的策略,此时这种策略组合构成纳什均衡。在本例中(2,1)和(1,2)是纳什均衡,但并非上策均衡。

寡头垄断厂商也会遇到类似情况。假设 A,B 两厂商组成一个卡特尔,若双方都遵守价格和产量的协议,也许都可得到最大利润(1 800,1 800),但若双方都欺骗对方以获取更大利润(欺骗方可得 2 000,合作方可得 1 000),其结果是卡特尔瓦解,双方都只能得到较低利润(1 500),列成矩阵如表6-6所示。

表6-6　卡特尔的困境

B厂商＼A厂商	合作	不合作
合作	1 800,1 800	1 000,2 000
不合作	2 000,1 000	1 500,1 500

显然,双方选择不合作并各得 1 500 利润不仅是纳什均衡,而且是上策均衡,这是因为不管对方选择合作还是不合作战略,自己选择不合作(欺骗)都是最优战略。古诺模型实际上也是一种不合作均衡。

当然,囚犯困境和卡特尔困境中的博弈只是一次博弈,若博弈重复多次,情况会有所不同。如果一方欺骗了另一方,会受到另一方的报复和惩罚。例如在卡特尔例子中,为了长期利益,博弈各方可能会选择合作以免受惩罚,但它们一旦知道了博弈的次数,就很可能在最后一次博弈中采取欺骗(即不合作)的战略,因为双方会认为对方再没有机会惩罚自己了。当双方都这样做时,卡特尔最终只会瓦解。可见,无限次重复博弈和有限次重复博弈的结果是不一样的。

重复多次的博弈是动态博弈的一种特殊情况。动态博弈是相对于静态博弈而言的。所谓静态博弈是指参与人同时决策,或虽非同时决策,但后决策者不知道先决策者采取什么决策。动态博弈是指参与人的决策有先有后,后者能观察到先决策者的决策。例如,重复博弈中双方都知道对方欺骗了自己。现举例说明什么是重复博弈。某市场先被甲垄断且有丰厚利润,乙想进入该市场。这时甲可能有两种策略:斗争或容忍。斗争,双方可能两败俱伤;容忍,双方可能都得到一点实惠。但对甲来说,最好乙不进入该市场。关键问题是甲能否阻止乙进入。甲在乙想进入该市场时可能威胁说:你若进入该市场,我会采取断然措施(如大削价)使你血本无归。这里关键在于乙会不会相信这种威胁。为使乙相信上述威胁而并不是恐吓,甲就必须作出承诺。承诺就是甲使自己的威胁策略变成可以置信的行动,例如甲可公开声明,一旦乙进入后,甲就大幅度降价,甚至可先采取一系列大幅度降价的准备性措施,使乙感到进入该市场实在不值得。这时乙可能不进入该市场,当然也可能进入该市场。一旦进入,甲再采取斗争或容忍策略。这种博弈就是动态博弈,它在经济生活和其他领域都广泛存在。

【案例】

垄断竞争者能够保护他们的利润吗?

　　1996 年 5 月《华尔街日报》上的一篇关于服装定价的文章开头这样写道:"还记得你去年买衣服时那些实惠的讨价还价吗? 零售商们也还记忆犹新,但他们发誓再也不会了。两年来,伴随着持续的打折、试图放弃部分利润来刺激需求,商家们发现,无论是运动衫还是燕尾礼服,服装需求量在下降。现如今,在生意最不景气的一年之后,大服装商们开始对又一轮大甩卖和降价做出限制……他们部署了一系列商业噱头,以使消费者们不再沉溺于折扣之中。"

　　文章的作者 Laura Bird 对于商家的行动却并不持乐观态度:"归根结底,买东西的人对占便宜的习惯难以割舍。"Marshall Field 的一位消费者说:"我明白每个人都得赚点钱,但当我付全价买东西时,总觉得不舒服。"另一位消费者也有同感:"在有些商店付全价买东西真是让人受不了,所有的东西最后都会大减价。"还有一位消费者说:"我付全价买东西时简直都有点难堪。"

　　为了对付这样的心理,大的服装生意商正在"努力使消费者行为改变"。一位大服装生意商将其店面减半来削减销售交易数,许多零售商展示更少的服装来鼓励全价购买。他们认为如果在售货架上只有少量展品,人们更有可能付全价,尽管此前诸如 Sears 等一些大的连锁店尝试后鲜有成功。照《华尔街日报》上的话:"零售商们在掩饰打折的方式。"比如说,售货架上标明售价而不是"6 折优惠"。还有一些商家把一种货物按全价卖,而另一种货物打 5 折,实际结果是综合起来比每种货物都打 7.5 折还要低。

　　然而,正如 Laura Bird 所言,在消费者一方存在大量的阻力。两年以来的利润都很糟糕,而且要改变消费者对于什么是、什么不是折扣的认知也是一个长期的过程。时装零售商们也的确需要减价清仓处理旧货物,并为新货物腾出地方。要不然,他们就会因手头存货太少而失去生意。

　　新的办法起作用吗? 也许并不像零售商们所希望的那样好,但至少比消费者们所喜好的情况要好一些。1996 年的圣诞采购期,在感恩节后周末大采购进行的情况良好,《今日美国》有一篇题为《零售商们开始减少旺季大减价》。文章开头这样写道:"且不管商店里货物的价值,假期销售季节在没有一年前那样的大折扣的情况下开始了。去年零售商们以大减价来应对不景气的销售,今年他们希望通过增加的消费者支出和存货的减少来控制价格下滑。"零售情况不错,但是很多购物者们仍在等待打折。

　　一位研究分析人士对大减价的普遍减少提出了一种解释:"只要人们口袋里还有几个钱,他们就会觉得他们不必以最低的价格买东西。"看来消费者收入的提高增加了消费,并且降低了广泛折扣的收益。

　　也有一些例外,文章提及了在一些商店的销售旺势,如 Circuit City、Mervyn's 和 Sears。然而上述的其中两家希望减少销售数量,连锁店比去年少计划了 13 个促销日,尽管如此,估计他们第 4 季度仍会有较好的销售量。文中给出的一个原因是存货较少。总体来说,大多数商人都很乐观,1997 年圣诞采购期多数商店又要大打折扣了。

所以,有时好的计划可以帮助垄断竞争者,但也得靠点好运气和大规模的经济繁荣。

——摘自陈章武等,管理经济学,机械工业出版社,2001

【本章小结】

1. 市场价格和数量的决定随市场组织类型的不同而有所不同。本章主要阐述了在完全竞争、完全垄断、垄断竞争和寡头垄断市场中的短期均衡和长期均衡问题,并在此基础上介绍了博弈论等相关问题。

2. 在完全竞争市场中,$MR=P=AR$,即单个厂商的平均收益曲线和边际收益曲线为同一条曲线(单个厂商面临的需求曲线)。当 $MR=MC$ 时,实现短期均衡,此时厂商并非一定盈利;当 $P=AR=MR=SMC=LMC=SAC=LAC$ 时,实现长期均衡,此时利润为零,称"零利润均衡"。

3. 在完全垄断市场中,当 $MR=MC$ 时,实现短期均衡,此时厂商也并非一定盈利;当 $LMC=SMC=MR$ 时,实现长期均衡,此时可保持超额利润。

4. 在垄断竞争市场中,实现短期均衡的条件与完全竞争、完全垄断条件相同,但实现长期均衡,必须要求 $LMC=SMC=MR$ 且 $P=LAC=SAC$,此时它与完全竞争条件相同,超额利润为零。

5. 在寡头垄断市场中,由于厂商之间相互依存,任何一个厂商进行决策时,其结果自己不能左右,而取决于竞争对手的反应。这种反应是厂商无法预测的,这就导致了厂商行为的不确定性,使厂商的决策面临很大困难,给寡头理论分析提出了难题,也导致寡头垄断厂商的均衡产量和价格难以确定。

6. 运用博弈论的方法进一步研究相互依存的厂商的决策行为。

【重要名词和术语】

完全竞争　完全垄断　垄断竞争　寡头垄断　总收益　平均收益　边际收益
利润最大化　短期均衡　长期均衡　自然垄断　价格差别　纳什均衡
静态博弈　动态博弈

【复习思考题】

1. 家电行业的制造商发现,为了占有市场份额,他们不得不采取一些竞争策略,包括广告、售后服务、产品外形设计,其竞争是很激烈的。因此,家电行业被认为是完全竞争行业。这种说法是否正确?

2. "虽然很高的固定成本是厂商亏损的原因,但永远不会是厂商停业的原因。"这一说法是否有根据?

3. "在长期均衡点,完全竞争市场中每个厂商的利润都为零,因而当价格下降时,所有这些厂商就无法继续经营。"这一论断是否正确?

4. 试用图形分析完全竞争厂商短期均衡的情形。

5. 为什么完全竞争市场中的企业不愿也没有必要为产品做广告?

6. 垄断厂商一定能保证获得超额利润吗?如果在最优产量处亏损,那么其在短期内会继续生产吗?在长期内又会怎样?

7. 垄断厂商是价格的制定者,这是否意味着该厂商对于给定的产量,可以任意索取一个价格?

8. 为什么需求的价格弹性较高会导致垄断竞争厂商进行非价格竞争?

9. 折弯需求曲线的寡头垄断模型是否意味着没有任何一个厂商在行业中占支配地位?

10. 在价格领导模型中,为什么其他厂商愿意跟随支配厂商定价?

11. 假定某博弈的报酬矩阵如下:

a,b	c,d
e,f	g,h

(1) 如果(上,左)是上策均衡,那么 a,b,g,f 分别大于多少?

(2) 如果(上,左)是纳什均衡,必须满足哪些不等式?

(3) 如果(上,左)是上策均衡,那么它是否必定是纳什均衡?为什么?

12. 已知某完全竞争行业中的单个厂商的短期成本函数为

$$STC=0.1Q^3-2Q^2+15Q+10$$

试求:

(1) 当市场上产品价格 $P=55$ 时,厂商的短期均衡产量和利润;

(2) 当市场价格下降为多少时,厂商必须停产?

13. 完全竞争厂商的短期成本函数为

$$STC=0.04Q^3-0.8Q^2+10Q+5$$

试求厂商的短期供给函数。

14. 完全竞争行业中某厂商的短期成本函数为

$$STC=Q^3-6Q^2+30Q+40$$

成本用美元计算,假设产品的价格为 66 美元。

试求:

(1) 利润最大时的产量和利润总额。

(2) 竞争市场供求发生变化而使新的价格为 30 美元,在新的价格下,厂商是否会发生亏损?如发生亏损,其最小亏损为多少?

(3) 该厂商在什么情况下才会退出该行业(停止生产)?

15. 某垄断者的短期成本函数为

$$STC = 0.1Q^3 - 6Q^2 + 140Q + 3\,000$$

成本用美元计算，Q 为每月产量。为使利润最大，该厂商每月生产 40 吨，由此可得利润 1 000 美元。

试求：

（1）计算满足上述条件的边际收益、销售价格和总收益；

（2）若需求曲线为一条向右下方倾斜的直线，计算需求曲线均衡点的点弹性系数；

（3）假设需求曲线为直线 $P = a - bQ$，试从需求曲线推导出 MR 曲线，并据此推导出需求方程；

（4）若固定成本为 3 000 美元，价格为 90 美元，则该厂商能否继续生产？如要停止生产，价格至少应为多少？

16. 假设：(1) 只有 A, B 两个寡头垄断厂商出售同质且生产成本为零的产品；(2) 市场对该产品的需求函数 $Q_d = 240 - 10P$，P 以美元计；(3) 厂商 A 先进入该市场，随之 B 也进入。各厂商确定产量时认为另一厂商会保持产量不变。

试求：

(1) 均衡时各厂商的产量和价格分别为多少？

(2) 与完全竞争和完全垄断相比，该产量和价格如何？

(3) 各厂商各取得多少利润？该利润与完全竞争、完全垄断时相比情况如何？

(4) 如另有一个厂商进入该行业，则行业均衡产量和价格会发生什么变化？如有更多厂商进入，情况又会怎样？

第七章

要素价格与收入分配

【本章要点】

　　本章核心内容是讨论生产要素市场的价格决定理论。要素市场的价格决定理论包括要素需求理论——边际生产力理论和要素供给理论。

　　本章将分析不同市场结构下的要素需求和厂商的要素需求理论,并具体分析劳动、土地和资本的供给市场及要素供给曲线,同时结合要素的需求曲线,确定要素的市场均衡价格。

　　前面各章讨论了产品的价格和数量的决定理论,由于讨论的范围仅局限于产品市场本身,所以它对价格决定的论述并不完全。

　　首先,在推导产品需求曲线时,假定消费者的收入水平为既定,但并未说明收入水平是如何决定的。

　　其次,在推导供给曲线时,假定生产要素的价格水平为既定,但并未说明要素价格水平是如何决定的。

　　消费者的收入水平在很大程度上取决于其所拥有的要素价格及使用量,因此为了弥补上述不足,需要研究生产要素市场。要素价格一方面作为要素所有者(消费者)的收入,另一方面又是生产者使用要素的成本。作为成本,它影响生产者使用要素的品种和数量,进而影响产品产量和价格水平;作为收入,它影响消费者的商品需求数量和需求结构。

　　因此,成本和收入引起的供求关系共同决定着生产什么、生产多少、如何生产问题。就此而言,只有完成了对要素价格的研究,才算彻底回答了微观经济学的基本问题:一个社会既定的生产资源总量怎样才能最有效地进行分配并用于各种不同的用途。

　　要素价格与收入分配所研究要素价格决定的理论基础是美国经济学家克拉克(Clark)的边际生产力理论(marginal productivity theory of distribution)和马歇尔(Marshall)的均衡价格理论。

第一节 生产要素的需求

一、生产要素的需求特点

传统的经济分析中一般把生产中所使用的各种资源分为三种生产要素,即土地、劳动和资本。从19世纪起,有些经济学家把生产要素增为四种,即将先前的三种生产要素结合在一起的职能也作为一种生产要素,称为管理或企业家才能。生产要素市场的需求来自厂商。厂商对要素的需求不是为了满足自己的消费需要,而是满足生产上的需要。能直接满足消费者需要的各种消费物品和服务,只有依靠运用生产要素才能制造出来。例如,服装、面包等生产离不开劳动、资本、土地和企业家才能。厂商之所以需要生产要素就是为了生产各种可供消费的物品以满足消费者的需要。如果消费者不需要各种可供消费的物品,生产者也不需要生产要素了。因此生产要素的需求是由对消费物品的需求派生出来的,因而是"派生需求"(derived demand)。要素需求不仅是一种派生需求,也是一种"联合需求"(joint demand)。这是因为任何一种产品都不是由一种生产要素生产出来的,而必须有许多生产要素的共同合作。各要素之间也存在互相替代或补充的关系,因此,厂商对某一要素的需求不仅受到该要素价格的制约,还受到其他要素价格的制约。如果劳动力价格便宜,使用昂贵的机器不如使用人工合算,厂商就会更多地使用人力来替代机器,反之亦然。

二、边际生产力

同消费者对产品的需求类似,厂商要素的需求是指厂商对于一定的要素价格并且能够购买的要素数量,或者购买一定数量要素所愿支付的价格。厂商在一定的要素价格水平下对要素需求量的大小是由什么决定的呢?或者说,购买一定数量生产要素所愿支付的价格水平是由什么决定的呢?一般来说,它是由要素的边际生产力决定的。边际生产力(marginal productivity)概念是由美国经济学家克拉克于19世纪末首先提出来的。这一概念和理论的提出被认为有助于解决多种生产要素相互作用共同生产产品时,究竟各要素在生产中作出了多少贡献,从而应当分配多少收入的难题。边际生产力是指在其他条件不变的前提下,每增加一个单位某种要素的投入所增加的产量,即边际物质产品(marginal physical product,MPP),有时被简称为边际产品(MP)。增加一单位某种要素投入带来的产量而增加的收益叫做边际收益产品(marginal revenue product,MRP)。边际收益产品 MRP 等于要素的边际物质产品和边际收益 MR(增加一单位产品所增加的收益)的乘积,用公式表示为

$$MRP = MPP \times MR。$$

显然,要素的边际收益产品 MRP 的变化取决于:(1)增加一单位要素投入带来的边际物质产品 MPP 的变化;(2)增加一单位产品所增加的收益 MR 的变化。

一种要素投入量不断增加而其他要素不变,可变要素的边际产量在一个时期内可以增加或保持不变,但最终还是会递减。这个规律也称为边际生产力递减规律。MR 的变化取决于产品的市场结构。如果该要素生产的产品属于完全竞争市场的产品,则 MR 不变且等于产品的价格,即 $MR = P$;如果该要素生产的产品属于不完全竞争市场的产品,则 MR 随产量增加而递减且总小于产品价格 P。厂商在决定使用多少生产要素投入时,必须考虑成本和收益的比较,即追加一单位生产要素所获得的收益 MRP 能否补偿为使用该单位要素所需支付的成本。这种成本就是增加一单位投入要素所增加的成本支出,称为边际要素成本(marginal factor cost,MFC)。同使用要素的收益情况类似,MFC 的变化也取决于要素的市场结构。如果要素市场是完全竞争的市场,则 MFC 不变且等于要素的价格,例如劳动的价格 W,即 $MFC = W$;如果该要素市场为不完全竞争的市场,则 MFC 将随要素需求量增加而递增且总大于要素价格。总的来说,在其他条件不变的情况下,厂商出于利润最大化的目的对某种生产要素的需求量将会确定在这样的水平上:在该水平上最后增加使用的那单位生产要素所带来的收益恰好等于为使用它所支付的成本,即 $MRP = MFC$。如果边际收益产品大于边际要素成本,厂商就会雇用或购买更多的生产要素;如果边际收益产品小于边际要素成本,厂商就会减少对要素的雇用或购买,一直到边际收益产品 MRP 等于边际要素成本 MFC 时为止。

三、完全竞争市场中的要素需求

由于对生产要素的需求是一种派生需求,故此处的研究与产品市场关系密切,但生产要素市场的类型对整个分析也并非没有影响。为使问题简单化,在对要素需求的分析中假定要素市场属于完全竞争市场,即在要素市场中买卖双方人数众多,没有一个卖者或买者可以控制要素价格,因而要素价格不随要素需求数量的变动而变动,是一个常数。

这里首先假定其他要素使用量固定不变,只考察厂商对一种可变要素(例如劳动力)的需求。因为假定产品市场是完全竞争市场,所以对使用要素生产产品的任何一个厂商而言,其销售价格不随产量的变动而变动,厂商可以按既定价格卖出任何数量的产品。也就是说,对任何一个厂商而言,每增加一单位产品的销售所带来的边际收益 MR 始终不变且等于产品价格,即 $MR = P$,从而要素劳动 L 的边际收益产品 MRP 等于边际物质产品乘以该产品的价格,即 $MRP = MPP \times P$。这里的 $MPP \times P$ 被称为劳动的边际产品价值(value of the marginal product,VMP),表示增加一单位要素所增加的产量的销售值。在产品市场为完全竞争市场情况下,$MRP = VMP$;在产品市场是非完全竞争市场情况下,产品销售价格不再固定不变,而是销售量的一个减函数,此时增加一单位要素所得的边际收益产品(MRP)

将不再等于边际产品价值(VMP)。

现假设某厂商在完全竞争市场上销售产品,某一种可变要素的投入量、边际物质产品、边际收益产品如表 7-1 所示。

表 7-1 厂商边际物质产品和边际收益产品

要素数量(L)	边际物质产品(MPP)	产品价格(P)	边际产品价值(VMP=MRP)
1	18	10	180
2	16	10	160
3	14	10	140
4	12	10	120
5	10	10	100
6	8	10	80
7	6	10	60
8	4	10	40

表 7-1 中产品价格等于边际收益,是既定的常量;边际产品价值和边际收益产品相等,并且由于边际生产力递减规律的作用,两者都是递减的。

在分析商品市场均衡时可知,$MR=MC$ 是达到产品市场均衡或者利润最大化的条件。在完全竞争的产品市场中,这一条件表现为 $P=MC$。这一思路对于考察和描述厂商对要素的需求也同样适用。在完全竞争的产品市场条件下,厂商通过调整可变要素投入量以实现利润最大化的条件,是最后增加的那单位可变要素带来的收益恰好等于购买这单位要素所付出的成本。当要素市场为完全竞争且可变要素为劳动时,这一条件可表述为 $VMP=W$。实际上,$VMP=W$ 即 $P=MC$,因为 $VMP=MPP \times P$,故 $MPP \times P=W$,即 $P=W/MPP$,其中 W 是要素价格,即劳动的成本;MPP 是劳动的边际产量。因此 W/MPP 就是增加一单位产品所增加的成本即 MC,这里 W 代表工资率,是劳动的价格。从表 7-1 中可见,当劳动的价格为 80 时,厂商对劳动的需求量为 6 时才符合 $VMP=W$ 的条件。低于这一需求量,要素的边际产品价值将大于购买该要素所支付的价格,表示再增加可变要素投入量有利可图;高于这一需求量,则表示这个购买将得不偿失;依此类推。总之,如果生产要素价格变动,厂商就必然调整要素的投入量,使调整后的 VMP 等于新的要素价格。

将表 7-1 所反映的情况用图形表示出来,即为厂商的边际收益产品(边际产品价值)曲线,也就是厂商对要素(如劳动)的需求曲线,如图 7-1 所示。

图 7-1 中向右下方倾斜的曲线 $VMP=MRP=D$,表示完全重合的边际产品价值曲线和边际收益产品曲线就是厂商的劳动需求曲线。厂商的劳动需求曲线向右下方倾斜,斜率为负值。显然,劳动需求曲线之所以向右下方倾斜,是因为劳动的边际产量随劳动使用量的增加而递减。

上面分析了厂商对某一要素的需求,那么整个市场对这种要素的需求曲线是否为所有厂商对该要素的需求曲线的水平加总呢? 答案是否定的。例如当劳动价格下降时,如果所有厂商都增加劳动使用量,就会使该产品的市场价格下降,从而使劳动的边际收益产品变小,于是每个厂商对劳动需求量的增加就会减少。因此,该要素(劳动)的市场需求曲线比厂商的需求曲线陡一些。

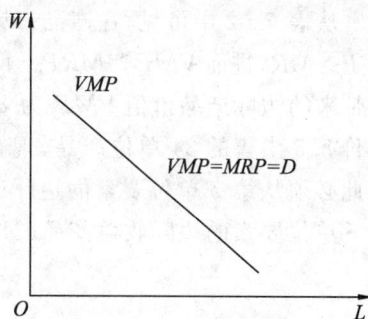

图 7-1　劳动的边际产品
价值曲线

四、不完全竞争市场中的要素需求

不完全竞争市场是指除完全竞争市场以外的包含完全垄断市场、垄断竞争市场、寡头垄断市场且或多或少带有垄断因素的产品市场。对单个厂商而言,完全竞争产品市场与不完全竞争产品市场的重要区别之一为:产品价格在完全竞争市场中既定不变,而在不完全竞争市场中则是产销量的函数,即产销量增加时,价格必须下降。由于产品价格决定不同,这两种不同类型市场中的要素需求曲线也不一样。为使分析问题简便,这里仍假定要素市场为完全竞争市场,要素价格仍然是一个不随需求量变动而变动的常数。在这样的不完全竞争产品市场中,厂商对要素的需求情况如何呢? 这里仍只分析厂商对一种可变要素(如劳动)的需求。

在完全竞争市场中,由于产品的销售价格等于边际收益($P=MR$),边际要素投入所带来的收益 MRP 就等于边际产品价值 MRP。在卖方垄断市场条件下,由于产品价格随销售量的增加而下降,边际收益不再等于产品价格,而是小于产品价格($MR<P$),因此 MRP 也就不等于 VMP 了。两者之间的差额为

$$VMP-MRP=(MPP\times P)-(MPP\times MR)=MPP(P-MR)$$

表 7-2 为卖方垄断厂商的边际收益产品情况。

表 7-2　卖方垄断厂商的边际收益产品

要素单位 (L)	总产量 (TP)	边际产量 (MPP)	产品价格 (P)	边际收益 (MR)	边际产品价值(VMP)	边际收益产品 (MRP)
1	10	—	10.0	—	—	—
2	19	9	9.5	8.9*	85.5	80.5
3	27	8	9.0	7.8	72	62.5
4	34	7	8.5	6.6	59.5	46
5	40	6	8.0	5.2	48	31

* 边际收益 8.9 是这样计算的:$19\times9.5-10\times10=80.5$。这里要素增加一单位时所增加的总收益 MRP 除以增加的产量 MPP,即得到增加一单位产量所增加的收益,即 $MR=80.5/9=8.9$。

从表 7-2 中可见,在产品市场垄断情况下,由于商品量的增加将直接影响价格,所以导致 $P>MR$,进而 $VMP>MRP$。例如,当厂商雇用的要素从 4 单位增加到 5 单位时,第 5 单位带来的边际产品价值 VMP 为 $8×6 = 48$。由于产品价格下降了 $8.5-8=0.5$,原来可按单价 8.5 出售的 34 单位产品,现在只能按 8.0 价格出售,总收益因此减少 $34×0.5=17$。因此必须从第 5 单位要素的边际产品价值(48)中减去由于降价而减少的总收入(17),才是第 5 单位要素的边际收益产品(31)。

第二节 劳动供给曲线和工资率的决定

一、劳动和闲暇

劳动供给涉及消费者对其拥有的既定时间资源的分配。"消费者拥有的时间资源是既定的"具有两层含义:首先,每天只有 24 小时,这是不会改变的;其次,在这固定的 24 小时之中,有一部分必须用于睡眠而不能挪为他用。必须的睡眠时间虽不是绝对不变的,但对于特定的消费者而言,其短期内不会有较大变化。如果将必须的睡眠时间挪为他用,则消费者的满足程度(即效用)以及劳动生产力都将受到很大影响。为方便起见,这里假定消费者每天必须睡眠 8 个小时。因此,消费者可以自由支配的时间资源每天为固定的 $24-8 = 16$ 小时。消费者可能的劳动供给只能来自这 16 小时之中,而不能超过它,其最大劳动供给为 16 小时。设劳动供给量为 6 小时,则全部时间资源中的剩余部分为 $16-6 = 10$ 小时,它称为"闲暇"时间。闲暇时间包括除必需的睡眠时间和劳动供给之外的全部活动时间,例如用于吃、喝、玩、乐等各种消费活动的时间。在现实生活中,闲暇时间也可用于非市场活动的"劳动",例如干家务活。为简单起见,不考虑这种情况。若用 H 表示闲暇,则 $16-H$ 就代表消费者的劳动供给量。因此,劳动供给问题就可以看成消费者如何决定其固定的时间资源 16 小时中闲暇 H 所占的部分,或者说如何决定其全部时间资源在闲暇和劳动供给两种用途上的分配。

消费者选择一部分时间作为闲暇来享受,选择其余时间作为劳动供给。前者直接增加了效用,后者则可以带来收入,收入可用于消费以增加消费者的效用。因此,就实质而言,消费者并非是在闲暇和劳动二者之间进行选择,而是在闲暇和劳动收入之间进行选择。更一般地说,消费者是在自用资源和收入之间进行选择。

二、劳动供给曲线

图 7-2 与图 7-3 分别为时间资源在闲暇和劳动供给之间的分配情况、消费者的劳动

供给曲线。图 7-2 中横轴 H 表示闲暇,纵轴 Y 表示收入。消费者的初始状态点 E 表示非劳动收入 $\bar{Y}$ 与时间资源总量 16 小时的组合。假定劳动价格即工资为 W_0,则最大可能的收入(劳动收入加非劳动收入)为 $K_0=16W_0+\bar{Y}$。于是消费者在工资 W_0 条件下的预算线为连接初始状态点 E 与纵轴上点 K_0 的线段 EK_0。EK_0 与无差异曲线 U_0 相切于点 A。与点 A 对应的最优闲暇量为 H_0,从而劳动供给量为 $(16-H_0)$。于是得到劳动供给曲线上一点 $a(16-H_0,W_0)$。

若劳动价格上升到 W_1 和 W_2,则消费者的预算线将绕初始状态点 E 顺时针旋转到 EK_1 和 EK_2,其中 $K_1=16W_1+\bar{Y}$,$K_2=16W_2+\bar{Y}$。预算线 EK_1 和 EK_2 分别与无差异曲线 U_1 和 U_2 相切,切点分别为 B 和 C。均衡点 B 和 C 对应的最优闲暇量分别为 H_1 和 H_2,从而相应的劳动供给量为 $16-H_1$ 和 $16-H_2$。于是又得到劳动供给曲线上的两点:$b(16-H_1,W_1)$ 与 $c(16-H_2,W_2)$。

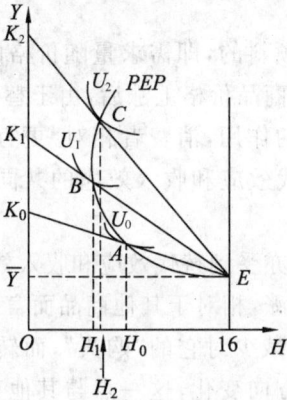

图 7-2　时间资源在闲暇和劳动
　　　　供给之间的分配情况

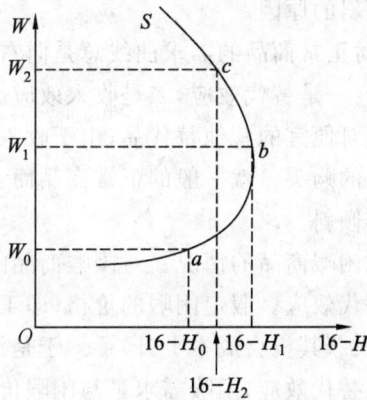

图 7-3　消费者的劳动供给曲线

重复上述过程,可在图 7-2 中得到类似于 A,B 和 C 的其他点,将这些点联结起来即得到图 7-2 中的价格扩展线 PEP;相应地,在图 7-3 中可得到类似于 a,b 和 c 的其他点,将所有这些点联结起来即得到消费者的劳动供给曲线 S。与一般的供给曲线不同,图 7-3 中的劳动供给曲线具有一段"向后弯曲"这一鲜明特点。当工资较低时,随着工资的上升,消费者受较高的工资吸引而减少闲暇,增加劳动供给量,在这个阶段劳动供给曲线向右上方倾斜。但是,工资上涨对劳动供给的吸引力是有限的。当工资涨到 W_1 时,消费者的劳动供给量达到最大,此时如果继续增加工资,劳动供给量非但不会增加,反而会减少,于是劳动供给曲线从工资 W_1 处开始向后弯曲。劳动供给曲线的这一特点也可以从图 7-2 中消费者随工资对闲暇需求量的变化中看出。由图 7-2 可知,随着工资的上升,预算线在纵轴的截距也上升,消费者闲暇需求量为先减后增,即从 H_0 减少到 H_1,然后又增加到 H_2。在时间资源总量为既定时,这意味着劳动供给量为先增后减,即从 $16-H_0$ 增加到 $16-H_1$,然后又减少到 $16-H_2$。

三、替代效应和收入效应

劳动供给曲线为什么向后弯曲？为了解释这一现象,可从另一个角度分析劳动供给、劳动价格(即工资)以及它们之间的关系。首先,可以将劳动供给看成闲暇需求的反面,因为在时间资源总量既定的条件下,劳动供给的增加就是闲暇需求的减少,二者之间存在反方向变化关系;其次,劳动的价格(即工资)实际上就是闲暇的机会成本,即增加一单位时间的闲暇意味着失去本来可以得到的一单位劳动的收入,因此亦可以将工资看成闲暇的价格;最后,在对劳动供给及工资的重新解释的基础上,劳动供给量随工资而变化的关系(即劳动供给曲线)便可以用闲暇需求量随闲暇价格而变化的关系(即闲暇需求曲线)来加以说明,只是后者与前者正好相反。换句话说,解释劳动供给曲线向后弯曲的原因现在变成解释闲暇需求曲线向前上方倾斜的原因。

一般地,对正常商品的需求曲线总是向右下方倾斜的,即需求量随价格的上升而下降。其原因有两个:一是替代效应,二是收入效应。正常商品价格上涨后,由于替代效应的作用,消费者转向相对便宜的其他替代品;由于收入效应的作用,消费者相对"更穷"一些,以致减少对正常商品的购买。就一般的正常商品而言,替代效应和收入效应的共同作用使其需求曲线向右下方倾斜。

现在考虑闲暇商品的情况。对闲暇商品的需求亦受到替代效应和收入效应两方面的影响。先分析替代效应。假定闲暇的价格(即工资)上涨,相对于其他商品而言,闲暇商品现在变得更加"昂贵"(其机会成本上升)了。于是消费者减少对它的"购买",而转向其他替代商品。因此由于替代效应,闲暇需求量与闲暇价格反方向变化,这一点与其他正常商品一样。再分析收入效应。假定其他条件不变时,对于一般商品,其价格上升意味着消费者实际收入下降,但闲暇商品价格的上升却相反,它意味着实际收入的上升,因为消费者此时享有同样的闲暇(即提供同样的劳动量)可以获得更多的收入。随着收入的增加,消费者将增加对商品的消费,从而增加对闲暇商品的消费。由于收入效应,闲暇需求量与闲暇价格同方向变化。在一般正常商品场合同方向起作用的替代效应和收入效应,却在闲暇商品场合起着相反的作用。因此,随着闲暇价格的上升,闲暇需求量究竟是下降还是上升应取决于这两种效应的大小。如果替代效应大于收入效应,则闲暇需求量随其价格上升而下降;如果收入效应大于替代效应,则闲暇需求量随其价格的上升而上升。这就意味着劳动供给曲线向后弯曲。

闲暇价格变化的收入效应会不会超过替代效应？对一般商品(不仅包括正常商品,还包括一部分劣等商品)来说,收入效应通常要小于替代效应。消费者消费的商品种类繁多,而每一种只占消费者预算上的很小部分,而且具有很相近的替代品。因此,单种商品价格变动通常不会对消费者收入造成很大影响,却非常容易引起消费者的替代行为。例外的情况仅限于所谓的吉芬商品。对于闲暇商品,情况却又有所不同。消费者的大部分收入可能来自劳动供给(当然还有一部分非劳动收入)。假定其他因素不变,闲暇价格(即工资)的上升将大大增加消费者的收入水平,因此,闲暇价格变化的收入效应较大。如果原来的工资(即闲暇价格)较低,则此时工资稍稍上涨的收入效应不一定能抵消替代效应,当然更谈不上超过替代效应,因为此时的劳动供给量较小,由工资上涨引起的整个劳动收入增量(它等于工资增量与劳动供给量的乘积)并不大;但如果工资已经处于较高水平(此时劳动供给量也相对较大),则工资上涨引起的整个劳动收入增量就很大,从而超过替代效应。因此劳动供给曲线在较高的工资水平上开始向后弯曲。

上述的一切分析,可用一般语言描述为:当工资的提高使人们富足到一定的程度后,人们会更加珍视闲暇。因此,当工资达到一定高度而又继续提高时,人们的劳动供给量不但不会增加,反而会减少。

四、劳动的市场供给曲线和均衡工资的决定

将所有单个消费者的劳动供给曲线水平相加即得到整个市场的劳动供给曲线。尽管许多单个消费者的劳动供给曲线可能会向后弯曲,但劳动的市场供给曲线却不一定如此。在较高的工资水平上,现有的工人也许提供较少的劳动,但高工资也会吸引新的工人进来,因而总的市场劳动供给一般会随着工资的上升而增加,市场劳动供给曲线仍然向右上方倾斜。

要素的边际生产力递减和产品的边际收益递减,这使得要素的市场需求曲线通常总是向右下方倾斜。劳动的市场需求曲线也不例外。将向右下方倾斜的劳动需求曲线和向右上方倾斜的劳动供给曲线综合起来,即可决定均衡工资水平,如图 7-4 所示。

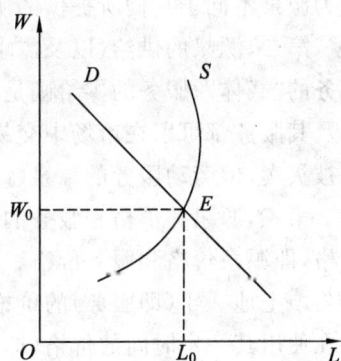

图 7-4 中劳动需求曲线 D 和劳动供给曲线 S 的交点是劳动市场的均衡点。该均衡点决定了均衡工资为 W_0,均衡劳动数量为 L_0。因此,均衡工资水平由劳动市场的供求曲线决定,且随着这两条曲线的变化而变化。劳动供给曲线位置的变化有以下几个原因:

(1) 非劳动收入即财富,较大的财富增加了消费者保留时间以自用的能力,从而减少它的劳动供给;

(2) 社会习俗,例如某些社会中不容许妇女参加工作而只能做家务,改变这个习俗将大大增加劳动供给;

(3) 人口,人口的总量及其年龄、性别构成显然对劳动供给有重大影响。

图 7-4　均衡工资的决定

第三节 土地的供给曲线和地租的决定

经济学上的土地泛指一切自然资源,其特点被描述为"原始的和不可毁灭的"。之所以是原始的,是因为它不能被生产出来;之所以是不可毁灭的,是因为它在数量上不会减少。土地数量既不能增加也不能减少,因而是固定不变的;或者说,土地的"自然供给"是固定不变的,它不会随着土地价格的变化而变化。

一、土地、土地供给和土地价格

在研究土地(以及资本)的供给之前,应首先明确几个概念。

第一,生产服务源泉和生产服务本身。生产服务的源泉不同于生产服务本身。例如,劳动服务的源泉是人类或劳动者,但劳动服务却是"人—时"(或代表劳动者在某个特定时期工作的其他单位);同样,土地是生产服务的源泉,但该生产服务本身却用"公顷—年"(即使用一公顷土地一年)等形式的单位来衡量。类似的区别同样适用于资本。例如,建筑物和机器作为源泉不同于它们所提供的服务。

第二,源泉的供给(以及需求)和服务的供给(以及需求)。源泉的供给是指卖和买生产服务的"载体";服务的供给则是指卖和买生产服务本身而非其"载体"。有些生产要素的源泉及其服务都可以在市场中交易,例如土地和资本;有些生产要素则不能,例如劳动服务可以被买卖,但劳动服务的源泉(即人类自身)却不能被买卖,至少现在的文明社会不允许。

第三,源泉的价格和服务的价格。如果源泉和服务二者均可在市场上交易,则存在两个价格,即源泉价格和服务价格。例如,土地存在"一公顷土地(即源泉)的价格",还存在"使用一公顷土地一年(即服务)的价格";再如建筑物和机器本身存在市场价格(即源泉价格),还存在使用其一定时间的价格(即服务价格)。源泉价格和服务价格显然不同,因而有必要进行区别。生产要素源泉的价格,特别是资本物品(如机器)的价格,是由它们的市场供求曲线所决定的,其过程与商品价格的决定大致相同。因此,分配论中所论述的是生产要素服务价格的决定。由于只有劳动服务能够买卖,它只有一个价格,即劳动服务的价格。

为明确起见,假定土地、土地供给及土地价格(资本、资本供给及资本价格)均是指土地服务、土地服务的供给及土地服务的价格(资本服务、资本服务的供给以及资本服务的价格)。其中,土地服务的价格称为地租(资本服务的价格称为利息)。

由于只有劳动服务能够买卖,因此只存在劳动服务的价格(即工资),在上一节中也没有对劳动的源泉和劳动服务进行类似区分。在提及劳动供给和劳动价格时,它必定是指劳动服务的供给和劳动服务的价格,这样不会引起任何误解。

二、土地的供给曲线

土地的自然供给即自然赋予的土地数量是(或假定是)固定不变的,它不会随土地价格(即地租)的变化而变化。现在考虑土地的市场供给情况:它是否也与土地价格没有关系呢?

为了回答这一问题,这里仍然从分析单个土地所有者的行为开始。假定土地所有者是消费者,其行为的目的是效用最大化,其所用的土地数量在一定时期内也是既定的和有限的。土地所有者现在需解决的问题是:如何将既定数量的土地资源在保留自用和供给市场这两种用途上进行分配,以获得最大的效用。

与供给劳动的情况类似,供给土地本身并不直接增加效用。土地所有者供给土地的目的是为了获得土地收入,而土地收入可以用于各种消费目的,从而增加效用。因此,土地所有者实际上是在土地供给所能带来的收入与自用土地之间进行选择。于是土地所有者的效用函数可以写为

$$U = U(Y, q)$$

其中 Y, q 分别为土地收入和自用土地数量。

自用土地是如何增加土地所有者的效用的呢? 显然,土地如果不供给市场,则其可以用来建造花园或高尔夫球场等。土地的这些消费性使用当然会增加土地所有者的效用。但一般来说,土地的消费性使用只占土地用途的很小部分,不像时间的消费性使用占全部时间的较大部分。如果不考虑土地消费性使用这一很小部分,即不考虑土地所有者自用土地的效用,则自用土地的边际效用等于零,从而效用函数简化为

$$U = U(Y)$$

换句话说,效用只取决于土地收入而与自用土地数量大小无关。在这种情况下,为了获得最大效用就必须使土地收入达到最大(因为效用总是土地收入的递增函数),也就是要求尽可能地多供给土地(假定土地价格总为正的)。土地所有者拥有的土地数量为既定的(假设为 $\bar{Q}$),故它将供给数量为 $\bar{Q}$ 的土地——无论土地价格 R 为多少。因此,土地供给将在 $\bar{Q}$ 处垂直于横轴,如图 7-5 所示。通过无差异曲线分析方法可得到同样结论,如图 7-6 所示。

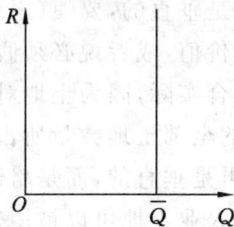

图 7-5　土地的供给曲线　　图 7-6　土地供给的无差异分析

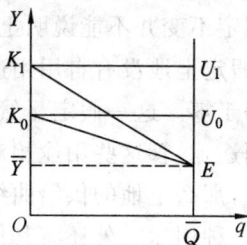

现代西方经济学教程

图 7-6 中，横轴 q 表示自用土地数量，纵轴 Y 为土地收入。土地所有者的初始状态为点 E，它表明非土地收入为 $\bar{Y}$，拥有的全部土地数量为 $\bar{Q}$。两条预算线 EK_0 和 EK_1 分别对应于土地价格为 R_0 和 R_1 的两种情况，即 $K_0 = \bar{Q} \times R_0 + \bar{Y}$，$K_1 = \bar{Q} \times R_1 + \bar{Y}$。图 7-6 中的无差异曲线（$U_0$ 和 U_1）均为水平直线，它表示土地所有者的效用只取决于土地收入，而与自用土地数量无关。例如，在水平直线 U_0 上每一点的收入均相等，故它们是无差异的，尽管其自用土地数量不同。此外，高位的无差异曲线表示较高的效用，即 $U_1 > U_0$，这是因为前者的收入大于后者。显然，无差异曲线簇的特殊形状就是 $U = U(Y)$ 这一效用函数的形象表示，或者是土地没有自用用途假定的形象表示。

水平的无差异曲线簇表明：无论土地价格如何变化，最优的自用土地数量总为零，使得土地供给量总为 $\bar{Q}$，即为土地所有者拥有的全部土地资源。例如，设土地价格为 R_0，预算线为 EK_0，此时最大效用组合或均衡点显然为 K_0，因为 K_0 是在预算约束 EK_0 条件下所能达到的最大效用 U_0 的点。与 K_0 相对应，最优自用资源为零，从而土地供给量为 $\bar{Q}$。若土地价格上升到 R_1，预算线变为 EK_1，最大效用组合为 K_1 点，此时与 K_1 点相对应的最优自用资源仍然为零，从而土地供给量仍然为 $\bar{Q}$。换句话说，土地供给量总为 $\bar{Q}$，与土地价格的高低无关，因此土地供给曲线为垂直线。

需要注意的是，之所以得出土地供给曲线垂直的结论，并不是因为自然赋予的土地数量是（或假定是）固定不变的，而是因为假定土地只有一种用途即生产性用途，没有自用用途。如果土地只有生产性用途，则其对于该用途的供给曲线当然是垂直的。事实上，这一结论不仅适用于土地，也适用于其他的生产性要素，因此可以作出以下一般性陈述：如果任意一种资源只能（或假定只能）用于某种用途，而无其他用途，则该资源对于该用途的供给曲线就一定是垂直的。利用机会成本的概念也可这样描述：如果任意一种资源在某种用途上的机会成本等于零，则它对于该用途的供给曲线就是垂直的。即使该资源价格下降，它也不会转移到其他方面（因为无利可图），即其供给量不会减少。例如，如果某些土地资源只能用于种玉米，则它对种玉米的供给曲线就是垂直的，种玉米土地的价格下降不会减少它的供给量；又如，如果某些高度专业化的劳动只适用于某种特殊的生产，当劳动时间无自用价值时，则它对该生产的供给曲线就是垂直的，当劳动时间有自用价值时，则供给曲线在劳动价格大于其自用价值时垂直。由此可得到更加一般性结论：任意一种资源对其用途的供给曲线在机会成本水平之上是垂直的。

土地数量本身固定不变并不能说明土地供给曲线是垂直的，要使（用于生产的）土地供给曲线垂直，则必须假定土地没有自用用途，没有自用价值，或者说必须假定土地在生产性使用上的机会成本等于零。这一假定显然并不完全符合实际，因为土地对于土地所有者确实存在某些消费性用途，尽管这些用途相对于其拥有的全部土地数量所占比例很小。如果考虑土地的自用价值，那么土地的供给曲线就可能不再是垂直的，而是略微向右上方倾斜。此外，如果土地除了一种用途之外还有其他用途，例如农业土地可以被用来盖厂房、修道路等，那么农用土地的价格下降后，用于种农产品的土地可能就会减少，一部分原先用于农业的土地会转移到现在相对而言更加有利可图的盖厂房、修道路中。因此,具有多种用途的土地的供给曲线会向右上方倾斜,甚至和一般商品的供给曲线没有差别。

另一种方法也可以得到土地供给曲线垂直的结论,即不考虑用于生产目的的土地供给,而考虑所谓用于一切目的的土地供给,它既包括生产性使用的土地供给,也包括消费性自用的土地供给。在这种情况下,土地的供给等于供给市场和"供给"给土地所有者自身两部分之和,此时它真正固定不变,即土地价格的变化只能改变这两个部分的相对大小,但显然不能改变其总和。按照相同的原理也可以认为其他资源的供给曲线也是垂直的。例如,可以将闲暇看成是劳动的另一种方式,于是全部劳动供给分为供给市场的和自用的两部分。这样定义的劳动供给显然也是固定的,它并不因劳动价格变化而变化。显而易见;这种解释对经济分析并无多大用处。真正有意义的供给曲线总是指为市场而提供的供给,不包括自用部分。下面的分析将遵循这一"原则"。

三、使用土地的价格和地租的决定

将所有单个土地所有者的土地供给曲线水平相加,即得到整个市场的土地供给曲线。将向右下方倾斜的土地的市场需求曲线与土地供给曲线结合起来,即可决定使用土地的均衡价格,如图 7-7 所示。

图 7-7 中土地需求曲线 D 与土地供给曲线 S 的交点是土地市场的均衡点,该均衡点决定了土地服务的均衡价格 R_0。如果土地没有自用价值,则单个土地所有者的土地供给曲线为垂直线,故市场的土地供给曲线亦为垂直线。

当土地供给曲线垂直时,它与土地需求曲线的交点所决定的土地服务价格具有特殊意义,常常被称为"地租"。图 7-8 为地租及其成因的示意图。

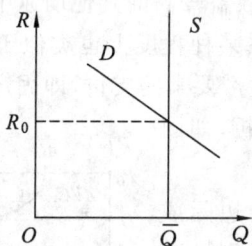

图 7-7　土地服务的均衡价格　　　图 7-8　地租及其成因示意

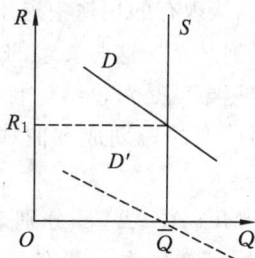

对于图 7-8 中的 R_1,其土地的供给曲线垂直且固定不变,故地租完全由土地的需求曲线决定,而与土地的供给曲线无关:它随着需求曲线的上升而上升,随着需求曲线的下降而下降。如果需求曲线下降到 D',则地租将消失,即等于零。

根据地租决定理论,可以解释地租产生的原因。假设开始时土地供给量固定不变为 $\bar{Q}$,对土地的需求曲线为 D',地租为零;现在技术进步使土地的边际生产力提高,或人口增加使粮食需求、粮食价格上涨,于是对土地的需求曲线便开始向右移动,从而地租开始出现。因此,可以这样解释地租产生的(技术)原因:地租产生的根本原因在于土地的稀少,供给不能增加;如果给定了不变的土地供给,则地租产生的直接原因就是土地需求曲线的右移,而土地需求曲线右移是因为土地的边际生产力提高或土地产品(如粮食)的需求增加从而使粮价提高。如果技术不变,那么地租就因土地产品价格的上升而产生,且随着产品价格的上涨而不断上涨。

四、租金、准租金和经济租金

根据地租的概念,西方经济学者对其作了进一步的发展,形成了租金、准租金和经济租金等概念。

1. 租金

地租是当土地供给固定时的土地服务价格,因而地租只与固定不变的土地有关,但在很多情况下不仅土地可以被看成是固定不变的,而且许多其他资源在某些情况下也可以被看成是固定不变的,例如某些人的天赋才能的供给是自然固定的。这些固定不变的资源也有其相应的服务价格,显然这种服务价格与土地的地租非常类似。为了与特殊的地租相区别,可以把这种供给数量同样固定不变的一般资源的服务价格叫做"租金"。换句话说,地租是资源为土地时的租金,而租金则是一般化的地租。

2. 准租金

租金、特殊的地租均与资源的供给固定不变相联系。这里的固定不变显然对经济学意义上的短期和长期都适用。在现实生活中,有些生产要素尽管在长期中可变,但在短期中却是固定的。例如,由于厂商的生产规模在短期内不能变动,其固定生产要素对厂商来说即为固定供给:它既不能从现有的用途中退出而转移到收益较高的其他用途中,也不能从其他相似的生产要素中得到补充。这些要素的服务价格在某种程度上也类似于租金,通常被称为"准租金"。所谓准租金就是对供给量暂时固定的生产要素的支付,即固定生产要素的收益。

准租金可以用厂商的短期成本曲线来加以分析,如图7-9所示。

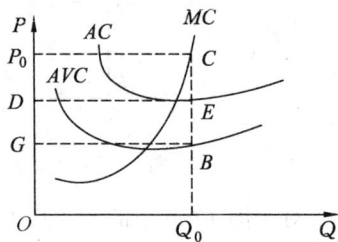

图 7-9　准租金

在图 7-9 中 MC, AC, AVC 分别表示厂商的边际成本、平均成本和平均可变成本。若产品价格为 P_0,则厂商的生产量为 Q_0,这时可变总成本为面积 $OGBQ_0$,它表示厂商为生产 Q_0 所需的可变生产要素量而必须进行的支付。固定要素得到的则是剩余部分 GP_0CB,这就是准租金。

如果从准租金 GP_0CB 中减去固定总成本 $GDEB$,则得到经济利润 DP_0CE。可见,准租金为固定总成本与经济利润之和。当经济利润为零时,准租金便等于固定总成本。当然,准租金也可能小于固定总成本——当厂商有经济亏损时。

3. 经济租金

由于租金是固定供给要素的服务价格,因此要素价格的下降不会减少该要素的供给量,即固定供给意味着要素收入的减少并不会减少该要素的供给量。据此可以将租金看成是这样一种要素收入:其数量的减少不会引起要素供给量的减少。有许多要素的收入尽管从整体上看不同于租金,但其收入的一部分却可能类似于租金,即如果从该要素的全部收入中减去该部分并不会影响要素的供给。将这一部分要素收入叫做"经济租金"。

经济租金的几何解释类似于所谓的生产者剩余,如图 7-10 所示。

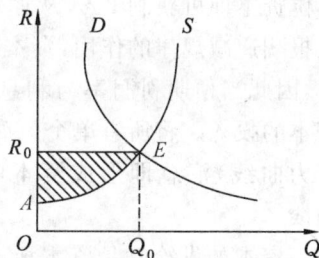

图 7-10　经济租金

在图 7-10 中要素供给曲线 S 以上、要素价格 R_0 以下的阴影区域 AR_0E 为经济租金,要素的全部收入为 OR_0EQ_0。但按照要素供给曲线,要素所有者为提供数量为 Q_0 的要素所愿意接受的最低要素收入却是 $OAEQ_0$,因此阴影部分 AR_0E 是要素的"超额"收益,即使去掉也不会影响要素的供给量。

经济租金的大小显然取决于要素供给曲线的形状。供给曲线越陡峭,经济租金部分就越大。当供给曲线垂直时,全部要素收入均为经济租金,它恰好等于租金或地租。由此可见,地租实际上是经济租金的一种特例。

总之,经济租金是要素收入(或价格)的一部分,该部分并非为该要素于当前使用中所必需,它代表要素收入中超过它在其他场所能得到的收入部分。简而言之,经济租金等于要素收入与其机会成本之差。

第四节　资本供求与利息率的决定

利息是厂商在一定时期内为利用资本的生产力所支付的代价,或者说是资本所有者在一定时期内因让渡资本使用权,承担风险所索取的报酬。利息与本金的比率即为利息率,利息率是资本使用价格。利息率也是由使用资本的供求关系决定的。

厂商对资本的需求取决于资本的边际生产力。所谓资本的边际生产力,是指其他生产要素不变时,增加一单位资本所能增加的边际收益产品,它是资本的边际产量和产品的边际收益的乘积。这里的资本是指实物资本,即机器、设备和厂房等,而"利率是资本的使用价格"中的"资本"是指金融资本。这两个资本概念既有区别又有联系。厂商需要货币资金,其实就是为了增加实物资本。金融资本相当于实物资本的货币价值形态,实物资本是金融资本的实物载体。金融资本的收益率尽管不等于实物资本收益率,但最终还是取决于实物资本的收益率。如果利息率既定,厂商对资本的需求量将被决定在这样的水平上:在该水平上,资本的边际生产力即资本的预期利润率恰好等于利息率。例如,在市场利息率为8%时,若厂商借入一单位资本的预期利润率为10%,则厂商借入一单位资本即可获利2%,从而增加资本投入是有利的。但由于要素报酬递减规律的作用,资本投入的增加必然会降低其预期利润率,因此当预期利润率与利息率相等时,厂商将不再增加或减少资本的投入。将所有单个厂商对资本的需求曲线(资本的边际生产力曲线)汇总即形成资本的市场需求曲线,如图7-11中 D 曲线。

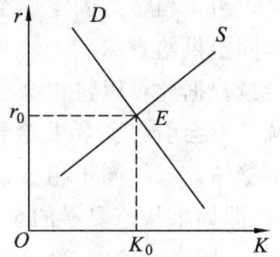

图 7-11 利息率的决定

资本的供给就是资本所有者在各个不同的利息率水平上愿意而且能够提供的资本数量。资本供给主要取决于让渡资本的机会成本及风险成本,只有借出资本所获得的利息报酬可以补偿这些成本,资本供给才会成为现实。西方经济学家认为,资本来源于节欲,来源于对当前消费的抑制。抑制当前的消费(它是让渡资本的机会成本)所形成的资本以供别人使用,是为了获取利息,因此对于提供资本的人来说,利息是对其抑制或推迟眼前消费的一种报偿。利息率越高,报偿越高,人们愿意提供的资本就越多,因而资本的供给与利息率同方向变化,如图7-10中的 S 曲线。D 曲线与 S 曲线相交于点 E,此点所对应的 r_0 为均衡利息率,K_0 为资本的均衡供求量。

在现实经济生活中,利息率常常不止一个水平。根据存贷时间,长期利息率与短期利息率不同,即使期限相同,其利息率也随风险、资金用途不同等原因而有所差别。此外,资本市场上也常常存在不完全竞争的情况,这对利息率的决定也有所影响。

第五节 洛伦茨曲线和基尼系数

▸▸

至此,已经分析了西方经济学分配论中的要素价格决定理论。生产要素价格的决定理论是分配论的一个重要部分,但并不构成分配论的全部内容。除了要素价格决定理论之外,分配论还包括收入分配的不平等程度等。为了研究国民收入在国民之间的分配,美国统计学家 M·O·洛伦茨提出了著名的洛伦茨曲线。洛伦茨首先将一国总人口按收入由低到高排队,然后考虑收入最低的任意百分比人口所得到的收入百分比,例如,收入最低的20%人口、40%人口…所得到的收入比例分别为 4.6%,15.2%,…(见表7-3),最后将得到的人口累计百分比和收入累计百分比的对应关系描绘在图形上,即得到洛伦茨曲线,如图7-12所示。图7-12中横轴 OH 表示人口(按收入由低到高分组)的累计百分比,纵轴 OM 表示收入的累计百分比,ODL 为该图的洛伦茨曲线。由该曲线可知,在这个国家中收入最低的20%人口所得到的收入仅占总数的4.6%,而收入最低的80%人口所得到的收入占总收入的55.4%。

表 7-3 收入分配资料

人口累计	收入累计
0%	0%
20%	4.6%
40%	15.2%
60%	31.7%
80%	55.4%
100%	100%

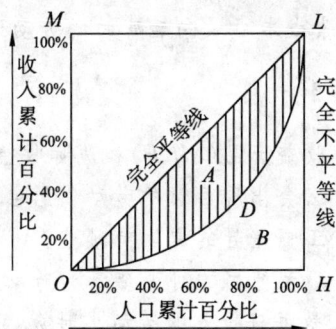

图 7-12 洛伦茨曲线

显而易见,洛伦茨曲线的弯曲程度具有重要意义。一般来说,它反映收入分配的不平等程度:弯曲程度越大,收入分配程度越不平等。如果所有收入都集中在某一个人手中,而其余人口均一无所获时达到完全不平等,洛伦茨曲线成为折线 OHL;如果任一人口百分比均等于其收入百分比,从而人口累积百分比等于收入累积百分比,则收入分配就是完全平等的,洛伦茨曲线成为经过原点的 45°线 OL。一般来说,一个国家的收入分配既不是完全不平等,也不是完全平等,而是介于两者之间;相应的洛伦茨曲线既不是折线 OHL,也不是 45°线 OL,而是像 ODL 那样向横轴凸出,尽管其凸出的程度有所不同。收入分配越不平等,洛伦茨曲线就越向横轴凸出,从而它与完全平等线 OL 之间的阴影面积就越大。因此,可以将洛伦茨曲线与 45°线之间的部分 A 叫做"不平等面积";当收入分配达到完全不平等时,洛伦茨曲线成为折线 OHL,OHL 与 45°线之间的面积($A+B$)就是"完全不平等面积"。不平等面积与完全不平等面积之比称为基尼系数,它是衡量一个国家贫富差距的标准。设 G 为基尼系数,则

$$G=\frac{A}{A+B}$$

显然,基尼系数不会大于 1,也不会小于 0,即有 $0<G<1$。

【本章小结】

1. 利用边际生产力递减理论分析了完全竞争厂商在要素市场的需求,并分析了厂商使用生产要素的原则:边际产品价值等于边际要素成本。
2. 在劳动、土地及资本的供给市场,根据效用最大化的原则确定了消费者提供要素的原则及要素供给曲线,再结合要素的需求曲线即可确定要素市场的均衡价格。
3. 利用洛伦茨曲线及基尼系数讨论了收入分配的公平问题。

【重要名词和术语】

要素需求　　边际物质产品　　边际收益产品　　边际产品价值

边际要素成本　　向后弯曲的劳动供给曲线　　洛伦茨曲线　　基尼系数

【复习思考题】

1. 边际收益产品(MRP)和边际收益(MR)有何区别？

2. 为什么会出现后弯的劳动供给曲线？

3. 形成工资差异的原因有哪些？

4. 设一厂商使用的可变要素为劳动 L，其生产函数 $Q=-0.01L^3+L^2+38L$，其中 Q 为每日产量，L 是每日投入的劳动小时数。所有市场（劳动市场及产品市场）都是完全竞争市场，单位产品价格为 0.1 美元，小时工资为 5 美元，厂商要求利润最大化。问厂商每天要雇用工人劳动多少小时？

5. 已知劳动是唯一的可变要素，生产函数 $Q=A+10L-5L^2$，产品市场是完全竞争市场，劳动价格为 W。

试说明：

(1) 厂商对劳动的需求函数；

(2) 厂商对劳动需求量与工资反方向变化；

(3) 厂商对劳动需求量与产品价格同方向变化。

第八章

一般均衡与福利经济学

【本章要点】

　　本章将单个市场的均衡条件推广到多个市场,即一般均衡分析,并讨论一般均衡中的资源配置和效率问题。

　　前面介绍的消费者行为理论、厂商行为和要素所有者提供要素的行为理论实际上也是一个个经济活动主体如何优化配置自己的资源的理论。本章将分析整个社会的资源如何优化配置,主要涉及三个问题:(1) 全社会所有市场之间的相互关系,整个经济体系的各种变量的相互作用和影响;(2) 全社会资源如何配置才最有效率;(3) 实现全社会资源优化配置的机制是什么。

第一节　一般均衡

一、局部均衡与一般均衡

　　经济社会中每一个部门或单位都不是孤立存在的,而是相互依存、相互影响的。局部均衡分析研究一个部门或单个经济变量变动所引起的直接的、单纯的后果;一般均衡分析则研究一个变量变动所引起的一系列连锁反应,即不仅分析变量变动的直接效应,还要顾及其间接的影响和最终结果。从这一特点来说,一般均衡分析的结论往往与局部均衡分析所得出的结论迥然不同。例如,从局部均衡分析来看,降低工资将会降低成本,进而增加生产,增加就业;但从一般均衡分析的角度来说,降低工资将会导致收入水平下降,进而各个市场的需求和价格普遍下降,最终导致生产下降,失业增加。可见,降低工资到底是增加就业,还是增加失业,从一般均衡的眼光进行分析要比局部均衡分析复杂得多。

　　一般均衡分析追求整个经济体系的各种变量的总体均衡。实现一般均衡既复杂又困难。实际上经济社会中各种变量是不断变化的,并且一种变量变化引起的另一些变量变化在作用方向、速率、方式上因具体条件不同而有所不同,因此,经济体系的一般均衡只是一种趋势,而非均衡则是常态。

二、产品市场的均衡

一个经济社会有千万种不同的产品,从而有千万个产品市场。当单独研究某一市场均衡时,可以假定其他条件不变,该市场供求相等即达到均衡,而进行一般均衡分析时的问题要复杂得多。假如原先整个经济社会已处于均衡状态,现在由于外界因素的影响使其中某一产品市场的供给或需求发生变动,结果不仅打破该市场的均衡,而且通过各市场的相互联系进而打破所有市场的均衡,引起一系列的调整与再调整,最终再次同时达到新的均衡。

在这一过程中,如果不同市场的产品之间存在相互替代关系(例如牛肉与羊肉),则一种产品价格的上升会导致其他产品价格的上升。具体来说,假定 A, B 两产品具有替代关系,A 产品价格上涨将使社会减少对其的购买量,而增加对其替代品 B 产品的购买量。在 B 产品的供给不变时,社会对产品 B 产品的需求增加,结果使 B 产品价格上升,并引起 B 产品供给增加。B 产品价格的上升又使人们对其替代品 A 的需求增加,从而使 A 产品价格进一步上升,供给也增加,A 产品价格上升又促使 B 产品需求增加进而使其价格和供给再提高。至于 A, B 两产品价格上升的幅度,则依这两种替代品的需求交叉弹性而定。那么,替代品价格的轮番上涨是否是无止境的呢? 不是的。消费者的收入水平将制约各产品市场的价格水平。产品价格的上涨使消费者的实际收入下降,这会使各产品的需求曲线左移,从而具有使产品价格下降的压力,经过价格上升和下降这两种对立力量的相互作用和调整后最终在某一水平上达到各市场的均衡。

当各市场的产品具有互补关系时(例如汽车与汽油),一种产品价格的上升会引起其他产品价格下降,反过来又会促使该产品价格的下降。具体来说,假定 A, B 产品具有互补关系,当 A 产品价格上升时,社会对 A 产品的需求量会下降,对 B 产品的需求量也会下降,在 B 产品供给不变时,B 产品价格会下降。B 产品价格下降最终会使 B 产品供给量减少,B 产品市场供求的这种变化反过来又会影响 A 产品市场,使 A 产品市场的需求进一步下降,价格也随之进一步下降。在这一变动过程中,消费者的收入也起着制约价格无限制下跌的作用。如果消费者名义收入不变,价格下降则意味着实际收入的升高,这会使消费者增加对降价产品的购买量,从而抑制价格的下降,经过一系列调整最终在互补品市场之间达到新的共同均衡。

因此在考虑消费者收入因素的影响下,当某产品由于供求变动时,其价格上升或下降将会使其替代品的价格上升或下降,而使其互补品的价格下降或上升。

三、产品市场与要素市场的均衡

关于产品市场中任一产品价格变化所导致的各市场均衡的变动情况同样适合于对各要素市场的分析。下面进一步研究产品市场和要素市场之间的关系，即当一种要素（产品）价格变动时，对有关的产品（要素）市场的影响。

假定其他条件不变而劳动市场出现供给减少的情况时，劳动市场上均衡工资率会提高，均衡劳动数量会下降。劳动市场的这种变化影响着其他市场的供求。

首先，劳动市场的变化影响着产品市场。从成本方面看，工资率的上升使所有使用劳动这一要素进行生产的产品的成本提高，进而导致这些产品的价格上升，另一方面这些产品价格上升又将引起其替代品价格上升，互补品价格下降。从收入角度看，工资上升意味着劳动者收入提高，假定产品价格不变，这将使劳动者对各种消费品的需求增加，进而使产品价格上升，产品价格上升又通过替代品关系和互补品关系影响着其他各种产品的价格与供求的变动。但工资上升从产品成本角度将使物价上升，物价上升又意味着劳动者实际收入的下降，这将对需求的增加和商品价格的上升有抑制作用。因此从收入角度来说，最终的产品需求如何变化取决于需求增加和减少这两个对立方面的强弱。

其次，从要素市场之间关系来看，劳动市场的变化必然影响资本市场。劳动市场价格的提高使资本价格相对降低，厂商将以机械等资本替代人力，从而增加对资本的需求。随着资本替代劳动的增加，资本的价格也提高了，这又将引起与机械有关的替代品或互补品价格的变动。总之，根据局部均衡分析，一种产品的需求主要取决于该产品价格与消费者收入。从一般均衡的角度来说，一种产品的需求不仅取决于该产品的价格，而且取决于其他所有相关产品的价格，不仅取决于一类要素所有者的收入，而且取决于各类要素所有者的收入；一种产品的供给不仅取决于该产品的价格（即平均收益），而且取决于各种产品供给的价格的比较，不仅取决于生产该种产品的成本与收益的比较，而且取决于各种产品生产上的成本与收益的比较。例如，当某产品生产上的收益大于成本时，如果其他产品生产上的收益率变高，也会使该产品的供给减少。要素的供求情况也与之相似。一种要素的供求不仅取决于该要素的价格，而且取决于其他要素的价格，不仅取决于该要素所生产的产品的价格，而且同各种产品的价格有关。

第二节　帕累托最优

现进一步讨论一般均衡模型中资源配置的效率问题。这里所谓的效率是和社会经济中所有成员福利状况联系在一起的。有没有效率取决于资源配置能使成员的福利达到何种程度。如果没有一个人可以在不使任何他人境况变差的条件下而使自己境况变得更好,这样的资源配置被称为帕累托最优配置,亦称帕累托效率。也就是说,如果资源配置达了一种不损人就不能利己的状态,那就是帕累托最优。帕累托(Pareto,1848 年－1923 年)是意大利经济学家,他最先提出了这一思想。帕累托最优这一概念似乎难以理解,其实含义很简单,下面用简单的例子进行说明。

假定两种产品(10 单位食品和 5 单位服装)在甲、乙两人间分配,如果这种分配正好使两人得到最大效用(满足),则这种分配是帕累托最优的,此时如果甲要使自己的境况变得更好,势必损害乙的福利。如果这种分配没有使两人得到最大效用,例如甲想要 4 单位食品却分得 6 单位,想要 3 单位服装却只分得 2 单位,而乙本来想要 6 单位食品却只分得 4 单位,想要 2 单位服装却分得了 3 单位,那么这样的分配就不是帕累托最优,或者说缺乏效率。此时若甲拿出 2 单位食品与乙拿出 1 单位衣服相互交换,双方都增进了福利,即彼此在不损害他人福利的前提下增进了自己的福利,这被称为帕累托改进。只要存在帕累托改进余地,资源配置就缺乏效率。

下面从交换、生产以及交换和生产相结合三个方面进一步解释帕累托效率的含义。

第三节　交换的帕累托最优条件

本节开始论述达到帕累托最优状态所必须满足的条件,这些条件被称为帕累托最优条件。它包括交换的最优条件、生产的最优条件以及交换和生产的最优条件。这里先讨论交换的最优条件,此时应首先考虑两种既定数量的产品在两个消费者之间的分配,然后将所得的结论推广到一般情况。假定两种产品分别为 X 和 Y,其既定数量为 $\overline{X}$ 和 $\overline{Y}$,两个消费者分别为 A 和 B,现利用埃奇沃斯盒状图分析这两种产品在两个消费者之间的分配,如图 8-1 所示。盒子的水平长度表示整个经济中

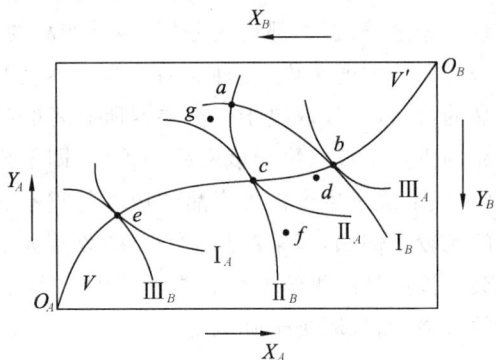

图 8-1　交换的帕累托最优

第一种产品 X 的数量 $\overline{X}$,盒子的垂直高度表示第二种产品 Y 的数量 $\overline{Y}$,O_A 为第一个消费者 A 的原点,O_B 为第二个消费者 B 的原点。现从 O_A 水平向右测量消费者 A 对第一种商品 X 的消费量 X_A,垂直向上测量其对第二种商品 Y 的消费量 Y_A;从 O_B 水平向左测量消费者 B 对第一种商品 X 的消费量 X_B,垂直向下测量其对第二种商品 Y 的消费量 Y_B。

设盒中的任意一点 a 对应于消费者 A 的消费量(X_A,Y_A)和消费者 B 的消费量$(X_B,$

Y_B),则有

$$X_A + X_B = \overline{X}$$
$$Y_A + Y_B = \overline{Y}$$

换句话说,盒中任意一点确定了一套数量,它表示每一个消费者对于每一种商品的消费,且满足上述两式。因此,盒子(包括边界)确定了两种物品在两个消费者之间的所有可能的分配情况。盒子垂直边上的任意一点表明某个消费者不消费 X,盒子水平边上的任意一点表明某个消费者不消费 Y。在埃奇沃斯盒中全部可能的产品分配状态中哪一些是帕累托最优状态呢? 为了分析这一点,需要在埃奇沃斯盒状图中加入消费者偏好的信息,即加入每个消费者的无差异曲线。由于 O_A 是消费者 A 的原点,故 A 的无差异曲线向右下方倾斜且向 O_A 点凸出。图 8-1 中 I_A,II_A 和 III_A 是消费者 A 的三条代表性无差异曲线,其中 III_A 代表较高的效用水平,而 I_A 代表较低的效用水平。一般来说,无差异曲线从 O_A 点向右移动标志着消费者 A 的效用水平增加。另一方面,由于 O_B 是消费者 B 的原点,故 B 的无差异曲线向右下方倾斜且向 O_B 点凸出。图 8-1 中 I_B,II_B 和 III_B 是消费者 B 的三条代表性无差异曲线,其中 III_B 代表较高的效用水平,而 I_B 代表较低的效用水平。一般来说,无差异曲线从 O_B 点向左移动标志着消费者 B 的效用水平增加。

现从埃奇沃斯盒状图中任选一点表示两种商品在两个消费者之间的一个初始分配,例如点 a。由于假定效用函数是连续的,故点 a 必然处于消费者 A 的某条无差异曲线上,同时也处于消费者 B 的某条无差异曲线上,即消费者 A 和 B 分别有一条无差异曲线经过点 a。因此,这两条无差异曲线或者在点 a 处相交,或者在点 a 处相切。假定两条无差异曲线在点 a 相交(图 8-1 中点 a 是无差异曲线 II_A 和 I_B 的交点),此时点 a 不可能是帕累托最优状态。这是因为通过改变该初始分配状态,例如从点 a 变动到点 b,消费者 A 的效用水平从 II_A 无差异曲线提高到 III_A,而消费者 B 的效用水平并未变化,仍然停留在无差异曲线 I_B 上,因此在点 a 仍然存在帕累托改进的余地。当然,在点 a 还存在其他形式的帕累托改进,例如从点 a 变动到 c 点,此时消费者 A 的效用水平不变,仍然在无差异曲线 II_A 上,但消费者 B 的效用水平却从无差异曲线 I_B 提高到 II_B。如果让点 a 变动到点 d,此时消费者 A 和 B 的效用水平均会提高。由此得到结论:在交换的埃奇沃斯盒状图中的任意一点,如果它处于消费者 A 和 B 的两条无差异曲线的交点上,则它就不是帕累托最优状态,因为在这种情况下总存在帕累托改进的余地,即总可以改变该状态使至少一人的状况变好而没有人的状况变坏。

另一方面,假定初始的产品分配状态处于两条无差异曲线的切点 c 上,则此时不存在任何帕累托改进的余地,即它们均为帕累托最优状态。改变点 c 状态只有以下几种情形:向右上方移到消费者 A 较高的无差异曲线上,此时 A 的效用水平提高了,但消费者 B 的效用水平却下降了;向左下方移到消费者 B 较高的无差异曲线上,此时 B 的效用水平提高了,但消费者 A 的效用水平却下降了;第三种情况则是消费者 A 和 B 的效用水平都降低了,例如从点 c 移到点 g 或点 f 都属此种情况。由此可得结论:在交换的埃奇沃斯盒状图中的任意一点,如果它处于消费者 A 和 B 的两条无差异曲线的切线上,则它就是帕累托最优状态,并称之为交换的帕累托最优状态。因为在这种情况下不存在帕累托改进的余地,即任何改变都不能使至少一人的状况变好而没有人的状况变坏。

无差异曲线的切点并不是只有点 c 一个,点 b 和点 e 以及其他许多未在图 8-1 中画出的点都是无差异曲线的切点,从而它们都代表帕累托最优状态。所有无差异曲线的切点的轨迹构成的曲线 VV' 叫做交换的契约曲线(或效率曲线),它表示两种产品在两个消费者之间的所有最优分配(即帕累托最优状态)的集合。

应当指出,在交换的帕累托最优集合即在交换的契约曲线 VV' 上,两个消费者的福利分配具有不同的情况。当沿着 VV' 曲线从点 e 移到点 c 时,消费者 A 通过牺牲消费者 B 的利益而好起来,此时根据帕累托标准,并不能确定 VV' 曲线上的任何一点比曲线上的其他点更好,例如不能说点 c 比点 e 代表更好的分配情形。根据帕累托标准,它们是不可比较的,因为从点 e 移动到点 c(或者从点 c 移动到点 e)使一个人的状况变好,却使另一个人的状况变坏,因此只能认为对于任何不在曲线 VV' 上的点,总能在 VV' 曲线上能找到比它更好的点。

如果社会具有明显的关于福利分配的偏好,例如经济处于点 e,而社会宁愿以牺牲消费者 B 的利益使消费者 A 更好一些(宁愿要点 c 而非点 e),则根据这一分配偏好社会将使经济沿曲线 VV' 从点 e 移到点 c。这就是从帕累托最优状态集合中根据社会的分配偏好选择其中的某些状态。

从交换的帕累托最优状态可以得到交换的帕累托最优条件。交换的帕累托最优状态是无差异曲线的切点,无差异曲线的切点成立的条件是在该点上两条无差异曲线的斜率相等,而无差异曲线斜率的绝对值又称为两种商品的边际替代率(更准确地说是商品 X 代替商品 Y 的边际替代率),因此,交换的帕累托最优状态的条件可以用边际替代率来表示:要使两种商品 X 和 Y 在两个消费者 A 和 B 之间的分配达到帕累托最优状态,则对于这两个消费者来说,这两种商品的边际替代率必须相等。对于消费者 A 和 B,若 X 代替 Y 的边际替代率分别用 MRS_{XY}^A 和 MRS_{XY}^B 来表示,则交换的帕累托最优状态条件的公式为

$$MRS_{XY}^A = MRS_{XY}^B$$

现举例来加深对上式的理解。假定在初始的分配中,消费者 A 的边际替代率 MRS_{XY}^A 为 3,消费者 B 的边际替代率 MRS_{XY}^B 为 5。这意味着 A 愿意放弃 1 单位的 X 来交换不少于 3 单位的 Y,因此,A 若能用 1 单位 X 交换到 3 单位以上的 Y 就增加了自己的福利;另一方面,B 愿意放弃不多于 5 单位的 Y 来交换 1 单位的 X,因此,B 若能用 5 单位以下的 Y 交换到 1 单位的 X 就增进了自己的福利。由此可见,如果消费者 A 用 1 单位 X 交换 4 单位的 Y,而消费者 B 用 4 单位 Y 交换 1 单位 X,则他们两个人的福利都得到了提高。只要两个消费者的边际替代率不相等,这种重新分配(使某些消费者变好而不使其他消费者变坏)就总是可能的,即总存在帕累托改进的余地。换句话说,当边际替代率不相等时,产品的分配未达到帕累托最优。

第四节　生产的帕累托最优条件

▶▶▶▷▷▷

交换的帕累托最优研究了两种既定数量的产品在两个消费者之间的分配情况，本节则研究两种既定数量的要素在两个生产者之间的分配情况。假定这两种要素分别为 L 和 K，其既定数量为 $\bar{L}$ 和 $\bar{K}$，两个生产者分别为 C 和 D，于是要素 L 和 K 在生产者 C 和 D 之间的分配状况亦可以用埃奇沃斯盒状图来表示，如图 8-2 所示。盒子的水平长度表示整个经济中第一种要素 L 的数量 $\bar{L}$，盒子的垂直高度表示第二种要素 K 的数量 $\bar{K}$，O_C 为第一个生产者 C 的原点，O_D 为第二个生产者 D 的原点。现从 O_C 水平向右测量生产者 C 对第一种要素的生产消费量 L_C，垂直向上测量它对第二种要素的生产消费量 K_C；从 O_D 水平向左测量生产者 D 对第一种要素 L 的生产消费量 L_D，垂直向下测量它对第二种要素 K 的生产消费量 K_D。

设盒中任意一点 a' 对应于生产者 C 的生产消费量 (L_C,K_C) 和生产者 D 的生产消费量 (L_D,K_D)，则有

$$L_C+L_D=\bar{L}$$
$$K_C+K_D=\bar{K}$$

换句话说，盒中任意一点确定了两种要素在两个生产者之间的所有可能的分配情况。

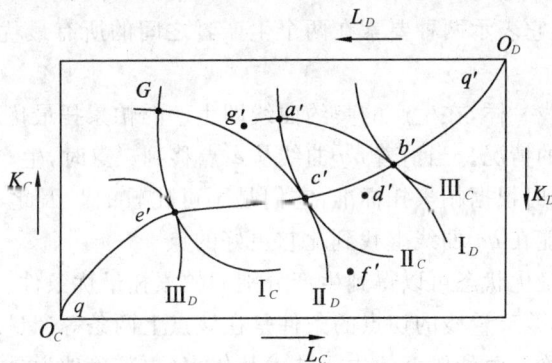

图 8-2　生产的帕累托最优

在埃奇沃斯盒全部可能的要素分配状态中，哪一些是帕累托最优状态呢？为此，在埃奇沃斯盒中加入每个生产者的生产函数的信息，即其等产量线。由于 O_C 是生产者 C 的原点，故 C 的等产量线如图 8-2 中 I_C，II_C 和 III_C 所示，其中 III_C 代表较高的产量水平，I_C 代表较低的产量水平。一般说来，等产量线从 O_C 点向右移动标志着生产者 C 的产量水平增加。另一方面，由于 O_D 是生产者 D 的原点，故 D 的等产量线如图 8-2 中 I_D，II_D 和 III_D 所示，其中 III_D 代表较高的产量水平，I_D 代表较低的产量水平。一般说来，等产量线从 O_D 点向左移

动标志着生产者 D 的产量水平增加。

现从埃奇沃斯盒中任选一点 a'。由于假定生产函数是连续的，故点 a' 必然处于生产者 C 和 D 的等产量线的交点或切点上。假定点 a' 是等产量线的交点（图 8-2 中点 a' 是等产量线 II_C 和 I_D 的交点）。此时点 a' 不可能是帕累托最优状态，这是因为通过改变该初始分配状态，例如从点 a' 变动到点 b'，生产者 C 的产量水平从等产量线 II_C 提高到 III_C，而生产者 D 的产量水平并未变化，仍然停留在等产量线 I_D 上。因此在点 a' 仍然存在帕累托改进的余地。此外，若从点 a' 变动到点 c'，生产者 C 的产量未提高，但生产者 D 的产量却提高了。如果让点 a' 变动到点 d'，此时生产者 C 和 D 的产量均会提高。由此得到结论：在生产的埃奇沃斯盒状图中的任意一点，如果它处于生产者 C 和 D 的两条等产量曲线的交点上，则它就不是帕累托最优状态。

另一方面，假定初始的要素分配状态处于两条等产量线的切点 c' 上，则此时不存在任何帕累托改进的余地，即它们均为帕累托最优状态。改变点 c' 状态有以下几种情形：向右上方移到生产者 C 较高的等产量线上，此时生产者 D 的产量会下降；向左下方移到生产者 D 较高的等产量线上，此时生产者 C 的产量水平会下降；第三种情况则是生产者 C 和 D 的产量水平都降低，例如从点 c' 移到点 g' 或点 f' 都属此种情况。由此可得结论：在生产的埃奇沃斯盒状图中的任意一点，如果它处于生产者 C 和 D 的两条等产量线的切点上，则它就是帕累托最优状态，并称之为生产的帕累托最优状态。

等产量线的切点并不是只有点 c' 一个，点 b' 和点 e' 等也都是等产量线的切点，从而它们也都是帕累托最优状态。所有等产量线的切点的轨迹构成曲线 qq'。qq' 曲线叫做生产的契约曲线（或效率曲线），它表示两种要素在两个生产者之间的所有最优分配（即帕累托最优）状态的集合。

与交换的契约曲线一样，在生产的契约曲线即生产的帕累托最优集合中，两个生产者的福利分配也具有不同的情况。当沿着 qq' 曲线从 e' 点移到 c' 点时，生产者 C 通过牺牲生产者 D 的利益而好起来，此时根据帕累托标准，它们是不可比较的。因此，只能认为对于任何不在曲线 qq' 上的点，总能在 qq' 曲线上找到比它更好的点。

从生产的帕累托最优状态可以得到生产分别的帕累托最优条件。生产的帕累托最优状态是等产量线的切点，等产量线的切点的条件是在该点上两条等产量线的斜率相等，而等产量线斜率的绝对值又称为两种要素的边际技术替代率（更准确地说是要素 L 代替要素 K 的边际技术替代率），因此，生产的帕累托最优状态的条件可以用边际技术替代率来表示：要使两种要素 L 和 K 在两个生产者 C 和 D 之间的分配达到帕累托最优状态，则对于这两个生产者来说，这两种要素的边际技术替代率必须相等。对于生产者 C 和 D，若 L 代替 K 的边际技术替代率分别用 $MRTS_{LK}^C$ 和 $MRTS_{LK}^D$ 来表示，则生产的帕累托最优状态条件的公式为

$$MRTS_{LK}^C = MRTS_{LK}^D$$

现举例加深对上式的理解。假定在初始的分配中，生产者 C 的边际技术替代率 $MRTS_{LK}^C$ 为 3，生产者 D 的边际技术替代率 $MRTS_{LK}^D$ 为 5。这意味着 C 愿意放弃 1 单位的 L

来交换不少于 3 单位的 K,因此,C 若能用 1 单位 L 交换到 3 单位以上的 K 就增进了自己的福利;另一方面,D 愿意放弃不多于 5 单位的 K 来交换 1 单位的 L,因此,D 若能以 5 单位以下的 K 交换到 1 单位的 L 就增进了自己的福利。由此可见,如果生产者 C 用 1 单位 L 交换 4 单位的 K,而生产者 D 用 4 单位 K 交换 1 单位 L,则他们两个人的福利都得到了提高。只要两个生产者的边际技术替代率不相等,这种重新分配(使某些生产者变好而不使其他生产者变坏)就总是可能的。

第五节　交换和生产的帕累托最优条件

一、问题和假定

前面分析了交换及生产分别的帕累托最优条件,现在将交换和生产进行综合以讨论交换和生产的帕累托最优条件。应当注意的是,交换和生产的帕累托最优条件并不是交换的最优条件与生产的最优条件的简单并列。

为了将交换和生产结合在一起,此处将前面所作的假定进行合并,即假定整个经济只包括两个消费者 A 和 B,它们在两种产品 X 和 Y 之间进行选择,以及整个经济只包括两个生产者 C 和 D,它们在两种要素 L 和 K 之间进行选择以生产两种产品 X 和 Y。为方便起见,这里假定 C 生产 X,D 生产 Y,并且假定消费者的效用函数即无差异曲线簇为既定不变,生产者的等产量线簇为既定不变。本节先从生产方面开始讨论,然后过渡到消费方面,最后推导出交换和生产的帕累托最优条件。

二、生产可能性曲线

1. 从生产契约曲线到生产可能性曲线

现在的生产问题是两个生产者 C 和 D 如何在两种要素 L 和 K 之间进行选择,以分别生产两种产品 X 和 Y。现利用生产的埃奇沃斯盒状图对其进行分析。在图 8-2 中,生产契约曲线 qq' 代表了所有生产的帕累托最优状态的集合。具体来说,生产契约曲线 qq' 上的每一点均表示两种投入在两个生产者之间的分配为最优,即表示最优投入。但生产契约曲线也提供了另一个有用的信息,即在该曲线上的任一点也表示一定量投入要素在最优配置时所能生产的一对最优的产出:曲线上的每一点均为两个生产者的等产量线的切点,故它同时处于两个生产者的等产量线上,从而代表两种产品的产量;此外,这两种产出是帕累托意义上的最优产出,即此时增加某一产出的数量,就不得不减少另一种产出的数量。

现以图 8-2 中生产契约曲线 qq' 上一点 c' 为例进行说明。点 c' 是两条等产量线 $Ⅱ_c$ 和

II_D的切点,如果II_C所表示的产出X的数量为X_1,II_D所表示的产出Y的数量为Y_1,则c'点表示最优产出量(X_1,Y_1)。同样地,对于生产契约曲线qq'上的另外一点e',假设其表示产出量为(X_2,Y_2)。遍取生产契约曲线qq'上的每一点,可得到相应的所有最优产出量。

现分析上述所有最优产出量集合的特点。图8-3为生产可能性曲线。在图8-3中,横轴表示最优产出量中X的数量,纵轴表示最优产出量中Y的数量。根据图8-2可以画出最优产出量的轨迹。例如,对于图8-2中生产契约曲线上的c'点,其最优产出量为(X_1,Y_1),该产出量在图8-3中就是图中的c''点。同样地,对于生产契约曲线上的e',其最优产出量为(X_2,Y_2),该产出量在图8-3中就是e''点。依此类推,将生产契约曲线上每一点均通过该方法"变换"到图8-3中便得到曲线PP'。曲线PP'通常称为生产可能性曲线(或产品转换曲线)。显然,生产可能性曲线PP'就是最优产出量集合的几何表示。

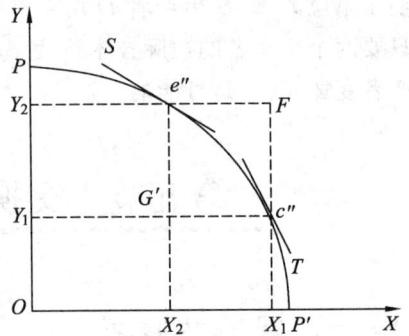

图 8-3 生产可能性曲线

2. 生产可能性曲线的特点

图8-3中的生产可能性曲线PP'具有两个特点:第一,它向右下方倾斜;第二,它向右上方凸出。现在分析生产可能性曲线的第一个特点。从生产契约曲线可知,当沿着生产可能性曲线运动时,一种产出的增加必然伴随着另一种产出的减少,即在最优产出量中两种最优产出的变化是相反的。例如,从点e''移到点c''时,X的产出增加了,但Y的产出却下降了。这种反方向变化说明两种最优产出之间存在一种"转换"关系,即可以通过减少某种产出的数量来增加另一种产出的数量,这也正是称生产可能性曲线为产品转换曲线的原因。如果产出X的变动量为ΔX,产出Y的变动量为ΔY,则其比率的绝对值$|\Delta Y/\Delta X|$可以衡量一单位X商品转换为Y商品的比率。该比率的极限则定义为X商品对Y商品的边际转换率MRT,即

$$MRT=\lim_{\Delta X \to 0}\left|\frac{\Delta Y}{\Delta X}\right|=\left|\frac{dY}{dX}\right|$$

换句话说,所谓产品的边际转换率就是生产可能性曲线的斜率的绝对值。

现在分析生产可能性曲线的第二个特点。如果借用产品的边际转换率的概念,则可将生产可能性曲线的第二个特点描述为:产品的边际转换率递增。例如,在图8-3中,当X的数量为X_2时,其相应的边际转换率等于生产可能性曲线上点e''的切线S的斜率的绝对值,而当X的数量增加到X_1时,其相应的边际转换率等于点c''的切线T的斜率的绝对值。显然,T的斜率绝对值大于S的斜率绝对值。因此,随着X产品数量的增加,X转换为Y的边际转换率也在增加。

为什么产品的边际转换率会递增呢?其原因在于要素的边际报酬递减。为方便起见,

146

这里将生产的埃奇沃斯盒形图中的两种生产要素 L 和 K "捆"在一起,将其作为一种要素处理,称之为 $(L+K)$ 要素,并假定该要素在产品 X 和 Y 上的边际报酬是递减的。为什么存在产品的边际转换率,或者为什么产品 X 可能转换成产品 Y?这是因为通过减少产量 X,可以"释放"出一部分要素 $(L+K)$,而释放出的该部分要素 $(L+K)$ 可以用来生产 Y。于是在点 c'' 上产品的边际转换率高于点 e'',可能有以下两个原因:第一,在点 c'' 减少一单位 X 所释放出来的要素 $(L+K)$ 比在点 e'' 上同样减少一单位 X 所释放的要素多;第二,在点 c'' 上释放的每一单位 $(L+K)$ 所生产的产量 Y 比在点 e'' 上释放的每一单位要素生产的 Y 多。如果要素 $(L+K)$ 的边际生产力递减,则上述两个原因都将存在。对应于点 c'' 的是较多的 X 和较少的 Y,对应于点 e'' 的则正好是较多的 Y 和较少的 X。因此,要素 $(L+K)$ 在点 c'' 上生产 X 的边际生产力要小于在点 e'' 上的情况,即与点 e'' 相比,在点 c'' 上生产一单位 X 须用更多的要素 $(L+K)$,这意味着在点 c'' 上减少一单位 X 生产释放的投入要素 $(L+K)$ 较多;另一方面,要素 $(L+K)$ 在点 c'' 上生产 Y 的边际生产力要大于点 e'' 上的情况,即与点 e'' 相比,在点 c'' 上每一单位要素 $(L+K)$ 生产的产出 Y 更多。由此可见,由于要素 $(L+K)$ 的边际生产力递减,在较高的 X 产出水平从而较低的 Y 产出水平上,一方面减少一单位 X 所释放的要素较多,另一方面所释放的每一要素生产 Y 的边际生产力也较高,故 X 产品替换 Y 产品的边际转换率也较高。

上述推理分析可以用符号进行简单推导,首先将产品边际转换率公式变为

$$MRT = \left| \frac{\mathrm{d}y}{\mathrm{d}x} \right| = \left| \frac{\mathrm{d}y}{\mathrm{d}(L+K)} \cdot \frac{\mathrm{d}(L+K)}{\mathrm{d}x} \right| = \left| \frac{\dfrac{\mathrm{d}y}{\mathrm{d}(L+K)}}{\dfrac{\mathrm{d}x}{\mathrm{d}(L+K)}} \right|$$

式中 $(L+K)$ 为单独一种要素; $\mathrm{d}y/\mathrm{d}(L+K)$ 和 $\mathrm{d}x/\mathrm{d}(L+K)$ 分别为要素 $(L+K)$ 生产 Y 和 X 的边际生产力。随着产出 X 的增加,产出 Y 在减少, $\mathrm{d}x/\mathrm{d}(L+K)$ 在减少,而 $\mathrm{d}y/\mathrm{d}(L+K)$ 在增加,从而有

$$\left| \frac{\mathrm{d}y}{\mathrm{d}x} \right| = \left| \frac{\mathrm{d}y}{\mathrm{d}(L+K)} \cdot \frac{\mathrm{d}(L+K)}{\mathrm{d}x} \right|$$

即产品的边际转换率 MRT 增加。这就证明了边际转换率递增,从而生产可能性曲线凸向右上方的特点。

3. 生产不可能性区域和生产无效率区域

图 8-3 中的生产可能性曲线 PP' 将整个产品空间分为三个互不相交的组成部分:曲线 PP' 本身、曲线 PP' 右上方区域和曲线 PP' 左下方区域。生产可能性曲线上的每一点均表示在现有资源 $(\bar{L}, \bar{K})$ 和技术条件下整个经济所能达到的最大产出组合,故在生产可能性曲线右上方的区域实际上是在目前条件下所不能达到的区域,即在现有资源和技术条件下,不可能生产出如点 $F(X_1, Y_2)$ 那样的产出组合。因此,曲线 PP' 右上方区域是所谓的"生产不可能性区域"。另一方面,在生产可能性曲线 PP' 左下方的区域则是"生产无效率区域",也就是说,如果经济处于该区域中,则其还没有达到可能有的最大产出。例如,对于生产可能

性曲线左下方一点 G'，其所对应的产量为 X_2 和 Y_1。由于在生产的埃奇沃斯盒状图 8-2 中，X_2 的产出由等产量线 I_C 表示，Y_1 的产出由等产量线 II_D 表示，故图 8-3 中的点 G' 为等产量线 I_C 和 II_D 的交点，即图 8-2 中的点 G。点 G 不是等产量线的切点，且不在生产契约曲线上，故它不是生产的帕累托最优状态，其投入要素的配置也不是最优的，从而它所代表的产出量也不是最优的。通过重新配置投入要素，例如使图 8-2 中 G 点沿等产量线 I_C 移到点 e'，此时产出 X 没有变化，但产出 Y 增加到等产量线 III_D 所代表的较高水平。在图 8-3 中，这相当于点 G' 向上垂直移动到点 e''。如果图 8-2 中点 G 沿等产量线 I_C 和 II_D 任一路线移到点 e' 和 c' 之间的生产契约曲线上，那么这相当于在图 8-3 中使 G' 沿任一路线移动到点 e'' 和 c'' 之间的生产可能性曲线上。如果允许缺乏效率的"浪费性"生产，即将生产可能性曲线左下方区域也作为可行的生产范围，则全部可行生产范围就是闭区域 $OPP'O$（包括边界在内）。此时可以给出生产可能性曲线的另一个解释，即它是生产可能性区域的"边界"，或简称为生产可能性边界。

4. 生产可能性曲线的变动

生产可能性曲线位置的高低取决于投入要素的数量和技术状况。生产可能性曲线上任意一点表示在既定要素数量和技术状况条件下所可能生产的最大产出组合。如果要素数量或者技术状况发生了变化，则可能生产的最大产出组合就会发生变化，从而生产可能性曲线的位置就会发生变化，如图 8-4 所示。

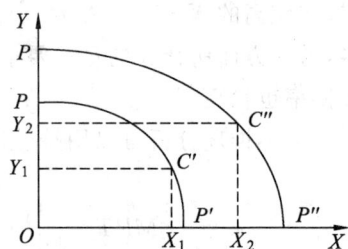

假定初始的资源数量和技术状况所确定的生产可能性曲线为 PP'，PP' 上任意一点均表示在既定条件下经济

图 8-4　生产可能性曲线的变动

所可能生产的最大产出组合。现考虑 PP' 上的点 C'。与 C' 对应的产出组合 (X_1, Y_1) 就是所有可能的最大产出组合中的一种。假定资源数量增加，则在 X 和 Y 的生产上均增加更多的资源，于是 X 和 Y 的最大产量均会增加。假定增加的资源数量以某种方式分配到 X 和 Y 这两种生产上，使得 X 和 Y 的最大产出组合增加到 (X_2, Y_2)。于是原来条件下得到的生产可能性曲线 PP' 上的点 C' 在新的资源数量增加条件下移到了点 $C''(X_2, Y_2)$。同样地，如果技术进步，则也会产生如此效果。实际上，资源数量增加和技术进步，不仅使 C' 点向右上方移动，而且也使原生产可能性曲线上的其他点亦向右上方移动。这意味着由于资源数量增加和技术进步，生产可能性曲线本身开始向右上方移动。

三、生产和交换的帕累托最优条件

在详细讨论生产可能性曲线的情况后，现在研究如何利用该曲线将生产和交换两个方面综合在一起，从而得到生产和交换的帕累托最优条件。在图 8-5 中的生产可能性曲线上任选一点，例如 B 点，由生产可能性曲线的性质可知，B 点是生产契约曲线上的一点，故满

足生产的帕累托最优条件。此外，B 点表示一对产出的最优
组合，即生产和交换的最优中的 $(\bar{X}, \bar{Y})$。如果从 B 点出发分
别引一条垂直线到 $\bar{X}$ 和一条水平线到 $\bar{Y}$，则得到一个矩形
$A\bar{Y}B\bar{X}$。该矩形恰好与前面介绍的交换的埃奇沃斯盒状图相
同：它的水平长度和垂直高度分别表示两种产出的给定数量
$\bar{X}$ 和 $\bar{Y}$。如果设点 A 和 B 分别为消费者 A 和 B 的原点，则该
矩形中任意一点也表示既定产出 $\bar{X}$ 和 $\bar{Y}$ 在两个消费者之间
的一种分配。

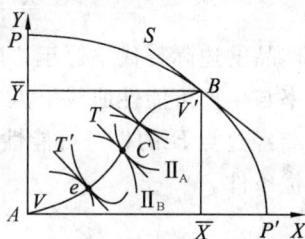

图 8-5　生产和交换的最优

埃奇沃斯盒状图 $A\bar{Y}B\bar{X}$ 中的交换契约曲线为 VV'，VV' 上任意一点均为交换的帕累托
最优状态。因此，给定生产契约曲线上的一点，即给定一个生产的帕累托最优状态，则一条
交换的契约曲线即有无穷多个交换的帕累托最优状态与之对应。在无穷多个交换的帕累托
最优状态之中任意一个（例如点 C）都表示交换在单独时已经处于最优状态，但并不一定表
示在与生产联合时亦达到了最优状态。下面利用产品的边际转换率和边际替代率这两个概
念来进行说明。

在图 8-5 中，生产可能性曲线上 B 点的切线 S 的斜率绝对值为产品 X 在该点上转换为
产品 Y 的边际转换率 MRT，交换契约曲线上 C 点是无差异曲线 II_A 和 II_B 的切点。II_A 和
II_B 的共同切线 T 的斜率绝对值是产品 X 在该点上替代产品 Y 的边际替代率 MRS。切线
S 和 T 可能平行，也可能不平行，即产品的边际转换率与边际替代率可能相等，也可能不相
等。如果边际转换率与边际替代率不相等，则可以证明这时并未达到生产和交换的帕累托
最优状态。例如，假定产品的边际转换率为 2，边际替代率为 1，即边际转换率大于边际替代
率。边际转换率等于 2 意味着生产者通过减少 1 单位 X 的生产可以增加 2 单位的 Y；边际
替代率等于 1 意味着消费者愿意通过减少 1 单位 X 的消费来增加 1 单位 Y 的消费。在这
种情况下，如果生产者少生产 1 单位 X，即少给消费者 1 单位 X，但却能多生产出 2 单位的
Y。从多增加的 2 单位 Y 中取出 1 单位给消费者即可维持消费者的满足程度不变，从而多
余的 1 单位 Y 就代表了社会福利的净增加。这说明如果产品的边际转换率大于边际替代
率，则仍然存在帕累托改进的余地，即仍未达到生产和交换的帕累托最优状态。

同样可以分析产品的边际转换率小于边际替代率的情况。例如，假定产品的边际转换
率为 1，边际替代率为 2。此时如果生产者减少 1 单位 Y 的生产，即少给消费者 1 单位 Y，但
却能多生产出 1 单位的 X。从多增加的 1 单位 X 中取出半个单位 X 给消费者即可维持消
费者的满足程度不变，从而多余的半个单位 X 就代表了社会福利的净增加。这说明如果产
品的边际转换率小于边际替代率，则仍然存在帕累托改进的余地，即仍然未达到生产和交换
的帕累托最优状态。

给定生产可能性曲线上的一点 B 以及与 B 相应的交换契约曲线上一点 C，只要 B 点的
产品的边际转换率不等于 C 点的产品边际替代率，则点 C 就仅表示交换的帕累托最优状
态，而非生产和交换的帕累托最优状态。由此即得生产和交换的帕累托最优条件

$$MRS_{XY} = MRT_{XY}$$

即产品的边际替代率等于边际转换率。例如,在图 8-5 中的交换契约曲线上点 e 的边际替代率与生产可能性曲线上点 B 的边际转换率相等,这是因为经过点 e 的无差异曲线的切线 T' 与经过点 B 的生产可能性曲线的切线 S 恰好平行。因此,点 e 满足生产和交换的帕累托最优条件。

第六节　社会福利函数

一、效用可能性曲线

完全竞争经济在一定的假定条件下可以达到帕累托最优状态,即能满足帕累托最优的三个条件。但是,帕累托最优的三个条件并不是对资源最优配置的完整描述,因为它没有考虑收入分配问题。实际上存在无穷多个同时满足三个帕累托最优条件的经济状态,其中甚至可以包括收入分配的极端不平等情况。

在图 8-5 中,生产可能性曲线 PP' 上任意一点均表示生产的帕累托最优状态,例如在曲线 PP' 上任给一点 B,即相当于给定了一对最优产出组合如 $(\bar{X}, \bar{Y})$。以该产出组合可构造一个消费的埃奇沃斯盒状图并得到一条交换的契约曲线 VV'。曲线 VV' 上任意一点均表示交换的帕累托最优状态,对于曲线 VV' 上的点 e,在该点上两条相切的无差异曲线的共同斜率恰好等于生产可能性曲线上点 B 的斜率,从而 e 点也满足生产和交换的帕累托最优状态。由此可知,按上述方法得到的点同时满足三个帕累托最优状态条件。

点 e 是两条无差异曲线的切点,而这两条相切的无差异曲线分别代表两个消费者 A 和 B 的两个效用水平。如果用 U_A^e 和 U_B^e 分别表示消费者 A 和 B 在 e 点的效用水平,则 e 点实际上对应着一对效用水平的组合 $(U_A^e$ 和 $U_B^e)$。由于点 e 满足所有三个帕累托最优条件,故它所对应的一对效用水平组合 (U_A^e, U_B^e) 可以看成是"最优"效用水平组合。

如果在生产可能性曲线 PP' 上另选一点 B',则可以得到一点 e' 使其满足帕累托最优的三个条件,再由 e' 得到一对最优效用水平组合 $(U_A^{e'}, U_B^{e'})$,因此就在生产可能性曲线和最优效用水平组合之间建立了一种对应关系。给定生产可能性曲线上一点,即可得到一对最优效用水平组合。显而易见,生产可能性曲线上的点有无穷多个,故同时满足三个帕累托最优条件的最优效用组合也有无穷多个,那么在这所有的最优效用水平组合间的关系如何呢?

在满足全部帕累托最优条件的情况下,消费者 A 的效用水平与消费者 B 的效用水平的变化方向必定正好相反。要提高某个消费者的效用水平,就必须降低另一个消费者的效用水平,否则总可以通过某种重新安排使某个消费者的状况变好而不使其他消费者的状况变坏。换句话说,在这种情况下还存在帕累托改进的余地,这表明并非所有帕累托最优条件均被满足。

在最优效用水平组合中两个消费者的效用水平反方向变化，故它们之间的关系可以用图 8-6 中向右下方倾斜的一条曲线 UU' 来表示。图 8-6 中横轴 U_A 代表消费者 A 的效用水平,纵轴 U_B 代表消费者 B 的效用水平。曲线 UU' 为效用可能性曲线,它代表消费者所有最优效用水平组合的集合,即当一个消费者的效用水平给定后,另一个消费者所可能达到的最大效用水平。例如,在图 8-6 中给定消费者 A 的效用水平为 U_A^e,则消费者 B 的效用水平为 U_B^e,其组合由点 e 表示。值得注意的是,除了效用可能性曲线向右下方倾斜这一性质之外,无法知道它更多的其他性质,例如它的位置及凹凸性等。效用水平的高低是一个序数概念,而不能用基数来测量,故用来表示效用水平的数值是"随意"的——只要用较大的数字代表较大的效用即可。这意味着在图 8-6 中,效用可能性曲线 UU' 的位置和凹凸性都是"随意"的。

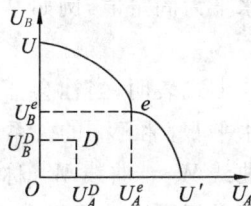

图 8-6　效用可能性曲线

与生产可能性曲线的情况相仿,效用可能性曲线 UU' 也将整个效用空间划分为三个互不相交的组成部分。UU' 的右上方区域是既定资源和技术条件下所无法达到的,故可以看成是"效用不可能"区域;UU' 的左下方区域则是"无效率"区域,即在既定的资源和技术条件下,经济没有达到它可能达到的最优效用水平组合。例如,在"无效率"区域的 D 点代表效用水平组合 (U_A^D, U_B^D),此时它显然缺乏效率。如果能够重新配置资源,就可使经济从点 D 移到效用可能性曲线上的点 e,从而使两个消费者的效用水平均得到提高。"无效率"点存在的原因或者由于交换的无效率,或者由于生产的无效率,或者由于生产和交换的无效率,即三个帕累托最优条件中有一个、两个或三个未得到满足。

如果将所有的无效率点也看成是可能的经济状态,则所有可能的效用水平的集合就是封闭的区域 $OUU'O$（包括边界）。由此可以得到效用可能性曲线的另一个解释,即它是效用可能性区域的"边界",故也称为效用可能性边界。福利经济学的目的就是在效用可能性区域中寻找一点或一些点,使其社会福利达最大。从帕累托最优条件仅仅看出,社会福利必须在该效用可能性区域的边界即效用可能性曲线上达到,但并不知道究竟在效用可能性曲线上的哪一点或哪些点上达到。

二、社会福利函数

为了解决上述问题,必须知道效用可能性曲线上每一点所代表的社会福利的相对大小,或者更一般地说,必须知道效用可能性区域或整个效用空间中每一点所代表的社会福利的相对大小,这就是所谓的社会福利函数。社会福利函数是社会所有个人的效用水平的函数。因此,在两人社会中社会福利函数 W 可以写成

$$W = W(U_A, U_B)$$

通过上式,由一个效用水平组合 (U_A, U_B) 就可以求得一个社会福利水平。如果社会福

利水平为固定值,例如 $W=W_1$,则社会福利函数变为

$$W_1=W(U_A,U_B)$$

上式表明,当社会福利水平为 W_1 时,两个消费者之间的效用水平 U_A 和 U_B 的关系。两者之间关系的几何表示就是图 8-7 中曲线 W_1。曲线 W_1 称为社会无差异曲线,在该曲线上不同的点表示不同的效用组合,但其所表示的社会福利却是一样的,故从社会角度来看,这些点均是"无差异的"。同样地,如果令社会福利水平为 W_2 和 W_3,亦可以得到相应的社会无差异曲线 W_2 和 W_3。通常假定这些社会无差异曲线与单个消费者的无差异曲线一样,都是向右下方倾斜且凸向原点,并且较高位的社会无差异曲线代表较高的社会福利水平。

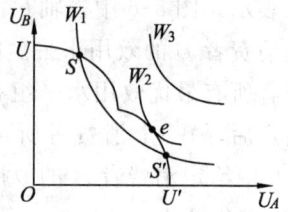

图 8-7　最大社会福利

通过社会福利函数即社会无差异曲线并结合效用可能性曲线 UU' 即可决定最大的社会福利,如图 8-7 所示。最大社会福利显然在效用可能性曲线 UU' 与社会无差异曲线 W_2 的切点 e 上达到,这一点叫做"限制条件下的最大满足点",这是能产生最大社会福利的生产和交换的唯一点。之所以称为限制条件下的最大满足点,是因为它不容许为任何其他可能值,即不能任意选择,而要受到既定的生产资源、生产技术条件等的限制。UU' 曲线和社会无差异曲线 W_1 交于 S 和 S' 点,这两点所代表的社会福利都低于 W_2,因而不是最大社会福利;W_3 是比 W_2 更高的社会无差异曲线,因而它代表更大的社会福利,但这种更大的社会福利超出了效用可能性曲线,即超出了现有条件下所能够达到的最大水平。

如果确实存在上述所谓的社会福利函数,则可在无穷多的帕累托最优状态中进一步确定那些使社会福利最大化的状态,此时资源配置问题便可以彻底解决了。假定在图 8-7 中,社会福利在 e 点达到最大,此时 e 点同时满足三个帕累托最优条件,即它对应于图 8-5 中的 e 点。图 8-5 中的 e 点一方面表明既定产出在两个消费者之间的最优分配状况,即消费者 A 消费 X_A,Y_A 量的产品,消费者 B 消费 X_B,Y_B 量的产品;另一方面它又与生产可能性曲线 PP' 上的点 B 相应,从而与生产的埃奇沃斯盒状图 8-2 中生产契约曲线上一点 b' 相应。b' 点表明既定投入要素在两个生产者之间的最优分配状况,即生产者 C 消费 L_c,K_c 量的要素,生产者 D 消费 L_D,K_D 量的要素。假定整个经济可得的要素总量为 $\overline{L}$ 和 $\overline{K}$,则按以下方法配置资源即可使整个社会福利达到最大:将要素总量在 C 和 D 两个生产者之间进行分配,使 C 得到 L_c,K_c,D 得到 L_D,K_D,从而生产出产品 $\overline{X}$,$\overline{Y}$;再将产品产量在 A 和 B 两个消费者之间进行分配,使 A 得到 X_A,Y_A,使 B 得到 X_B,Y_B。

由此可见,彻底解决资源配置问题的关键在于社会福利函数。社会福利函数究竟存不存在呢?换句话说,能不能从不同个人的偏好当中合理地形成所谓的社会偏好呢?遗憾的是,阿罗于 1951 年在相当宽松的条件下证明了这是不可能的,这就是有名的"不可能性定理"。

三、不可能性定理

阿罗认为,所谓社会福利函数就是在已知社会所有成员的个人偏好次序的情况下,通过一定的程序把各种各样的个人偏好次序归结为单一的社会偏好次序。这是否总能做到呢?阿罗用较高深的数学证明,在能被一般人接受的条件下是不可能做到的。现举例对其进行说明。假设在一个社会中有 3 个人,分别用 1,2 和 3 表示,这 3 个人在 3 种社会状态 a,b 和 c 之间进行选择。在这里假定每一个人在各种社会状态上的偏好都是严格的,即没有人在任意两个状态之间感到无差异。每个人的偏好都具有"传递性",即若某人偏好 a 甚于 b,偏好 b 又甚于 c,则其偏好 a 必然甚于 c。将某个人的某个特定的偏好次序记为 $(a,b,c)_i, i = 1,2,3$,它表示第 i 个人偏好 a 甚于 b、偏好 b 又甚于 c,这意味着下述 3 个成对的偏好次序,即 $(a,b)_i, (a,c)_i, (b,c)_i$;又将一个特定的社会偏好次序表示为 $[a,b,c]$,它意味着社会偏好 a 甚于 b,偏好 b 又甚于 c,即包括 3 个成对的社会偏好次序,即 $(a,b), (a,c), (b,c)$。现在假定单个人的偏好次序分别为 $(a,b,c)_1, (b,c,a)_2, (c,a,b)_3$,并按照这些偏好对每一对可能的社会状态进行投票。社会的偏好次序可按"大多数规则"从这些单个人投票中得出。

首先对 a 和 b 两种社会状态进行投票。

根据上面假定的单个人偏好次序,投票结果应为

$$(a,b)_1, (b,a)_2, (a,b)_3$$

于是按大多数规则,社会的偏好次序就是 $[a,b]$。

其次考虑社会状态 b 和 c,则有

$$(b,c)_1, (b,c)_2, (c,b)_3$$

社会的偏好次序就是 $[b,c]$。

最后考虑社会状态 a 和 c,个人的偏好次序为

$$(a,c)_1, (c,a)_2, (c,a)_3$$

社会偏好次序就是 $[c,a]$。

于是,整个投票结果为:社会偏好 a 甚于 b、偏好 b 甚于 c、偏好 c 甚于 a。显然,这种所谓的"社会偏好次序"包含内在的矛盾,因为它缺乏次序的基本要求即"传递性"。如果它具有"传递性",那么当社会偏好 a 甚于 b、偏好 b 甚于 c 时,就应有偏好 a 甚于 c。因此,在上述给定的具有"传递性"的单个人偏好类型中,按照投票的大多数规则不能得出合理的社会偏好次序,即此时不存在社会福利函数。

对于某一种特定的个人偏好类型,如相互冲突的 $(a,b,c)_1, (b,c,a)_2, (c,a,b)_3$,投票的大多数规则不能形成社会的偏好次序。这并不是说在任何情况下都不能从个人偏好次序形成社会偏好次序。恰好相反,如果重新给定个人的偏好类型,或者改变大多数规则,则完全可能形成社会的偏好次序。例如,如果用"独裁"规则代替大多数规则,则独裁者的个人偏好就成为"社会"的偏好;又如,如果用完全一致的个人偏好类型代替上述相互冲突的类型,即

$$(a,b,c)_1,(a,b,c)_2,(a,b,c)_3$$

则按照大多数规则亦可形成确定的社会偏好次序$[a,b,c]$。

但上述两种情况存在很大局限性。"独裁"规则可以从任何的个人偏好类型中形成"社会"的偏好次序,但这样形成的"社会"偏好次序并不能真正地反映社会的偏好;此外,假定个人偏好类型完全一致也是完全不现实的。社会福利函数应当适用于所有类型的个人偏好情况,而不应仅仅适用于完全一致的情况。但就一般情况而言,阿罗不可能性定理依然成立:在非独裁的情况下,不可能存在适用于所有个人偏好类型的社会福利函数。

【案例】

1998 年诺贝尔经济学奖得主阿玛蒂亚·K·森(Sen Amartya K)认为,传统的"理性经济人"完全是一个"理性的傻子"。

根据传统的理性人假设,如果某人选择了行为 X 而拒绝了行为 Y,那么这就意味着他认为在行为 X 时比在行为 Y 时有更好的个人收益。这种假设仅仅根据结果来判断行为,用行为的评价取代对决策规则的评价,而且对于结果行为的评价也仅仅基于个人利益的角度,其他所有的因素至多是一个手段和中间因素。因此,这一假设实际上认为每个人都对应一个唯一的个人排序,每个人的行为都是根据这个排序而选择的。

森认为"这种单纯的经济人实际上近乎是一个社会傻子,经济理论一直充斥着这种理性的傻子,他们被装扮在单一的、能够适用于所有情况的偏好排序的光环里",而真正的个人选择和个人行为的合理假设应该是每个人的排序不是单向的、唯一的,而是具有多层次的、附加了超排序(meta-ranking)的假设。这些超排序用来表示人们的道德伦理判断。

比如我们知道,多锻炼对自己的身体健康有好处,但是我们往往却不多锻炼,我们经常这样想,要是我能多锻炼多啊!这说明个人的行为与个人的内在的决策规则是差别的,我们不能根据人们的行为而理所当然地推测他们这么做一定是因为他可以获得更高的福利。因此,每个人的排序不是唯一的。

——摘自姚明霞,福利经济学,经济日报出版社,2005

【本章小结】

1.一般均衡分析是把所有相互联系的各个市场看成一个整体。在一般均衡分析中,每一商品的需求和供给不仅取决于该商品的价格,而且也取决于所有其他商品的价格。当整个经济体系恰好使所有商品的供求都相等时,市场就达到了一般均衡。

2.帕累托最优状态的标准是:如果至少有一个人认为 A 优于 B,而没有人认为 A 劣于 B,则从社会的观点看,亦有 A 优于 B。以帕累托最优状态标准衡量为"好"的状态改变称为帕累托改进。

3.帕累托最优状态要满足 3 个条件:交换的最优条件、生产的最优条件、交换和生产的最优条件。

4. 社会福利函数是社会上所有个人的效用水平的函数。阿罗不可能性定理说明,在非独裁的情况下,不可能存在适用于所有个人偏好类型的社会福利函数。

【重要名词和术语】

一般均衡　　帕累托最优

【复习思考题】

1. 什么是帕累托最优? 满足帕累托最优需要什么条件?

2. 为什么说交换的最优条件加生产的最优条件不等于交换和生产的最优条件?

3. 如果对于消费者甲来说,以商品 X 替代商品 Y 的边际替代率等于 3;对于消费者乙来说,以商品 X 替代商品 Y 的边际替代率等于 2,那将可能发生什么情况?

4. 阿罗不可能性定理说明了什么问题?

5. 假如整个经济原来处于一般均衡状态,如果现在由于某种原因使商品 X 的市场供给增加,试考察:

(1) 在 X 商品市场中,其替代市场和互补市场会有什么变化?

(2) 在生产要素市场上会有什么变化?

(3) 收入的分配会有什么变化?

第九章

微观经济政策

【本章要点】

　　本章介绍因垄断、外部性、不完全信息等因素以致市场机制无法达到最优的配置时市场失灵的情形。

　　前述各章的西方微观经济学的主旨在于论证所谓"看不见的手"的原理,即完全竞争市场经济在一系列理想化假定条件下,可以导致整个经济达到一般均衡,资源配置达到帕累托最优状态。但是,这个原理并不真正适用于现实的资本主义经济。完全竞争市场及其他一系列理想化假定条件并不是现实资本主义经济的真实写照,因此西方学者认为,在现实资本主义经济中,"看不见的手"的原理一般来说并不成立,帕累托最优状态通常不能得到实现。换句话说,现实的资本主义市场机制在很多场合不能导致资源的有效配置,这种情况被称为"市场失灵"。

　　本章将分别论述市场失灵的几种情况,即垄断、外部影响、公共物品、不完全信息以及相应的微观经济政策。

第一节　垄断和反垄断政策

一、垄断与效率损失

　　对于经济生活中垄断的利弊得失,人们虽然具有不同的看法,但有些看法其实是可以统一的,那就是有些行业(尤其是自然垄断行业)实行垄断经营是必要的,有些行业(主要是竞争性产品生产行业)实行垄断是弊大于利,其弊病通常被认为会降低效率。其原因有以下几点:

　　第一,与竞争性厂商相比,垄断厂商的产量低而价格高,因为垄断厂商可通过限制产量以抬高价格的方式向消费者榨取高额垄断利润。垄断厂商按边际成本等于边际收益原则定价时,价格提高了,产量降低了,消费者福利因此受到了损失。

第二,在竞争市场上,厂商只能通过改进技术和管理以降低成本、提高产品质量来获取尽可能多的利润,而垄断厂商却可以依仗垄断地位稳获高额利润,从而会使改进技术和管理的动力大大下降。

第三,在一些国家,垄断权力的取得往往靠政府有关部门赋权,因此,一些垄断厂商为维持自己的垄断地位,常常会用贿赂或变相贿赂方式把垄断高额利润的一部分塞进有关行政部门尤其领导人的腰包。这种所谓寻租行为不仅破坏了公平竞争,干扰了市场秩序,还使许多经济资源浪费在非生产性活动上。所有这些都是垄断损失效率的表现。为了保护竞争,提高效率,减少垄断的危害和损失,一些国家实行了反垄断政策。

二、反托拉斯法

19 世纪末和 20 世纪初,美国企业界出现了第一次大兼并。正如列宁在《帝国主义论》中所指出的那样,其结果形成了一大批经济实力雄厚的大企业。这些大企业被叫做"垄断"厂商或托拉斯。这里的"垄断"不只局限于指一个企业控制一个行业的全部供给的"纯粹"情况,而且包括几个大企业控制一个行业的大部分供给的情况。按照这一定义,美国的汽车工业、钢铁工业、化学工业等都属于垄断市场。垄断的形成和发展深刻地影响美国社会各个阶级和阶层的利益。

从 1890 年到 1950 年,美国国会通过一系列法案反对垄断,其中包括谢尔曼法(1890年)、克莱顿法(1914 年)、联邦贸易委员会法(1914 年)、罗宾逊-帕特曼法(1936 年)、惠特-李法(1938 年)和塞勒-凯弗维尔法(1950 年),统称反托拉斯法。在其他西方国家中也先后出现了类似的法律规定。

美国的这些反托拉斯法规定,限制贸易的协议或共谋、垄断或企图垄断市场、兼并、排他性规定、价格歧视、不正当的竞争或欺诈行为等都是非法的。例如,谢尔曼法规定任何以托拉斯或其他形式进行的兼并或共谋,任何限制州际或国际的贸易或商业活动的合同,均属非法;任何人垄断或企图垄断,或同其他人或多人联合或共谋垄断州际或国际的一部分商业和贸易的,均应认罪。违法者要受到罚款和(或)判刑。克莱顿法修正和加强了谢尔曼法,该法禁止不公平竞争,宣布导致削弱竞争或造成垄断的不正当做法为非法,这些不正当的做法包括价格歧视、排他性或限制性契约、公司相互持有股票和董事会成员任命。联邦贸易委员会法规定,建立联邦贸易委员会作为独立的管理机构,授权防止不公平竞争以及商业欺骗行为,包括禁止虚假广告和商标等。罗宾逊-帕特曼法宣布卖主为消除竞争而实行的各种形式的不公平的价格歧视为非法,以保护独立的零售商和批发商。惠特-李法修正和补充了联邦贸易委员会法,宣布损害消费者利益的不公平交易为非法,以保护消费者。塞勒-凯弗维尔法补充了谢尔曼法,宣布任何公司购买竞争者的股票或资产从而实质上减少竞争或企图造成垄断的做法为非法。此外,塞勒-凯弗维尔法还禁止一切形式的兼并,包括横向兼并、纵向兼并和混合兼并。这类兼并是指大公司之间的兼并和大公司对小公司的兼并,而不包括小公司之间的兼并。

美国反托拉斯法的执行机构是联邦贸易委员会和司法部反托拉斯局,前者主要反对不正当的贸易行为,后者主要反对垄断活动。对于犯法者,可以由法院提出警告、罚款、改组公司直至判刑。

三、对自然垄断的管制

上述反托拉斯政策所反对的一般是由商标、专利、垄断原料来源等原因造成的垄断,这种垄断是抑制竞争的、反社会的、弊大于利的。现实生活中还存在着另一类垄断,如铁路、航空、邮电、煤气、供电等部门的经营也常常是由一个公司从事的垄断性经营,这种垄断是由技术条件和需求条件共同作用而形成的市场结构。对于垄断性经营部门来说,技术上都要求具备大规模生产才有效率,需求具备所有消费者共同使用的性质,因此由一家公司来经营最为经济合理。试想,如在同一城市或同一地区有两家电厂或水厂供电或供水,相邻两户居民分别由不同电厂或水厂来供电或供水,那么势必安装两套线路和管道,这岂非极大浪费?可见,这种垄断是由技术条件和需求条件共同作用而形成的,故称为自然垄断。自然垄断不属于反托拉斯范围,但需要政府管理,其中最重要的问题之一是对收费标准的管理。对电、煤气、水、邮电等公用事业如何收费才是合理的?一般来说,政府的公用事业管理机构应当将价格确定在能补偿平均成本的水平,如图 9-1 所示。

在图 9-1 中,AR 是需求曲线,MR 是边际收益曲线,MC 是边际成本曲线,AC 是平均成本曲线。自然垄断厂商产品的平均成本和边际成本会随产量增加而下降,且边际成本总低于平均成本(只有边际成本低于平均成本时,平均成本才下降),因此,如果允许垄断厂商自行定价,垄断厂商会将价格和产量定在 P_3 和 Q_3 的水平上,显然这是定价高而产量低的决策。假定公用事业管理者按价格等于边际成本的原则定价,则费率应定在 P_1 上,产量定在 Q_1 上,这似乎是符合经济效益标准的,因为它做到了资源的最佳利用,

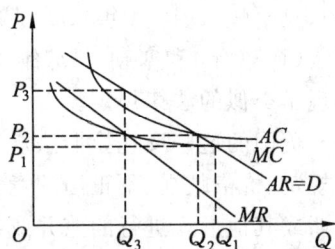

图 9-1 一个受管制的自然垄断厂商的费率调整

但该企业连正常的投资报酬也赚不到,因为正常利润是包含在平均成本之中的,而现在的价格 P_1 低于平均成本,在这种情况下要使该公用事业继续经营下去,只能由政府对公用事业进行补贴,但补贴费用只能来自税收,这就形成了纳税人向此公用事业的消费者转移收入。

为了使公用事业不亏本,管理者的做法通常是根据平均成本定价,即把价格定于 P_2,产量定于 Q_2,但这又将提高价格,缩小产量。为了既不限制产量,又尽可能做到不亏本,公用事业管理机构往往实行差别定价办法,即根据不同销售量,收取不同费用。例如,在高峰时期用电,收费标准高些,其他时期则收费低些,这样做一方面调节供求,另一方面用高价以弥补低价给该事业经营带来的损失;再如,在电力充裕时可对第一单元用电收费低些,超过此

单元收费高些,低价不能补偿平均成本的损失,可由高价来补偿。

按平均成本定价看来是对自然垄断管制的一个较好的办法,然而它同样会产生问题,即由于按平均成本定价,厂商因此失去了为降低成本而进行创新的动力,甚至有可能过多使用设备和人力而形成浪费。一些国家曾一度采用将自然垄断行业国有化的办法来对该类行业直接加以控制,但事实证明国有化企业往往经营效率较低。于是有些国家后来又放弃国有化做法,仍让私人企业进行经营,同时对其加强管理,尤其是定价管理。

第二节　外部影响

一、外部影响

所谓外部影响或外部性(externality)是指生产者或消费者在自己的活动中产生了一种有利影响或不利影响,这种有利影响带来的利益或有害影响带来的损失都不是消费者和生产者本人所获得或承担的。例如,一个养蜂场使邻近的果园丰收增多了,丰收的苹果园主并不是养蜂人,这就是所谓的积极的外部影响(positive externality)。积极的外部影响的例子很多,例如种花人的庭院使周围邻居都享受到芳香和美丽;美味餐馆传出的香味也使过路人感到舒服;科学家的发明为全人类造福;人们接种防疫苗不仅避免了传染病,也减少了他人疾病传染的可能性;一个大戏院的建立也给周围饮食店带来了生意。这些都是一个经济主体活动给他人带来利益,而自己并没有获得这种利益。也就是说,这种利益不属于从事活动的本人而属于别人,因而不构成私人收益,只构成社会收益。私人收益和社会收益之间出现了不一致。

相反,如果一个工厂花费一定成本生产产品时给周围造成了污染,如果政府不干预此种污染,工厂一般不会计入成本。这种生产活动就会给社会带来不利影响,这就是所谓的消极的外部影响(negative externality)。消极的外部影响例子很多,例如奔驰的汽车排出废气,发出噪声,引起交通阻塞;一个游泳池里的人太多,每一个人会成为他人的障碍。消极的外部影响引起私人成本(private cost)和社会成本(social cost)之间的差别。厂商为生产而必须直接投入的费用是私人成本,而工厂排出的有毒气体和其他废料不计入工厂成本,但却使他人受害。从社会的角度看,这种损害应该算作成本的一部分,这部分成本加上私人成本才构成社会成本。

二、外部影响和资源配置失当

各种形式外部影响的存在造成了一个严重后果,即完全竞争条件下的资源配置将偏离帕累托最优状态。换句话说,即使假定整个经济仍然是完全竞争的,但由于存在着外部影响,整个经济的资源配置也不可能达到帕累托最优状态。"看不见的手"在外部影响面前失去了作用。

现在分析外部影响导致资源配置失当的原因。先考察该行动所产生的外部经济的情况。假定某人采取某项行动的私人利益为 V_p,该行动所产生的社会利益为 V_s,由于存在外部经济,故私人利益小于社会利益,即 $V_p < V_s$;如果某人采取该行动所遭受的私人成本 C_p 大于私人利益而小于社会利益,即有 $V_p < C_p < V_s$,则其显然不会采取这项行动,尽管从社会的角度看该行动是有利的。因此,在这种情况下帕累托最优状态并没有得到实现,还存在帕累托改进的余地。如果他采取这项行动,则其所受损失部分为 $(C_p - V_p)$,社会上其他人由此得到的好处为 $(V_s - V_p)$。由于 $(V_s - V_p)$ 大于 $(C_p - V_p)$,故可以从社会上其他人所得到的好处中取出一部分以补偿行动者的损失,其结果会使社会上某些人的状况变好而没有任何人的状况变坏。一般而言,在存在外部经济的情况下,私人活动的水平常常要低于社会所要求的最优水平。

再考察外部不经济的情况。假定某人采取某项活动的私人成本和社会成本分别为 C_p 和 C_s,由于存在外部不经济,故私人成本小于社会成本,即 $C_p < C_s$;如果某人采取行动所得到的私人利益 V_p 大于私人成本而小于社会成本,即有 $C_p < V_p < C_s$,则其显然会采取行动,尽管从社会的观点看该行动是不利的。因此,在这种情况下帕累托最优状态也没有得到实现,也存在帕累托改进的余地。如果他不采取这项行动,则其放弃的好处即损失为 $(V_p - C_p)$,但社会上其他人由此而避免的损失却为 $(C_s - C_p)$。由于 $(C_s - C_p)$ 大于 $(V_p - C_p)$,故如果以某些方式重新分配损失,就可使每个人的损失都减少,亦即使每个人的"福利"增大。一般而言,在存在外部不经济的情况下,私人活动的水平常常要高于社会所要求的最优水平。

图 9-2 具体说明了在完全竞争条件下,生产的外部不经济是如何造成社会资源配置失当的(其他类型的外部影响亦可同样分析)。

图 9-2 中水平直线 $D = MR$ 是某竞争厂商的需求曲线和边际收益曲线,MC 则为其边际成本曲线。由于存在着生产上的外部不经济(例如生产造成的污染),故社会的边际成本高于私人的边际成本,从而社会边际成本曲线位于私人边际成本曲线的上方,用虚线 $(MC + ME)$ 表示。虚线 $(MC + ME)$ 与私人边际成本曲线 MC 的垂直距离即 ME,可以看成

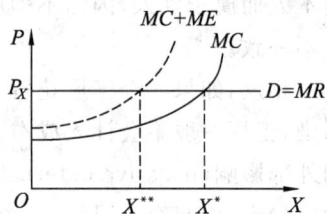

图 9-2　资源配置失当:生产的外部不经济性

是所谓的边际外部不经济,即由于厂商增加一单位生产所引起的社会其他人所增加的成本。竞争厂商为追求利润最大化,其产量定在价格(即其边际收益)等于其边际成本处,即 X^*;但使社会利益达到最大的产量应当是使社会的边际收益(可以看成为价格)等于社会的边际成本,即应当为 X^{**}。因此,生产的外部不经济造成产品生产过多,超过了帕累托效率所要求的水平 X^{**}。

为什么在外部影响的条件下,潜在的帕累托改进机会不能得到实现呢? 现以生产的外部不经济如污染问题为例进行分析。如果污染涉及面较小,即污染者只对少数其他人的福利造成影响,则此时污染者和少数受害者可能在如何分配"重新安排生产计划"所得的利益上不能达成协议;如果污染涉及面较大,即污染的受害者众多,则此时污染者与受害者之间以及受害者之间要达成协议就更加困难,在这种情况下也很难避免"免费乘车者";此外,在很多情况下有关污染问题的法律也不明确,例如污染者是否有权污染,有权进行多大污染,受害者是否有权要求赔偿等。即使污染者与受害者有可能达成协议,但通常是一个污染者面对众多受害者,因而污染者在改变污染水平上的行为就像一个垄断者。在这种情况下由外部影响产生的垄断行为也会破坏资源的最优配置。

三、对付消极外部影响的措施

当工厂在生产中产生消极外部影响时,产品的价格将低于边际社会成本,工厂产量将增多到无效率的境地;反之,若厂商在生产中产生积极外部影响时,厂商产品的价格将高于边际社会成本,产量却会减少到无效率的境地。这种情况表明,外部影响的存在使市场机制不能有效率地配置资源。解决外部影响特别是消极外部影响对社会影响的措施之一是实行政府干预。

政府可以通过税收和补贴两种方法来抵消外部影响对社会的影响。对产生消极外部影响的厂商征课税金或罚款,使其向政府支付由于污染等导致的社会成本增加的部分,把厂商造成的外在成本内部化,促使其消灭或减少消极的外部影响。必要的时候,政府也可采用行政或法律手段要求厂商限期整治。这类政策虽然在一定程度上能够解决消极外部影响的问题,但它并不能完全杜绝消极的外部影响,而且它的实施也需要相当大的机会成本。

对于产生积极外部影响的机构或单位,政府应该对其进行补贴。例如,教育事业不但有助于提高公民的素质,为他们提供参与平等竞争的机会,而且会产生巨大的积极外部影响。科研事业也是如此。如果要求这些单位都成为盈利机构,那么它们提供的有利服务必将减少到无效率的境地。

内部化的合并也是解决外部影响的一种途径。例如,甲企业的生产污染了乙企业的环境,给乙企业带来了损失,若将两个企业合并成一个企业,则合并后的企业为了自身利益自然会考虑污染造成的损失,把生产定在边际成本等于边际收益的水平上。因为此时原来因污染给乙企业造成的损失(社会成本)现在成了自己的损失,即社会成本内部化为私人成本的一部分。

解决外部影响对社会影响的另一种措施是确定所有权。这种措施是由美国经济学家科斯提出来的,其理论被称为科斯定理(Coase Theorem)。所谓所有权,是指通过法律程序确定的个体占有某种财富的权力。科斯定理强调明确所有权的重要性,认为只要所有权是明确的,而且交易成本极低或等于零,则不论所有权的最初配置状态如何,都可以达到资源的有效配置。根据这一理论,当某个厂商的生产活动危害到其他厂商的利益时,在谈判成本较小和每个企业具有明确的所有权的情况下,两个企业可以通过谈判或法律诉讼程序来解决消极外部影响问题。例如,在所有权不明确的情况下,化工厂排出的污物可能会污染周围的农田,造成农作物的减产而产生消极外部影响。这种消极外部影响可以通过确定化工厂和农场主的所有权来消除。假如农场主具有禁止污染的权利,由于化工厂污染了周围的农田,农场主可以通过谈判或法律程序向化工厂索取污染农田造成的经济损失。在这种情况下,化工厂自然会在生产中考虑其污染农田的机会成本;反之,如果化工厂具有污染的权利,这时化工厂污染农田的机会成本是农田未被污染时能为化工厂带来的最大收益,显然,只要农田具有其替代性用途,化工厂就愿意为保持农田不受污染而付出代价。但这只是理论上的一种分析,现实生活中通过明确产权来解决外部影响不是一件容易的事。

第三节　公共物品

一、公共物品的特点

公共物品(public goods)是指供整个社会共同享用的物品,例如警察、消防、公共道路、教育、公共卫生等。与公共物品相对,私人物品(private goods)是指由市场提供给个人享用的物品,例如商店里出售的面包、衣服、电视机、计算器等。公共物品一般由政府提供。在提供公共物品方面,市场往往无能为力。值得注意的是,某些公共物品也可以由市场提供,例如私人办教育就是其中一例。公共物品具有两个显著特点:第一,公共物品的消费不具有排他性。公共物品的消费权或享用权并不是由某个人独有,而是由整个社会共同所有,某人对该物品的消费或使用并不能阻止他人对该物品的使用。例如,人人都可享受由国家提供的国防安全,而一件衣服由某人使用了,就排斥了他人使用。又如海洋中的灯塔或航标,甲船使用了,并不排斥乙船也同时使用。这与私人物品显然不同。第二,公共物品的供给不具有竞争性。这是指公共物品的消费增加时,成本并不会增加,也就是说增加一个公共物品,使用者的边际成本为零,而某人使用了私人物品,就会减少他人使用该物品的机会。在边际成本为零的情况下,有效配置资源的原则就是免费提供公共物品给对其有需求的任何人。公共物品的这种特性阻碍了市场机制的作用,因为私人销售者只能针对付费的人提供产品,如果不能排除不付费的人也享用该产品,他就不会生产这种产品。公共物品的生产不能保证生产者实现利益性交换,因此公共物品的生产不存在市场竞争问题。例如,如果没有政府参与,在市场经济条件下,人们不可能自动地去修建海洋中的航标或灯塔。

公共物品所具有的特点决定了公共物品只能主要依靠政府来提供。这是因为:一方面,公共物品具有的非排他性,使每个人都能免费从这类物品的消费中分享到好处,或者其只需为此付出很少代价,但所享受到的利益却要多得多,每个人都想做一个"免费乘客"(free rider),于是私人企业决不肯生产这类物品;另一方面,公共物品的非竞争性,使得增加一个公共物品,使用者的边际成本为零,因此,不应当排斥任何需要此物品的消费者,否则社会福利就会下降。如果公共物品由政府生产,政府一方面可用税收获得生产公共物品的经费,这相当于免费乘客无形中被迫买了票,另一方面可免费将此物品提供给全体社会成员,使这种物品得到最大限度的利用。

二、准公共物品

在现实生活中,消费上具有完全非排他性和非竞争性的纯公共物品并不多。有些物品如球场、游泳池、电影院、不拥挤的收费道路等,在消费上具有排他性,即消费者只有付费才能进入消费。但就非竞争性而言,只有在一定范围内才有非竞争性,即增加消费者并不增加使用成本,不构成对其他消费者的威胁,而消费者增加到一定数量后,消费就有了竞争性。例如,当游泳池里人满时,每一个游泳者都会对他人的游泳造成障碍。这样的物品不是纯公共物品,只能称为准公共物品,也称"俱乐部物品"。也就是说,这类物品好比俱乐部里的东西,对于付了俱乐部费用加入俱乐部的成员来说,它们是公共物品,但对非俱乐部成员来说,它们就不是公共物品。研究俱乐部物品的理论称为俱乐部理论,这一理论可广泛用于生产上有联合性而消费上又有排他性的准公共物品的分析。例如,这一理论可用来说明为什么某些高速公路、桥梁等公共基础设施可通过收费回收投资的途径来建设。

三、公共资源及其保护

与准公共物品不同,有些物品如江河湖海中的鱼虾、公共牧场上的草、十分拥挤的公路以及周围的生活环境等,其在消费上没有排他性,但有竞争性,尤其是当使用者人数足够多时,竞争性就很强,这类物品称为公共资源。由于这类物品是公共的,其使用权、收益权归谁是模糊的,任何人都有权使用,这就产生了过度消费的问题。例如,公共江河湖海中的鱼被过度捕捞,公共山林被过度砍伐,公共矿产资源被掠夺性开采,公共草地被过度放牧,野生动物被灭绝性猎杀等,这种情况就是所谓公地的悲剧。

公地悲剧的产生是与公共资源消费上的非排他性和竞争性分不开的。消费上的竞争性说明每个在公地上消费之人的活动都有负外部性,例如,每个家庭的牲畜在公有地上吃草时都会降低其他家庭可以得到的草地的数量和质量,只考虑自己利益的家庭在放牧时不可能考虑这种负外在性,而公地消费的非排他性又无法抑制每个消费者的这种负外在性,结果公地上放牧的牲畜数量必然迅速超过公地的承受力,从而导致公地悲剧必然产生。如果有关当局认识到公地悲剧的危害性,就可采取一些措施进行解决。例如,可以限制每个家庭的放牧数量,或按放牧数量递增征收放牧费税,或直接将公地划成若干小块分配给每个家庭使用,但最后这一途径实际上是把公地变成了私地。

第四节 不完全信息

一、信息完全和不完全

完全竞争市场能合理配置资源的前提是信息充分,即消费者和生产者完全了解可供选择的相关信息。例如,消费者知道在每一家商店出售的每一种商品的全部特点和卖价,不会上当受骗。同样,厂商也完全了解自己产品应当运用的生产技术,所使用的每一位职工的生产效率,每一种投入品的真正卖价以及自己产品在市场上现在的卖价和将来可能的卖价等。如果信息真的是完全的、充分的,价格就能在协调供求和传递信息方面起重要作用。此时厂商不必知道消费者偏好的详细情况,价格就能告诉生产者应生产什么,应生产多少;消费者也不必仔细检验每种商品的质量、价格就会告诉消费者值不值得购买:这是因为价格已真实地传递了消费者爱好和商品质量的信息。例如,假定消费者清楚地了解到商品 X_1 质量最好,X_2 次之,X_3 最差,则其肯定愿支付 X_1 以高价,X_2 以中价,X_3 以低价。对于相同质量的商品,价格越高,愿买的人一定越少,从而使需求曲线向右下方倾斜。可见,完全竞争理论以信息充分为前提。

然而信息充分只是一个假定,现实生活中的一般情况是信息不完全、不对称。信息不完全是指经济活动主体(个人或机构)不能充分了解所需要的一切信息,信息不对称是指经济交易的双方对有关信息了解和掌握的程度不同。信息不完全、不对称都是信息不充分。信息不充分的原因是多方面的。

第一,认识能力有限。人们不可能知道在任何时候、任何地方发生的或即将发生的任何情况,尤其在社会分工越来越细的时代,每个人只从事某一方面的工作,不可能成为什么都知道的"百科全书"。

第二,掌握信息的成本太高。人们将与自己经济活动有关的信息全部掌握并非不可能,但与掌握这些信息后的收益相比,其成本太高了。例如,保险公司若要时刻弄清参加保险的汽车司机是否专心开车,就必须派人整天跟着汽车走,然而这样做成本太高了。

第三,信息商品特殊。信息商品与普通商品不同,人们无法事先了解其价值。人们之所以愿掏钱买信息,就是因为不知道它,一旦知道它,就不再愿掏钱购买了。因此,信息出卖者不可能让买者在购买之前就充分了解所售信息。

第四,机会主义倾向。交易双方在信息掌握上一般处于不对称地位,卖者掌握较多信息,买者则掌握较少的信息。为了自己的利益,卖方往往故意隐瞒一些信息。

二、不完全信息与市场失灵

信息不完全会导致市场失灵,即在信息不完全、不对称的情况下,市场价格机制无法使资源优化配置。

现举例对其进行说明。在旧车市场上假定有若干辆质量不同的旧汽车正在出售。旧车主知道自己要卖的车的质量,质量好的索价高些,质量差的索价低些。但买主不知道每辆旧车的质量,仅仅大概知道质量好一些的旧车在全部所售旧车中所占百分比,如质量好的和质量差的各一半。在这种情况下,买主至多只肯按质量好的旧车和质量差的旧车索价的加权平均价格进行购买。这样质量好的旧车会退出市场,质量差的旧车留在市场上。一旦发生这种情况,买旧车的人就只愿出更低的平均价格来购买,于是质量差的旧车中质量稍好一些的车又退出市场,如此循环下去,旧车市场交易就无法开展。旧车市场逐步萎缩直至消失的例子说明,这场交易的失败是在信息不对称的情况下存在掌握私人信息的一方(本例是旧车卖主)隐藏信息而导致交易另一方(本例是买主)利益损害的现象,这就是所谓逆向选择(adverse selection)。逆向选择是合同签订前的信息不对称所导致的结果。这种事先隐藏信息的行为不仅会出现在卖方,也会出现在买方。例如,居住环境最不安全、失窃率最高的地区中的家庭最想购买家庭财产保险,经常生病、医药费支出高的人最希望参加医疗健康保险,这样就使只根据大数定律制定的保险费率难以应付事故损失的赔付。

在信息不完全情况下,一些交易的参与人的行动是其他参与人不可观察的。这些参与人的行动是私人信息,他们会利用这种行动信息不对称对其他参与人进行欺骗,这种情况称为隐藏行动。由隐藏行动使得一些交易参与人行为变得不道德、不合理并损害其他交易人利益的情况称为道德风险(moral hazard)。道德风险一般发生在交易合同成立之后。例如,买了自行车保险的人不再特别注意保管自己的车子,买了医疗保险的人总要医生多开些不必要的贵重药品等,这些都属于道德风险。这种道德风险会严重影响保险市场的正常运行,因为它改变了事故发生的概率。如果车主仍像未投保那样小心保管自己的车子,则损失率会小得多。保险公司根据此概率制定的保险费率可保证保险业务的正常开展,但若发生道德风险,情况就会有所不同,而这种道德风险是保险公司在无法观察投保人行动(即信息不对称)时发生的。

道德风险也会出现在委托代理关系中。在信息不对称情况下,当代理人为委托人工作而其工作成果同时取决于代理人所作的主观努力和不由主观意志决定的各种客观因素,并且主客观原因对委托人来说难以区分时,就会产生代理人隐瞒行动而产生对委托人利益损害的"道德风险"。例如,在现代股份制企业中,所有者是股东,经营者是经理层人员,所有者委托经营者经营管理企业。在股权较为分散的情况下,广大股东尤其是中小股东投资时主要关心股票买卖中的差价,很少有动力和能力去掌握公司经营管理的信息,这些信息事实上是掌握在具体负责经营管理的经理层人员手中的。在这种的情况下,如果缺乏有效的公司治理结构,便会产生所谓"内部人控制"问题。"内部人控制"是指在两权分离的现代公司中,当出资人不能有效地对经理层人员(经营者)的行为进行最终控制时,后者就可能利用这种控制权来谋取个人或小集团利益,损害全体股东利益。

由信息不对称而产生的逆向选择和道德风险问题经常出现在经济生活中并阻碍市场对资源的配置。例如,企业向银行申请贷款时常不能按愿意支付的利息率得到贷款,这就是所谓信贷配给。为什么会产生这种情形?利率由资金供求和借贷风险状况决定,银行贷款的期望收益取决于利率和借款人还贷的概率。但一般来说,银行很难清楚明白每个借款者还贷的概率。解决方法之一就是提高利率以补偿一部分贷款得不到偿还的损失。这样就会使一些信誉好、风险低的借款人退出信贷市场(因为利率太高),这就是逆向选择;此外还会诱使借款人选择具有更高收益但同时具有更高风险的投资项目,这就是道德风险,其结果都将使银行的平均风险升高,降低了预期收益。在这种情况下,银行宁愿采用另一个办法,即选择具有对那些只愿接受低利率但风险小的客户进行贷款,不选择在高利率水平上满足所有借款人申请,于是信贷配给就这样出现了。信贷配给是应付逆向选择和道德风险的方法之一。解决逆向选择和道德风险更常见的形式还有信号传递和机制设计。

三、信号传递和机制设计

逆向选择破坏市场效率,使价格机制无法正常发挥信号传递作用,这对交易双方都是有害的。逆向选择是由事先隐藏信息引起的,因此要防止或克服逆向选择问题,必须解决如何将有关私人信息传递给交易双方的问题以及如何甄别信息真假的问题。传递信息和甄别信息是真实信息交流的问题。在信息不对称情况下,拥有信息的一方通过某种能观察到的行为向缺乏信息的一方传递一定的信息,被称为"信号显示"或"发信号"。例如,旧车市场上买主不能直接知道旧车的质量,高质量旧车的卖主乐意买主试车,让买主把高质量车从低质量车群中识别出来,这就是"发信号";再如,优质产品设置防伪标记也是"信号显示",或者向消费者作出产品质量有问题可以包退、包换、包修的承诺,这种"三包"的质量信号显示是劣质产品生产者不敢做的,因为"三包"对其来说成本太高了。劳务市场和人才市场上应聘者显示的学历证书、经历证书(包括曾获的奖励证书)也是自己能力的"信号显示",甚至给用人单位试用也属于信号显示。有时招工用人单位列出的招聘条件也能起到信号显示作用,例如列出不同待遇级别,看哪些人愿意到哪一级别就业,可大致识别应聘者的能力。声誉也是一种信号显示。人们之所以特别喜欢到某一商店购物或消费,是因为该商店的声誉比别的商店更好:那里从不卖假货,或那里服务特别好。小到一个人、一个企业,大到一个组织、政党和政府,都十分珍惜自己的声誉。声誉、信用是信号,是无形资产,一旦毁坏自己的声誉,失去信用,别人就再也不愿与其打交道了。总之,信号显示是为了解决逆向选择问题。

道德风险是事后隐藏行动引起的。为了解决道德风险问题,缺乏信息的一方需要在事前设计一些有效的制度,激励掌握私人信息的一方克服道德风险倾向。例如,为防止参加车辆保险的用车人不当心保管和使用车子的问题,保险公司可设计和实行一种由公司和车主(保险合同双方)共同承担事故损失的保险合同;再如,为了克服股份公司中经理层人员损害股东利益的"内部人控制",需要设计和建立一种机制以使经理层人员为自己利益所作的努力正好也能满足委托人(投资者)的利益和意志,这就是所谓的"激励相容"机制,其中经理股票期权制度就是这样一种机制。经理股票期权是指上市公司授予公司高级管理人员在未来一段时间内,以事先确定的价格认购上市公司股票的一种权利。公司经营得好,公司股票价格上升了,高级管理人员在行权(执行拥有股票的权利)时就可获得较大的收益。因此,这种制度将经营者未来收入和公司股价捆绑在一起,激励经理层人员关注企业长期经营业绩,实现经营者报酬和股东利益的趋同。

克服道德风险的另一种制度设计是合同。可以说,所有合同或契约在某种意义上,都是用来对付信息不对称所可能造成的不确定后果的一种制度设计。例如,一份有关贸易的合同之所以要在商品名称、品质规格、数量、包装、价格、运送方式、付款办法、检验、索赔、仲裁等多方面作出规定,就是因为交易双方深恐在信息不完全、不对称情况下不按交易谈判时的承诺来行事。合同既是克服不确定性的一种制度,也是防止和解决由信息不对称而产生问题的一种途径。

四、政府的作用

信息不完全会使市场失灵,降低市场经济效率。为了克服信息不完全造成的种种问题,政府需制定和执行一系列法规,以惩罚那些信用缺失的欺诈行为。例如,有关保护消费者权利的法规,有关广告的法规,有关信贷的法规,有关上市公司信息发布的法规,有关保险的法规,有关劳动合同的法规等,都对解决信息不对称问题、维护市场经济秩序发挥不可或缺的作用。

仅仅制定和颁布法规还不足以体现政府在信息管理方面的作用。例如,对于诚信原则这一维系市场经济正常秩序的基石,如果仅仅靠政府建立相关诚信的法规,而缺乏国家政权强制力的保证,使不讲诚信者得不到严厉制裁,则建立诚信原则只能是一句空话。例如,债务人借债不还,法院判决其要按时归还,若债务人对此判决置若罔闻,法院也不采取措施,则判决就是一纸空文;若法院采取强制执行措施(包括将赖债人送进监牢),那么有钱不还的现象将大大减少,有借有还的诚信原则就会逐步深入人心。

第五节　公共选择理论

对公共物品以及公共资源的处理涉及与政府行为有关的"集体选择"。所谓集体选择,就是所有的参加者依据一定的规则通过相互协商来确定集体行动方案的过程。公共选择理论特别注重研究那些与政府行为有关的集体选择问题。

一、集体选择的规则

1. 一致同意规则

所谓一致同意规则,是指一项集体行动方案只有在所有参加者都认可的情况下才能够实施。这里的"认可"意味着赞成或者至少不反对。换句话说,在一致同意规则下,每一个参加者都对将要达成的集体决策拥有否决权。例如,联合国安理会的任何议案都必须得到五个常任理事国的一致认可才可实施,如果有一个国家反对,则相关议案即被否决。由于每一个参加者都拥有否决权,任何一个有可能损害某些参加者利益的集体行动方案都会被否决,因此一致同意规则便具有以下优点:第一,它能够充分保证每一个参加者的利益;第二,它可以避免发生"免费乘车"的行为;第三,如果能够达成协议,则协议将是帕累托最优的。一致同意规则的缺点在于达成协议的成本太大,在许多情况下甚至根本无法达成协议。

2. 多数规则

所谓多数规则,是指一项集体行动方案必须得到所有参加者中的多数认可才能够实施。这里的多数可以是简单多数,如超过总数的一半,也可以是比例多数,如达到总数的三分之二以上。美国国会、州和地方的立法常常使用简单多数规则,但在弹劾和罢免总统、修改宪法时,则采取三分之二的比例多数规则。与一致同意规则相比,多数规则的协商成本较低,也更容易达成协议。多数规则存在的问题是:第一,它忽略了少数派的利益,由多数派赞成通过的集体协议强迫少数派也要服从。第二,它可能出现"收买选票"的现象。这是因为在多数规则的条件下,单个参加者的选择对最终的结果影响不大,具有可忽略性,从而使一部分选民可能不重视自己的选举权,导致选举可能被利益集团所操纵,即利益集团可通过一定的较小的代价来收买那些不重视自己选举权而打算不投票或投弃权票的选民,让他们按利益集团的意愿投票。第三,在多数规则下,最终的集体选择结果可能不是唯一的。不同的投票秩序会导致不同的集体选择结果,使社会成员作出前后不相一致甚至可能相互矛盾的决策。这就是所谓的周期多数现象。

3. 加权规则

一个集体行动方案对不同的参加者会有不同的重要性,因此可以按照重要性的不同,对参加者的意愿进行"加权",即分配选举的票数。相对重要的,拥有的票数就较多,否则就较少。所谓加权规则,就是按实际得到的赞成票数(而非人数)的多少来决定集体行动方案。

4. 否决规则

这一规则的具体做法为:首先让每个参加对集体行动方案投票的成员提出自己认可的行动方案,汇总之后让每个成员从中否决自己所反对的那些方案,于是最后剩下的没有被否决的方案就是所有成员都可以接受的集体选择结果了。如果不止一个方案被留了下来,可再借助于其他投票规则(如一致同意规则或多数规则等)来进行选择。否决规则的优点是经过该规则筛选之后留下来的集体行动方案都将是帕累托最优的。

二、最优的集体选择规则

各种集体选择规则都是有利有弊的,这就产生了如何确定最优的集体选择规则的问题,即按照怎样的规则进行集体选择,才能保证所得到的结果是最有效率的? 对于这一问题,西方公共选择理论家提出了两个主要的理论模型。

1. 成本模型

按照这一模型,任何一个集体选择规则都存在着性质完全不同的两类成本。一类叫做决策成本,是指在该规则下通过某项集体行动方案(即作出决策)所花费的时间与精力。集体决策的形成需要参加者之间不同程度的讨价还价,随着人数的不断增加,讨价还价行为发生的可能性将成倍增加,从而决策成本也将成倍增加。另一类是外在成本,是指在该规则下通过的某项集体行动方案与某些参加者的意愿不一致而给其带来的损失。当通过的某项集体行动方案与某些参加者个人的实际偏好一致时,这些参加者个人承担的外在成本就等于零;而当两者不相一致时,这些参加者承担的外在成本就大于零。显然,随着这种不一致的人数和程度的增加,外在成本的总量也将增加。对于不同的集体选择规则,决策成本和外在成本的大小是不一样的。例如,与一致同意规则相比,多数规则的决策成本可能较低,因为它较容易作出决策,而外在成本却可能较高,因为它决策的结果可能与很多参加者的意愿不一致。决策成本和外在成本之和叫做相互依赖成本。最优集体选择规则的成本模型的结论是理性的经济人将按最低的相互依赖成本来决定集体选择的规则。

2. 概率模型

与成本模型不同,寻找最优集体选择规则的概率模型并不是追求社会相互依赖成本的最小化,而是力图使集体决策的结果偏离个人意愿的可能性达到最小。根据这一模型,最好的集体选择规则就是使上述偏离可能性达到最小的规则。西方公共选择理论家证明,按照这一标准集体选择中的多数规则是一种比较理想的规则。

三、政府官员制度的效率

按照公共选择理论,政府官员制度是指由通过选举所产生的、被任命的以及经过考试而录用的政府官员来管理政治事务的制度。总的来说,这种政府官员制度的效率是比较低的,其原因如下:

(1) 缺乏竞争。政府的各个部门都是某些特殊服务的垄断供给者,没有任何其他的机构可以替代这些政府部门的工作。由于缺乏竞争,政府部门的效率一般都比较低。此外,由于缺乏竞争的对手,人们常常甚至无法判断政府部门的成本即每年的财政支出是否太多,或者它们的产出即所提供的服务是否太少,也就是说很难准确地判定政府部门的效率。

（2）机构庞大。政府官员一般不会把利润最大化（或者成本最小化）作为自己的主要目标，因为他很难将利润直接占为己有。政府官员主要追求规模（即官员机构）的最大化，这是因为规模越大，政府官员的地位就越高，权力就越大，得到进一步提升的机会就越多。

（3）成本昂贵。政府官员会千方百计地增加自己的薪金，改善工作条件，减轻工作负担，从而不断地提高其服务的成本，导致极大的浪费。公共选择理论认为，解决政府官员制度低效率的主要途径是引入竞争机制，具体做法是：第一，将公共部门的权力分散化。分散有利于减少垄断的成分，例如可以把过于庞大的公共机构分解成几个较小的、有独立预算的机构。第二，由私人部门承包公共服务的供给。由政府投资的公共服务并不一定必须由政府进行生产，例如街道清扫、垃圾处理、消防、教育、体检等公共服务的生产都可以实行私有化。第三，在公共部门和私人部门之间展开竞争。如果允许私人部门和公共部门提供同样的公共服务，则它们之间就会展开竞争，竞争将提高公共部门的效率。第四，加强地方政府之间的竞争。地方政府的权力不仅受到公民选票的制约，而且受到居民自由迁移的制约。当一个地方政府的公共服务的成本（税收）太高而质量太低时，居民就可能迁移到其他地区去，居民的迁出会减少当地政府的税收。因此，地方政府之间的竞争也可以促使其提高效率。

【案例】

我国经济在近20年来取得了令人瞩目的增长，但是，与高速经济增长相伴随的环境恶化日益成为制约我国社会经济可持续发展的重要因素。

根据国家环保总局2004年的统计，酸雨给我国造成的损失每年超过1 100亿元，大气污染所造成的损失每年约占我国GDP总量的2%~3%。目前酸雨面积已占国土面积的30%，区域性酸雨污染严重。据河南省环保局提供的资料，该省有一半的城市居民生活在大气环境质量不宜人类居住的城市，半数城市进入SO_2和酸雨控制区。此外，酸雨频率急剧增高，河南省某市酸雨频率从2000年不足5%上升到2003的41%，而河南只是全国的一个缩影。

酸雨的危害已经引起中国政府的高度重视，在《国民经济和社会发展"十五"计划》中明确提出，到2005年年底全国SO_2排放总量在2000年的水平上削减10%，"两控区"（SO_2和酸雨污染控制区）SO_2排放总量在2000年基础上削减20%。但是，传统的行政手段控制大气污染存在诸多的困难，并且效果不理想。

长期以来，中国大气污染治理建立在单一"浓度控制"基础上，但是，单一的"浓度标准"控制排污模式阻止不了污染源数量和排放总量的增加，因为企业会用各种"巧妙办法"让排放标准"达标"，而企业排放污染"不超标"，环保部门没有办法促进企业治理污染。另据调查，管理部门也没有完全将超标排放污染物作为一种违法行为来处理。以企业排放SO_2为例，中国大气法要求超标排放企业缴纳罚款，企业每排放1千克SO_2，有关管理部门收取0.2元的排污费，而企业每减排1千克SO_2的支出远远超过0.2元，所以，由于受利益驱使，企业宁肯缴排污费也不愿积极治污，而监督和处罚违法者让政府也承担了很大的成本，因此我国政府希望用更多的市场机制来控制污染问题。

在美国环保协会的协作下,我国开始探索排污权交易制度,该制度最早在南通与本溪两城市试点,并取得成功。现在在山东、陕西、江苏、河南、上海、天津、湖南也相继展开。

以河南省 SO_2 排放权交易制度为例,环保部门按照国家 SO_2 排放总量控制目标,确定地区环境容量允许范围内的排放总量,对现有排污单位一次性无偿分配某个时期的 SO_2 年排放总量控制指标,并以排放许可证的形式发放到企业,无证企业不能排污。分配给排污单位的指标可以进行交易,剩余指标可以储存,储存指标长期有效,指标用完的企业将停止排放,否则将受到极为严厉的处罚;为了鼓励企业少排污、节约指标,每个交易年度结束时,环保部门将每个企业的剩余指标自动划入下年度的排放指标。为了保证许可证制度的实施,河南省还利用在线自动监测网(CEMS 系统)技术全天候不间断地监测、记录企业的 SO_2 排放情况,并向环保部门传送相关数据。在排污权交易制度下,排污权的交易价格由市场双方参照 SO_2 的削减成本和市场供求情况自行确定,达成交易意向后还需经当地环保部门批准才能生效。

——摘自 http://xibu.tjfsu.edu.cn/jpkc/2006/wgjjx/answer/html/10.htm

◇◇

【本章小结】

1. 市场机制一般只能保证资源配置的私人收益与边际私人成本相等,而无法保证边际社会收益和边际社会成本相等。当边际社会收益和边际社会成本不相等时,对整个社会而言,资源配置就没有达到最大效率状态,这就是市场失灵。

2. 垄断是市场失灵的一个重要原因。垄断超额利润的存在说明在该行业中资源配置太少。为了追求和维护垄断地位而花费的代价是一种纯粹的浪费,是社会的净损失。

3. 外部影响是造成市场机制低效率的又一个重要原因。从社会的角度看,私人活动的水平在"好"的外部影响下往往太低,而在"坏"的外部影响下又往往过高。

4. 现实的经济生活中常常存在信息的不完全和不对称。在这种情况下,市场机制的作用也受到很大限制。市场机制本身只能解决一部分信息不足问题,因此,需要政府在信息方面进行调控,保证消费者和生产者能够得到充分和正确的信息,以便作出正确的选择。

【重要名词和术语】

市场失灵　　公共物品　　私人物品　　社会成本　　社会收益　　外部性
逆向选择

【复习思考题】

1. 垄断是如何造成市场失灵的?

2. 外部性的存在如何干扰市场对资源的配置?

3. 公共物品为什么不能靠市场来提供？

4. 设某产品的市场需求函数 $Q=500-5P$，成本函数 $C=20Q$。

试问：

(1) 若该产品为一个垄断厂商生产，利润最大时的产量、价格和利润各为多少？

(2) 为达到帕累托最优，其产量和价格应该是多少？

(3) 社会纯福利在垄断性生产时损失了多少？

5. 设一个公共牧场的成本函数 $C=5x^2+3\,000$，其中 x 是牧场上养牛的头数。牛的价格为 $P=1\,000$ 元。

(1) 求牧场净收益最大时的养牛数是多少？

(2) 若该牧场有 5 户牧民，牧场成本由他们平均分担，这时牧场养牛数将是多少？从中会引发什么问题？

6. 假设有 10 个人住在一条街上，每个人愿意为增加一盏灯支付 4 美元，而不管已提供的路灯数量。若提供 x 盏路灯的成本函数 $C(x)=x^2$，试求最优路灯的安装数目。

7. 某农场主正在决定是否对其缺水的作物进行灌溉。如果他进行灌溉，或者每天下雨的话，作物带来的利润是 1\,000 元，但若缺水，利润只有 500 元，灌溉的成本是 200 元。农场主的目标是预期利润达到最大。

(1) 如果农场主相信下雨的概率是 50%，他会灌溉吗？

(2) 假如天气预报的准确率是 100%，农场主愿意为这种准确的天气信息支付多少费用？

第十章

国民收入核算理论

【本章要点】

　　本章介绍两部门、三部门、四部门经济的循环流动模型及国民收入核算的恒等式；国内生产总值的概念及核算方法；国民收入核算体系中其他总量及其相互关系。

　　前面各章属于西方微观经济学部分，主要研究个量经济行为和资源配置问题。从本章开始将涉及宏观经济学部分，主要研究国民经济中的总量和资源利用问题。作为宏观经济学的起点和基础，国民收入核算理论是在美国经济学家库兹涅茨和英国经济学家斯通的研究成果上建立起来的。库兹涅茨和斯通从 20 世纪 30 年代末开始研究国民收入核算问题。

　　库兹涅茨于 1941 年发表了国民收入核算的重要著作《国民收入及其构成》，斯通也于 1944 年发表了他的著作《国民收入和支出》，他们的研究为现代国民收入核算原理奠定了基础。斯通还于 1968 年与他人合作发表了联合国国民收入核算体系（SNA），从而最终确定了统一的核算方法。库兹涅茨和斯通都曾被誉为两国的国民生产总值（GNP）之父，他们分别于 1971 年和 1984 年获得诺贝尔经济学奖。

　　长期以来，我国一直采用"物质产品平衡表体系"（MPS）分析和核算国民收入。该体系的理论依据是：生产是物质产品的生产，只有物质生产领域才创造国民收入，非物质生产部门不生产任何物质财富，因而不创造国民收入；非物质生产部门的收入由物质生产部门创造的国民收入通过流通过程再分配形成。当前，在经济体制改革和对外开放的形势下，为适应社会经济建设的需要，便于与其他国家的经济实力进行比较，我国也开始使用国民生产总值的指标，但仍以 MPS 为主。

　　MPS 核算方法的主要缺陷是不能全面反映一国经济活动各方面情况，因而不能真实地反映一国的经济实力。因此，建立正确合理的国民收入核算体系，必须在 MPS 的基础上吸收 SNA 的合理成分。

第一节　国民收入的循环模型

▸▸

西方经济学家认为,要进行国民收入的核算,首先必须了解国民经济运行中商品、劳务与货币的连续不断的循环运动。从国民经济运行的角度看,参与国民经济运行的包括企业、居民户、政府和对外经济等四个主体即四个经济部门。本节从简单的两部门经济出发,研究国民经济流量循环与国民经济总量的一些恒等关系,进而研究三部门、四部门经济的流量循环及其国民收入核算的恒等关系。

一、两部门经济循环模型

在两部门的模型中,经济活动的主体是企业和居民户。企业是指最终产品和劳务所有生产经营者的总和;居民户是指生产要素占有者的总和,也是所有消费者的总和。两部门国民经济循环模型假设一个社会只有两个经济部门,即企业和居民户;居民当年的收入全部用于个人消费,没有储蓄和投资。这种一年内简单的生产(或收入)与消费(或支出)之间的循环流动如图 10 - 1 所示,其中实线和箭头表示货币的流向,虚线和箭头表示产品和要素的流向。

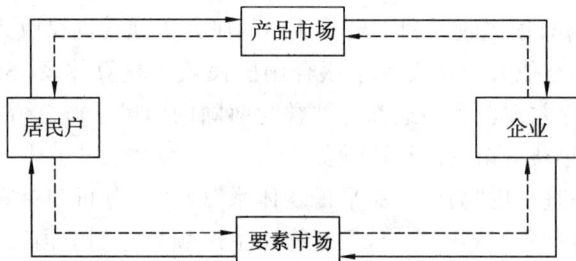

图 10 - 1　两部门国民收入循环流动模型

企业和居民户的关系为:居民户向企业提供劳动、资本、土地和企业家才能等生产要素;企业向生产要素所有者即居民户支付工资、利息、租金和利润等报酬。这种交易便形成生产要素市场。居民户因提供生产要素而得到的全部收入是国民收入。居民户和企业之间还存在另一种关系,即企业购得生产要素后生产出最终产品和劳务并销售给消费者,作为消费者的居民户用出售生产要素所得到的收入去购买最终产品和劳务。这种交易便形成产品市场。由于居民户将全部收入用于消费支出,即储蓄为零(根据该模型假设),那么最终产品市场上产品和劳务的价格总额等于总消费支出,这样可以得到国民收入核算恒等式

$$总收入 = 总产出 = 总支出$$

如果用 AI 代表国民总收入，Y 代表国民总产出，AE 代表总支出，当全部收入都用于消费（即 $AE=C$，C 代表消费支出）时，上述恒等式可表示为

$$AI=Y=AE$$

需要注意的是，如果企业销售产品总额正好等于居民的总收入即工资、利息、地租和利润之和，那么企业在生产中所消耗的能源、机器、设备、原材料等部门的价值如何补偿呢？对于这一问题，应该这样理解：居民户向企业购买的是最终产品而不是中间产品，而能源、原材料等作为中间产品是不计入国民收入的，中间产品的流动只在企业内部进行；至于机器、设备等的补偿，则是用投资来解决的。这一点将在进一步引入储蓄与投资后再加以分析。

如果居民户不将全部收入都用于消费，而是将其中的一部分用于储蓄，当然这并不要求一定在银行储蓄，手持的现金也是储蓄，这就减少了对商品和劳务的需求量，企业将有一部分商品与劳务销售不出去。企业将会减产，同时也会减少对生产要素的购买，最后引起居民户收入的减少，因此储蓄是收入循环渠道中的循环流量的漏出。如果企业通过金融机构获得贷款进行投资，从而扩大对生产设备的购买或增加存货需求，全部购买居民户因储蓄而剩余的产品，则此时社会的总支出仍然等于总产出。因此，企业投资是对国民经济循环流量的注入。总之，如果企业进行的投资正好等于储蓄，则生产和收入可在原有水平上保持平衡。

考虑储蓄的两部门国民经济循环如图 10-2 所示，其中箭头方向是货币的流动方向，此图省略了虚线表示的物流循环。在产品市场上，消费支出由居民户支付给企业；在生产要素市场上，要素收入形成居民户的收入，由企业支付给居民户；通过金融机构（金融市场），居民户的储蓄转化为对企业的投资。

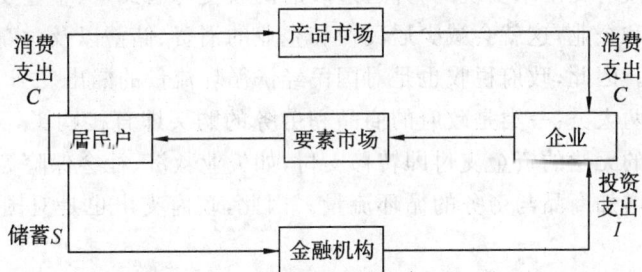

图 10-2 考虑储蓄的两部门经济循环

因此，在两部门经济中国民总收入从居民户支出角度看被分解为消费支出 C 和储蓄 S，从企业最终产品角度看国民总产出被分解为消费支出 C 和投资支出 I。C 和 I 之和为总支出 AE，于是有

$$AI=C+S$$
$$AE=C+I$$
$$AI=AE$$
$$C+S=C+I$$

$$I=S$$

于是就得到两部门经济的恒等关系：$I=S$。

必须明确的是，上述储蓄和投资的恒等关系是根据储蓄和投资的定义得出的。根据定义，国民生产总值等于消费与投资之和，国民总收入等于消费与储蓄之和，而国民生产总值又等于总收入，这样才有了储蓄-投资的恒等关系。这种恒等关系就是两部门经济中的总供给($C+S$)和总需求($C+I$)的恒等关系。只要遵循这些定义，储蓄和投资就一定相等，而不管经济是否处于充分就业，是否处于通货膨胀，是否处于均衡状态。但这一恒等式决不意味着人们意愿的或事前计划的储蓄总等于企业想要的或事前计划的投资。在实际经济生活中，储蓄主要由居民户进行，投资主要由企业进行，个人储蓄动机和企业投资动机也不相同。这就形成了计划储蓄和计划投资的不一致性，形成总需求和总供给的不均衡，引起经济的收缩和扩张。这里与后面分析宏观经济均衡时所讲的投资等于储蓄不同，宏观经济均衡指的是只有计划投资等于计划储蓄或事前投资等于事前储蓄，才能形成经济的均衡状态。这里所讲的储蓄和投资恒等，是从国民收入会计角度看事后的储蓄和投资总相等。此外，这里所讲的储蓄和投资恒等是针对整个经济而言的，至于某个人、某个企业或某个部门则完全可以通过借款、贷款使投资大于或小于储蓄。

二、三部门经济循环模型

如果考虑政府的作用，两部门经济就扩大为三部门经济。在三部门经济中，政府的经济职能是通过税收与政府支出来实现的，并通过政府的收支与居民户、企业发生关系。由于政府税收来自居民户和企业，这就会减少居民户和企业的消费、储蓄以及对商品、劳务的购买，使生产和收入下降。因此，政府税收也是对国民经济循环流量的漏出。

政府支出分为两大类：一类是政府的商品和劳务的购买即直接购买，又叫购买支出；另一类是政府单方面的无偿的资金支付即转移支付，如失业救济、社会保险等。政府的购买支出和转移支付均会增加商品与劳务的循环流量。因此，政府支出也是对国民经济循环流量的注入。

三部门经济循环模型如图 10-3 所示，图中所有实线箭头表示货币流向，虚线表示的物流仍被省略。与两部门经济模型图相比，该模型图增加了税收 T 和政府支出 G 的货币流动，其他货币流动均与两部门经济循环相同。在企业、居民户、政府三部门经济中，总收入表现为政府为用于消费的收入 C、用于储蓄的收入 S 和用于纳税的收入 T，则总收入＝消费＋储蓄＋税收，即 $AI=C+S+T$；总支出表现为消费支出 C、投资支出 I 和政府支出 G，则总支出＝消费＋投资＋政府支出，即 $AE=C+I+G$。根据国民收入核算的恒等式 $AI=AE$，则 $C+I+G=C+S+T$，于是就得出三部门经济的恒等关系，即

$$I+G=S+T$$

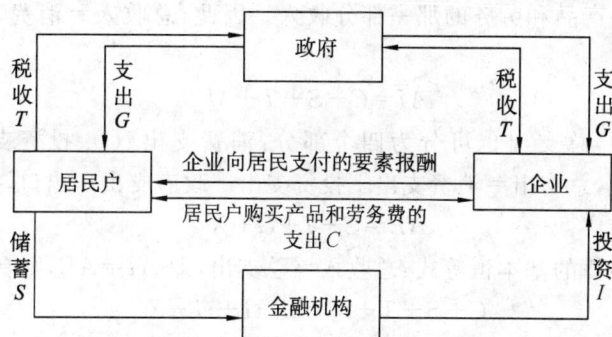

图 10-3 三部门国民收入循环流动模型

三、四部门经济循环模型

四部门经济是指由居民户、企业、政府和国外部门 4 个主体组成的经济。国外部门经济活动是通过进出口来进行的。进口 M 是国外经济部门对国内的供给,是一种"外供",即本国居民户和企业用收入购买外国的商品和劳务,这就会减少对本国商品和劳务的需求,导致社会总产出的减少,因而进口属于对国民经济循环总量的漏出;出口 X 是国外经济部门作为国内商品和劳务的需求者对国内的需求,是一种"外需",即外国用其收入购买本国产品,促进本国生产的增加。如果进口等于出口,则意味着国民经济的外贸平衡。四部门经济的循环流动模型如图 10-4 所示。

在图 10-4 中,实线箭头表示货币的流向,并省略物流循环。与三部门经济循环模型图相比,该模型图增加了进出口的货币流动和循环。

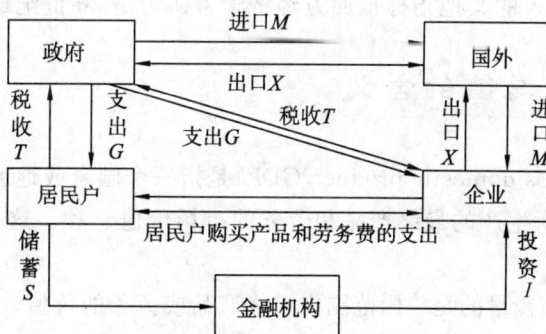

图 10-4 四部门国民收入循环流动模型

在四部门经济中,国民收入分为四个部分,即消费、储蓄、税收和进口。消费(C)是指用来购买国内最终产品和劳务的收入;储蓄(S)是国民收入中没有用于购买产品、劳务及纳税的那一部分收入;税收(T)是政府从居民户和企业得到的那一部分收入;进口(M)是国民总

收入中用于购买国外产品和劳务的那一部分收入。因此,总收入＝消费＋储蓄＋税收＋进口,用公式表示为

$$AI=C+S+T+M$$

在四部门经济中,总支出也可分为四个部分:消费支出(C)、投资支出(I)、政府支出(G)、出口(X)。因此,总支出＝消费支出＋投资支出＋政府支出＋出口,用公式表示为

$$AE=C+I+G+X$$

根据国民收入核算的基本恒等式:总收入＝总支出,即 $AI=AE$,则有

$$C+S+T+M=C+I+G+X$$

等式两端同时减去 C,得到

$$S+T+M=I+G+X$$

这就是四部门经济中的恒等关系。

上述各种因素对国民经济循环流量的影响可归结为循环流量的注入和漏出。注入和漏出都是针对企业生产的商品和劳务是否进入消费领域而言的。如果进入或增加对企业生产的商品与劳务的消费,就称为注入;如果退出或减少对企业生产的商品和劳务的消费,就称为漏出。只要总注入等于总漏出,四部门经济循环流量就会处于平衡状态。四部门经济循环流量图反映了总注入与总漏出之间的关系,以及它们各自对国民经济总产出水平的影响。

第二节　国内生产总值

国内生产总值是宏观经济学的基本概念,它反映了一个国家的物品和劳务的生产情况。国内生产总值和国民收入的其他指标被西方经济学家认为是 20 世纪最伟大的发明之一。

一、国内生产总值的含义

国内生产总值(gross domestic product,GDP)是指一个国家或地区在一定时期内(通常为一年)运用生产要素所生产的最终产品和劳务的市场价值总和。这一定义具有以下几方面的含义:

第一,国内生产总值衡量的是一国范围内最终产品或劳务的价值。最终产品是与中间产品相对的概念,其划分并不在于产品物质形态的差别,而在于购买者购买产品的目的。如果购买者购买产品是为了自己消费的需要,那么这种产品便是最终产品;反之,若购买者购买产品是为了生产其他产品或用来转卖,那么这种产品便是中间产品。例如,汽车制造企业购买1 000美元的钢材,生产价值2 万美元的轿车,那么1 000 美元的钢材是中间产品,2 万美元的轿车是最终产品;又如,煤用做冶金等行业的燃料或化工等行业的原料时就是中间产品,在人们

生活中用做燃料时就是最终产品。

第二,国内生产总值是一定时期内(往往是一年内)生产出的产品与劳务的总价值,它不包含以前产品的库存,其计算方法为 GDP＝当年售卖最终产品价格总额－上年库存价格总额＋当年库存价格总额。例如,某国当年生产 1 000 亿美元产品,只卖掉 800 亿美元,所剩 200 亿美元产品可看做该国自己买下来的存货投资,同样应计入 GDP;相反,虽然生产 1 000 亿美元产品,然而却卖掉了 1 200 亿美元产品,则计入 GDP 的仍是 1 000 亿美元,只是库存减少了 200 亿美元而已。

第三,国内生产总值不仅包括有形的产品,而且还包括无形的劳务,如医生、律师、教师、清洁工、演员等其他社会成员因对社会提供了服务而收取的报酬。在劳务中,有些内容的计算是比较直接的,但有些劳务因难以计算往往成为当期国民生产总值中被遗漏的部分,如医生、律师为自己或家人提供服务,居民户主妇在家中的劳动等。

第四,国内生产总值是最终产品和劳务市场价值总和,因而是以货币形式表现出来的。一个经济社会生产的各种物品与劳务在本质上是各不相同的,所以无法按实物量进行统计加总,只能用货币作为计量尺度来确定。

第五,国内生产总值是计算期生产的最终产品价值,是流量而不是存量。若某人用 20 万美元买了一幢旧房,这 20 万美元不能计入国内生产总值,因为它在生产年份中已计算了,但买卖该旧房的经纪人的费用可计入国民生产总值,因为这笔费用是经纪人在买卖旧房过程中提供的劳务报酬。

二、名义国内生产总值和实际国内生产总值

国内生产总值是以货币进行计算的,因此应注意产量和价格的变动对国内生产总值的影响。同样的最终产品量可按不同的价格会得出不同的国内生产总值,因此区分名义国内生产总值和实际国内生产总值很有必要。

名义国内生产总值是按当年价格计算的全部最终产品和劳务的市场价值。例如,2006年的国内生产总值就是 2006 年生产的全部最终产品和劳务以当年价格计算出来的市场价值。实际国内生产总值则是用以前某一年作为基期的价格计算出来的全部最终产品和劳务的市场价值。

为消除价格对一国生产的商品和劳务所带来的影响,须将名义国民生产总值调整为实际国民生产总值,即计算实际国内生产总值。此时应先计算出国民生产总值的价格指数。

$$物价指数 = \frac{计算期的价格}{基期价格} \times 100\%$$

整个社会的物价总指数可表示为

$$物价总指数 = \frac{\sum P_1 Q_0}{\sum P_0 Q_0} \times 100\%$$

其中 P_1 为计算期的价格，P_0 为基期价格，Q_0 为基期销售量。

于是实际国内生产总值＝计算期名义国内生产总值/计算期的物价指数。该公式反映了名义国内生产总值、实际国内生产总值和物价总指数三者的关系。衡量一个国家经济增长速度时，应只看实际国内生产总值而不是名义国内生产总值。

三、国内生产总值与国民生产总值

与国内生产总值(GDP)相关的另一个反映经济社会生产总成果的总量指标是国民生产总值(gross national product，GNP)。国民生产总值是指在一定时期内一国国内所生产的全部最终产品(物品和劳务)的价值总和。国民生产总值与国内生产总值的区别在于计算原则不同。

国内生产总值(GDP)是按国土原则计算，即凡是本国领土上创造的收入，不论是否是本国国民所创造的，都计入国内生产总值。

国民生产总值(GNP)是按国民原则计算，即凡是本国公民(指常住居民)所创造的收入，不管是否在国内，都应计入国民生产总值。

因此，GDP 与 GNP 的关系为

GDP＝GNP－本国国民在国外取得的要素收入＋外国国民在本国取得的要素收入

国外要素净收入是指本国国民在国外取得的要素收入减去外国国民在本国取得的要素收入的差额。按国民原则计算 GNP 时，应加上国外要素净收入；按国土原则计算 GNP 时，应减去国外要素净收入。

目前，世界各国在国民收入核算和统计中越来越广泛采用 GDP 而不是 GNP，其主要有两个原因：一是按国土原则计算生产总值更为便利；二是 GDP 更能反映本国的就业和政府税收的基础。

四、国民收入核算的缺陷与校正

GNP 和 GDP 的核算可以衡量一国或地区的总体经济情况，但两者都有一些缺陷和不足，主要表现在以下几方面：

第一，两者难以全面衡量经济成果。GNP 和 GDP 是最终产品和劳务的市场价值的总和，因此只有经过市场交换的产品和劳务才能计算进去。有些经济活动如非法的经济活动、毒品的贩卖及生产、地下工厂的生产、黑市交易以及自给性的生产与服务等无法计入国内生产总值。

第二，两者不能全面反映人们的福利状况。西方经济学家的传统观念认为，国民福利的大小是可以通过国民生产总值的多少来衡量的，国民生产总值越多，国民福利就越大。但自从 20 世纪 70 年代以来，这种观念受到质疑，因为国民生产总值的增长不能反映人们在精神上的满足与否,不能反映闲暇所带来的福利,不能反映人们生活质量的变化,不能反映产品质量的进步与产品类型的变动对人们福利的影响,也不能反映社会产品分配的情况其对社会福利的影响。所以,一般认为国民生产总值的增加并不等于国民所得福利的增加。

第三,有一些经济活动在提供产品和劳务以满足人们需要时,影响了人们生活水平与质量,而这些 GDP 和 GNP 却没反映环境污染问题。

第四,国际运用国民生产总值等各种总量指标进行比较时,也会遇到许多困难,其中有些困难是由于各国运用的国民收入统计方式不同而造成的。即使在使用同一种国民收入统计方法的国家之间,由于其商品化程度的不同,各国统计资料的完备程度的不同等原因,人们也很难进行准确的比较。

针对国民生产总值指标等不能完全反映国民获得的福利的问题,美国经济学家托宾和诺德豪斯提出一个能够校正国民生产总值的指标,从而反映国民福利的"经济福利尺度"(简称 MEW)的概念。此后,萨缪尔森把这一概念称为"纯经济福利"(简称 NEW)。这些西方经济学家认为,经济活动的最终目的是增加个人与家庭的福利,福利更多地取决于消费而不是生产。国民生产总值只是对生产的衡量,而 MEW 和 NEW 才是对所有为人类福利作出贡献的消费的衡量。

对国民生产总值指标进行校正的具体做法是:

第一,在国民生产总值中加上闲暇的价值(按闲暇的机会成本计算)。闲暇的增加即工作时间的缩短虽然在一定技术条件下会使国民生产总值减少,但它能使人们得到精神上的满足,这种满足意味着国民福利的增加。

第二,加上不通过市场的产品和劳务价值,例如家庭主妇的家务劳动、自给性服务及自产自用的产品等。

第三,减去社会为消除污染而付出的代价。当企业造成污染而又没有采取措施时,为了使环境恢复原状,社会就必须支付一定的费用。因此,必须从国民生产总值中减去为消除污染所支出的费用,否则国民生产总值就被夸大了。

第四,减去现代城市生活给人们造成的损失,例如噪音、治安问题等。

第五,减去政府各种军费开支。政府军费开支的增加,反映了所占用的资源增大,使用于生产、满足消费的产品与劳务减少,从而也使国民福利缩小。

西方经济学家认为,经过以上各项对国民生产总值的校正后所得出的经济福利尺度或纯经济福利,能够比较确切地反映国民所得的福利。

【案例】

关注 GGDP

GGDP 是指在国内生产总值中扣除自然资本的消耗后得到经过环境调整的国内生产总值,也就是绿色 GDP。

EDP是指在国内生产总值中扣除生产资本的消耗后得到的国内生产净值(NDP)。从国内生产总值中同时扣除生产资本消耗和自然资本消耗后得到经过环境调整的国内生产净值,也称绿色国内生产净值,这就是联合国综合环境与经济核算体系的核心指标。

因此这三者的关系可这样表示:EDP<GGDP<GDP。

从增长率来说,当环境成本的增长快于GDP的增长时,EDP和GGDP的增长将低于GDP的增长。

第三节　国内生产总值的核算方法

国内生产总值(GDP)是最终商品和劳务的市场价值,其大小可以从购买者角度来看,也可以从出售者角度来看,即可以由支出法和收入法加以衡量。

一、支出法

支出法就是将一国在一定时期内整个社会用于最终商品和劳务的支出加总来计算GDP的方法。从支出主体的角度看,用支出法核算GDP就是核算经济社会在一定时期内居民户消费、企业投资、政府购买及出口等方面支出的总和。

居民户消费支出(C)包括个人或居民户对所有商品和劳务的支出,例如购买耐用消费品如汽车、电视机等的支出,购买非耐用消费品如食物、日用品的支出和劳务支出,但不包括建造住宅的支出。

投资支出(I)包括企业当期发生在厂房、设备及各种存货等方面的支出,例如企业最终购买的机器设备和工具支出、房屋建设(厂房、仓库建设和住宅建设)支出、企业库存,但不包括对债券、股票等的购买。投资分为总投资和净投资。总投资是投资的总和,它包括更新投资和净投资,其中更新投资叫做资本消耗折扣或折旧,用于补充资本存量的损耗。净投资是为增加资本存量所需的投资,它是总投资减去更新投资后的余额。净投资可能是正值,也可能是负值。

政府购买支出(G)是指各级政府购买物品和劳务的支出,例如政府设立法院、提供国防、建筑道路和开办学校等方面支出。除此之外,政府总支出中还包括相当数量的转移支付,例如社会保险救济金、失业救济金、公债利息等。转移支付只是简单将收入从一个人或一个组织转移到另一个人或另一个组织,并没有相应的最终产品或劳务的交换,因此这部分支出不能作为政府购买而计入国民生产总值。

净出口是指一个国家在一定时期中所发生的进出口差额。一国的总产品除了用于国内个人消费、投资或被政府购买外,还有一部分被国外购买,这部分产品应计入购买中;其他国家生产的商品本国同样可以购买,这部分产品应从总购买中减去。若用 X 表示出口,M 表示进口,则净出口就是$(X-M)$,它可以是正也可以为负。

将上述四个项目加总,可得用支出法计算 GDP 的公式:

$$GDP=C+I+G+(X-M)$$

二、收入法

收入法就是将一国在一定时期内整个社会出售最终商品和劳务的收入加总来计算 GDP 的方法。最终产品市场价值除了生产要素构成的成本外,还包括间接税、折旧、公司未分配利润等。

用收入法核算的国内生产总值包括以下项目:

(1) 工资、利息和租金。工资包括所有对工作的酬金、津贴和福利,也包括工资收入者必须缴纳的所得税及社会保险税;利息是指人们储蓄所提供的净利息收入,包括居民实得的利息和应缴纳的所得税,但不包括政府公债的利息,因政府公债的利息是一种转移支付,它不是国民收入的一部分;租金包括个人出租房屋、土地而得到的租金收入,还包括使用自己房屋、土地等的隐含租金。

(2) 非公司企业收入与公司税前利润等。非公司企业主收入包括医生、律师、农民和小店铺主等的收入。该企业主使用自己的资金自我雇佣,其工资、利息、利润、租金常混在一起作为非公司企业主收入。公司税前利润包括公司所得税、社会保险税、股东红利及公司未分配利润。

(3) 企业间接税。企业间接税包括企业向政府缴纳的销售税和货物税,它虽然不是生产要素创造的收入,但需通过产品价格转嫁给购买者,故应视为成本。

(4) 资本折旧。资本的耗费不属于生产要素的收入,但由于折旧已被分摊在商品与劳务的价格中,所以在计算国内生产总值时应加上折旧。

这样就可以根据以上各项目的分析,得出收入法计算 GDP 的公式:

GDP=工资+租金+净利息+非公司企业收入与公司税前利润+

  企业间接税+资本折旧

从理论上说,上式与支出法计算的 GDP 是相等的,但实际核算中常有误差,因而还应加上统计误差。

三、国民收入核算中的其他总量

除了国内生产总值外,与经济活动的最终成果有关的重要统计量还包括国内生产净值、国民生产净值、国民收入、个人收入和个人可支配收入。

国内生产净值(NDP)是指国内生产总值扣除当年的资本耗费即折旧后的价值。

国民生产净值(NNP)又称为国民净产值,是在国民生产总值中减去生产过程中资本耗费即折旧后的价值,其计算公式为:NNP=GNP－折旧。

国民收入(NI)是指狭义的国民收入,是一个国家在一年中因使用生产要素进行生产而对生产要素所支付的报酬总和,包括工资、租金、利息、利润。在计算国民收入时,只需在国内生产净值中减去企业间接税即可,其计算公式为:NI=NDP－企业间接税。

个人收入(PI)表示国民收入并不会全部成为个人的收入。例如,利润收入中要向政府缴纳公司所得税,公司还要留下一部分不分配给个人,只有一部分利润才会以红利和股息形式分给个人;职工劳动收入中也有一部分要以社会保险费的形式上缴有关机构。另一方面,人们也会以各种形式从政府部门得到转移支付,如退伍军人津贴、工人失业救济金、职工养老金、职工困难补助等。因此,从国民收入中减去公司未分配利润、公司所得税及社会保险税,再加上政府给个人的转移支付就得到个人收入。个人收入的计算公式为

$$PI=NI－公司所得税及社会保险税－公司未分配利润＋转移支付$$

个人可支配收入(PDI)是指缴纳了个人所得税后的个人收入,其计算公式为

$$PDI=PI－个人所得税＝个人消费＋个人储蓄$$

【本章小结】

1. 宏观经济学以总量分析为特征,其中心理论是国民收入决定理论,而国民收入核算又是国民收入决定理论的基础。

2. 国民生产总值的计算方法主要有支出法、收入法和生产法,其中支出法是与宏观经济学联系较为密切的一种方法。

3. 除了国内生产总值外,与经济活动的最终成果有关的重要统计量还包括国民生产净值、国民收入、个人收入和个人可支配收入等。

【重要名词和术语】

国民生产总值　国内生产总值　最终产品　中间产品　支出法　收入法
国民生产净值　国民收入　个人收入　　总需求

【复习思考题】

1. 如何全面理解 GNP 这一概念?

2. 如何理解一国的"总产出＝总收入＝总支出"?

3. GNP,NNP,NI,PI 和 PDI 等指标之间的关系是什么?

4. 简述 GNP 和 GDP 的关系。

5. 下列项目是否应计入 GDP? 为什么?

(1) 政府转移支付;(2) 购买一辆用过的卡车;(3) 购买普通股票;(4) 购买一块地产。

6. 假定 GNP 由 1 000 亿元增至 2 000 亿元,在下列情况中实际 GNP 将如何变化?

(1) 价格水平不变；

(2) 价格水平上升一倍；

(3) 价格水平下降50％。

7. 在下列资料中找出：(1)国民收入；(2) 国民生产净值；(3) 国民生产总值；(4) 个人收入；(5) 个人收入；(6) 个人储蓄。

单位：10亿美元

项　目	金　额
资本消耗补偿	356.4
雇员酬金	1 866.3
企业利息支付	264.9
间接税	266.3
个人租金收入	34.1
公司利润	164.8
非公司企业主收入	120.8
红利	66.4
社会保险税	253.0
个人所得税	402.1
消费者支付的利息	64.4
政府支付的利息	105.1
政府转移支付	374.5
个人消费支出	1 991.9

第十一章

简单国民收入决定理论

【本章要点】

国民收入决定理论是宏观经济学的核心问题,这一理论说明了总需求如何决定均衡的国民收入,以及均衡的国民收入是如何变动的。

国民收入核算理论提供某一时期国民收入的估算数值,本章将介绍影响国民收入的主要变量以及这些变量之间的关系,探讨某一时期国民收入的决定因素。国民收入决定理论是分析宏观经济中许多重要问题与政策的工具,因此,这一理论是整个宏观经济学的基础。本章所有的分析是在以下几个假定前提条件下进行的:在没有货币因素的产品市场上研究国民收入的决定;不考虑国际经济因素的封闭条件下研究国民收入的决定;排除价格变动因素。

第一节 消费函数和储蓄函数

本节从影响消费的因素入手说明消费与储蓄函数的决定。为了便于分析,首先假定所考察的经济中只有家庭和厂商两个部门。

一、消费函数

在宏观经济学中,消费是指一个国家或地区在一定时期内居民个人或家庭为满足消费欲望而用于购买消费品和劳务的所有支出。在现实生活中影响消费数量的因素有许多。就单个家庭而言,消费者收入水平、商品价格、个人偏好、风俗习惯、消费信贷及利率水平等都是影响消费数量的因素,但根据凯恩斯的理论假定,在影响消费需求的各种因素中居民个人或家庭的收入水平是影响消费的决定因素。假定经济中的价格总水平保持不变,那么家庭部门的消费数量主要由经济的总收入即国民收入所决定。若以 C 表示消费水平,Y 表示国

民收入,则在两部门经济中消费与收入之间的关系可用函数形式表示为

$$C = C(Y)$$

这一函数被称为消费函数。

消费水平与国民收入的关系可用表 11-1 所示的消费表进行说明。

表 11-1 消费表

收入(Y)	消费(C)
8 000	8 250
9 000	9 200
10 000	10 000
11 000	10 550
12 000	11 000

收入增加时,消费也随之增加,但消费增加却越来越少。根据消费表可得到消费曲线,如图 11-1 所示。消费曲线与两坐标轴之间的 45°线相交于 E 点。在 E 点左侧,消费大于收入;在 E 点右侧,消费小于收入;在 E 点,消费等于收入,即全部收入都用于消费。随着消费曲线向右延伸,消费曲线与 45°线的距离越来越大,这意味着消费随着收入的增加而增加,但消费增加的幅度越来越小于收入增加的幅度。这就是凯恩斯理论提出的一条消费心理规律,即边际消费倾向递减规律,即一般来说,消费水平的高低会随着收入大小的变动而变动,收入越大,消费就越高,但随着人们收入的增加,消费数量的增加幅度小于收入的增加幅度。

消费和收入之间的关系也可以由平均消费倾向(APC)和边际消费倾向(MPC)进行说明。

平均消费倾向是指消费在收入中所占的比例,即每单位收入的消费数量,用公式表示为

$$APC = \frac{C}{Y}$$

上式表明家庭既定收入在消费和储蓄之间的分配状况。例如,若 100 美元中 80 美元用于消费,则平均消费倾向为 80%。由于消费水平总大于零,平均消费倾向为正数。在收

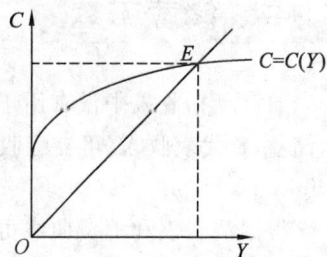

图 11-1 消费曲线

入偏低时,为保证基本的生活需要,消费有可能大于收入,此时平均消费倾向大于1;随着收入的增加,消费逐渐小于收入,平均消费倾向逐渐降低。在图 11-1 中,在 E 点之前,APC>1;在 E 点,APC=1;在 E 点之后,APC<1。可见,平均消费倾向是递减的。

边际消费倾向是指增加的消费在增加的收入中所占的比例,用公式表示为

$$MPC = \frac{\Delta C}{\Delta Y}$$

式中 ΔY 为家庭收入的增加量;ΔC 为增加的收入中消费的增加量。边际消费倾向表明收入变动量在消费变动和储蓄变动之间的分配情况。一般来说,边际消费倾向总是大于 0 而小于 1 的,即 $0<MPC<1$。边际消费倾向随着收入的增加而逐渐递减。

为方便分析短期消费与收入之间关系,西方经济学家假定收入和消费两个经济变量之间存在线性关系,且边际消费倾向为一常数,则线性消费函数为

$$C=a+bY$$

式中 a 表示自发消费,不随收入变动;b 表示 MPC;bY 表示引致消费,它随着收入的增加而增加。

线性消费函数表明随着收入的增加,消费按固定不变的比例 b 增加,因而消费曲线是一条直线,如图 11 - 2 所示。

消费函数 $C=a+bY$ 的经济意义为:消费等于自发消费与引致消费之和。例如 $a=500$,$b=0.75$,则 $C=500+0.75Y$,它表示如果收入增加一个单位,其中就有 75％用于消费。只要 Y 为已知,就可以计算出全部消费量。

上述消费函数只是凯恩斯提出的一种消费函数,它假定消费是收入水平的函数,这是西方消费函数最简单的形式。除此之外,杜森贝利的相对收入假定、米尔顿·弗里德曼的持久收入假定、弗郎科·莫迪利安尼的生命周期假定都对凯恩斯提出的消费函数进行了补充、修改和完善。

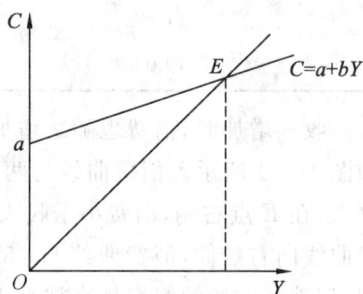

图 11 - 2　线性消费函数

二、储蓄函数

储蓄是指收入中没有用于消费的部分,因而储蓄函数可以由消费函数得到。假定 S 表示储蓄,Y 代表收入(可支配收入),于是储蓄与收入之间的函数关系可表示为

$$S=Y-C(Y)=S(Y)$$

根据消费表和消费曲线可绘制储蓄表(见表 11 - 2)和储蓄曲线(见图 11 - 3)。

储蓄与收入之间的关系也可以由平均储蓄倾向(APS)和边际储蓄倾向(MPS)进行说明。

平均储蓄倾向是指一定收入水平下储蓄在收入中所占的比例,用公式表示为

$$APS=\frac{S}{Y}$$

边际储蓄倾向是指增加的储蓄在增加的收入中所占的比例,用公式表示为

$$MPS=\frac{\Delta S}{\Delta Y}$$

表 11-2 储蓄表

收入(Y)	消费(C)	储蓄(S)
8 000	8 250	-250
9 000	9 200	-200
10 000	10 000	0
11 000	10 550	450
12 000	11 100	900

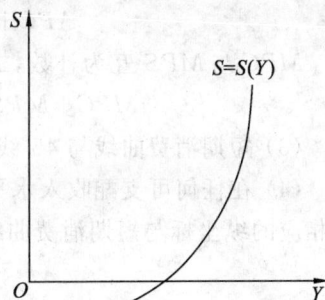

图 11-3　储蓄曲线

由于储蓄可正可负,因此平均储蓄倾向也可正可负。随着收入的增加,边际储蓄倾向呈递增的趋势。

通过储蓄表可以在收入与储蓄构成的坐标平面中绘制一条储蓄曲线,如图 11-3 所示。从图 11-3 中可以看出,随着收入的增加,家庭部门的储蓄也在增加,即储蓄曲线向右上方倾斜;同时,随着收入的增加,储蓄增加的速度更快,因而储蓄曲线越来越陡峭。

假定消费函数是线性的,则由此推导出来的储蓄函数也一定是线性的。

因为
$$S = Y - C$$
$$C = a + bY$$

所以
$$S = Y - C = Y - (a + bY)$$
$$= -a + (1-b)Y$$

式中 $(1-b)$ 为边际储蓄倾向;$(1-b)Y$ 为收入引致的储蓄。

储蓄函数 $S = -a + (1-b)Y$ 的经济含义为:储蓄等于收入引致的储蓄减去自发消费或基本消费。例如 $a = 500$,$b = 0.25$,则 $S = -500 + 0.75Y$,它表示如果收入增加一个单位,其中就有 25% 用于储蓄。只要 Y 为已知,就可以计算出全部储蓄数值。

当收入与储蓄之间呈线性关系时,储蓄函数就是一条

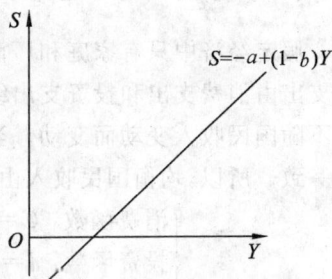

图 11-4　线性储蓄函数

向左上方倾斜的直线,储蓄曲线上每一点的斜率都等于边际储蓄倾向,如图 11-4 所示。

三、消费函数和储蓄函数之间的关系

从上述分析中可看出,消费函数和储蓄函数之间具有以下关系:

(1) 消费函数与储蓄函数之和等于总收入,即
$$C(Y) + S(Y) = a + bY + (-a) + (1-b)Y = Y$$

只要两个函数中有一个确立,另一个便随之确立。

(2) APC 与 APS 互为补数,二者之和恒等于 1,即

$$APC+APS=C/Y+S/Y=(C+S)/Y=1;$$

MPC 与 MPS 互为补数,二者之和恒等于 1,即

$$MPC+MPS=\Delta C/\Delta Y+\Delta S/\Delta Y=(\Delta C+\Delta S)/\Delta Y=1$$

（3）短期消费曲线与45°线相交时,短期储蓄曲线必定与横轴相交。

（4）在任何可支配收入水平即横轴的任何一点上,短期储蓄曲线的纵坐标必然等于45°线相应的纵坐标与短期消费曲线的纵坐标之差。

第二节　简单国民收入决定

当经济的总支出与总收入相等时就可决定均衡的国民收入。本节分析两部门、三部门和四部门国民收入的决定。

一、两部门经济均衡国民收入决定

（一）总支出等于总收入决定均衡国民收入

假定经济中只有家庭和厂商两个部门,不包含政府和对外贸易部门。在两部门经济中,总支出由消费支出和投资支出组成。消费由收入决定,即 $C=C(Y)$,假定投资为自主投资,且不随国民收入变动而变动。当国民经济处于均衡状态时,决定的消费收入与均衡国民收入一致。所以,均衡国民收入由下列模型决定:

$$\begin{cases} 消费函数：C=a+bY \\ 投资函数：I=I_0 \\ 均衡条件：Y=C+I \end{cases}$$

从中可以得到均衡的国民收入为

$$Y=\frac{a+I_0}{1-b}$$

家庭和厂商两部门收入决定模型还可用如图11-5所示的图形来说明。

总收入等于消费（C）与投资（I）之和,因此将消费曲线与投资曲线垂直相加便得出总支出 Y;而45°线上任一点均表示总收入等于总支出。于是总支出曲

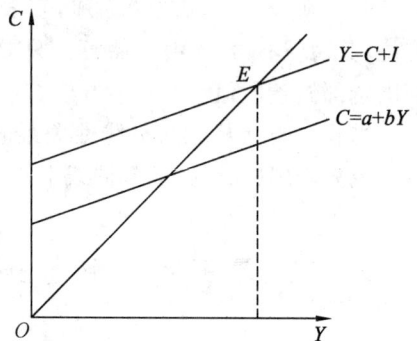

图 11-5　消费加投资决定的国民收入

线与45°线的交点决定的国民收入是均衡国民收入,即 E 点所代表的经济处于均衡状态。在 E 点左方,总收入小于总支出,市场会出现供不应求的情况,此时价格必然上升,企业必

将提高产量和就业水平,从而使收入上升;在 E 点右方,总收入大于总支出,社会需求不足,产品卖不出去,此时价格必然下降,企业必将降低生产量和就业水平,从而使收入下降。E 点决定的收入是均衡的收入。如果收入水平低于或高于均衡收入水平,经济体系就会根据供求失衡情况调整产量与就业水平,使收入水平提高或降低,直到达至均衡收入水平为止。

(二) 投资等于储蓄决定均衡国民收入

均衡国民收入的决定也可由投资等于储蓄的均衡条件进行说明。储蓄由国民收入决定,而投资为自主投资,与国民收入无关,因此均衡的国民收入可由下列模型决定:

$$\begin{cases} 储蓄函数:S = -a + (1-b)Y \\ 投资函数:I = I_0 \\ 均衡条件:I = S \end{cases}$$

从中可以得到均衡的国民收入为

$$Y = \frac{a + I_0}{1 - b}$$

这与前面模型得到的结论完全相同。

家庭和厂商两部门收入决定模型可用如图 11-6 所示的图形来说明。

在图 11-6 中,横轴表示总收入,纵轴表示投资和储蓄。储蓄随着收入的增加而增加,而投资与收入无关,投资曲线是一条平行于横轴的直线。当投资曲线与储蓄曲线相交时,经济处于均衡状态,此时二者的交点

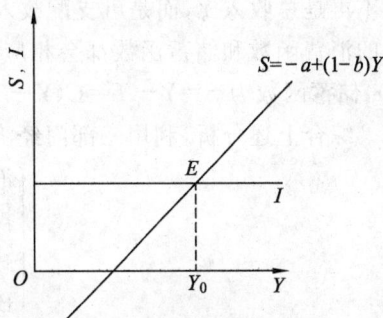

图 11-6 投资等于储蓄决定的国民收入

E 决定均衡国民收入 Y_0。因此,储蓄曲线与投资曲线交点所决定的收入水平是均衡收入水平,这意味着居民计划的储蓄正好等于企业计划的投资。如果经济体系离开该均衡点,储蓄与投资之间处于失衡状态,企业销售出去的产量就会大于或小于其生产出来的产量,从而被迫进行存货负投资或存货投资,这必将引起生产规模的扩大或缩小,导致收入水平的提高或下降,直至回到均衡收入水平为止。

二、三部门经济均衡国民收入决定

在两部门经济中对均衡国民收入决定的分析可以很容易推广到包含政府和对外贸易部门的情形。这里以三部门经济为例进行说明。

在三部门经济系统中,经济活动的主体是家庭、厂商和政府,因此构成总支出的项目不仅包括私人消费和投资,还包括政府购买;总收入项目中除了私人用于消费和储蓄的收入外,还包括政府的净税收收入,即税收扣除转移支付后的余额。

首先考察政府购买和税收。政府购买是指政府在商品和劳务上的支出,包括政府部

门的行政、军费和公共福利等方面的开支。政府购买会引起总需求增加。西方经济学中通常假定政府购买是政府的一个政策变动量,它不随国民收入的变动而变动,因而被假定为常量 G_0。政府收入主要来自税收。税收在这里泛指政府征收的税收与向家庭、厂商提供的转移支付之间的差额。税收具有强制性、无偿性和固定性 3 个特征。税收主要有两大类:一类是直接税,它是对财产和收入进行征税,其特点为纳税人就是赋税人,税收负担无法转嫁,如个人所得税、财产税等;另一类是间接税,它是对商品和劳务进行征税,其特点为纳税人并不是赋税人,税收负担可以向前或向后转嫁,如营业税、增值税等。政府税收使可支配收入减少,从而使总需求收缩。为了方便分析,现假定税收一定,即 $T=T_0$。

其次考察引入政府部门后对私人部门所产生的影响。政府部门对私人部门所产生的最重要的影响是税收对家庭收入的影响。当存在政府税收时,家庭部门决定消费和储蓄的收入不再是总收入 Y,而是可支配收入 Y_d,其中 $Y_d=Y-T_0$。随着可支配收入代替总收入,家庭的消费函数和储蓄函数都会相应地下降,即在引入政府部门后的消费函数为 $C=C(Y-T)$,储蓄函数为 $S=Y-T=C(Y-T)$。

综合上述分析,利用三部门经济的均衡条件

$$
\begin{cases}
消费函数: C=C(Y-T) \\
投资函数: I=I_0 \\
政府购买: G=G_0 \\
均衡条件: Y=C+I+G
\end{cases}
$$

可以得到均衡的国民收入为

$$Y=\frac{a-bT_0+I_0+G_0}{1-b}$$

从上式中可以看到,投资、政府购买增加都会使均衡国民收入增加,而税收增加则会使均衡国民收入减少。

三部门经济均衡国民收入可由如图 11-7 所示的图形来说明。在图 11-7 中,横轴表示总收入,纵轴表示私人消费、投资和政府购买等总支出项目,从而在 45°线上总收入等于总支出,经济处于均衡状态。在图 11-7 中,消费随着收入的增加而增加,而私人投资和政府购买都与收入无关,因而经济中私人消费加投资再加政府购买是消费曲线向上平行移动。总支出曲线与 45°线的交点 E 决定均衡国民收入 Y_0。

从图中还可以看出,如果消费、投资和(或)政府购买增加,经济的总支出增加,从而均衡国民收入增加;反之,消费、投资和(或)政府购买减少,均衡国民收入下降。此外,政府增加税收将会导致家庭部门的消费减少,从而使均衡国民收入下降;反之,政府减少税收将使均衡国民收入增加。三部门经济中的均衡国民收入决定也可由私人投资与政府购买之和等于储蓄与税收之和的条件加以说明,如图 11-8 所示。

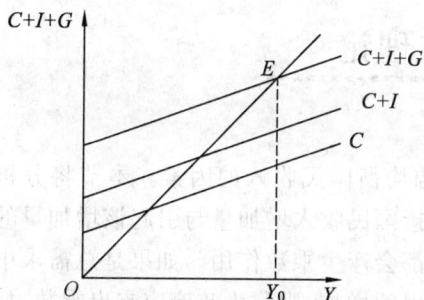

图 11-7　三部门均衡国民收入的决定：
　　　　　消费、投资、政府购买

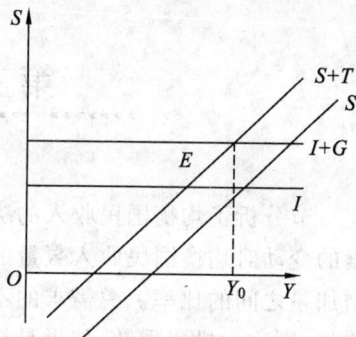

图 11-8　三部门均衡国民收入的决定：
　　　　　私人投资、政府购买、储蓄、税收

按照上述分析思路，同样可以得到四部门经济的均衡国民收入。

四、潜在国民收入与缺口

两部门、三部门和四部门经济中均衡国民收入决定就是两部门、三部门和四部门经济中的总支出相等或相一致的产出，即由总需求水平决定的国内生产总值。必须注意的是，这一均衡国民收入不一定是充分就业状态下的国民收入。

充分就业状态下的国民收入是指利用社会上一切可利用的经济资源（劳力、资本、土地等）所能够生产的产品和劳务的最大值，也就是一国的经济潜力充分利用或发挥时所能够达到的最大产出量，故又称潜在国民收入。一国在一定时期的潜在国民收入不一定是该国在该时期实际所生产的国民收入。实际国民收入是与总支出水平相一致的均衡收入，它由整个国家的消费支出、投资支出、政府购买和净出口加总而构成的总需求水平决定。当种种因素决定的总支出（总需求）水平较低时，实际的收入就会低于潜在的收入，尤其在经济萧条时会发生工人失业、设备闲置的情形。

潜在国民收入和实际均衡收入之间的差距称为国内生产总值缺口（GDP gap）。实际收入低于潜在收入的缺口可衡量社会放弃了多少本来可以生产的产品和劳务。这些产品和劳务是有能力生产的，只是由于总需求不足即产品销路不好而未能生产出来，因此，GDP 缺口表现了经济萧条时资源闲置的情况。

通货紧缩缺口是指实际总需求水平低于充分就业时的国民收入水平所形成的缺口。与通货紧缩缺口相对的是通货膨胀缺口，它是指实际总支出超过充分就业收入所要求的总支出之间的缺口。通货膨胀同样会影响经济运行和经营，经济效益会下降，经济增长会停滞。因此，降低通货膨胀率也是宏观经济调控的重要的目标之一。

经济社会的产出由于不能总在充分就业水平上达到均衡，因此需要政府进行宏观调控，以消除通货紧缩缺口或通货膨胀缺口，实现没有通货膨胀的充分就业。

第三节 乘数理论

上一节分析了均衡国民收入的决定,并指出影响均衡国民收入的因素。本节将分析这些因素的变动对均衡国民收入数量的影响。乘数是指国民收入增加量与引起该增加量的总需求增加量之间的比率。总需求的不同部分的增加都会产生乘数作用。如果是总需求中投资的增加,则称为投资乘数;如果是总需求中政府支出的增加,则称为政府应支出乘数;如果是总需求中净出口的增加,则称为对外贸易乘数。

一、投资乘数

投资乘数是指由投资变动引起的收入改变量与投资支出改变量之间的比率,其数值等于边际储蓄倾向的倒数。现举例说明投资变动对收入的乘数效应。

在两部门经济中,假定其他条件不变,投资增加100亿美元。增加的100亿美元投资也扩大了经济对投资品的需求。若经济中增加的100亿美元用于购买投资品,则参与生产投资品的各种生产要素获得100亿美元的收入,即国民收入增加100亿美元。但是投资增加对经济的影响并没有就此终结。当家庭部门增加100亿美元后,会将其中的一部分作为储蓄,并同时增加消费。假定该社会的边际消费倾向是0.8,则家庭部门在增加的100亿美元收入中会有80亿美元用于购买消费品。此时经济中消费品的需求增加80亿美元,即消费需求增加导致消费品生产增加80亿美元。这80亿美元又以消费品生产过程中的工资、利息、利润和租金等形式流入要素所有者的家庭中,从而国民收入又增加了80亿美元。同样,生产消费品的要素所有者会将这80亿美元收入中的0.8部分即64亿美元用于消费,使社会总需求增加64亿美元,并由此导致经济中的国民收入再增加64亿美元。如此不断继续下去,通过增加100亿美元投资,最终国民收入增加按无穷等比级数和计算公式可得

$$100+100\times0.8+100\times0.8^2+100\times0.8^3+\cdots$$
$$=100\ /(1-0.8)$$
$$=500$$

一般地,假设投资变动 ΔI,国民收入将随之变动 ΔY,则投资乘数为

$$K=\frac{\Delta Y}{\Delta I}$$

如果经济中家庭部门的边际消费倾向为 b,那么投资增加引起的一系列国民收入增加为

$$K=\frac{1}{1-b}=\frac{1}{1-\text{MPC}}=\frac{1}{\text{MPS}}$$

上式表明,边际消费倾向与边际储蓄倾向之和等于1,因而投资乘数也等于边际储蓄倾向的倒数。投资乘数的大小取决于边际消费倾向。边际消费倾向越接近于1,投资乘数就越大;反之,边际消费倾向越接近于0,投资乘数就越小。

投资乘数是从正反两方面发生作用的。一方面,投资的增加会引起国民收入和就业量按比例 K 增加;另一方面,投资的减少也会导致国民收入和就业量按比例 K 减少。因此,西方经济学家将乘数称为一把"双刃剑"。一般来说,当国民经济呈现萧条时,应注意发挥乘数的正作用,通过消费、投资等增量以实现国民经济的高涨;当国民经济高涨过度、呈现通货膨胀时,则应利用乘数的反作用,通过减少消费、投资以使国民经济的高涨有所收敛。应注意的是,投资乘数定理不仅表示投资增加导致国民收入成倍增加,同时也表示当投资减少时,国民收入将会成倍下降。此外,投资乘数定理的结论的成立也需具备一定的条件。首先,投资乘数效应是长期变动的累积,它要求在这一过程中边际消费倾向较为稳定;其次,在投资增加引起国民收入变动的过程中,需要有足够的资本品和劳动力。如果投资需求和消费需求受到资源的约束,那么国民收入的增加就会受到资本品、劳动力等要素价格上涨的影响,使国民收入增加量达不到投资的 $1/(1-b)$ 倍。因此,投资乘数定理往往在经济萧条时期才成立。所以,凯恩斯经济学之所以称为"萧条经济学",是因为只有在经济萧条时期,才有闲置的设备、原料以及过剩的劳动力和足够的消费品存货,从而使投资乘数不受阻碍地发挥作用。

二、其他乘数

除了投资乘数外,还有其他几个重要的乘数。

1. 政府购买支出乘数

政府购买支出乘数是指由政府购买变动引起的收入改变量与政府购买支出的改变量之间的比率,其数值也等于边际储蓄倾向的倒数。

与私人增加投资的效果一样,政府购买增加同样导致经济的总需求增加,并使国民收入增加。假定经济中家庭部门的边际消费倾向为 b,政府购买的变动量为 ΔG,国民收入将随之变动 ΔY,那么政府购买增加引起国民收入的增加量为

$$\Delta Y = \frac{\Delta G}{1-b(1-t)} \quad (t\ \text{为边际税率})$$

如果用 K_G 表示政府购买支出乘数,则

$$K_G = \frac{\Delta Y}{\Delta G} = \frac{1}{1-b(1-t)}$$

2. 税收乘数

假定影响均衡国民收入的其他因素保持不变,政府税收增加 T,税收增加的直接结果是使家庭可支配的收入减少等额数量。在家庭部门的边际消费倾向为 b 的条件下,经济中消费则会减少 $b\Delta T$。消费减少使生产消费品部门收入减少 $b\Delta T$,从而使国民收入减少 $b\Delta T$。

因此，收税改变 ΔT，引起的国民收入变动为

$$\Delta Y = \Delta T \times \frac{-b}{1-b(1-t)}$$

如果用 K_T 表示税收乘数，则

$$K_T = \frac{\Delta Y}{\Delta T} = \frac{-b}{1-b(1-t)}$$

3. 转移支付乘数

转移支付乘数是指政府增加或减少转移支付引起国民收入的增加量或总支出的增加量的比值，其公式为

$$\Delta Y = \Delta TR \times \frac{b}{1-b(1-t)}$$

如果用 K_{TR} 表示转移支付乘数，则

$$K_{TR} = \frac{\Delta Y}{\Delta TR} = \frac{b}{1-b(1-t)}$$

4. 平衡预算乘数

平衡预算乘数是指在政府预算保持平衡的条件下，政府购买和税收等量变动所引起的收入变动与政府购买（或者税收）改变量之间的比率，其数值恰好等于1。

在保持政府预算平衡的条件下，假设政府购买和税收等量变动，即政府增加购买为 ΔG，增加税收为 ΔT，且 $\Delta G = \Delta T$，那么增加政府购买引起的国民收入变动 $\Delta Y = \frac{\Delta G}{1-b(1-t)}$，增加税收引起的国民收入改变量 $\Delta Y = \Delta T \times \frac{-b}{1-b(1-t)}$，得到

$$\frac{\Delta Y}{\Delta G} = \frac{1-b}{1-b} = 1$$

上式表明，政府等量变动购买和税收，国民收入也会发生等量变动，这就是说，其对均衡国民收入产生单位乘数效应。在平衡预算条件下等量增加政府购买与税收将继续保持平衡预算，因此政府购买乘数与税收乘数之和被称为平衡预算乘数。平衡预算乘数是指政府收入的增加量等于政府支出或税收额的增加量，平衡预算乘数为1。

与投资乘数一样，政府购买乘数、税收乘数、转移支付乘数和平衡预算乘数都是双向的。此外，这些乘数只能在一定的条件下才会发挥作用。

【本章小结】

1. 经济社会的总需求由消费需求、投资需求、政府需求和净出口四个部分构成。

2. 两部门均衡的国民收入为：$Y = \frac{a+I_0}{1-b}$

3. 三部门均衡的国民收入为：$Y = \frac{a-bT_0+I_0+G_0}{1-b}$

4. 总需求的不同部分的增加都会产生乘数作用。如果是总需求中投资的增加,则称为投资乘数;如果是总需求中政府支出的增加,则称为政府支出乘数;如果是总需求中净出口的增加,则称为对外贸易乘数。此外相关的乘数还有税收乘数、转移支付乘数和平衡预算乘数。

【重要名词和术语】

消费函数　平均消费倾向　边际消费倾向　储蓄函数　平均储蓄倾向
边际储蓄倾向　投资乘数

【复习思考题】

1. 为什么说国民收入理论是宏观经济学的核心?

2. 均衡国民收入和潜在国民收入的区别是什么?

3. 一些西方经济学家常断言:将一部分国民收入从富人转给贫困者,将会提高总收入水平。试分析这种断言的理由。

4. 假设某经济社会的消费函数 $C=100+0.8Y$,投资为 50(单位:10 亿美元)。

(1) 求均衡收入、消费和储蓄分别为多少?若投资增加到 100,求增加的收入为多少?

(2) 若消费函数 $C=100+0.9Y$,投资仍然为 50,则其收入和储蓄各为多少?投资增加到 100 时收入增加多少?

(3) 消费函数变动后,乘数有何变化?

5. 假设某经济社会的消费函数 $C=100+0.8Y_D$,意愿投资为 $I=50$,政府购买支出 $G=200$,政府转移支付 $TR=62.5$(单位:10 亿美元),税率 $t=0.25$。

试求:

(1) 均衡收入;

(2) 投资乘数、政府支出乘数、税收乘数和政府转移支付乘数;

(3) 假定该社会达到充分就业所需要的国民收入为 200,求用增加政府购买或减少税收或增加政府购买和税收同一数额(以便实现预算平衡)实现充分就业,各需要多少数额?(均不考虑货币市场作用,即不考虑货币需求变动对利率进而对投资和收入的影响。)

第十二章

IS-LM 模型分析

【本章要点】

本章介绍 *IS* 曲线的形成;*LM* 曲线的形成;货币的需求;*IS-LM* 模型。

前面在分析国民收入的决定时假设利率与投资是外生变量,但事实上投资会随着利率的变动而变动,还会对总需求和国民收入产生影响。本节将在扩大的国民收入决定模型(*IS-LM* 模型)中,分析在利率和投资变动情况下总需求对国民收入的影响,以及利率和国民收入的关系。

英国经济学家 J·R·希克斯和美国经济学家 A·H·汉森同时考察了产品市场和货币市场的均衡,提出了著名的"汉森-希克斯"模型,即"*IS-LM* 模型"。该模型描述在产品市场和货币市场同时均衡时,利率与国民收入之间的关系。这一模型是对凯恩斯理论的标准解释,因此被称为整个宏观经济学的核心。

第一节　产品市场的均衡与 *IS* 曲线

一、投资与利率

1. 投资的含义及分类

投资又称为"资本形成",它表示在一定时间内资本的增量,即在一定时间内生产能力的增量。投资与资本是不同的两个概念,投资是一个"流量"概念,而资本则是一个"存量"概念。

经济学中的投资与通常所说的投资在概念上是不同的,私人用自己的收入去购买各种有价证券从而获得收益,从个人角度来看,它是一种投资,但从社会角度来看,这并不是一种投资。证券可分为已发行的证券和新发行的证券两种,对于个人购买已发行的证券,这显然不是投资,因为它使证券从一个人的手中转移到另一个人的手中,只不过是财产所有权的转移。即使是个人购买厂房、生产设备等实物,其性质也是财产所有权的转移。对于个人购买新发行的证券,这也不能称为社会投资,因为无论是政府还是私人厂商,他们并不能确定从发行证券所获得的资金已用于购买资本。在探讨 GDP 的统计时知道,只有厂商的购买(I)才是投资需求。如果将私人对证券的购买作为投资,则会形成重复计算,所以私人对证券的购买是不被计入 GDP 的。为了对其进行区别,对购买证券的投资行为称为"金融投资",而对于能够增加资本量的投资称为"实际投资"。经济学中一般所讲的投资就是指实际投资。

实际投资分为两类:第一类是固定资本的增加,其中包括厂房、机器设备的投资和建筑投资,如各种住宅与非住宅建筑等;第二类是存货投资,如各种制成品、半制成品以及原材料等。这些已在介绍 GDP 国内私人总投资时介绍过,但这里的社会投资既包括私人厂商的购买投资,也包括政府的购买投资。

投资又可分为总投资和净投资。总投资是指没有除去资本损耗(折旧)的投资,净投资则不包括资本损耗。总投资一般都是正值,而净投资则可能是正值、零或负值,它完全取决于总资本与资本折旧的关系。

投资还可分为直接投资与间接投资。直接投资是指投资者自身直接建立某种企业所进行的投资活动,例如建立工厂、开办商店等。间接投资是资本输出的一种方式,其方法有两种:一种是投资者用资本购买其他国家的政府或企业发行的债券,投资者并不过问资金如何使用,只是获取债券利息,而由其他国家的政府或企业使用;另一种是将资本借贷给其他国家的政府或企业,投资者按借贷协议获得一定借贷利息。在这两种投资方式中,投资方均对被投资方具有债权关系。

投资还可分为"自发性投资"和"引致投资"。所谓自发性投资,是指不受国民收入或消费的影响而进行的投资,它是一种独立于国民收入因素决定的投资,例如出于新发明、新技术、人口变动、心理因素、爆发战争以及政府为了社会安全或社会福利等目的所进行的投资。所谓引致投资,则是指由于国民收入和消费的变动而引起的投资,例如因收入增加而使投资增加。

2. 决定投资的经济因素

投资者的主要动机是为了赚钱。从获取利润的角度看,决定投资的经济因素主要有两个:一是投资的预期利润率,即投资所产生的利润额与投资额的比率。例如,投资 10 万美元,预计一年后所获利润(即总收益减去总成本的剩余)为 1 万美元,则该投资的预期年利润率为 10%。投资者一般都希望获得尽可能高的利润率。二是资本市场的利率水平。投资者在决定是否应当投资或增加投资时,都会考虑资本市场的利率水平并将其与投资的预期利润率进行比较。如果投资的利润率高于资本市场利率,则表示投资者可以向资本市场借款进行投资,因为投资所获利润除偿还资本市场的借款利息外仍有余利,否则投资者不会借款进行投资。即使投资者自身拥有资本而不必向资本市场借款进行投资,他仍然需要比较资本市场的利率和投资的预期利润率,因为当投资的预期利润率小于资本市场资金的利率时,投资者完全不必进行投资,会将其资本直接通过资本市场借贷出去,从而获得比投资更大的利息收入。只有当投资的预期利润率大于资本市场利率水平并有利可图时,投资者才会进行投资。

3. 资本的边际效率

"资本的边际效率"(marginal efficiency of capital,MEC)是由凯恩斯提出的概念,它是指能使投资的预期净收益的现值等于投资物供给价格的一种折扣率。

以 C_R 代表投资物的供给价格即投资物的代价,也称为重置成本;$R_1,R_2,R_3,\cdots,R_n$ 分别代表第 1 年,第 2 年,第 3 年,……,第 n 年的预期净收益;r 代表资本的边际效率,则按 MEC 的定义可写为

$$C_R = \frac{R_1}{1+r} + \frac{R_2}{(1+r)^2} + \frac{R_3}{(1+r)^3} + \cdots + \frac{R_n}{(1+r)^n}$$

例如,一台机器成本为 10 000 美元,寿命为 20 年,每年可获得的净收益(扣除营运费用后)为 1 000 美元,则

$$10\,000 = \frac{1\,000}{1+r} + \frac{1\,000}{(1+r)^2} + \frac{1\,000}{(1+r)^3} + \cdots + \frac{1\,000}{(1+r)^{20}}$$

根据上式可计算出预期利润率 r 为 6%。

现对其分析如下:以 Q 代表资本预期值,S 代表资本现值,r 代表预期收益率,则每年所获得的预期值为

第 1 年: $\qquad Q_1 = S(1+r)$

预期值现值: $\qquad S_1 = \frac{Q_1}{1+r}$

第 2 年: $\qquad Q_2 = S(1+r)(1+r) = S(1+r)^2$

预期值现值: $\qquad S_2 = \frac{Q_2}{(1+r)^2}$

第 3 年: $\qquad Q_3 = S(1+r)^2(1+r) = S(1+r)^3$

预期值现值: $\qquad S_3 = \frac{Q_3}{(1+r)^3}$

……   ……

第 n 年: $\qquad Q_n = S(1+r)^{n-1}(1+r) = S(1+r)^n$

预期值现值: $\qquad S_n = \frac{Q_n}{(1+r)^n}$

故 n 年后的预期收益现值为

$$S = \sum_{i=1}^{n} S_i = \frac{Q_1}{1+r} + \frac{Q_2}{(1+r)^2} + \frac{Q_3}{(1+r)^3} + \cdots + \frac{Q_n}{(1+r)^n}$$

显然,折扣率 r 实际上就是资本的"预期平均利润率"。在 C_R 值不变时,如果 R 值越大,r 值也越大;在 R 值不变时,如果 C_R 上升,则 r 值越小。

需要注意的是,在资本的边际效率公式中假定每年所获的收益相同,即 $R_1 = R_2 = $

$R_3 = \cdots = R_n$，但实际上第 2 年的预期收益往往小于第 1 年的预期收益，第 3 年的预期收益又小于第 2 年的预期收益，以此类推，即 $R_1 > R_2 > R_3 > \cdots > R_n$。因此，上式计算的利润率 r 为平均利润率。

根据凯恩斯的观点，资本的边际效率是递减的。这是因为：(1) 投资越多，对资本设备的需求就越多，资本设备的价格也越高，为添置资本设备付出的成本也就越大，此时投资的预期利润率将下降；(2) 投资越多，产品未来的供给就越多，产品未来的销路就越受到影响，此时投资的预期利润率将下降。

4. 投资需求曲线

投资者在进行投资决策时往往会考虑两个因素：利润率和资本市场利率。当投资所产生的边际效率高于资本市场利率时，投资者一定会增加投资，反之则会减少投资。因此，投资均衡点即为利润率等于资本市场利率时的数量。当资本市场利率下降时，表示投资所付的代价减少，在利润率不变情况下投资者的收益将增加，这样促使投资者增加投资；反之，当资本市场利率上升时，表示投资所付的代价增大，因而投资者将会减少投资。因此，投资需求曲线是一条从左上方向右下方倾斜的负斜率曲线，可将投资支出函数记为

$$I = e - dr$$

式中 r 为利率；d 为投资需求的利率弹性，用于衡量投资支出对利率变动的敏感程度；e 为自发投资支出，它既不取决于利率，也不取决于收入水平。

根据投资函数可绘制其图形即投资曲线，如图 12-1 所示。

由于投资支出与利率呈反向变动关系，I 曲线向右下方

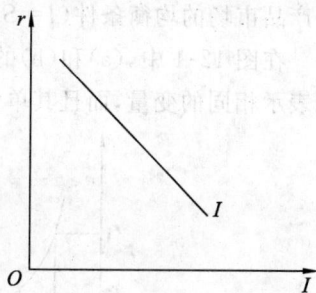

图 12-1 投资需求曲线

倾斜，其位置取决于自发投资 e，e 值为投资曲线在横轴上的截距。当 e 增加时，曲线右移；当 e 减少时，曲线左移。投资的利率弹性 d 则决定了投资曲线的斜率，d 越大，投资曲线越平坦，反之则越陡直。

总之，厂商用于投资的资金主要来源于借款，借款利息就是使用这笔资金的成本。即使投资来源于自有资金，利息也是使用这笔资金的机会成本。因此，利息率决定了投资成本的大小。利率水平越高，投资的成本就越高，在投资的预期利润率既定的条件下，厂商越不愿投资，因而投资量越小。因此，投资与利率呈反方向变动关系。

二、IS 曲线的由来

1. 产品市场均衡的条件

假定在两部门经济的产品市场中没有政府和对外贸易，消费和储蓄是收入的函数，投资是利率的函数，则两部门经济国民收入均衡的模型为

$$\begin{cases} I=S \\ I=I(r) \\ S=S(Y) \end{cases}$$

即产品市场均衡的条件为：$I(r)=S(Y)$

2. IS 曲线的形成

西方经济学将上述表示产品市场均衡下的利率(r)与收入(Y)之间关系的曲线称为 IS 曲线。它表示曲线上任一点（即任一给定的利率相对应的收入）都符合产品市场均衡条件，即投资等于储蓄$(I=S)$。

现分析 IS 曲线的形成过程。

投资是利息率的函数，它随利息率的上升而减少。投资和利息率之间的函数关系曲线称为投资边际效率曲线(MEI)，在横轴表示投资，纵轴表示利息率的坐标系中，它是一条向右下方倾斜的曲线。另外，储蓄是国民收入的函数，它随国民收入的增加而增加，在横轴表示国民收入，纵轴表示储蓄的坐标系中，储蓄曲线(S)是一条向右上方倾斜的曲线。45°线表示产品市场的均衡条件$(I=S)$。图 12-1 表示了 IS 曲线的形成过程。

在图 12-1 中，(a)和(b)的横轴，(b)和(c)的纵轴，(c)和(d)的横轴，(d)和(a)的纵轴分别表示相同的变量，而且其单位也都分别相同。

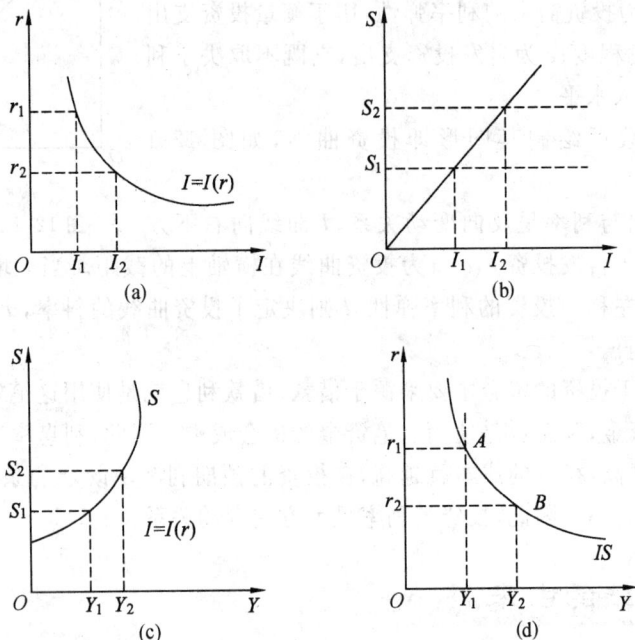

图 12-1　IS 曲线的形成

在图 12-1(a)中，假定利息率是r_1，按照投资曲线其相应的投资是I_1。从图 12-1(b)中 45°线可知，与投资I_1相等的储蓄是S_1。根据图 12-1(c)的储蓄曲线，与储蓄S_1相应的国民收入

是 Y_1。这说明在利息率为 r_1 时,保证储蓄等于投资的国民收入是 Y_1,因而在图 12-1(d)中可以得到利息率 r_1 和国民收入 Y_1 的对应点 A。

当利息率发生变化,例如从 r_1 下降到 r_2 时,投资将从 I_1 增加到 I_2,若国民收入仍旧保持在 Y_1 上,则投资大于储蓄,国民收入趋于增加。当国民收入从 Y_1 增加到 Y_2 时,储蓄从 S_1 增加到 S_2,并与投资 I_2 相等。这时国民收入不再变化,在 Y_2 上形成均衡。此时在图 12-1(d)中又得到利息率 r_2 和国民收入 Y_2 的另一个对应点 B。

按照同样的办法可以得到利息率和国民收入的一系列对应点,将这些点联结起来便得到 IS 曲线。显然,在 IS 曲线的任何一点上投资都等于储蓄($I=S$)。IS 曲线便由此而来。

三、IS 曲线的斜率

从两部门经济中 IS 曲线的形成过程同样可以得到三部门、四部门经济中的 IS 曲线。假设宏观经济中消费函数 $C=a+b(Y-T)$,投资函数 $I=e-dr$,净税收函数 $T=T_0+tY$,政府支出 $G=G_0$,则三部门均衡国民收入即三部门 IS 曲线的表达式为

$$Y=\frac{a+e-bT_0+G_0}{1-b(1-t)}-\frac{d}{1-b(1-t)}\cdot r$$

$$r=\frac{a+e-bT_0+G_0}{d}-\frac{1-b(1-t)}{d}\cdot Y$$

将含有利率因素的净出口函数代入四部门经济中收入决定的方程式,就可得到四部门经济的 IS 曲线的代数表达式。

利率与国民收入呈反方向变动关系,IS 曲线的斜率为负值,而利率变动对国民收入的影响程度,即 IS 曲线斜率的大小或 IS 曲线倾斜的程度,则取决于以下两个因素:

第一,在其他条件不变的情况下,如果投资对利率的变化越敏感,则国民收入对利率的变化也相应地越敏感,即 IS 曲线斜率的绝对值就越小,IS 曲线越平坦;反之,如果投资对利率的变化不敏感,则 IS 曲线斜率的绝对值就大,IS 曲线就较陡峭。

第二,在其他条件不变的情况下,如果投资或政府支出对国民收入的乘数越大,则相应的投资变动量或政府支出变动量对国民收入的影响越大,即 IS 曲线斜率的绝对值就越小,IS 曲线越平坦;反之,如果投资或政府支出对国民收入的乘数越小,则相应的投资变动量或政府支出变动量对国民收入的影响越小,即 IS 曲线的斜率绝对值就越大,IS 曲线越陡峭。

例如,在三部门经济的 IS 曲线的表达式中,其 IS 曲线的斜率即为 $-\frac{1-b(1-t)}{d}$,其中 d 表示投资对利率的敏感程度,$1-b(1-t)$ 表示投资乘数 K_I 的倒数。因此,d,K_I 均与 IS 曲线斜率绝对值的大小成反比,d,K_I 越大,IS 曲线斜率绝对值越小,IS 曲线越平坦,即利率的变动对国民收入的影响越大;反之则 IS 曲线越陡峭,利率的变动对国民收入的影响越小。投资乘数 K_I 的大小又取决于边际消费倾向 b 和税率 t:b 越大,K_I 越大;t 越大,K_I 越小。

四、IS 曲线的移动

IS 曲线是由投资曲线与储蓄曲线推导出来的,因此当投资与储蓄发生变动时,IS 曲线也会随之变动。一般来说,投资增加,投资曲线向右移动,IS 曲线也向右移动;投资减少,投资曲线向左移动,IS 曲线也向左移动;储蓄增加,储蓄曲线向左移动,IS 曲线也向左移动;储蓄减少,储蓄曲线向右移动,IS 曲线也向右移动。

五、产品市场的失衡

IS 曲线上的任何一点都表示产品市场上的一个均衡状态,而在 IS 曲线以外产品市场处于非均衡状态。例如,假设经济处于图 12-2 中 IS 曲线的右上方 A 点,此时的利息率为 r_1,比实现均衡所需要的利息率 r_2 要高,因此所决定的投资比均衡时的投资更小。这就是说在 IS 曲线的右上方,投资小于储蓄,即 $I<S$;同理,在 IS 曲线的左下方,投资大于储蓄,即 $I>S$。

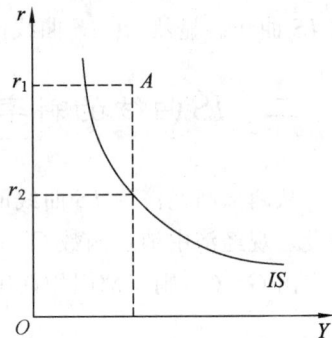

图 12-2　产品市场的失衡

第二节　货币市场的均衡与 LM 曲线

一、货币的起源与发展

在人类古代社会中是没有货币的,随着商品经济和交换的发展才逐渐产生了货币。在物物交换的时代,人们采用"易货交易"方式,最早的货币就是商品本身。几乎所有的商品都曾被用来当做货币,例如贝壳、烟草、家畜、毛皮、酒、钻石,甚至是人——奴隶或妻子。物物交换的货币形式具有以下缺点:作为货币的有些商品不能分割(如家禽);有些商品虽能分割,但一经分割后其价值则不等(如一颗钻石被分割为两半,其价值总和将贬低很多,因为钻石的价值与其重量并非成等比例关系);有些商品则不易保存、不方便携带。因此随着社会的发展,实物货币逐渐过渡到金属货币。金属货币主要有铜、金、银、铁等。最初的金属货币只是在金属上做一个记号,后来为了防止窃割而使金属货币分量减少便固定形状,例如将金属货币制成方形、圆形、三角形等。但制成特定形状的金属货币仍不能避免被窃割,因为可以在金属货币四周进行少量锯边或磨边而不改变货币的形状,从而不易被人察觉,因此人们又在金属货币边上加上锯齿或特定的记号。一般认为金属货币的发展到此结束,但也有一些学者认为,即使是带锯齿边的金属货币仍免不了被称为"榨汗式"的偷窃,即将若干货币放在一起并装入皮袋中,经长时间摇动互相摩擦可得金屑。以后商品货币继而被纸币所代替。纸币克服了商品货币的许多缺点,为人类社会的经济活动带来了极大方便。目前,在现代西方发达国家纸币又进一步发展为银行货币,其主要形式是支票和信用卡。

货币的产生和发展具有以下几个条件:

1. 制造货币本身的代价要比一般交易的物品小

如果制造货币本身的代价较高,那么社会不得不耗费有限的资源去生产这种交易媒介,此时这种媒介就不会被人们采用。

2. 使用方便

牛、羊等家禽因不可分割而逐渐被人们抛弃,货币形式改用容易分割的金属货币,进而又发展为携带、使用较为方便的纸币,最后发展成为现代社会非常便利的信用卡等。

3. 耐磨性

在耐磨性方面,金属货币最为典型,纸币较差,但目前世界各国都采用质量较好、较硬实的纸张印刷货币,有的国家甚至使用塑料印刷面值较高的纸形货币。此外,银行可随时收回已磨损的旧纸币予以更换,从而可以部分弥补耐磨性较差这一缺点。信用卡是用硬质塑料制成的,耐磨程度高,因而被称为"塑料货币"。

4. 不易被复制或伪造

金币之所以有着悠久的历史,是因为它无法被复制或伪造。纸币在这一方面较差,但可以在印刷技术上尽量弥补。尽管世界各国都在纸币印刷上花费很大气力,但在世界市场上仍然存在大量伪造纸币。使用支票时需要签字,核实手迹,其可靠程度相对较高。用于电子计算机的信用卡是目前可靠程度最高的货币形式。

二、货币的职能与种类

货币一般被认为具有以下四种职能:

1. 交换媒介,即作为流通手段

这是货币最主要的职能。正是由于这种职能,才避免了物物交换的种种不便,使整个国民经济的商品交换能够顺利进行。

2. 价值标准,即作为计价单位或记账的单位

只有具备了价值标准这一职能,各种商品和财产才能在价值上进行比较。

3. 价值储藏,即作为保存价值的手段

一般来说,将部分财产以货币形式进行储存的安全性较大,而股票和各种证券则容易使个人财产受到损失。

4. 延期支付,即用于以后的支付需要

延期支付的作用主要有两点:一是由于工资的支付需要一段时间间隔,为了应付日常不断的支出,需要存有一定数量的货币;二是出于各种各样非预期的突然性的支出需要。在非预期性的支出需要中,最重要的是"投机性需求"。

在现代西方资本主义国家中,货币一般分为三种:硬币、纸币和银行货币。现以美国货币——美元为例进行分析。

硬币:它分为 1 分、5 分、1 角、2 角 5 分、5 角和 1 元几种。硬币为零星货币,在日常生活中是不可缺少的。硬币除了用于购买商品时找零外,还广泛用于各种自动化购物或服务设备上。例如,用自动电话机打电话,在自动售货机买报纸、香烟等常用小商品,学校里投币式自动复印机等。硬币的使用节约了大量人力,也给消费者购物带来了方便。

纸币:市场上流通使用的纸币有 1 元、2 元(较少见)、5 元、10 元、20 元、50 元和 100 元几种。此外还有 500 元、1 000 元和 5 000 元等巨额面值的钞票专供银行之间流通使用,市场上并不使用。

银行货币:它也被称为"信用货币",是现代西方发达国家十分重要的货币形式,也是用于支付的主要货币手段。目前银行货币的使用量已占货币总使用量的 90% 以上,硬币和纸币已成为次要货币。银行货币一般可分为两类:一类是存款支票,一类是信用卡。这两种银行货币又有各自不同的类别,而且各银行等金融机构也有各自不同的具体规定。存款支票的典型代表是"储蓄账户"和"支票账户",前者存款有利息,后者存款一般没有利息,主要供个人开具私人支票,有些银行还根据开具支票的数量每月适当收取银行服务费用。信用卡的种类很多,有些专供某商店的购买使用,有些可以在世界范围内使用。在使用信用卡之前,使用者需申请并经过信用调查后才能获得印有存款账号及身份字样的塑料卡片,使用者在购物时不必支付现钞,只需将信用卡交给售货员开立发票记账即可,银行会自动在账户上结账。

上述三种货币(硬币、纸币、银行货币)均属于"狭义的货币",可用 M_1 表示,即

$$M_1 = 现金(硬币 + 纸币) + 银行货币(商业银行的活期存款)。$$

除了 M_1 外,储蓄存款和定期存款也可看做货币。这是因为定期存款和储蓄存款虽然比 M_1 的流动性低,不像活期存款那样可作为支付手段,但第二次世界大战后,定期存款和储蓄存款实际上很容易转变为活期存款而成为支付手段。例如,美国商业银行在 20 世纪 70 年代开办了自动转账账户(automatic transfer service,ATS),储户可在银行开设活期账户和储蓄账户。活期账户无利息,可开支票;储蓄账户有利息,不能开支票。因此,储户可在活期账户上保留很少的余额,开具支票时银行将自动将金额从储蓄账户转移到活期账户,这样既有利息收入又能开具支票。美国商业银行开办的可转让的提款单(negotiable orders of withdrawal,NOW)账户也与 ATS 类似。因此,这种货币被称为准货币或货币近似物,使货币的范围扩大到 M_2。M_2 是社会上流通的现金与银行体系内各种存款的总和,用公式表示为

$$M_2 = M_1 + 储蓄存款 + 定期存款$$

如果再加上其他流动性资产或货币近似物(如个人及厂商所持有的债券等),则可得更广义的货币 M_3,即 $M_3 = M_2 + 个人或厂商持有的债券等$。

三、货币的需求

凯恩斯认为,如果资本的边际效率(MEC)不变,投资就取决于利息率,而利息率是由货币的需求和供给决定的。凯恩斯还认为,人们之所以愿意以货币形式保存一部分财富,是出于以下三个动机:交易动机、预防动机和投机动机。

(一) 交易动机

在经济生活中,无论居民还是企业都需要货币作为交易媒介。居民需要用货币购买食品、衣物以及各种耐用消费品,需要支付水费、电费、煤气费、电话费等各项费用;企业需要货币购买原材料、燃料以及各种辅助材料,需要支付工资、税负等各项开支。所有这些日常的购买和支付活动就构成了人们对货币的交易需求。

交易需求的多少首先取决于交易规模的大小,而交易规模的大小又决定于一个国家的总产出水平和总收入水平。总产出或总收入的水平越高,这种货币需求就愈大;反之则愈少。因此,交易需求是一个国家产出水平或收入水平的增函数。

(二) 预防动机

在经济生活中,人们除了出于交易动机而需要货币外,还会因预防动机而需要一部分货币。由于未来的不确定性,人们为了应付事故、疾病、失业等意外事件,就会事先保留一部分货币以备临时急用,这就是预防性货币需求。显然,人们对货币的预防性需求与对货币的交易性需求是不同的。

人们对预防性货币的需求首先取决于人们对风险的态度:对风险的厌恶程度愈大,预防性货币的需求量也愈大。如果人们对风险的偏好程度一样,则决定预防性货币需求的主要因素就是产出水平或收入水平。一般情况下,产出或收入水平越高,预防性货币的需求量也越大。因此,预防性货币需求也可以近似地看做是产出或收入水平的增函数。

交易需求与预防性需求的函数表达式是一样的,因此可以统一地表达为

$$L_1 = L_1(Y) = ky$$

式中 k 为货币需求的收入系数。

根据上式可以得到表示收入与货币交易需求之间关系的曲线,如图 12-3 所示。

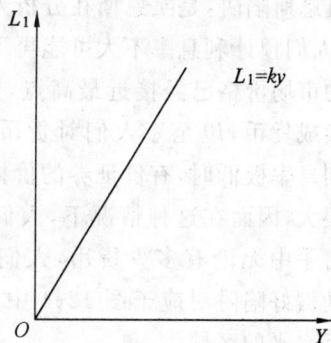

图 12-3　收入与货币交易需求的关系

（三）投机动机

债券、股票等融资工具的发展为一般投资者(甚至是小额资金的投资者)提供了一种全新的投资理念。人们不需要掌握投资领域的专门知识,就可以通过买卖有价证券实现货币资金的保值和增值。当然,这种投资与一般的实业性投资有很大的区别,在证券市场进行投资时,人们往往更注重证券买卖的差价。因此,通常将证券投资称为投机性的投资。20 世纪以来,这种性质的投资有了很大的发展,使得人们在交易性动机和预防性动机外又产生了一种投机性的货币需求。

决定投机性货币需求大小的主要因素是利率水平。当人们将货币用于投机时,事实上就放弃了将货币存入银行生息的可能,于是可把利率看做投机行为的机会成本,利率越高,投机的机会成本就越大;利率越低,投机的机会成本就越小。因此,一般情况下投机性的货币需求是利率水平的减函数。如果用 L_2 表示投机性的货币需求,用 r 表示利率水平,则其关系可以表示为

$$L_2=L_2(r)=-hr$$

式中 h 为货币需求的利率系数。

根据上式可以得到表示利率与货币投机需求之间关系的曲线,如图 12-4 所示。

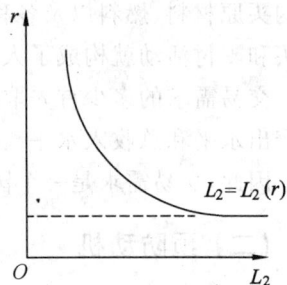

图 12-4　利率与货币投机需求的关系

图 12-4 表示了人们对货币的投机需求与利息率之间的关系。随着利息率 r 的下降,人们对货币的需求增大,即货币的投机需求曲线是一条向右下方倾斜的曲线。但随着利息率的不断下降,货币的投机需求并不趋于 0,而是越来越平缓,其原因在于人们的"流动偏好陷阱"。流动偏好陷阱又被称为凯恩斯陷阱,是凯恩斯在分析人们对货币的流动偏好时提出来的。它是指当利息率极低时,人们预计利息率不大可能再下降,或者说人们预计有价证券的市场价格已经接近最高点,因而将所持有的有价证券全部换成货币,以至于人们对货币的投机需求趋向于无穷大。当利息率极低时,有价证券的价格很高,持有有价证券的风险就很大,因而在这种情况下,人们纷纷出售手中的有价证券。这时手中无论有多少货币,人们都不会再去购买有价证券。流动偏好陷阱对应于图 12-4 中描绘的货币投机需求曲线上接近水平的区域。

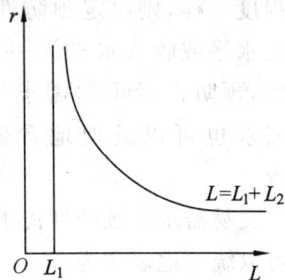

图 12-5　利率与货币需求的关系

综上所述,三种动机对货币的总需求是人们对货币的交易需求、预防需求和投机需求的总和,货币的交易需求和预防需求取决于收入,而货币的投机需求取决于利率,因此对货币的总需求为

$$L=L_1+L_2=L_1(Y)+L_2(r)=ky-hr$$

在收入既定条件下,货币的交易需求和预防需求既定,这时货币的需求随着利率的上升而下降,如图 12-5 所示。

四、货币的供给

人类经济生活发展的不同阶段尤其是不同的货币制度,不但影响着人们对货币的需求,而且影响着货币的供给。现在重点介绍现代货币制度下货币供给的机制与方式。

(一)现金货币与存款货币

货币供给是指一个国家在某一特定时点上由家庭和厂商持有的政府和银行系统以外的货币总和。货币有狭义和广义之分。狭义的货币只包括硬币、纸币和银行的活期存款(一般用 M_1 表示),活期存款可随时提取并当做货币在市面上流通,因而活期存款是货币的一个组成部分;在狭义的货币供给基础上与定期存款便是广义的货币供给(一般用 M_2 表示);如果将个人和厂商持有的政府债券也包括在内,则形成更广泛意义的货币(一般用 M_3 表示)。作为理论分析,通常在笼统意义上使用货币供给概念。

(二)货币供给曲线

在现代经济中,政府或者国家控制货币发行权,一般通过银行系统影响社会货币总量。需要说明的是,政府发行的货币是名义货币,即是按照货币的面值计量的,但经济学讨论货币市场所涉及的货币是指实际货币,因此需要将名义货币折算为实际货币量。假定政府发行的名义货币量为 M,而经济中的价格总水平为 P,那么实际发挥作用的货币是

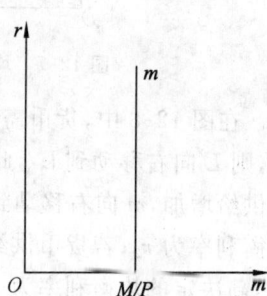

图 12-6　货币的供给

$$m=\frac{M}{P}$$

实际货币量(m)分为两部分:一是满足交易和预防动机引起的货币量(m_1);二是满足投机动机引起的货币量(m_2),即 $m=m_1+m_2$。

西方经济学家认为,货币供给量是国家利用货币政策来调节的,是一个外生变量,其大小与利率高低无关,因此货币供给量是一条垂直于横轴的直线,如图 12-6 所示。

(三)利息率的决定

在货币市场上,货币需求与货币供给的相互作用使市场利息率趋向于均衡,如图 12-7 所示。在图 12-7 中,L 表示货币的需求曲线,在既定的收入条件下,它随着利息率的降低而增加;m 表示货币的供给曲线,它不随利息率的变动而变动。货币的需求曲线与供给曲线

的交点 E 使货币市场处于均衡,并决定均衡利息率为 r_0。当市场利息率高于均衡利息率 r_0 (如 r_1),此时货币的需求小于货币的供给。这意味着人们欲持有货币的数量小于实际持有的货币数量,因而人们会将手中不需要的货币转化为有价证券,结果使有价证券价格提高,利息率下降,从而使 r_1 趋于 r_0;反之,当市场利息率低于均衡利息率 r_0(如 r_2),此时货币的需求大于货币的供给。这意味着人们欲持有货币的数量超过实际持有的货币量,因而人们会将手中持有的有价证券转化为货币即出售有价证券,结果导致有价证券价格下降,利息率上升,从而使 r_2 趋于 r_0。由此可见,只有货币需求等于货币供给时,利息率才处于均衡。这一均衡利息率是由下列条件所决定的:

$$m = L_1(Y) + L_2(r)$$

货币需求曲线的变动或货币供给曲线的变动均会引起均衡利率的变动,如图 12-8 所示。

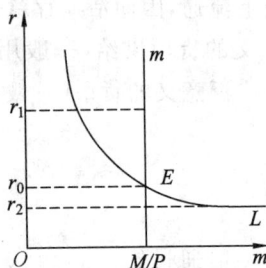

图 12-7 均衡利息率的决定   图 12-8 均衡利息率的变动

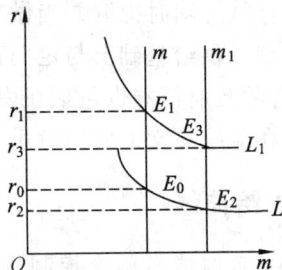

在图 12-8 中,货币需求曲线 L 和货币供给曲线 m 决定了均衡利率为 r_0,若货币需求增加,则 L 向右移动到 L_1,此时 L_1 与 m 相交于 E_1,由新均衡点 E_1 决定的利率上升到 r_1;若货币供给增加,m 向右移动到 m_1,此时与原来的货币需求曲线 L 相交于 E_2,从而决定了新的均衡利率为 r_2;若货币供给和货币需求分别同时增加到 m_1 和 L_1,此时两者相交于均衡点 E_3,新决定的均衡利率为 r_3。

五、LM 曲线的由来

(一) 货币市场均衡的条件

利率是由货币市场上的供给和需求的均衡决定的,而货币的供给量由货币当局所控制,即由代表政府的中央银行所控制而不会轻易变动,因而假定它是一个外生变量,至少在短期内是一个固定量。在货币供给量既定的情况下,货币市场的均衡只能通过调节货币需求来实现。由此可以得出货币市场均衡的条件为

$$\begin{cases} L=L_1+L_2=L_1(Y)+L_2(r) \\ m=\dfrac{M}{P} \\ m=L=L_1(Y)+L_2(r) \end{cases}$$

均衡条件公式表示在货币市场上供求相等的条件下，m 一定时国民收入 Y 和利率 r 之间的函数关系。

(二) *LM* 曲线的形成

西方经济学将上述表明货币市场均衡下的利率(r)与收入(Y)之间关系的曲线称为 *LM* 曲线。它表示曲线上任一点即任一给定的利率相对应的收入，都符合货币市场均衡条件，即货币的需求等于供给($L=M$)。

现分析 *LM* 曲线的形成过程如图 12-9 所示。

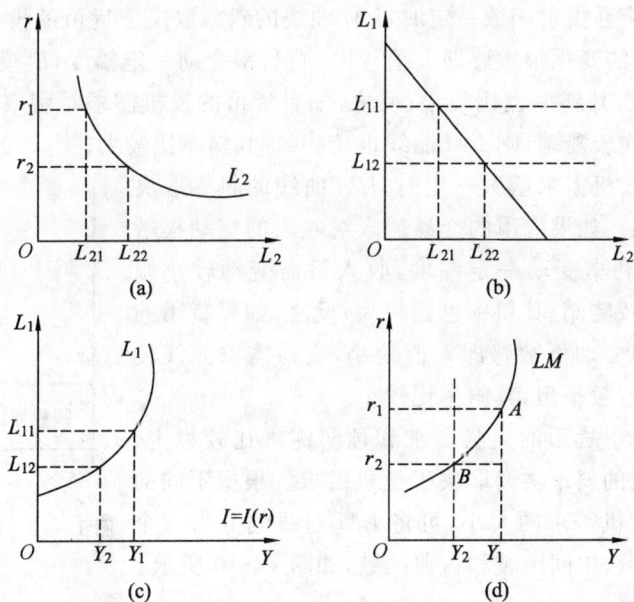

图 12-9　*LM* 曲线的形成

在图 12-9 中，(a)中的 L_2 曲线表示投机货币需求量与利息率的关系；(b)为在两轴上截取等距的 45°线，它表示在货币供给量不变的条件下，要保持货币需求量和供给量相等，必须使 L_2 的增加量和 L_1 的减少量相等，以保持货币需求量 L 不变；(c)中的 L_1 曲线表示交易需求货币量、预防需求货币量与国民收入的关系；(d)表示 *LM* 曲线的形成过程。在图 12-9 中，(a)与(b)的横轴、(b)与(c)的纵轴、(c)与(d)的横轴、(d)与(a)的纵轴分别表示同一个变量和同样的单位。在图 12-9(a)中假定利率等于 r_1，按照 L_2 曲线相应的投机余额是 L_{21}，从45°线中可以看出货币供给量一定时，交易和预防需求为 L_{11}。根据 L_1 曲线，当交易和预防

需求为 L_{11} 时,国民收入为 Y_1,因此当利率为 r_1,货币供求量相等的国民收入是 Y_1,利息率和国民收入的对应点是(d)中的 A 点。用同样的方法还可以得到另外的对应点 B,将这些对应点联结起来就可以得到 LM 曲线。由此可见,LM 曲线上任何一点都表示货币供给量等于货币需求量。

LM 曲线是描述货币市场达到均衡即 $L=M$ 时,国民收入与利息率之间存在着同方向变动关系的曲线,在图中它是一条向右上方倾斜的曲线。

六、LM曲线的斜率

从 LM 曲线的推导过程中可知,当货币市场达到均衡时,利率与国民收入是正方向变动,LM 曲线的斜率为正值;而利率变动对国民收入的影响程度,即 LM 曲线斜率的大小,或 LM 曲线倾斜的程度,则取决于以下两个因素:

第一,当货币交易需求函数一定时,LM 曲线的斜率取决于货币的投机需求。如果货币的投机需求对利率的变化很敏感即 h 值较大,则利率变动一定幅度,L_2 变动幅度就较大,从而 LM 曲线较平坦,其斜率也比较小;反之,如果货币的投机需求对利率的变动不敏感即 h 值小,投机需求曲线较陡峭,则 LM 曲线也较陡峭,其斜率比较大。

第二,当货币投机需求函数一定时,LM 曲线的斜率取决于货币的交易需求。如果货币的交易需求对收入的变动很敏感即 k 值较大,则利率变动一定幅度,收入只需变动较小幅度,从而 LM 曲线较陡峭,其斜率也比较大;反之,如果货币的交易需求对收入的变动不敏感即 k 值较小,交易需求曲线较平坦,则 LM 曲线也较平坦,其斜率比较小。

实际生活中由于货币的交易需求和预防需求比较稳定,一般认为 LM 曲线的斜率主要取决于投机需求。根据不同的利率水平下货币投机需求的大小,可将 LM 曲线划分为三个区域,即凯恩斯区域、中间区域和古典区域,如图 12-10 所示。

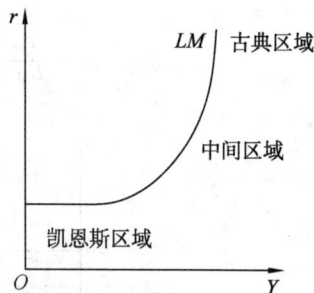

图 12-10 LM 曲线的三个区域

七、LM曲线的移动

当决定 LM 曲线的因素发生变动时,LM 曲线的位置也会相应发生变动。如果货币的需求增加,在既定的收入条件下市场均衡利息率会提高,从而 LM 曲线向左上方移动;反之,当货币的需求减少时,在既定的收入条件下市场均衡利息率下降,从而 LM 曲线向右下方移动。如果货币的供给增加,既定收入对应的市场均衡利息率下降,从而 LM 曲线向右下方移动;反之,当货币的供给减少时,LM 曲线向左上方移动。

八、货币市场的失衡

　　LM 曲线是所有货币市场达到均衡时利率与国民收入对应点的连线,因此 LM 曲线外的任一点都表示货币市场的失衡状况,如图 12-11 所示。

　　在图 12-11 中,A 为 LM 曲线右下方的任意一点,B 为 LM 曲线左上方的任意一点,由于 A,B 两点均不在 LM 曲线上,所以它们均为失衡点。A 点的利率为 r_1,国民收入为 Y_1 ,对应于国民收入 Y_1 使货币市场处于均衡状态的利率由 LM 曲线上的点决定。A 点的利率 r_1 低于均衡的利率 r_0,从而 A 点的货币需求更大。因此,A 点的货币需求大于货币供给,即 $L>M$。同理,B 点在 LM 曲线的左上方,货币需求小于货币供给,即 $L<M$。

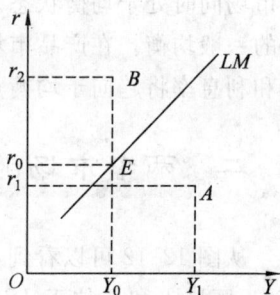

图 12-11　货币市场的失衡

第三节　产品市场和货币市场的一般均衡:IS-LM 模型

一、IS-LM模型的含义

　　前面几节分别讨论了产品市场的均衡及货币市场的均衡状况。IS 曲线表示产品市场达到均衡,即在投资等于储蓄时,利率与国民收入之间的反向关系;LM 曲线表示货币市场达到均衡,即在货币需求等于货币供给的条件下,利率与国民收入之间的同向关系。因此,欲使产品市场和货币市场同时处于均衡的收入 Y 和利息率必须同时满足产品市场和货币市场的均衡条件。由产品市场的分析可知,当投资等于储蓄时产品市场处于均衡,因此产品市场的均衡可由 $I(r)=s(Y)$ 加以表示;由货币市场的分析可知,当货币需求等于货币供给时,货币市场处于均衡,因此货币市场的均衡可由 $m=L_1(Y)+L_2(r)$ 加以表示。这样使产品市场和货币市场同时处于均衡的收入 Y 与 r 的组合一定满足以下两个条件:

$$\begin{cases} I(r)=S(Y) \\ m=L_1(Y)+L_2(r) \end{cases}$$

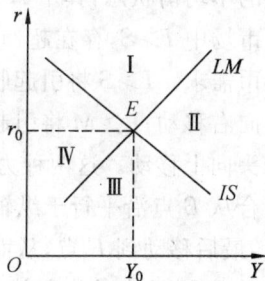

　　将 IS 曲线与 LM 曲线结合在一起,就可得到产品市场和货币市场同时均衡时利率与国民收入之间的关系,因此上式被称为 IS-LM 模型。

　　产品市场和货币市场同时处于均衡的过程也可由图形加以说明,如图 12-12 所示。

图 12-12　产品市场和货币市场的同时均衡

第一式 $I(r)=S(Y)$ 可由 IS 曲线表示,第二式 $m=L_1(Y)+L_2(r)$ 可由 LM 曲线表示。当 IS 曲线与 LM 曲线相交时,交点 E 所决定的国民收入和利息率的组合使产品市场和货币市场同时处于均衡状态。交点 E 以外的任何一点均不能使经济处于产品市场和货币市场的一般均衡。在产品市场上的总支出、总收入及货币市场上的需求、供给相互作用下,收入和利息率将趋向于均衡点 E。

二、两个市场的失衡及调整

从图 12-12 可以看到,IS 曲线和 LM 曲线将坐标平面分成了四个区域:Ⅰ,Ⅱ,Ⅲ 和 Ⅳ。其中,区域 Ⅰ 和 Ⅱ 位于 IS 曲线的右方,区域 Ⅲ 和 Ⅳ 位于 IS 曲线的左方;区域 Ⅱ 和 Ⅲ 位于 LM 曲线的右方,区域 Ⅰ 和 Ⅳ 位于 LM 曲线的左方。在这些不同的区域中,产品市场和货币市场处在一种不均衡的状态,如表 12-1 所示。

表 12-1　产品市场和货币市场的失衡

区域	产品市场	货币市场
Ⅰ	$I<S$	$L<M$
Ⅱ	$I<S$	$L>M$
Ⅲ	$I>S$	$L>M$
Ⅳ	$I>S$	$L<M$

图 12-12 和表 12-1 列出了 IS 曲线和 LM 曲线不均衡状态的各种不同的组合。IS 不均衡会导致收入的变动,LM 不均衡会导致利率的变动。例如,$I>S$ 会导致收入上升,$I<S$ 会导致收入下降;$L>M$ 会导致利率上升,$L<M$ 会导致利率下降。由此可以描绘出收入和利率由不均衡到均衡的调整过程,如图 12-13 所示。

在图 12-13 中,假定经济社会处于 A 点所表示的收入利率组合的不均衡状态,其中 A 点位于区域 Ⅲ。从表 12-1 可知,这时产品市场中 $I>S$,存在超额产品需求;货币市场中 $L>M$,存在超额货币需求。$I>S$ 将引起收入上升,收入从 A 点沿平行于横轴的箭头向右移动;$L>M$ 将引起利率提高,利率从 A 点沿平行于纵轴的箭头向上移动。这两种力量共同作用的结果将引起收入和利率的组合从 B 点沿平行于纵轴的箭头向上方移动到 C 点,再移动到 D 点,最后移动到 E 点,从而使产品市场和货币市场同时达到均衡。从 A 点到 E 点的过程就是产品市场和货币市场从不均衡到均衡的调整过程。

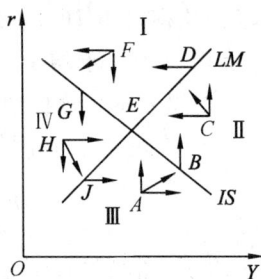

图 12-13　产品市场和货币市场的失衡及其调整

三、均衡收入和均衡利息率的变动

当影响产品市场和货币市场的因素发生变动时，IS 曲线和 LM 曲线的位置也会相应发生变动，从而使均衡的国民收入和利率发生改变。

首先假设 LM 曲线位置不变。如果 IS 曲线向右上方移动，则均衡国民收入量将增加，均衡利息率将提高。引起 IS 曲线向右上方移动的因素有：投资增加、政府购买增加、储蓄减少（从而消费增加）和税收减少。如果 IS 曲线向左下方移动，则均衡国民收入量将减少，均衡利息率将升高。引起 IS 曲线向左下方移动的因素有：投资减少、政府购买减少、储蓄增加（从而消费减少）和税收增加，如图 12-14 所示。

其次假定 IS 曲线的位置保持不变。若 LM 曲线向右下方移动，则均衡国民收入将增加，均衡利息率将下降。引起 LM 曲线向右下方移动的因素有：货币需求减少、货币供给增加。若 LM 曲线向左上方移动，则均衡国民收入将减少，均衡利息率升高。引起 LM 曲线向左上方移动的因素有：货币需求增加、货币供给减少，如图 12-15 所示。

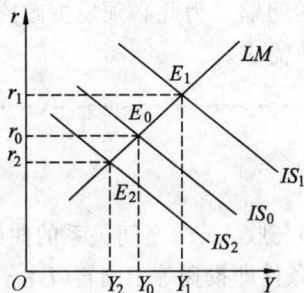

图 12-14 IS 曲线变动对均衡收入和利率的影响

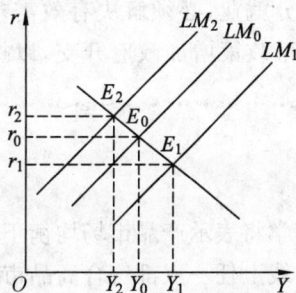

图 12-15 LM 曲线变动对均衡收入和利率的影响

此外，IS 曲线和 LM 曲线同时变动也会使均衡国民收入和均衡利息率发生变动。由于 IS 曲线及 LM 曲线部分地取决于政府可控制的因素，因此政府可以通过可控变动因素对 IS 曲线及 LM 曲线的位置进行调整，从而影响均衡国民收入和利息率。因此，IS-LM 模型为将要讨论的宏观经济政策提供了理论基础。

第四节　总需求决定理论的基本框架

通过对产品市场和货币市场均衡的分析可以得到均衡的国民收入理论。这一理论的基本框架就是凯恩斯理论的基本框架，可概括为：凯恩斯理论就是总需求决定论。宏观经济理论分析的主要对象是国民收入决定，依照凯恩斯的理论，国民收入大小取决于经济中的总需求。总需求由消费需求和投资需求构成,消费由消费倾向和收入决定,但它比较稳定。因此,国民收入波动主要来自投资的变动,投资的增加或减少将通过乘数作用引起国民收入多倍增加或减少。

投资由利率和资本边际效率决定,投资与资本边际效率呈正方向变动关系,与利率呈反方向变动关系。利率取决于流动偏好与货币数量,流动偏好是指货币需求,货币数量是指货币供给。流动偏好所决定的货币需求由交易、预防和投机三种动机引起,前两种动机引起的货币需求取决于收入高低,而后一种动机对货币的需求与利息率呈反方向变动关系。资本边际效率由预期利润收入和资本资产的供给价格或重置成本决定。预期利润收益很不稳定,容易引起经济周期波动,在长期中预期利润收益将下降。因此,消费倾向、流动偏好、货币供给和资本的预期收益是影响总需求进而影响国民收入的因素。按照凯恩斯的理论,引起经济萧条的根源是三大心理规律:边际消费倾向递减、流动偏好陷阱和预期收益不足。

边际消费倾向在0与1的范围内递减,从而导致消费需求不足,影响投资需求的资本边际效率在长期内也是递减的,这又导致投资需求不足。消费需求和投资需求都不足,造成有效需求不足,从而造成社会总产量水平的减少和失业率的增加。

为了实现充分就业,必须解决有效需求不足的问题。为此必须发挥政府的作用,通过宏观财政政策和货币政策增加政府开支,以提高有效需求。

【本章小结】

1. 西方经济学将表示产品市场均衡下利率(r)与收入(Y)之间关系的曲线称为 IS 曲线。它表示曲线上任一点都符合商品市场均衡条件即投资等于储蓄($I=S$)。
2. 凯恩斯认为,人们之所以愿意以货币形式保存一部分财富,是出于以下三个动机:交易动机、预防动机和投机动机。
3. 西方经济学将表示货币市场均衡下利率(r)与收入(Y)之间关系的曲线称为 LM 曲线。它表示曲线上任一点即任一给定的利率相对应的收入,都符合货币市场均衡条件即货币的需求等于供给($L=M$)。
4. 将 IS 曲线与 LM 曲线结合在一起,就可得到产品市场和货币市场同时均衡时利率与国民收入之间的关系,这一模型被称为 IS-LM 模型。

【重要名词和术语】

IS 曲线   交易动机   预防动机   投机动机 LM 曲线   流动偏好陷阱
IS-LM 模型

【复习思考题】

1. 什么是 IS 曲线?为什么 IS 曲线向右下方倾斜?

2. 什么是 *LM* 曲线? 为什么 *LM* 曲线向右上方倾斜?

3. 什么是 *IS-LM* 模型?

4. 假定:(a)消费函数 $C=50+0.8Y$,投资函数 $I=100-5r$;(b)消费函数 $C=50+0.8Y$,投资函数 $I=100-10r$;(c)消费函数 $C=50+0.75Y$,投资函数 $I=100-10r$。

试求:

(1) 三者的 *IS* 曲线;

(2) 比较(a)和(b),说明投资对利率更敏感时,IS 曲线斜率发生什么变化?

(3) 比较(b)和(c),说明边际消费倾向变动时,*IS* 曲线斜率会发生什么变化?

5. 假设在只有家庭和企业两部门的经济中,消费 $C=100+0.8Y$,投资 $I=150-6r$,名义货币供给 $M=150$,货币需求 $L=0.2Y-4r$,价格水平为 $P=1$。

试求:

(1) *IS* 曲线和 *LM* 曲线;

(2) 产品市场和货币市场同时均衡时的利率和收入。

6. 假设某国某时期经济中存在以下关系:$Y=C+I$(收入恒等式),$C=500+0.8Y$(消费函数),$I=1\,000-120r$(投资函数),$M_d=0.5Y+1\,000-250$(货币需求),$M_s=2\,000$ 亿美元(货币供给)。

试求:

(1) *IS*,*LM* 方程;

(2) 均衡利率和收入;

(3) 若投资变 $I=1\,000-100r$,利率和收入会有怎样的变化?

(4) 若货币供给 $M_s=1\,450$ 亿美元,利率和收入会有怎样的变化?

第十三章

财政政策和货币政策

【本章要点】

　　本章介绍财政政策的含义及其政策工具;挤出效应及财政政策效果;功能财政;存款创造及货币乘数;货币政策工具。

　　现实中,经济社会的生产不可能总在充分就业水平上达到均衡,因此需要政府进行宏观调控,从宏观层面干预经济过程,调节经济运行,从而消除两个缺口(通货膨胀缺口和通货紧缩缺口),实现没有通胀的充分就业。宏观经济政策是指政府对宏观经济运行过程进行管理与调节,实现经济均衡增长的各项政策的总称。它是政府为了达到一定的政策目标,有意识有计划地运用一定的政策工具来调节控制宏观经济的运行。从西方国家战后的实践来看,国家宏观调控的政策目标一般包括充分就业、经济增长、物价稳定和国际收支平衡等四项。宏观经济政策就其内容看一般包括财政政策、货币政策、收入政策、人力政策以及汇率政策等。由于财政政策、货币政策在宏观经济政策中占主导地位,本章将主要介绍这两种经济政策,并分析相关的政策措施在实现宏观经济目标中的效应。

第一节　财政政策及其效果

一、财政政策

　　财政政策是指一个国家的政府为了达到既定目标对政府收入和政府支出所做出的决策。

　　1. 政府支出与收入

　　政府支出是一个国家中各级政府支出的总和。政府支出方式包括两种:政府购买和政府转移支付。政府购买是指政府对商品和劳务的购买,政府购买的特点是以取得商品和劳务作为有偿支出,是国内生产总值(GDP)的一部分;而政府转移支付是指政府单方面的、无偿的资金支付,包括社会保障、社会福利支出、政府对农业的补贴以及债务利息支出、捐赠支出等,政府转移支付的特点是不以取得商品和劳务作报偿的支付,它是货币性支出,是通过政府将一部分人的收入转给另一部分人,整个社会的收入总量并没有变化,变化的仅是收入总量在社会成员之间的分配比例。由于政府转移支付只是资金使用权的转移,并没有发生相应的商品和劳务的交换,因此它不能计入 GDP,不能算作国民收入的组成部分。

政府收入基本上来源于各种税收。税收是西方各国财政收入的主要形式,目前在发达的资本主义国家,税收在国民生产总值中的比例常达 20%以上,甚至高达 50%以上。

各国的税收通常由许多具体的税种组成,且可依据不同的标准对税收进行不同的分类。(1) 按照课税对象的性质,可将税收分为财产税、所得税和流转税三大类。财产税是对不动产或房地产即土地和土地上的建筑物等所征收的税,西方国家分为一般财产税、遗产税、赠与税等。所得税是指对个人或公司的收入征收的税,例如个人的工薪收入和股票、债券、存款等资产的收入及公司的利润税。所得税是大多数西方国家的主体税种,因此所得税税率的变动会对经济活动产生重大影响。流转税则是对流通中的商品和劳务买卖的总额征税,它包括增值税、消费税、营业税、关税等,流转税是目前我国最大的税类。(2) 按税负能否转嫁,税收又可分为直接税和间接税两种。直接税是指直接征收的、不能再转嫁给别人的税,例如财产税、所得税和人头税。间接税是间接地向最终消费者征收的,即作为生产商和销售商等原来纳税人能转嫁给消费者的税,例如消费税、营业税和进口税。(3) 按照收入中被扣除的比例,税收还可以分为累退税、累进税和比例税。累退税是指税率随征税对象数量增加而递减的一种税,即收入越大,税率越低,一般来说间接税是累退的。累进税是税率随征税对象数量的增加而递增的一种税,即课税对象数额越大,税率也越高,财产税和所得税一般是累进税。比例税是税率不随征税对象数量的变动而变动的一种税,即按固定比率从收入中征税,多适用于流转税,如财产税、营业税和大部分关税一般属于比例税。

政府当年的税收和支出之间的差额叫做预算余额(budget balance)。预算余额为零叫做预算平衡,为正数叫做预算盈余,为负数叫做预算赤字。如果政府增加支出而没有相应地增加税收,或者减少税收而没有相应地减少支出,这种做法叫做赤字财政。当政府发生预算赤字时,可以通过发行公债向公众借钱或增发货币来弥补。

在市场经济中,财政政策主要从需求角度影响宏观经济运行,它包括两种机制:自动稳定器和相机抉择的积极的财政政策。

2. 自动稳定器

自动稳定器(automatic stablizer)是指财政制度本身所具有的能够调节经济波动,维持经济稳定发展的作用。即使在政府支出和税率保持不变的情况下,财政制度本身也会影响社会经济活动,在经济繁荣时期自动抑制膨胀,在经济衰退时期自动减轻萧条,从而减轻甚至消除经济波动。

自动稳定器主要有以下 3 种:

(1) 税收(尤其是比例所得税)。在经济扩张(繁荣)阶段,随着生产的扩大,就业将增加,收入在增加,政府税收也相应增加,特别在实行累进税情况下,税收的增长率将超过国民收入的增长率。税收增加意味着居民可支配收入减少,因而它具有遏制总需求扩张和经济过热的作用。当经济处于萧条阶段时,国内生产总值下降,个人收入和公司利润普遍下降,税收也会相应减少。在实行累进税的情况下,由于纳税人的收入进入较低档次的纳税水平,政府税收下降的幅度会超过收入下降的幅度,可支配收入就会自动地少减少一些,从而使消费和总需求也自动地少下降一些,从而起到缓解经济衰退的作用。

因此在税率既定不变的条件下,税收随经济周期自动地同方向变化,税收的这种自动变化特点与政府在经济繁荣时期应当增税,在经济衰退时期应当减税的意图正相吻合,因而它是经济体系内有助于稳定经济的自动稳定因素。

（2）政府转移支付。同税收的作用一样,政府转移支付有助于稳定可支配收入,从而有助于稳定在总支出中占较大比重的消费支出。政府转移支付包括政府的失业救济和其他社会福利支出。按照失业救济制度,员工被解雇在没有找到新工作前可以领取一定期限的救济金;另外,政府也会对弱势群体和低收入者进行救济。这些福利支出具有稳定经济的作用。当经济出现衰退与萧条时,由于失业人数增加,符合救济条件的人数增多,失业救济和其他社会福利支出也会相应增加,此时可间接地抑制人们的可支配收入的下降,进而抑制消费需求的下降;当经济繁荣时,由于失业人数减少,社会福利支出额也相应减少,从而抑制可支配收入和消费的增长。

（3）农产品价格维持政策。这一政策实际上是以政府财政补贴的转移支付形式保证农民的可支配收入不低于一定水平,从而维持农民的消费水平,维持农产品价格的制度。这一政策有助于减轻经济波动,故认为它是稳定器之一。

总之,政府税收和转移支付的自动变化、农产品价格维持政策都是财政制度的内在稳定器,是政府稳定经济的第一道防线,它们在轻微的经济萧条和通货膨胀中往往起着良好的稳定作用。但当经济发生严重的萧条和通货膨胀时,它们不但不能使经济恢复到没有通货膨胀的充分就业状态,而且还会对经济起到阻碍作用。例如,当经济陷入严重萧条时,政府采取措施促使经济回升,但是当国民收入增加时,税收趋于增加,转移支付却减少,这使经济回升的速度减缓,此时内在稳定器的变化都与政府的需要背道而驰,因此当代西方经济学家认为,要确保经济稳定以及实现宏观调控的政策目标,主要靠政府的相机抉择法。

3. 相机抉择的积极的财政政策

相机抉择的积极的财政政策(discretionary fiscal policy)也称权衡性财政政策,是指政府密切注视经济的变动趋势,预测未来的经济发展,在税收和政府开支方面采取有效的对策,以实现一定的宏观调控的政策目标。也就是说,政府根据对经济形势的判断主动采取增加或减少税收和政府开支,以调节经济的需要。

当总需求非常低即出现经济衰退时,政府应通过削减税收、降低税率、增加支出或双管齐下以刺激总需求;反之,当总需求非常高即出现通货膨胀时,政府应增加税收或减少支出以抑制总需求。前者称为扩张性(膨胀性)财政政策,后者称为紧缩性财政政策。究竟何时采取扩张性财政政策,何时采取紧缩性财政政策,应由政府对经济发展的形势进行分析权衡后斟酌使用,这也是凯恩斯主义的需求管理的内容。凯恩斯主要分析需求不足型的萧条经济,因此他认为调节经济的重点应放在总需求的管理方面,使总需求适应总供给。当总需求小于总供给出现衰退和失业时,政府应采取扩张性财政措施以刺激经济;当总需求大于总供给出现通货膨胀时,政府应采取紧缩性财政措施以抑制总需求。

但是,在采用扩张性财政政策或紧缩性财政政策过程中会遇到许多制约因素并影响其作用的发挥,主要有:(1)时滞。认识经济形势、做出决策、实施财政政策都需要一定的时间,因此,财政政策往往不能起到很好的作用。(2)不确定性。实行财政政策时,政府主要面临乘数大小难以精确确定的问题,而且从采取财政政策到实现预定目标之间的时间也难以准确预测。(3)外在不可预测的随机因素的干扰也可能导致财政政策达不到预期效果。(4)"挤出效应"的存在使政府增加支出时挤占私人投资支出,从而使财政政策的效果也相应减小。

二、财政政策工具及其效果

财政政策工具是指政府为实现既定的政策目标所选择的操作工具,主要有改变政府购买、政府转移支付、税收和公债。

社会总需求不足时,可提高政府支出或减税,以增加社会总需求,从而缓解经济衰退;反之,则可降低政府支出或增税,减少总需求,以清除通货膨胀或缓和已出现的通货膨胀。例如,如果潜在国民收入或充分就业时国民收入为 12 000 亿美元,而实际国民收入为 10 000 亿美元,则 GDP 缺口为 2 000 亿美元。假设 $b=0.8, t=0.25, K_G=2.5, K_{TR}=2, K_T=-2$,则要实现充分就业,可增加政府购买 $2\,000/2.5=800$ 亿美元,或增加转移支付 $2\,000/2=1\,000$ 亿美元,或减税 $2\,000/2=1\,000$ 亿美元。

如果存在通货膨胀缺口,用同样的方法也可以消除。

政府财政收支的变动都会引起国民收入水平的变动,那么一定的政府财政收支的变动,会引起多少国民收入水平变动呢?这就是财政政策效果的问题。国民收入水平变动大,则财政政策效果就强;国民收入水平变动小,则财政政策效果就弱。

上述运用财政政策调节总需求和国民收入时,并未考虑货币市场的供求因素。事实上,两个市场是相互联系和相互作用的。当 G, TR 增加或 TA 减少时,货币需求将增加,在货币供给既定的情况下利率会上升,厂商(私人部门)的投资也会受到抑制,此时出现产生政府支出挤出私人投资的现象,称为"挤出效应"。

挤出效应的大小关系到财政政策效果的大小,政府支出的挤出效应越大,财政政策效果就越小;反之,政府支出的挤出效应越小,财政政策效果就越大。若政府支出的挤出效应为100%,则财政政策就无效;若政府支出挤出效应为零,则财政政策十分有效。

影响挤出效应和财政政策效果大小的因素可概括为以下几点:

（1）一项扩张（或紧缩）性的财政政策，如果由于货币需求增加（或减少）而使利率大幅度上升（或下降），则挤出效应就很大，财政政策效果就小；反之，财政政策效果就很大。

（2）私人投资需求对利率变动越敏感，挤出效应就越大，从而财政政策效果就越小；反之，财政政策效果就越大。

因此，财政政策效果的强弱就可以用既定斜率的 IS 曲线在横轴上移动距离的大小来衡量。

当 LM 曲线的斜率不变时，对于相同的财政政策，财政政策效果因 IS 曲线的斜率不同而不同。若 IS 曲线越平坦，即 IS 曲线的斜率绝对值越小，财政政策引起的国民收入变动越小，财政政策效果就越小；若 IS 曲线越陡峭，即 IS 曲线的斜率绝对值就越大，财政政策变动越大，财政政策效果就越大，如图 13-1 所示。

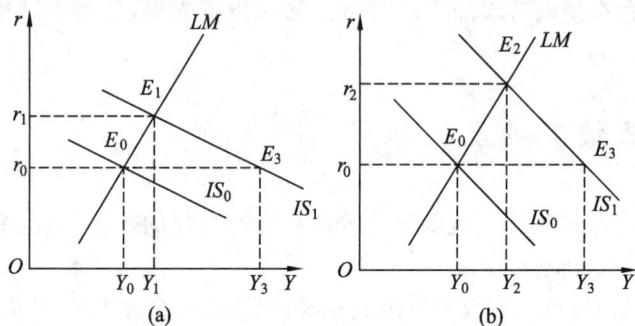

图 13-1　IS 曲线斜率与财政政策效果

在图 13-1(a)和(b)中，LM 曲线的斜率是相同的，且初始均衡状态的国民收入水平 Y_0 和利率 r_0 也完全相同，而 IS 曲线的斜率不同。若政府实行一项扩张性财政政策，它可以是增加政府支出，也可以是减少税收。当政府增加相同的购买支出，则会使 IS_0 曲线右移到 IS_1。IS_1 曲线分别与图 13-1 中(a)，(b)中的 LM 曲线相交于 E_1，E_2 点，相应的国民收入水平分别为(a)中的 Y_1 和(b)中的 Y_2，相应的利率水平分别是 r_1 与 r_2，在(a)与(b)中新均衡点与原均衡点 E_0 相比，无论是国民收入水平还是利率水平都提高了。但(a)中，利率上升得少，国民收入增加量 Y_0Y_1 也较少；在(b)中，利率上升较大，国民收入增加量 Y_0Y_2 也较多，即 $Y_0Y_1 < Y_0Y_2$。也就是说，(a)中表示的政策效果小于(b)，其原因就在于(a)中 IS 曲线较平坦，而(b)中 IS 曲线较陡峭。IS 曲线较平坦意味着投资需求的利率弹性 d 较大，即利率变动一定幅度所引起的投资变动的幅度较大，当实行扩张性财政政策使利率上升时，就会使私人投资下降较多，即"挤出效应"大，国民收入增加量就较少，因而财政政策效果就较小；反之，IS 曲线越陡峭意味着投资需求的利率弹性 d 越小，当实行扩张性财政政策使利率上升时，被挤出的私人投资就越小，国民收入增加量就越大，因而财政政策效果就较大。

在 IS 曲线斜率不变时，财政政策效果又随 LM 曲线斜率的不同而不同。若 LM 斜率越大，即 LM 曲线越陡峭，则扩张性财政政策引起的国民收入增加就越小，财政政策效果就越小;反之,LM 曲线越平坦,则财政政策效果就越大,如图 13-2(a),(b)所示。

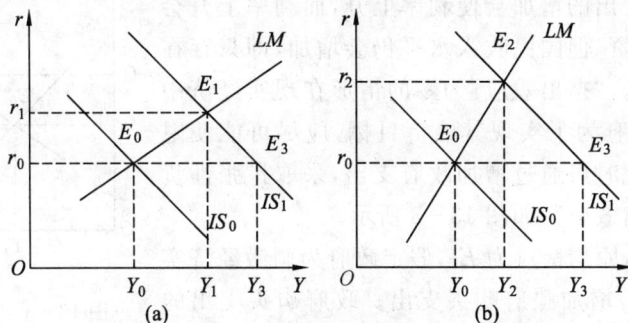

图 13-2 LM 曲线斜率与财政政策效果

在图 13-2(a)和(b)中,IS 曲线斜率相同,初始均衡状态时的均衡国民收入水平 Y_0 和利率水平 r_0 也相同,但 LM 曲线的斜率不同。在此情况下,当政府增加相同购买支出时,将使 IS 曲线从 IS_0 右移到 IS_1,IS_1 曲线分别与(a),(b)中的 LM 曲线相交于 E_1,E_2 点,相应的国民收入水平分别是 Y_1 与 Y_2,利率水平分别是 r_1 与 r_2,(a),(b)中新均衡点 E_1,E_2 与原均衡点 E_0 相比,无论是国民收入水平还是利率水平都提高了。但在(a)中,利率上升较小,国民收入增加量较大;在(b)中利率上升较大,国民收入增加量较小,即 $Y_0Y_1 < Y_0Y_2$。由图 13-2(a),(b)可见,若政府增加同样一笔支出,在 LM 曲线斜率较小即 LM 曲线较为平坦时,引起的国民收入水平增量较大,即财政政策效果较大;相反,在 LM 曲线斜率较大即 LM 曲线较为陡峭时,引起的国民收入水平增量较小,即财政政策效果较小。LM 曲线较平坦表示货币需求的利率弹性 h 较大,这意味着一定的货币需求增加所引起的利率变动较小,从而对私人部门投资产生较小的挤出效应,结果使国民收入水平增加较多,财政政策效果较大;相反,LM 曲线较陡峭表示货币需求的利率弹性 h 较小时,这意味着一定的货币需求增加所引起的利率变动较大,从而对私人部门投资产生较大的挤出效应,结果使财政政策效果较小。

由此可见,影响挤出效应大小的因素与影响财政政策效果的因素是相同的,主要是投资需求的利率弹性 d 与货币需求的利率弹性 h。若投资需求的利率弹性 d 越大,则一定利率水平的变动就会对投资水平的影响越大,则"挤出效应"就大;反之,则"挤出效应"就越小。

若货币需求的利率弹性 h 越大,则表示只有货币需求很大,才会引起利率的上升,因此当政府支出增加引起货币需求增加所导致的利率上升幅度较小时,于是对投资的"挤占"也就越少;反之,若 h 越小,则"挤出效应"就越大。

当货币需求的利率弹性 h 为无穷大,而投资需求的利率弹性 d 为零时,即 LM 为水平线,IS 曲线为垂直线时,政府支出的"挤出效应"将为零;反之,若当货币需求的利率弹性 h 为零,而投资需求的利率弹性 d 为无穷大时,"挤出效应"将是 100%,或者是完全的"挤出效应",即政府支出增加多少,私人投资支出就被挤占多少。实际上,完全的"挤出效应"只有在经济中资源得到充分利用,即经济中实现了充分就业时才出现,在经济未实现充分就业时,挤出效应不会是完全的。因为 LM 曲线实际上不可能是一条垂线，尽管政府支出的增加会使利率上升，而利率上升会挤占一部分私人投资，但国民收入水平仍会增加，即只存在部分的"挤出效应"。"挤出效应"为零的情形在现实经济中也是极少见的。政府为了实现其经济目标，应尽可能使财政政策效果较强，此时可通过增加政府支出，采取扩张性货币政策来抵消"挤出效应"，如图 13-3 所示。

图 13-3 扩张性货币政策抵消挤出效应

在图 13-3 中，原均衡点为 E_0，假定政府为刺激经济实施扩张性财政政策，增加政府购买支出。政府购买支出的增加使 IS_0 曲线右移到 IS_1 曲线，IS_1 曲线与 LM_0 曲线相交于 E_1 点。与 E_1 对应的利率为 r_1，国民收入水平为 Y_1，由于政府购买支出的增加使利率上升，产生了挤出效应 $Y_1 Y_2$。为了消除挤出效应 $Y_1 Y_2$，政府采用增加货币供给量的扩张性货币政策，使 LM_0 曲线右移到 LM_1 曲线，这时利率由 r_1 降为 r_0，国民收入又增加到 Y_2。由此可见，增加政府支出的财政政策会出现挤出效应，但可以用扩张性货币政策来消除挤出效应。

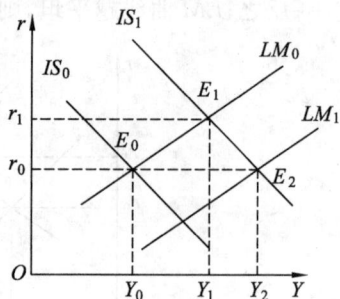

三、功能财政与公债

上述所说的财政政策及其效果都是凯恩斯主义财政政策思想，这种财政称功能财政。功能财政思想是对传统的预算平衡思想的否定。西方政府在历史上曾长期重视和信奉财政预算平衡。历史上预算平衡思想曾经历过三个发展阶段：第一阶段是强调年度平衡预算，即主张每年预算应力求平衡，或量入为出，或量出为入；第二阶段是周期平衡预算，认为政府应随着经济周期波动，在衰退时产生预算赤字，在繁荣时产生预算盈余，以盈余补赤字，从整个周期看预算仍是平衡的；第三阶段是充分就业平衡预算，认为政府应当使支出保持在充分就业条件下所能达到的净税收水平。若某年经济萧条，税收水平较低，支出可不必等于该年收入，而等于预计充分就业时会有的税收水平。

功能财政思想反对平衡预算政策观念，主张财政预算不在于追求政府收支平衡，而在于追求无通货膨胀的充分就业。为实现这一目标，预算可以是盈余，也可以是赤字。当均衡收入低于充分就业水平时，政府应实行扩张性财政政策以实现充分就业。若原来预算是盈余，则应减少盈余甚至造成赤字；若起初预算是赤字，则政府允许存在更大的赤字。反之，当存在通货膨胀缺口时，政府应实行紧缩性财政政策。由此可见，按照功能财政思想，政府应当更关心经济而不是更关心能否保持预算平衡。这种功能财政思想就是相机抉择的积极财政政策的指导思想。

按照功能财政政策，预算可能会赤字，也可能会盈余，但在多数情况下预算是赤字。如何弥补预算赤字？是否应减少支出？答案是否定的。如果减少支出，就达不到克服经济萧条和提高就业水平的目标。是否应增加税收？答案也是否定的。如果增加税收，可支配收入和消费支出就会下降，也达不到提高就业水平和克服经济萧条的目的。弥补财政赤字的方法有以下两种：一是凭借国家垄断货币发行的权力，通过中央银行增发货币；二是发行公债。假如已有 200 亿元赤字，政府可以增加货币发行 200 亿元，也可新发行公债 200 亿元，也可以在增加货币发行 100 亿元的同时新发行公债 100 亿元。增加货币发行会引起通货膨胀，因此，几乎所有的国家都是通过发行公债来弥补财政赤字的，这是西方国家弥补财政赤字最常用的方法。但对于公债的利弊得失，人们看法不一。许多经济学家认为，国债是个累赘，甚至是经济活动的障碍。这是因为：首先，国债虽然是政府的债务，但归根到底都是由纳税者负担的。公债不仅是加在当代人身上的负担，而且是加给下一代人的负担，是当代人提前支取下一代人的"面包"。其次，由于在提高税收方面存在困难，政府不得不举新债还旧债、债台高筑，最终可能迫使政府多印纸币，造成通货膨胀。最后，国债增加意味着公众以国库券和公债形式占有财富比重增加，而以不动产的形式占有财富的比重减少，使人们拥有的实物资本减少，不利于经济的长期增长。

然而，一些经济学家却认为国债的问题比想像中要小得多。首先，公众作为公债的购买者拥有国债的债权，公众作为纳税人又欠下自己的债务，在这样的基础上，除向外国借的部分债务外，所有债务、债权都可以看做自己欠自己的债，一笔勾销。其次，国家会长期存在，完全可以发行新债偿还旧债，不存在一次性偿还债务的压力。对公众而言，只要国家长期存在，就能确保每期债务兑现，因此公债是一种安全的个人投资方式。最后，美国的统计资料表明，美国国债的绝对值在急剧增加，但随着时间的推移，经济也在逐渐增长，特别在和平时期，国债占国内生产总值的比例在逐渐下降。因此，公债并不可怕，关键是掌握好国债的用途，只要政府不用于战争和浪费而是潜心用于刺激经济发展，只要经济增长速度高于国债增长速度，举债是值得的。

第二节　货币政策及其效果

一、银行的起源

现代商业银行起源于古代金匠为客户保藏黄金和珍贵物品的业务。在以金银等贵金属作为货币的时期，它们携带总是不方便，而且在许多情况下需要鉴定金银的成色。最初金匠店铺类似于物品寄存处或仓库，客户送来想要保藏的黄金，店铺主则给客户一张收据，以后客户就可凭收据取回其保藏的黄金。就业务内容而言，这种活动和现代商业银行的储蓄业务差不多，但现代商业银行需要支付存款利息，而金匠店铺不仅不交付利息，反向黄金寄存者收取一定的保管费用。

　　人们之所以需要货币,只是因为货币能购买东西,而并非为了货币本身。金匠店铺为客户寄存黄金货币与寄存其他物品不同,寄存其他物品时客户将来取回的还是同一物品,而货币却具有"匿名"性质,即黄金可以互相通用。客户在取黄金时并不计较所取回的黄金是否是其原先寄存的那一块黄金,只需数量和成色相同即可。正是由于这种"匿名"性,银行才逐渐产生。金匠店铺存取业务每天有进有出,但总保存一部分货币;此外,寄存者有时直接将存金收据作为交易货币支付。这样时间一久,金匠店铺主人保藏的黄金货币越来越多,风险也越来越大。金匠店铺主逐渐发现完全可以从所保藏的经常不被取出的那部分黄金中借贷一部分给市场上急需货币的个人或厂商,个人或厂商借货币的自然需付一定的报酬。于是店铺主在不影响原先保藏业务的情况下有利可图,反而愿意多保藏黄金。为了吸引人们多存黄金,店铺主不仅不向寄存人收取保管费用,反而对其支付一定的利息。这就与现代商业银行的存款和贷款形式完全相同了。

　　金匠店铺主根据经验一般不会将保藏的黄金货币全部放贷出去,必须留有一部分在金库里以留作每日客户领取的需要,否则一旦客户领取不到黄金,将对该店铺的信誉产生影响,也会使其他客户生怕自己的财产遭受损失而纷纷前来领取黄金,因而造成店铺的崩溃。这也就是现代银行准备金制度的起源。

二、银行体系

　　现代西方国家的银行体系主要由商业银行、中央银行和其他金融机构组成。

1. 商业银行

　　商业银行之所以称为商业银行,是因为早先向银行借款的客户大都经营商业。银行将给商人的贷款加到其活期存款账户上,商人则给银行一张期票,并以货物作为担保。但是随着商品、货币经济的发展,出现了两个新的情况:一是除了商业以外,工业、农业、建筑业、消费者也日益依赖银行的资金融通;二是商业及其他行业要求银行提供的服务越来越多样化,除了存款、贷款、结算以外,还有证券经销、票据承兑、保险、担保、外汇咨询等业务,而且贷款、存款又各有不同的期限和条件。为了适应这些变化,商业银行变成了不只是对商业融通资金的机构,其顾客遍及国民经济的各个部门,业务多种多样,名称虽冠以"商业"字样,不过是沿用旧称而已。

　　商业银行的主要业务是吸收存款、发放贷款和代客结算等。商业银行是唯一能接受、创造和收缩活期存款的银行。

2. 中央银行

　　中央银行是一个国家的最高金融管理机构,它统筹管理全国的金融活动,实施货币政策以影响经济。当今社会除了少数国家和地区外,几乎所有国家和地区都设立了中央银行。中央银行在美国是联邦储备局,在英国是英格兰银行,在法国是法兰西银行,在日本是日本银行。

　　一般认为中央银行具有以下三种职能:

首先是作为发行的银行。目前几乎所有西方国家的纸币都由中央银行发行,但也有例外,如美国、日本、德国等硬币和辅币由财政部发行。此外,中央银行还管理国家的黄金和外汇储备。

其次是作为银行的银行,为商业银行开户,吸收其存款。中央银行最大的存款来源是各银行交存的存款准备金,中央银行通过贷款、贴现、公开市场操作为各银行提供资金支持。中央银行是银行的最后贷款者,为各银行之间的交易办理非现金结算。

最后是作为政府的银行,代办政府预算收支。

3. 其他金融机构

在现代金融体系中还有许多非金融机构,如保险公司、信托投资公司、邮政储蓄机构等。

三、存款创造与货币乘数

商业银行对吸收的存款负有随时支付的义务。存款有活期和定期两种,活期存款不需事先通知就可随时提取,定期存款一定要事先通知才可提取。虽然活期款可以随时提取,但很少会出现所有储户在同一时间里取走全部存款的现象,因此银行可以将绝大部分存款用来从事贷款或购买短期债券等营利活动。但银行每日接受的存款未必能应付提取的需要,因此银行必须经常保持一定数量的货币,作为随时支付的准备。这种经常保留的供支付存款提取目的的一定货币数额,称为存款准备金。在现代银行制度中,这种准备金在存款中应占比率是由政府(具体由中央银行代表)规定的,称为法定准备金。准备金一部分以通货(钞票和铸币)保留在银行以应付日常需要,另一部分存入中央银行。所有商业银行都欲赚取尽可能多的利润,于是就会把法定准备金以上的那部分存款当做超额准备金贷放出去。正是这种以较小比率的准备金来支持活期存款的能力,使银行体系得以创造货币。

现举例进行说明。假定法定准备率 $\gamma = 20\%$。银行客户甲将一笔货币收入 100 万美元以活期存款形式存入甲银行,使银行系统增加了 100 万美元的来源资金。甲银行保留 20% 的资金(20 万美元)作为准备金,其余 80 万美元全部贷出。假定这 80 万美元贷给用于购买机器的一家公司,机器制造商乙得到这笔支付的支票又将其全部存入与自己往来的乙银行。乙银行得到这 80 万美元支票存款后又可贷放 64 万美元出去,得到这笔贷款的丙厂商又会将它存入与自己有经济往来的丙银行。丙银行得到这笔支票存款后又可贷出 51.2 万美元。由此不断存贷下去,各银行的存款总和是

$$100 + 80 + 64 + 51.2 + \cdots$$
$$= 100 \times (1 + 0.8 + 0.8^2 + 0.8^3 + \cdots)$$
$$= \frac{100}{1 - 0.8} = 500 \text{ 万美元}$$

而贷款总和是

$$80 + 64 + 51.2 + \cdots$$

$$=100\times(0.8+0.8^2+0.8^3+\cdots)$$
$$=400\ \text{万美元}$$

从上例可以看出,存款总和(用 D 表示)与原始存款(用 R 表示)及法定准备率之间的关系为 $D=R/\gamma$,贷款总和(用 L 表示)与活期存款之间的关系为 $L=D-R$。

因此,当中央银行增加一笔货币供应流入公众手中时,货币供应量(活期存款总和)将扩大为新增货币的 $1/\gamma$ 倍。$1/\gamma$ 就是货币创造乘数(用 K 表示),它是法定准备率的倒数。货币乘数也称信用乘数,它是准备金变动所引起的货币存量(存款)变动与该项准备金变动之间的比率。上例中银行存款创造的过程如表 13-1 所示。

表 13-1 银行存款创造的过程

银行的位置	存款人	银行存款	银行贷款	存款准备金
第一次存款创造	甲	100	80	20
第二次存款创造	乙	80	64	16
第三次存款创造	丙	64	51.2	12.8
…		…	…	…
合计		500	400	100

这里需要指出的是:(1)研究货币的供给不能只看中央银行发放的货币,而必须更重视派生的存款,即由于乘数的作用使货币供给量增加,这种增加被称为货币的创造;(2)货币创造量的大小不仅取决于中央银行投放的货币量,而且取决于存款准备率,存款准备率越大,货币创造的乘数就越小,反之就越大。

货币创造乘数为法定准备率的倒数是有条件的。第一,商业银行没有超额储备,即商业银行得到的存款扣除法定准备金后都会贷放出去。但是,如果银行找不到可靠的贷款对象,或厂商由于预期利润率太低而不愿贷款,或银行认为给客户贷款利率太低而不愿贷款,诸如此类原因都会使银行的实际贷款低于其本身的贷款能力。因此,实际准备率就会提高,超过法定准备金的部分就是超额储备(用 ER 表示),这对于活期存款来说是一种漏出。若用 α 表示超额准备对存款的比率,则存款总额就变成 $D=R/(\gamma+\alpha)$。例如,100 万美元的原始存款扣除法定准备金 20 万美元(按 20% 的法定准备率)后,本来银行应有 80 万美元的贷款能力,却实际只贷出 75 万美元,于是银行的超额储备为 5 万美元,α 为 0.05(即 5/100),实际准备率为 20%+5%=25%,则存款总额 $D=100/0.25=400$ 万美元。由此可看出,正是由于存在 5 万美元的漏出,才使 100 万美元原始存款只能产生 400 万美元的存款总额。第二,银行客户将一切货币存入银行后支付完全以支票进行。假如客户将得到的贷款不全部存入银行而抽出一定比例的现金,这也是一种漏出。在这种情况下,存款总额减少的情况将与第一种情况相同。假设现金占存款的比率为 β,于是存款总额 $D=R/(\alpha+\beta)$。

假定以上两种情况在存款创造中同时发生,则一笔新增原始存款最终产生的存款总和将是 $D=R/(\gamma+\alpha+\beta)$。此式可化为 $K'=D/R=1/(\gamma+\alpha+\beta)$,这就是有漏出时的货币创造乘数值。尽管如此,货币供给基本上仍是由银行储备量决定的,而商业银行的储备量从根本上说又是由中央银行和财政部的活动决定的,因此,货币供给一般被看做由政府政策决定。扩张性政策必须增加货币供给,紧缩性政策必须减少货币供给,这些都会影响利率和投资以及整个国民收入。

四、货币政策及其操作

货币政策就是中央银行改变货币供给量以影响国民收入和利率的政策。这主要是凯恩斯主义者的观点,他们认为货币政策和财政政策都用于调节国民收入以达到稳定物价、充分就业的目标,实现经济稳定增长。两者不同之处在于,财政政策直接影响总需求的规模,这种直接作用是没有任何中间变量的,而货币政策则还需通过利率的变动以对总需求产生影响,因而是间接地发挥作用。

货币政策一般也分为扩张性货币政策和紧缩性货币政策两大类。所谓扩张性货币政策是指货币当局(中央银行)通过增加货币供给以刺激社会总需求水平。货币供给增加时,利率会降低,利率的下降会刺激投资水平和消费水平,从而使社会总需求水平上升,因此经济衰退或萧条时多采用扩张性货币政策。紧缩性货币政策是指货币当局(中央银行)通过削减货币供给的增长以降低社会总需求水平。货币供给减少时,利率会上升,利率上升会一定程度缩减投资水平和消费水平,从而使整体需求水平相应下降,因此在经济过热或繁荣时多采用紧缩性货币政策。

中央银行一般通过公开市场业务、调整再贴现率和改变法定存款准备金率等三种主要的货币政策工具来改变货币供给量,以达到宏观经济调控的目标。

1. 公开市场业务

公开市场业务是目前中央银行控制货币供给量最重要、最常用的工具。

所谓公开市场业务是指中央银行在金融市场上公开买卖政府债券,以控制货币供给和利率的政策行为。中央银行在金融市场上公开买进或卖出政府债券,通过扩大或缩减商业银行存款准备金使货币供给量和利率的变化,最终决定物价和就业水平。

公开市场业务过程大致如下:当经济过热时,即中央银行认为市场上货币供给量过多、出现通货膨胀时,便在公开市场上出售政府债券,承购政府债券的可能是各商业银行,也可能是个人或公司。当商业银行购买政府债券后,准备金会减少,此时可贷款的数量也相应减少。通过货币乘数的作用,整个社会的货币供给量将会急剧减少。反之,如果经济萧条时,市场上出现银根紧缩,此时中央银行可在公开市场上买进政府债券,商业银行通过政府的购买增加了准备金,个人或公司出售债券所得现金也会存入银行。这样既能增加各商业银行的准备金,也可扩大银行的贷款能力,再通过货币乘数的作用,整个市场的货币供给量成倍增加。同时,中央银行买卖政府债券的行为也会引起债券市场上需求和供给的变化,进而影响债券价格和市场利率。有价证券市场是一个竞争性市场,其债券价格由供求双方决定。当中央银行购买证券时,债券的需求会增加,债券的价格也随之上升,利率的下降又会使投资和消费需求上升,从而刺激经济,增加国民收入。因此,中央银行可以通过公开市场业务增加或减少货币供给量,以实现宏观经济调控的目的。公开市场业务是货币政策的工具之一。

2. 调整再贴现率

贴现和再贴现是商业银行和中央银行的业务活动之一。一般地,商业银行的贴现是指客户因急需使用资金,将所持有的未到期票据出售给商业银行并兑现现款以获得短期融资的行为。商业银行在用现金购进未到期票据时,可按该票据到期值的一定百分比作为利息预先扣除,这个百分比就叫做贴现率。商业银行在将贴现后的票据保持到票据规定的时间向票据原发行单位自然兑现,但商业银行若因储备金临时不足等原因急需现金时,则商业银行可以将这些已贴现的但仍未到期的票据售给中央银行,请求再贴现。中央银行作为银行的银行,有义务帮助解决银行的流动性的职责。因此,中央银行从商业银行手中买进已贴现的但仍未到期的银行票据的活动就称为再贴现,并且在再贴现时同样应预先扣除一定百分比的利息作为代价,这种利息就叫做中央银行对商业银行的贴现率,即再贴现率。这就是再贴现率的本意。但在当前美国,商业银行主要不再用商业票据而是用政府债券作为担保向中央银行借款,所以现在都把中央银行给商业银行及其他金融机构的借款称为"贴现",相应的放款利率都称为"贴现率"。

中央银行通过变动再贴现率可以调节货币供给量。若中央银行感到市场上银根紧缩,货币供给量不足时,便可以降低再贴现率,于是商业银行向中央银行的"贴现"就会增加,从而使商业银行的准备金增加,可贷出去的现金增加,进而通过货币乘数的作用下使整个社会货币供给量成倍增加;反之,若市场上银根松弛,货币供给量过多,中央银行可以提高再贴现率,商业银行就会减少向中央银行的"贴现",于是商业银行的准备金减少,可贷出去的现金也减少,进而通过货币乘数的作用社会上的货币供给量将急剧减少。

中央银行调整再贴现率对货币供给量的影响不是很大,实际上中央银行调整贴现率更多的是表达自己的意图,而不是发挥调整贴现率对货币供给量的直接影响,所以实施起来比较被动。

3. 改变法定存款准备金率

中央银行有权决定商业银行和其他金融机构的法定准备金率。如果中央银行认为需要增加货币供给,就可以降低法定准备金率,使所有金融机构对每一笔客户的存款只需留出更少的准备金,或反过来说,让每1美元的准备金可支撑更多的存款。假定原来法定准备金率为20%,则100美元存款必须留出20美元准备金,可贷金额为80美元,于是增加1万美元的准备金就可以派生出5万美元的存款。若中央银行将法定准备金率降低到10%,则100美元存款只需10美元准备金,可贷金额为90美元,于是增加1万美元的准备金就可以派生出10万美元的存款,货币供给就因此增加了一倍。可见,降低法定准备金率实际上等于增加了银行准备金,而提高法定准备金率就等于减少了银行准备金。从理论上说,变动法定准备金率是中央银行调整货币供给最简单的办法,然而中央银行一般不愿轻易使用变动法定准备金率这一手段。这是因为银行向中央银行报告其准备金和存款状况时存在时滞,今天变动的准备金率一般要经过一段日子后(如两周后)才起作用。此外,变动法定准备金率的影响十分广泛,一旦准备金率变动,所有银行的信用都必须扩张或收缩。因此,中央银行很少使用这一政策手段,一般几年才改变一次准备金率。如果准备金率变动频繁,会使商业银行和所有金融机构的正常信贷业务受到干扰而感到无所适从。

实际生活中这三大货币政策工具常常需要配合使用。例如,当中央银行在公开市场操作中出售政府债券使市场利率上升(即债券价格下降)后,再贴现率必须相应提高,以防止商业银行增加贴现。于是,商业银行向其顾客的贷款利率也将提高,以免产生亏损。相反,当中央银行认为需要扩大信用时,在公开市场操作中买进债券的同时也可同时降低再贴现率。贴现率政策和公开市场业务虽然都能使商业银行准备金变动,但变动方式和作用是有区别的。当中央银行在市场出售证券时一般能减少银行准备金,但究竟哪些银行会减少以及减少多少都无法事先知道,因而究竟会给哪些银行造成严重影响也无法事先知道。对于原先超额准备金多的银行可能没有什么影响,即使其客户提取不少存款去买证券,也只会使超额准备金减少一些而已。然而,那些本来就没有什么超额准备金的银行马上就会感到准备金不足,因此其客户提取存款后,准备金就会降到法定准备金率以下。在这种情况下,中央银行之所以还大胆进行公开市场业务,就是因为有再贴现政策作为补充。当中央银行售卖证券使一些银行缺乏准备金时,这些银行就可向中央银行办理贴现以克服困难。

货币政策除了以上三种主要工具外,还有一些其他工具,道义劝告就是其中之一。所谓道义劝告是指中央银行运用自己在金融体系中的特殊地位和威望,通过对银行及其他金融机构的劝告来影响其贷款和投资方向,以达到控制信用的目的。例如在大衰退时期,鼓励银行扩大贷款;在通货膨胀时期,劝导银行限制扩大货款,这些往往都会收到一定效果。但由于道义劝告没有可靠的法律地位,因而并不是强有力的控制措施。

五、货币政策效果分析

所谓货币政策效果是指变动货币供给量的政策对国民收入水平变动的影响。国民收入水平变动大,货币政策的效果就强;国民收入水平变动小,货币政策的效果就弱;影响货币政策效果的因素有以下几点:

(1) 如果货币需求对利率变动反应敏感,即 h 较大,意味着利率稍有变动,货币需求就会有较大幅度的变化,在这种情况下中央银行增加货币供给量时,利率就只会有很小幅度的下跌,进而投资增加幅度就不大,国民收入增加也不多,即货币政策效果就小;反之效果就大。

(2) 如果投资对利率变动反应敏感,即 d 较大,意味着利率稍有降低,投资就会增加较多,则中央银行变动货币供给对投资和国民收入变化的影响就大,即货币政策效果就大;反之效果就小。

在 $IS-LM$ 模型中,货币供给量的变动是通过 LM 曲线的移动来反映的,因此,货币政策效果的强弱也可以用既定斜率的 LM 曲线在横轴上移动距离的大小来衡量。从 IS 和

LM 图形看,这种距离的大小同样取决于 IS 曲线的斜率和 LM 曲线的斜率。

1. IS 曲线斜率不变时的情形

当 IS 曲线斜率不变时,LM 曲线越平坦,由货币供给量变动引起的 LM 曲线的移动对国民收入水平变动的影响就越小,货币政策的效果就越小;反之则货币政策的效果就越大,如图 13-4 所示。

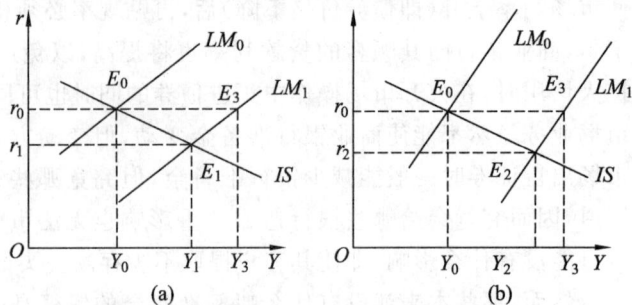

图 13-4　货币政策效果因 LM 曲线斜率而异

在图 13-4(a)和(b)中,IS 曲线斜率是相同的,只是 LM 曲线的斜率不同。对于相同的货币扩张,这两种情况下的国民收入水平的变动量也不同,(a)中 Y_0Y_1 小于(b)中 Y_0Y_2,其原因是(a)中 LM 曲线较平坦,而(b)中 LM 曲线较陡峭。LM 曲线较平坦表示货币需求的利率弹性较大(当货币需求的收入弹性 k 较小时,也会使 LM 曲线较平坦,但 LM 曲线的斜率主要决定于货币需求的利率弹性 h),即利率稍有变动就会使货币需求变动较多,也就是说货币供给量变动对利率变动的作用较小。因此,增加同样的货币供给量时,由于货币需求的利率弹性 h 较大,则利率下降较少,从而使投资与国民收入水平增加得较小,货币政策的效果就较弱。反之,若 LM 曲线较陡峭表示货币需求的利率弹性小,因此,增加同样的货币供给量会使利率下降较多,从而引起投资与国民收入水平增加得较多,货币政策的效果较强。

2. LM 曲线斜率不变时的情形

当 LM 曲线斜率不变时,若 IS 曲线越平坦,一定货币供给量的变动引起的 LM 曲线的移动对国民收入水平变动的影响就越大,货币政策的效果就越强,如图 13-5 所示。

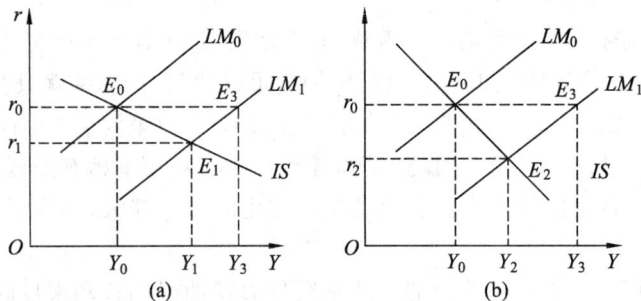

图 13-5　货币政策效果因 IS 曲线的斜率而异

在图 13-5(a)和(b)中,LM 曲线的斜率是相同的,只是 IS 曲线的斜率不同。假定初始的均衡国民收入水平 Y_0 和利率 r_0 都相同,当中央银行实行扩张性货币政策以增加同样一笔货币供给量时,这两种情况下的国民收入的变动分别是 Y_0Y_1 与 Y_0Y_2,且有 $Y_0Y_1 > Y_0Y_2$。这是因为 IS 曲线的斜率不同,即投资需求的利率弹性不同。尽管 IS 曲线的斜率还受边际消费倾向 β 的影响,但边际消费倾向一般被认为是较稳定的,故 IS 曲线的斜率就主要取决于投资需求的利率弹性 d。IS 曲线斜率越小,即 IS 曲线越平坦,表示投资需求的利率弹性 d 就越大,也就是说利率变动一定幅度所引起的投资变动的幅度越大。

因此,当中央银行实行扩张性货币政策使 LM 曲线向右移动时,随着利率的下降,投资需求增加得就较多,从而国民收入水平增加得也较多,货币政策的效果就较强。反之,即 IS 曲线的斜率越大,即 IS 曲线越陡峭,表示投资需求的利率弹性 d 较小,当扩张性货币政策使 LM 曲线向右移动时,随着利率的下降,投资需求增加量就较少,从而国民收入水平增加量也较少,货币政策的效果就较弱。

总之,当 IS 曲线的斜率较小、LM 曲线的斜率较大,即 IS 曲线较平坦、LM 曲线较陡峭时,货币政策效果就较强;反之货币政策的效果就较弱。

第三节　财政政策和货币政策的混合使用

一、宏观经济政策的选择

选择哪一种政策更有利这一问题涉及许多因素。本节以扩张性财政政策与扩张性货币政策为例,分析两者对社会经济产生不同的影响。

从 IS-LM 模型的分析中可以看出,扩张性财政政策和货币政策都可以扩大总需求,增加国民收入,但它们对利率的作用方向却不同。扩张性财政政策会使利率水平上升,而扩张性货币政策会使利率水平下降。正是由于二者对利率作用的方向不同,导致了总需求内部结构的不同。

在 IS-LM 模型中,扩张性货币政策使 LM 曲线向右移动,使国民收入水平上升和利率水平下降。随着国民收入的增加,人们的可支配收入上升,消费需求也相应增加。同时,利率水平的下降也有利于投资需求的增加,尤其是与利率关系密切的住房投资更是如此。因此,扩张性货币政策会使总需求中的消费需求和投资需求增加。

扩张性财政政策和扩张性货币政策对社会经济的影响如表 13-1 所示。

表 13 - 1 财政政策与货币政策对社会经济的影响

政策工具		国民收入	利率	消费	投资
扩张性货币政策		增加	下降	增加	增加
扩张性 财政政策	(1) 增加政府购买支出	增加	提高	增加	减少
	(2) 减税	增加	提高	增加	减少
	(3) 增加转移支付	增加	提高	增加	减少

从表 13 - 1 中可知,不同的政策对社会总需求的影响也不同,因此,决策者在决定选择哪种政策时,首先应考虑产生社会总需求不足的主要原因是什么,然后才能对症下药以促使经济回升。

二、两种政策的混合使用

当经济萧条时可以将扩张性财政政策与扩张性货币政策混合使用,这样能更有力地刺激经济。扩张性财政政策使总需求增加但提高了利率水平,采用扩张性货币政策就可以抑制利率的上升,以消除或减少扩张性财政政策的挤出效应,使总需求增加。

当经济出现严重通货膨胀时可实行"双紧"组合,即采用紧缩性财政政策与紧缩性货币政策来降低需求,控制通货膨胀。一方面采用紧缩性财政政策从需求方面抑制通货膨胀,另一方面采用紧缩性货币政策从货币供给量方面控制通货膨胀。紧缩性财政政策在抑制总需求的同时会使利率下降,而紧缩性货币政策会使利率上升,从而抑制利率下降、刺激总需求。

当经济萧条但又不太严重时,可将扩张性财政政策与紧缩性货币政策相结合。这样既可刺激总需求又能抑制通货膨胀,其结果往往是对增加总需求作用并不确定,但却使利率上升。当经济出现通货膨胀又不太严重时,可将紧缩财政政策与扩张性货币政策相结合,用紧缩性财政政策压缩总需求,又用扩张性货币政策降低利率,以免财政过度紧缩而引起衰退。

应用 IS-LM 模型可以分析采用宏观经济政策各种混合的政策效应,如表 13 - 2 所示。

表 13 - 2 财政政策和货币政策混合使用的政策效应

政策混合	产出	利率
扩张性财政政策和紧缩性货币政策	不确定	上升
紧缩性财政政策和紧缩性货币政策	减少	不确定
紧缩性财政政策和扩张性货币政策	不确定	下降
扩张性财政政策和扩张性货币政策	增加	不确定

【案例】

目前是否需坚持从紧货币政策

中国人民银行副行长易纲昨日在京表示,稳健的财政政策和从紧的货币政策组合主要是为了防止通货膨胀,虽然美国次贷危机对中国产生了外部冲击,但是央行权衡国际形势之后,仍然认为目前应该坚持从紧的货币政策。与此同时,央行还会根据国际和国内的形势,注意调整政策执行的力度和节奏,使抑制通胀的既定方针得到坚决贯彻执行。

易纲昨日出席一次关于次贷危机警示的学术研讨会时称,通胀的成因比较复杂,货币政策在治理通胀中负有重要责任,也能发挥重要作用。但是,有些通胀产生的原因是全球性的,如石油、粮食和原材料的涨价,这种全球性的通胀必然对中国产生影响,也是一个国家货币当局不能完全控制的。面对这种局面,易纲认为货币政策需要控制好国内因素,在外部输入通胀的压力下,争取到一个可以接受的价格水平。

近段时间以来,有不少研究机构认为中国政府提出的 2008 年 GDP 增长 8％ 和 CPI 控制在 4.8％ 左右的目标很难实现,两者之间难以找到平衡点。易纲昨天就此问题表示,经济平稳增长和价格水平稳定之间的平衡点是所有货币当局都要考虑的,央行执行从紧的货币政策,而且适时、适度把握节奏和力度,是要实现二者的最优组合。他认为,就中国的情况来看,最后的结果可能是经济增速略高于 8％,通胀也能控制在可以接受的水平上。

美国次贷危机为中国的金融创新敲响了警钟,易纲指出,对于金融创新问题应该趋利避害,尽量发挥其正面作用,把负面影响降到最低程度。现在的中国不是金融创新过度,而是金融创新不够,所以在制定政策方面不能因噎废食,还是要继续鼓励和提倡金融创新,同时防范风险。

易纲昨天还回应了有关中国央行独立性的质疑,他表示,中国人民银行是国务院的组成部门,目前已经制定了《中国人民银行法》,央行会在现有的法律框架下,认真履行法律赋予的职责,坚持货币政策制定和执行中的科学性和预见性,同时也争取能够尽可能达到有效性。

——摘自《证券时报》

◇◇

【本章小结】

1. 财政制度本身会影响社会经济活动,从而减轻并消除经济波动。但是,当经济发生严重的萧条和通货膨胀时,它不但不能使经济恢复到没有通货膨胀的充分就业状态,而且还会起到阻碍作用。确保经济稳定、实现宏观调控的政策目标主要靠政府的相机抉择法,通过改变政府购买、政府转移支付、税收等缓解经济衰退、避免出现通货膨胀、缓和已出现的通货膨胀。由于产品市场和货币市场是相互联系和相互作用的,当 G,TR 增加或 TA 减少时,货币需求会增加,在货币供给既定的情况下,利率会上升,厂商(私人部门)的投资会受到抑制,产生政府支出挤出私人投资的现象,这称为"挤出效应"。挤出效应的大小关系到财政政策效果的大小,政府支出的挤出效应越大,财政政策效果就越小。这种相机抉择的积极财政政策的指导思想就是功能财政思想。按照功能财政政策,预算可能会赤字,也可能会盈余,几乎所有的国家和地区都是通过发行公债来弥补财政赤字的,这是西方国家弥补赤字最常用的方法。

2. 研究货币的供给不能只看中央银行发放的货币,而必须更重视派生的存款,即由于乘数的作用使货币供给量增加,这种增加被称为货币的创造;货币创造量的大小不仅取决于中央银行投放的货币量,而且取决于存款准备率。存款准备率越大,货币创造的乘数就越小,反之就越大。中央银行一般通过公开市场业务、调整再贴现率和改变法定存款准备金率等三种主要的货币政策工具来改变货币供给量,以达到宏观经济调控的目标。货币政策的效果与货币需求对利率变动的敏感程度和投资对利率变动的敏感程度有密切关系。

3. 不同的政策对社会总需求的影响也不同,因此,决策者在决定选择哪种政策时,首先应考虑产生社会总需求不足的主要原因是什么,然后才能对症下药以促使经济回升。此外也可混合使用两种经济政策以促进经济稳定发展。

【重要名词和术语】

自动稳定器　权衡性财政政策　功能财政　公债　充分就业平衡预算
挤出效应　再贴现率　公开市场业务　存款创造　货币乘数

【复习思考题】

1. 是否边际税率越高,税收作为自动稳定器的作用就越大?

2. 财政政策乘数和政府支出乘数有何区别?请举例说明。

3. 平衡预算的财政思想和功能财政思想有何区别?

4. 为什么货币需求对利率越敏感,即货币需求的利率系数越大,财政政策效果越大?

5. 货币政策效果与 IS,LM 曲线斜率有什么关系?为什么?

6. 假设货币需求 $L=0.2Y$,货币供给量为 200 亿美元,$C=90+0.8yd$,$T=50$ 亿美元,$I=140-5r$,$G=50$ 亿美元。

试求:

(1) IS 和 LM 方程、均衡收入、利率和投资。

(2) 若其他情况不变,G 增加 20 亿美元,均衡收入、利率和投资各为多少?

(3) 是否存在"挤出效应"?

7. 假设 LM 方程为 $Y=500+25r$,货币需求 $L=0.2Y-5r$,货币供给量 $M=100$。

试求:

(1) 计算当 IS 为 $Y=950-50r$(消费 $C=40+0.8Y$,投资 $I=140+10r$,税收 $T=50$,政府购买支出 $G=50$)和 IS 为 $Y=800-25r$(消费 $C=40+0.8Y$,投资 $I=110-5r$,税收 $T=50$,政府购买支出 $G=50$)时的均衡收入、利率和投资。

(2) 政府支出从 50 增加到 80 时,上述两种情况的均衡收入和利率各为多少?

(3) 政府支出从 50 增加到 80 时,上述两种情况中的收入增加会有所不同吗?

8. 假设货币需求为 $L=0.2Y-10r$,货币供给为 200 亿美元,消费 $C=60+0.8Y$,税收

$T=100$ 亿美元,投资 $I=150$ 亿美元,政府购买 $G=100$。

(1) 求 IS 和 LM 方程。

(2) 求均衡收入、利率和投资。

(3) 政府支出从 100 亿美元增加到 120 亿美元时,均衡收入、利率和投资有何变化?

(4) 是否存在"挤出效应"?

9. 什么是财政政策和货币政策的混合使用?

10. 什么是货币乘数? 货币乘数大小主要和哪些变量有关?

第十四章

国民收入的决定：总需求－总供给模型

【本章要点】

本章介绍总需求的概念及总需求曲线；总供给的概念及总供给曲线；总需求－总供给模型。

前面关于宏观经济问题的分析都是以价格总水平不变为前提的，这些分析都属于凯恩斯的理论。因为凯恩斯主要研究萧条经济，在这样的经济中有许多未被利用的资源，只要增加支出或需求，实际产出量和就业水平就会提高。但实际上经济并不总是萧条的，因此，保证总需求增长的政策并不总能使产量提高，相反会引起价格水平上升。在实际生活中，物价水平也是不断变动的。本章将取消价格不变的假设，着重说明产量和物价水平之间的关系。在这基础上建立一个宏观经济模型，即总需求－总供给模型，着重说明总产出（收入）和价格水平之间的关系及其各自的决定。总需求－总供给模型不仅是宏观经济学中的重要分析工具，也是理解宏观经济中一些重大问题的基础。

第一节 总需求函数

一、总需求函数的含义

在微观经济学中，市场对某产品的需求是指该市场在每一个价格水平上对该产品的需求总量；而在宏观经济学中，总需求（aggregate demand, AD）是指经济社会在每一价格总水平（一种价格指数）上对物品和劳务的需求总量。在这里，总需求是指整个社会的有效需求，它不仅指整个社会对物品和劳务需求的愿望，而且指该社会对这些物品和劳务的支付能力。因此，总需求实际上就是经济社会的总支出。由总支出的构成可知，总需求由经济社会的消费需求、投资需求、政府需求和国外需求构成。正如在其他条件不变，若价格上升，市场对该商品需求量将下降一样，经济社会对商品的总需求也会随价格总水平上升而下降。总需求

与价格总水平之间的这种依存关系就是总需求函数;或者说,
总需求函数是指物价总水平与经济社会的均衡总支出或均衡
总收入之间的数量关系。一定的价格总水平总会有与之相适
应的均衡总支出或总收入量。描述总需求函数的几何图形就
是总需求曲线,因此,总需求曲线是指反映每一物价总水平与
均衡支出或均衡收入之间关系的曲线,如图 14-1 所示。

图 14-1(a)是总支出曲线。总支出曲线表示在每一物价
总水平上与一定名义收入相对应的总支出。例如,总支出曲线
AE_0 表示当物价水平为 P_2 时,若收入为 Y_2,总支出(它等于消
费、投资与政府支出之和,即 $AE=C+I+G$)为 E_0;当收入为
Y_1 时,总支出为 E_0'。同样,总支出曲线 AE_1 表示当物价水平为
P_1 时,若收入为 Y_2,总支出为 E_1';当收入为 Y_1 时,总支出
为 E_1。

图 14-1(b)是总需求曲线。总需求曲线表示每个价格水
平上的均衡总支出。均衡总支出是指与总收入相等的支出,它
必定在 45°线上。例如,当价格为 P_1 时,均衡总支出(即产量或
收入)是 Y_1;当价格为 P_2 时,均衡总支出为 Y_2。由图可见,物价总水平越高,总需求量或均
衡总支出水平越低,因此,总需求曲线与微观经济学中的需求曲线相似,均是向下倾斜的。
微观经济学中的需求曲线向下倾斜是由于收入效应和替代效应,使人们对某一商品的需求
量和该商品价格呈反方向变化关系;宏观经济学中的总需求曲线向下倾斜则完全是由于另
一种原因,即假定其他情况不变,则价格水平的上升(或下降)将导致总支出水平下降(或上
升)。在封闭经济中,总支出是由消费、投资和政府支出构成的。在开放经济中,总支出还要
考虑进出口因素。现分析物价总水平的变化是如何导致由这些内容构成的总支出水平变
化的。

第一,价格总水平上升将导致利率上升,进而导致投资和总支出水平下降。价格水平上
升时,人们将需要更多货币从事交易。假定价格水平为 100% 时需要 3 000 亿美元从事交
易,则价格水平上升为 120% 时就需要 3 600 亿美元从事交易。总之,即使人们实际收入没
有变化,但价格水平上升了,人们进行商品和劳务的交易时就需要更多的货币。价格水平越
高,商品和劳务越贵,所需支付的现金就越多,所开具的支票金额也越大。因此,货币需求是
价格水平的增函数。如果货币供给没有变化,价格上升使货币需求增加时,利率必然上升,
因为利率是货币供给和需求相均衡的结果,而利率上升又使投资水平下降,因而总支出水平
和收入水平也下降;在图 14-1 中表现为价格由 P_2 上升为 P_1 时,总支出曲线从 AE_0 下降为
AE_1。反之,当价格总水平下降时,总支出曲线则向上移动。这种由价格总水平变动引起利
率同方向变动,进而使投资和产出水平反方向变动的情况,称为利率效应。

第二,物价总水平上升,以货币表示的资产的购买力将下降并导致总需求变化。在经济

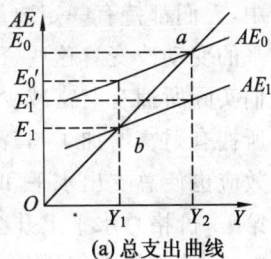

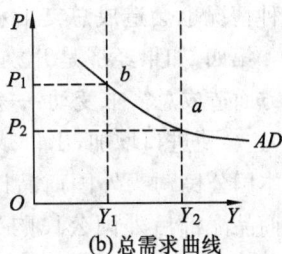

(a)总支出曲线

(b)总需求曲线

图 14-1　总支出和
总需求曲线

社会中,人们都持有一定数量的现金和存款,这是其拥有的资产或财富的重要组成部分。价格水平的变动改变着这些资产的购买力,从而改变这些财富的实际数量。价格水平上升,表示人们实际所拥有财富减少了,其消费和投资支出水平就会下降;价格水平下降,表示人们实际所拥有财富增加了,其消费和投资支出水平就会上升。这种情况可称为实际余额效应。这种效应也使总支出水平和物价总水平呈反方向变化关系。

第三,价格总水平上升会导致人们名义收入增加,而名义收入增加将使人们进入更高的纳税等级,从而使人们税负增加,实际可支配收入下降,进而使人们消费和投资水平下降。这种情况也会造成总支出水平和物价总水平呈反方向变化关系。

第四,如果经济是开放经济,则物价总水平变动也会在以下两方面造成总需求变动:一是其他情况未变而本国物价总水平上升,这会使进口增加,出口减少。国内价格总水平上升后,相比之下本国公民购买外国商品比较合算,因而导致进口增加,同时本国商品涨价后外国公民购买本国商品将减少,因而导致出口减少。进口增加而出口减少会使净出口减少,进而使总需求水平下降。二是物价总水平上升后,本国生产成本将上升,若此时外国物价未涨,则到外国投资显然比较合算(因成本较低),因而使到国外进行投资增加,国内投资减少,这也降低了国内总需求水平。

综上所述,国内物价总水平上升必然使国内总支出水平下降;反之,国内物价总水平下降必然使国内总支出水平上升。总支出水平的变动也会使均衡产出水平发生相应变动,这就形成了向右下方倾斜的总需求曲线。例如,在图 14-1 中,物价总水平为 P_2 时,相应的总支出曲线为 AE_0,均衡产出水平为 Y_2;物价总水平为 P_1 时,相应的总支出曲线为 AE_1,均衡产出水平为 Y_1。将不同的物价水平和相应的均衡产出水平的组合点联结起来就构成图 14-1(b)中的总需求曲线(AD 曲线)。

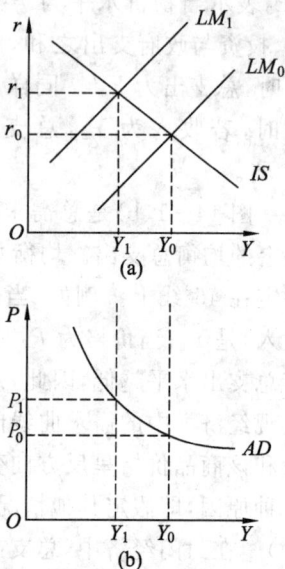

图 14-2 从 IS-LM 图形推导出总需求曲线

总需求曲线也可以从 IS-LM 图形中推出,如图 14-2 所示。图 14-2(a)是 IS-LM 图形,(b)是总需求曲线的图形。当价格水平从 P_0 上升到 P_1 时,名义货币供给未变,因此实际货币供给或货币供给的实际价值减少了,因而 LM 曲线向左上方移动,即从 LM_0 移到 LM_1。这使利率从 r_0 升到 r_1,而利率上升又使投资下降,国民收入水平从 Y_0 下降到 Y_1。总之,较高的价格通过减少实际货币供给而使 GDP 减少,于是不同的价格水平和不同的收入水平的组合就构成了总需求曲线。

二、总需求曲线的斜率

总需求曲线的斜率反映了既定的价格水平变动所引起的总需求与国民收入的变动情

况,如图 14-3 所示。

当总需求曲线斜率绝对值较小时,既定的价格变动所引起的总需求与国民收入的变动也较大,这就是当总需求曲线为 AD_0 时,总需求与国民收入的变动为 Y_0Y_2 的情形;当总需求曲线斜率绝对值较大时,既定的价格变动所引起的总需求与国民收入的变动也较小,这就是当总需求曲线为 AD_1 时,总需求与国民收入的变动为 Y_0Y_1 的情形。

因此,总需求曲线的斜率绝对值越大(AD 曲线越陡峭),一

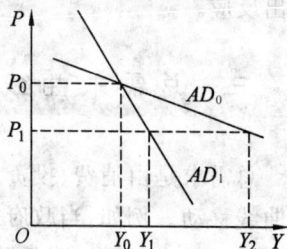

图 14-3 总需求曲线斜率对总收入的影响

定的价格水平变动所引起的总需求与国民收入变动就越小;总需求曲线的斜率绝对值越小(AD 曲线越平缓),一定的价格水平变动所引起的总需求与国民收入变动就越大。

总需求曲线的斜率取决于以下因素:

第一,货币需求的利率弹性。货币需求的利率弹性越小,价格变动所引起的实际货币供给量的变动对利率和总需求的影响就越大,从而总需求曲线的斜率绝对值也就越小(即总需求曲线越平坦);相反,货币需求的利率弹性越大,价格变动所引起的实际货币供给量的变动对利率和总需求的影响就越小,从而总需求曲线的斜率绝对值也就越大(即总需求曲线越陡峭)。

第二,投资需求的利率弹性。投资需求的利率弹性越大,既定的利率变动所引起的投资与总需求的变动越大,从而总需求曲线的斜率绝对值也就越小;相反,投资需求的利率弹性越小,既定的利率变动所引起的投资与总需求的变动越小,从而总需求曲线的斜率绝对值也就越大。

第三,货币需求的收入弹性。货币需求的收入弹性越小,既定的实际货币供给量变动所引起总需求的变动就大,从而总需求曲线的斜率绝对值就越小;相反,货币需求的收入弹性越大,既定的实际货币供给量变动所引起的总需求的变动就小,从而总需求曲线的斜率绝对值就越大。

第四,乘数。乘数越大,既定实际货币供给量变动所引起的最终总需求(与国民收入)的变动越大,从而总需求曲线的斜率绝对值就越小;相反,乘数越小,既定实际货币供给量变动所引起的最终总需求(与国民收入)的变动越小,从而总需求曲线的斜率绝对值就越大。

因此,总需求曲线的斜率与货币需求的利率弹性、投资需求的利率弹性同方向变动,与货币需求的收入弹性、乘数反方向变动。

根据总需求曲线斜率的决定还可以推导出两种特例:第一种是古典特例。在这种情况下,货币需求的利率弹性为零,LM 曲线是一条垂线,实际货币供给量的变动对总需求具有最大的影响,从而总需求曲线也就是一条水平线(其斜率为零)。第二种是凯恩斯陷阱。在这种情况下,货币需求的利率弹性无限大,即在既定的利率水平下公众愿持有任何数量的货币供给量,此时 LM 曲线是一条水平线。因此,价格变动所引起的实际货币供给量变动对总需求没有什么影响,总需求曲线就是一条垂线(其斜率为无限大),即总需求不会对价格变动

作出反应。

三、总需求曲线的移动

总需求是由消费、投资、政府购买和净出口构成的,任何计划总支出的增减都会使总需求曲线移动。例如,当政府采取扩张性的财政政策(增加政府购买、转移支付、降低税率)或货币政策(买进债券、降低贴现率和法定准备金率)时,总需求曲线就会向右上方移动,如图 14-4 所示。

图 14-4(a)表示扩张性财政政策使总需求曲线右移。由于政府增加支出或降低税收,IS_0 右移至 IS_1 使总需求曲线 AD_0 也相应地平行右移至 AD_1,在价格水平 P_0 不变时,收入从 Y_0 增加到 Y_1。图 14-4(b)表示扩张性货币政策使总需求曲线右移。由于中央银行增加供给,LM_0 右移至 LM_1 使总需求曲线 AD_0' 也相应地但并不是平行地右移至 AD_1'(对于 IS 右移会使 AD 平行右移,而 LM 右移不会使 AD 平行右移的原因,此处不予分析),在价格水平 P_0 不变时,收入从 Y_0' 增加到 Y_1'。

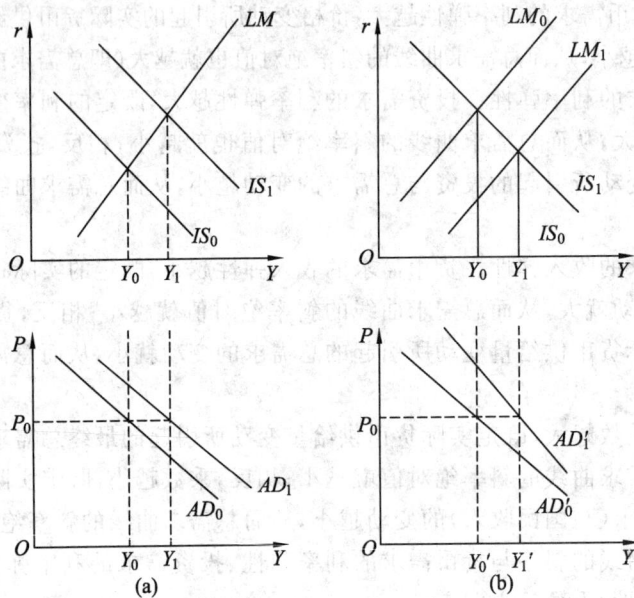

图 14-4 财政政策、货币政策使总需求曲线移动

第二节 总供给函数

总供给(aggregate supply,AS)是每一价格水平上经济社会的总产量(或总产出),它描

述经济社会的基本资源用于生产时可能有的产量。一般而言,总供给主要是由生产性投入(最重要的是劳动与资本)的数量及其投入组合的效率(即社会的技术)来决定的。

总供给函数是指总供给(或总产出)与价格水平之间的关系。在以价格为纵坐标,总产出(或总收入)为横坐标的坐标系中,总供给函数的几何图形为总供给曲线。

总供给曲线阐述了价格与产量相结合的情形,即在某种价格水平时整个社会的厂商所愿意供给的产品总量。所有厂商所愿意供给的产品总量取决于这些厂商在提供该产品时所得到的价格,以及其在生产该产品时所必须支付的劳动与其他生产要素的费用。因此,总供给曲线反映了要素市场(特别是劳动市场)与产品市场的状态。各派经济学家对总供给有着不同的分析,本节只从说明总需求-总供给模型的角度来对总供给曲线进行简单分析。

一、凯恩斯主义总供给曲线

凯恩斯主义总供给曲线是一条水平的总供给曲线,它表明在既定的价格水平时,厂商愿意供给社会所需求的任何数量产品。凯恩斯主义总供给曲线如图 14-5 所示,从图中可以看出,此时总供给曲线 AS 是一条水平线。水平的总供给曲线表明在现行的价格水平下,企业愿意供给任何需求数量的产品。

之所以存在这种情况,是因为凯恩斯认为,当社会上存在较为严重的失业时,厂商可以在现行工资水平下得到其所需要的任何数量的劳动力。当仅仅将工资作为生产成本时,这就意味着生产成本不会随产量的变动而变动,从而价格水平也就不会随产量

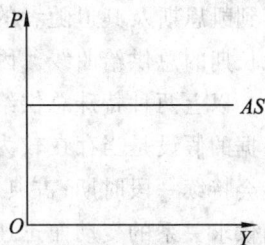

图 14-5　凯恩斯主义
总供给曲线

的变动而变动。厂商愿意在现行价格下供给任何数量的产品。凯恩斯主义总供给曲线的前提条件是:由于存在着严重的失业,企业可以在现行工资水平下获得其需要的任意数量的劳动力。厂商生产的平均成本因此被假定为不随产量水平的变化而变化,于是在现行价格水平上,企业愿意供给任意所需求的产品数量。

应当指出的是,凯恩斯主义总供给曲线仅仅存在于失业较为严重的情形,例如 20 世纪30 年代经济大危机时期的情况,因此它仅仅是一种特例。凯恩斯的这种观点与其理论产生的时代背景和运用的短期分析方法是相关的。

二、古典总供给曲线

如果说凯恩斯主义总供给曲线表示的是一种极端情形,那么图 14-6 所给出的古典总供给曲线则是另一种极端情形。

由图 14-6 可知,古典总供给曲线是一条位于充分就业产量水平上的垂线,这表明无论价格水平如何变动,总供给量都是固定不变的。

古典总供给曲线基于以下假定:货币工资具有完全的伸缩性,它随
劳动供求关系的变化而变化。当劳动市场存在超额劳动供给时,货币
工资就会下降;反之,当劳动市场存在超额劳动需求时,货币工资就会
提高。简单地说,在古典总供给理论的假定下,劳动市场的运行毫无摩
擦,总能维持劳动力的充分就业。既然劳动市场在工资灵活调整下充
分就业的状态总能被维持,因此无论价格水平如何变化,经济中的产量
总是与劳动力充分就业下的产量即潜在产量相对应的。也就是说,由
于全部劳动力都得到了就业,即使价格水平再上升,产量也无法增加,
即国民收入已经实现了充分就业。因此,总供给曲线是一条与价格水平无关的垂直线。

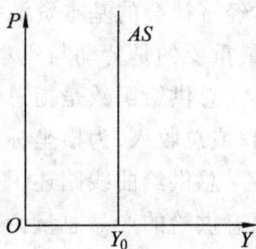

图 14-6　古典总供给曲线

从长期来看,经济是可以实现充分就业的,因此古典总供给曲线也称为长期总供给曲
线。但在短期中,经济并不一定总处于充分就业状态,因此古典总供给曲线也是一种特例。

需要指出的是,虽然垂直的总供给曲线所依赖的假设(即货币工资具有完全的伸缩性)
受到凯恩斯及其追随者的指责,但目前大多数西方学者都认为该垂直的总供给曲线可以作
为长期的总供给曲线。因此,垂直的总供给曲线在宏观经济学中又被称为长期总供给曲线。

以上两种特殊总供给曲线的差别在于其所根据的假设不同。凯恩斯主义总供给曲线所
根据的假设是当存在较为严重失业时,工资变动不大或根本不能变(即工资具有刚性),失业
将会持续一段时期;古典总供给曲线所根据的假设是工资具有完全的伸缩性,它可以适应劳
动供求关系的变动而迅速变动,从而通过工资的调节使劳动市场总处于充分就业的均衡状
态。这两种特殊情况实际生活中都不多见,因此正常的总供给曲线介于这两种特例之间,是
一条向右上方倾斜的线。

三、正常的总供给曲线

对于总供给,西方学者大都认同存在总供给曲线的观点,但对于总供给曲线的形状却有
着不同的看法。水平的总供给曲线和垂直的总供给曲线都被认为是极端的情形。许多经济
学家认为,在短期现实的总供给曲线更多地表现为一条向右上方倾斜的曲线。现分析在完
全竞争条件下该形状的供给曲线的推导过程,如图 14-7 所示。

从微观经济学可知,在完全竞争的条件下,如果价格太低如图 14-7(a)中的 P_0,生产就
很不合算,厂商退出该行业是明智的选择。当价格超过 P_0 时,价格越高,厂商的生产就越
多,直至达到某个生产能力水平,这就是一个典型厂商的供给曲线。市场供给曲线被解释为
一个行业中所有单个厂商供给曲线的水平相加,故总供给曲线可以用同样的方法导出。图
14-7(b)中向右上方倾斜的 AS 曲线就是正常的总供给曲线,它表明总供给量与价格水平
同方向变动。从图中可看出,当价格水平为 P_0 时,总供给水平为 Y_0;当价格水平上升为 P_1
时,总供给水平增加至 Y_1。

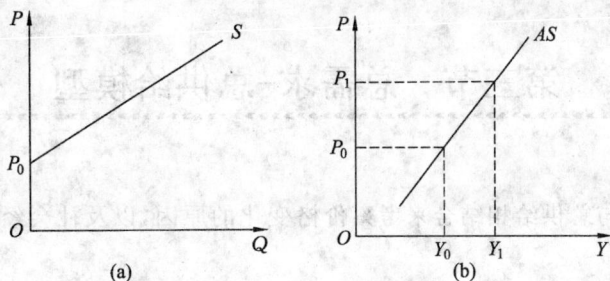

图 14-7　正常的总供给曲线

　　总供给水平与价格水平同方向变动反映了产品市场与要素市场的状况。具体来说,当产品市场中价格上升时,厂商可以为生产要素支付更高的报酬,从而就可以使用更多的生产要素以生产更多的产品。

四、总供给曲线的斜率

　　当总需求变动即总需求曲线移动时,总供给曲线的不同斜率所引起的价格与国民收入的变动情况也就不同。因此,在运用总需求-总供给模型分析问题时,总供给曲线的斜率大小是很重要的。总供给曲线的斜率反映了总供给量对价格变动的反应程度。总供给曲线的斜率大(即总供给曲线较为陡峭),说明总供给量对价格变动的反应小;总供给曲线的斜率小(即总供给曲线较为平坦),说明总供给量对价格变动的反应大,如图 14-8 所示。

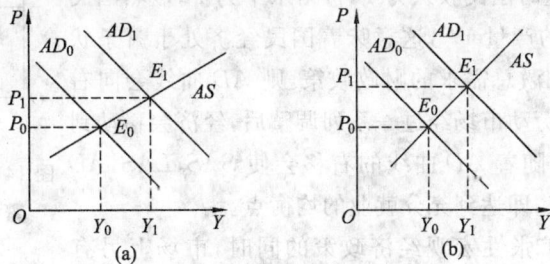

图 14-8　总供给曲线的斜率

　　总供给曲线的斜率取决于多种因素,例如生产技术、生产要素的供给与价格等。

五、总供给曲线的移动

　　与总需求曲线的移动相比,使总供给曲线移动的因素相对来说更加复杂,这里只能作简要的说明,例如自然的和人为的灾祸、技术变动、工资率的变化、生产能力的变动等。
　　总供给曲线的位置是不断变动的,这种变动说明了在既定价格水平下总供给量的变动情形。

第三节　总需求-总供给模型

本节将总需求与总供给相结合来考察价格变化的原因,以及社会经济如何实现总需求与总供给的均衡。

一、经济萧条与繁荣分析

西方主流学派经济学家试图用总供给曲线和总需求曲线来解释宏观经济波动。他们将向右上方倾斜的总供给曲线称为短期总供给曲线,将垂直的总供给曲线称为长期总供给曲线。根据长期总供给曲线、短期总供给曲线及其与总需求曲线的相互关系,可对经济波动进行以下解释:

从短期总供给曲线不变而总需求曲线变动来看,总需求水平决定了一国经济的萧条和繁荣状态下的均衡水平,如图 14－9 所示。

在图 14－9 中,Y^* 为充分就业条件下的国民收入,过此点与横轴垂直的直线 LAS 就是长期总供给曲线,SAS 为短期总供给曲线,AD 为总需求曲线。假设经济的初始均衡状态为 E 点(即 AD 与 SAS 的交点),这时国民收入为 Y,价格水平为 P,显然国民收入 Y 小于充分就业的产量 Y^*,这意味着国民经济处于萧条状态。但如果政府采取刺激总需求的财政政策,则 AD 曲线会向右移动。在商品、货币和劳动市场经过一系列调整后,经济会移动到新的短期均衡点,例如随着 AD 曲线的右移会使 SAS,LAS,AD 三条曲线相交于同一点,即达到充分就业的均衡点。

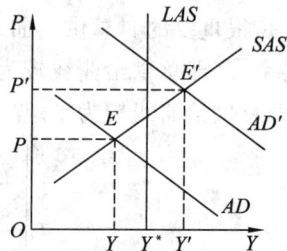

图 14－9　总需求决定萧条和繁荣状态下的均衡水平

如果在政府采取扩张性宏观经济政策的同时,市场上另有强烈刺激总需求扩张的因素,使 AD 曲线右移至 AD',并与 SAS 曲线相交于 E' 点,那么均衡的国民收入为 Y',大于 Y^*,它表示经济处于过热的繁荣状态。这说明引起国民经济由 E 点移动到 E' 点是需求变动方面的原因。这时市场价格上升到 P' 点,产生了通货膨胀与经济增长同时出现的状况。总之,经济总需求的扩张可以使社会就业水平和总产出水平提高,但经济扩张一旦超过潜在的充分就业的国民收入时,则会产生经济过热和通货膨胀。

二、经济滞胀分析

现在考察总供给曲线变动而需求曲线不变将条件下的市场价格和国民收入的变动情

形。在短期内,如果 AD 不变,AS 曲线发生位移,则将引起市场价格与国民收入反方向的运动。如果 AS 水平下降,市场价格会上升,而国民收入则下降,此时将产生经济发展停滞和通货膨胀共生的"滞胀"现象,如图 14 - 10 所示。

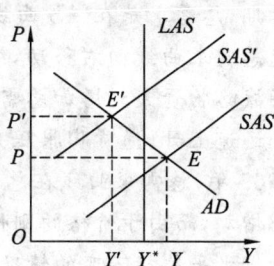

图 14 - 10 经济滞胀分析

在图 14 - 10 中 LAS 为长期总供给曲线,AD 为总需求曲线,这两条曲线不发生位置的移动。但短期总供给曲线可能由于投入的生产要素价格变动(农业歉收、外汇市场的波动、石油价格的上涨等)而发生位置的移动。

投入生产要素的价格(或成本)的上升,使企业在同等产量条件下要求更高的物价水平,或者在同等价格水平下被迫减少产量。这样就会使 SAS 曲线向左上方移到 SAS',使原先超出潜在国民收入 Y^* 的产量 Y 减少至 Y',均衡点由 E 移动至 E',市场物价水平由 P 移动到 P'。此时生产降到低于充分就业时的水平,价格则提高到高于充分就业时的水平,出现"滞胀"现象。显然,影响宏观经济的某些外部因素的作用使总供给状况恶化,也使政府原先的宏观经济政策目标遭到破坏。

三、长期均衡分析

上述萧条状态、繁荣状态和滞胀状态都被认为是短期存在的状态。根据西方学者的解释,在短期内,例如在几个月或一两年内,企业所使用的生产要素的价格相对不变,因而总供给曲线向右上方延伸;在长期内,一切价格都能自由地涨跌,经济具有达到充分就业的趋势,因而总供给曲线成为垂线,如图 14 - 11 所示。

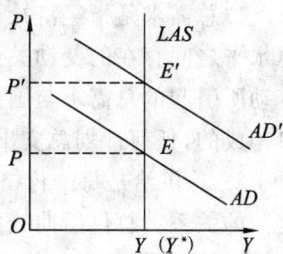

图 14 - 11 长期均衡分析

图 14 - 11 中的 LAS 是长期总供给曲线,它与潜在产量线完全重合。当总需求曲线为 AD 时,总需求曲线和长期总供给曲线的交点 E 决定的产量为 Y,价格水平为 P。当总需求增加使总需求曲线由 AD 向上移动到 AD' 时,总需求曲线和长期总供给曲线的交点 E' 决定的产量为 Y,价格水平为 P',由于 $Y=Y^*$,在长期中总需求的增加只是提高了价格水平,而不会改变产量或收入。

因此,主流学派经济学家认为总供给-总需求模型可以用来解释萧条状态、繁荣状态和滞胀状态的短期收入和价格水平的决定,也可以用来解释充分就业状态的长期收入和价格水平的决定。

【案例】

美国的情况可以看做 AS-AD 模型的分析例子。在 20 世纪 30 年代,美国处于大危机时期,总需求是在 AS 曲线的水平区域,因此,政府可以采取增大政府购买支出等财政政策,使总需求曲线向右移动,结果提高总产量和增加就业人口数量,到 40 年代,由于政府大量购买战略物资大大增加总需求,整个经济达到充分就业水平,总供给曲线是垂直阶段,物价水平迅速上升,通货膨胀压力成为当时的严重问题,于是采取进行工资-物价管制。在 1950—1965 年,总需求曲线在总供给曲线的中间区域内移动,增加总需求,造成总产量和物价水平都增加,而由于价格的刚性特征,当总需求减少时,导致出现总产量和就业人口数量下降,而物价水平维持不变的情况。1965—1973 年,美国政府卷入战争,国防费用增加,造成需求冲击,美国经济又进入古典区域,导致价格上涨,同时存在过盛需求,形成通货膨胀。1974—1980 年,由于美国 1974 年发生农业严重歉收,农产品价格上升,而石油输出国组织大幅度提高石油价格,成本推动价格上涨,总需求曲线向左移动和总供给曲线向上移动,造成"滞胀"现象的发生。

——摘自赵炳新、张立达,西方经济学教程,山东人民出版社,2002

【本章小结】

本章系统分析总需求曲线和总供给曲线,并结合总需求-总供给模型考察了价格变化的原因,以及社会经济如何实现总需求与总供给的均衡。

1. 总需求是指经济社会在每一价格总水平上对物品和劳务的需求总量。总需求与价格总水平之间存在的变动关系就是总需求函数。总需求曲线的斜率则反映了既定的价格水平变动所引起的总需求与国民收入的变动情况。由于总需求是由消费、投资、政府购买和净出口构成的,任何计划总支出的变化都会使总需求曲线移动。

2. 总供给是每一价格水平上经济社会的总产量。总供给函数则指总供给与价格水平之间的关系。总供给曲线的斜率反映了总供给量对价格变动的反应程度。总供给曲线的斜率大,说明总供给量对价格变动的反应小。与总需求曲线的移动相比,使总供给曲线移动的因素相对来说更加复杂。

3. 将总需求与总供给相结合可用来考察价格变化的原因,以及社会经济如何实现总需求与总供给的均衡。

【重要名词和术语】

总需求函数　总供给函数　总需求-总供给模型

【复习思考题】

1. 导致总需求曲线移动的因素有哪些?

2. 如何理解总供给曲线通常有一个正斜率?

3. 古典总供给曲线为什么是垂直的?

4. 降低工资对总需求和总供给有何影响? 降低价格对劳动需求和劳动供给有何影响? 它们之间的相互作用对经济调整有什么意义?

5. 导致总供给曲线移动的因素有哪些?

6. 在古典总需求-总供给模型中,当政府支出增加时,价格水平、总产出、利率和就业量将如何变化?

7. 假定总需求曲线 $AD_1 = 5\,000 - 1\,000P$,总供给曲线 $AS = 2\,000 + 2\,000P$。

试求:

(1) 均衡价格和产量;

(2) 当总需求曲线变为 $AD_2 = 5\,600 - 1\,000P$ 时,价格和产量各为多少?

(3) 若充分就业量 $Y^* = 4\,000$,经济调整到最后时价格和产量各为多少?

第十五章

通货膨胀与失业

【本章要点】

　　本章介绍通货膨胀的概念、衡量、原因及经济效应;摩擦性失业及原因;结构性失业及原因;周期性失业及原因;自然失业率、通货膨胀与失业的关系。

　　通货膨胀和失业是世界各国经济中存在的两大难题,经济运行中最理想的结果是既无通货膨胀,也不存在失业,但这基本上是无法实现的。本章将分析通货膨胀和失业的种类、原因及相互关系,从而为解决这两大难题而制定相关政策时提供理论基础。

第一节　通货膨胀

一、通货膨胀及其衡量

　　通货膨胀(inflation)一般指物价水平在一定时期内持续普遍的上升过程,或者货币价值在一定时期内持续的下降过程。从通货膨胀的定义可以看出:(1)通货膨胀强调价格水平的上涨,而不是价格水平的高低;(2)通货膨胀强调价格水平的普遍上涨,而不是个别商品或项目价格的上升;(3)通货膨胀强调价格水平的持续上涨,而不是短期的上升,因此通货膨胀是一个长期概念;(4)通货膨胀是价格上涨的动态过程。

　　这里的物价总水平或一般物价水平是指所有商品和劳务交易价格总额的加权平均数,这个加权平均数就是价格指数。价格指数的变动反映一定时期内发生通货膨胀的程度。衡量通货膨胀率的价格指数一般有以下三种:

　　消费者价格指数(consumer price index,CPI)又称居民消费价格指数,是指通过计算城市居民日常的社会用品和劳务的价格水平变动而得的指数。许多国家选取一篮子消费品和劳务并以其在消费者支出中的比重为权数来衡量市场价格变动率。例如,美国的CPI选择265种商品和劳务。

生产者价格指数(producer price index,PPI)又称批发价格指数,是指通过计算生产者在生产过程中所有阶段中所获得的产品的价格水平变动而得的指数。这些产品包括产成品和原材料,在美国它包括了3 400种产品,但不包含劳务。

国内生产总值价格折算指数(GDP deflator)又称GDP平减指数,是名义国内生产总值与实际国内生产总值之比。这种指数用于修正GDP数值,从中去除通货膨胀因素,其统计计算对象包括所有计入GDP的最终产品与劳务,因而能较全面反映一般物价水平的变化。但厂商和消费者主要关心与其有关的物价水平的变化,从中判断自己受通货膨胀的影响程度。

二、通货膨胀的分类

按照不同的划分标准,西方经济学家将错综复杂的通货膨胀划分为不同的类型。

1. 根据物价上涨速度划分

根据物价上涨速度,可将通货膨胀分为爬行的通货膨胀、温和的通货膨胀、飞奔的通货膨胀和恶性通货膨胀四类,但精确划分这四种通货膨胀的数量界限也比较困难。

爬行的通货膨胀一般指年物价上涨速度不超过2%~3%,同时不存在通货膨胀预期的状态。它被看做实现充分就业的一个必要条件,国外所谓“通货膨胀有益无害”的观点就是由该状态得出的。一般将年物价上涨速度在3%~10%的通货膨胀称为温和的通货膨胀。年物价上涨速度为两位数的通货膨胀称为飞奔的通货膨胀。至于恶性通货膨胀,美国经济学家卡根(Cagan)将其定义为物价水平以每月50%以上的速度不断上涨。在恶性通货膨胀中,人们对货币完全失去信任,货币购买力猛降,各种正常的经济联系遭到破坏,以致货币体系和价格体系最后完全崩溃,在严重的情况下还会出现社会动乱。典型的例子是德国在1922—1923年间的极端情况,其年通货膨胀率达百分之一千、一万甚至上亿。

2. 根据通货膨胀发生的原因划分

根据通货膨胀发生的原因,可将通货膨胀分成需求拉上的通货膨胀、成本推进的通货膨胀和结构性通货膨胀三类。如果将通货膨胀看成由实际因素或货币因素造成的过度需求拉上的,这种通货膨胀便是需求拉上的通货膨胀;如果认为通货膨胀是由于特定集团(如工会)行使其市场权力而使工资率水平提高进而使总供给函数转移所引发的,这种通货膨胀便属于成本推进的通货膨胀;如果将通货膨胀的原因归于特定的经济制度、控制系统、信息系统和决策系统的结构因素或其变化,这种通货膨胀便属于结构性通货膨胀。

3. 根据人们的预料程度划分

根据人们的预料程度,可将通货膨胀分为已预期到的通货膨胀和未预期到的通货膨胀。公众事先是否能预期通货膨胀的水平对宏观经济学的许多结论都有重大影响。如果通货膨胀是突发的、未被预期的,那么货币工资率的增长会滞后于物价水平的上涨,从而会使利润上升,至少暂时会具有扩大就业、扩大总产量的效应。如果通货膨胀事先已被完全预期到,那么各经济主体就会按预期来调整其行为,例如工会在物价上涨前要求增加工资,从而通货膨胀在短期的扩张效应就不会出现。

4. 根据经济模式中市场机制的作用程度划分

根据经济模式中市场机制的作用程度划分,可将通货膨胀分为开放性的通货膨胀和抑制性的通货膨胀。在市场经济条件下,市场通过价格灵敏地反映供需变动状况,当需求超过供给,就会产生通货膨胀,这就是开放性的通货膨胀。如果价格和供需变动受到政府的强力控制,使价格无法反映超额需求状况,那么产生的就是抑制性的通货膨胀。在抑制性通货膨胀中,过度需求不会因政府对价格的控制而消失,而是转化为商品短缺和供应紧张,形成隐蔽的通货膨胀。抑制性通货膨胀严重到一定程度时,物价最终还将突破限制而有所上涨,但这种上涨一般是滞后的、有限的。

5. 根据对价格影响的差别划分

根据对价格影响的差别进行划分,存在着两种通货膨胀类型。第一种为平衡的通货膨胀,即每种商品的价格都按相同比例上升;第二种为非平衡的通货膨胀,即各种商品价格的上升比例并不相同。

三、通货膨胀的原因

1. 需求拉上的通货膨胀

需求拉上的通货膨胀(demand - pull inflation)是指一般物价水平上升是由商品市场中的过度需求拉上的。需求拉上的通货膨胀的产生因素有两大类:实际因素和货币因素。实际因素是导致 IS 曲线右移的因素,例如减税或增加政府支出而使消费需求增加,资本边际效率上升而使投资需求增加,出口需求增加而使进口需求下降等。货币因素是指能使 LM 曲线右移的因素,例如货币供给增加或货币供给不变条件下货币需求减少。图 15-1 为需求拉上的通货膨胀的形成过程。

图 15-1 中的 AS 为总供给曲线。不论是由于实际因素使 IS 曲线右移,还是由于货币因素使 LM 曲线右移,这都将使总需求曲线右移。假设总需求曲线从 AD_0 右移至 AD_1,若此时价格水平 P_0 不变,则出现超额需求或通货膨胀缺口,其大小为 Y_0Y_1。由于总供给曲线向右上方倾斜,因此总需求增加,价格水平会上升,同时产量也会增加。当价格上升至 P_1、产量增加到 Y_1' 时,供求达到了均衡。在实际经济生活中,由于此时社会资源还未被充分利用,因此总需求增加时,厂商一方面扩大生产量,一方面提高产品价格。随着社会总产出水平不断提高,总供给曲线斜率越来越大,这意味着未被利用的资源逐步减少;当总需求水平再提高时,产量很难再增加,价格则随总需求的增加而快速上升。当总需求曲线右移到 AD_2 时,它与同横轴垂直的总供给曲线相交,产量达到充分就业产量

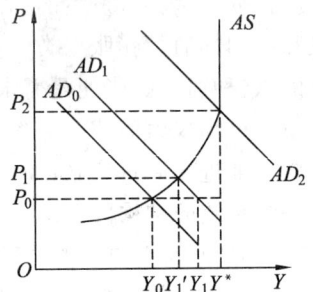

图 15-1 需求拉上的通货膨胀

Y^*水平,价格达到P_2水平。此时,如果总需求再增加,产出则不能增加,而只会导致价格水平上升。需要指出的是,需求拉上的通货膨胀主要是针对充分就业的情形提出的。

2. 成本推进的通货膨胀

成本推进的通货膨胀(cost-push inflation)又称成本通货膨胀或供给通货膨胀,是指物价水平上升是由生产成本提高而推动的情形。它又可细分为工资推进的通货膨胀和利润推进的通货膨胀。

西方学者认为,工资推进的通货膨胀是指由于劳动市场的不完全竞争造成工资过高,而工资过高又进一步导致一般物价水平上涨的情形。工资提高和价格上涨之间存在因果关系:工资提高引起价格上涨,价格上涨又引起工资提高。因此,工资提高和价格上涨形成了螺旋式的上升运动,即工资-价格螺旋。

利润推进的通货膨胀是指不完全竞争市场中的厂商利用市场势力谋取过高利润所导致的一般物价水平上涨。西方学者认为,不完全竞争市场是利润推进的通货膨胀产生的前提。在不完全竞争市场中,垄断企业和寡头企业为了追求更大的利润,凭借自己的垄断地位操纵价格,将产品的价格定得很高,致使价格上涨的速度超过成本增长的速度。

在既定的总需求水平上,成本推进的通货膨胀表现为总供给曲线AS向左移动,使价格水平上升,如图15-2所示。

在图15-2中,最初的供给曲线AS_1与AD_1在P_1和Y^*处达到充分就业均衡。假定由于工资推进或利润推进的作用而使总供给曲线移动至AS_2的位置,此时欲使物价保持P_1水平,其代价是总产量水平下降到Y_1并造成失业。由于在原价格水平P_1上存在过度需求($Y^* - Y_1$),于是物价水平上升至P_2,总产量增加到Y_2,尽管过度需求已消除,但此时仍未达到充分就业水平。如果政府要实现充分就业目标,可采用扩大财政支出或增加货币供给的手段使总需求曲线移动到AD_2的位置,此时经济重新恢复到充分就业状态,但新的均衡价格水平为P_3。如果工会或厂商因

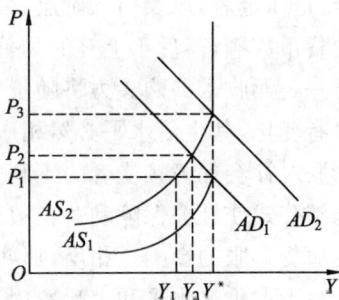

图15-2 成本推进的通货膨胀

物价水平提高、实际收入下降而再次要求增加工资和利润,那么将再次重复上述过程。

除工资和利润上升的推进外,原材料和能源的涨价也会提高成本,使总供给曲线向左上方移动,形成通货膨胀。

3. 结构性通货膨胀

有些西方经济学家从资本主义社会部门结构的特点来解释一般物价水平在一定时期内持续上涨的原因。结构性通货膨胀理论认为,某些部门在需求方面或供给方面的变动往往通过部门之间相互看齐的过程而影响其他部门,从而导致一般物价水平上涨。例如,构成总需求因素的部门发生结构性剧烈变动,其中有的部门需求急剧下降,而有的部门需求急剧增加,但总需求并没有增加。此时那些需求急剧增加的部门的工资和价格水平都会上升,而那

些需求急剧下降的部门的工资和价格水平并不会因该部门需求的下降而下降,这就引起平均物价水平随着社会经济的部门需求结构的变化,而呈现持续上升的长期趋势。因此,从总体上看,虽然总需求没有增加,但最终还是导致了通货膨胀。

四、通货膨胀的经济效应

1. 通货膨胀的再分配效应

在现实经济中,产出与价格水平是一起变动的,通货膨胀的产生常常伴随着扩大的实际产出。只有在极少的场合中,通货膨胀的发生会伴随着实际产出的收缩。为了独立地考察价格变动对收入分配的影响,这里暂且假设实际产出是固定的,且实现了充分就业的水平。例如,假定收入固定,以研究通货膨胀如何影响收入所有者实际得到的收入大小。此外,在分析研究前还应区分货币收入和实际收入。货币收入就是一个人所获得的货币数量,而实际收入则是一个消费者用其货币收入所能买到的物品和劳务的数量。可见,实际收入是以货币收入和物品、劳务的价格为转移的。

通货膨胀的再分配效应是怎样的呢?

首先,通货膨胀不利于靠固定的货币收入维持生活者。对于固定收入阶层,如领救济金、退休金者,以及白领阶层、公共雇员和靠福利等其他转移支付维持生活者,其收入是固定的货币数额,落后于上升的物价水平。固定收入阶层的实际收入因通货膨胀而变少,其接受每一美元收入的购买力将随价格的上升而下降。此外,由于固定收入阶层接受的货币收入没有变化,其生活水平必然相应地降低。西方国家政府试图用增加福利的方法来抵消通货膨胀对社会保障接受者的不利的再分配效应。例如从 1972 年起,美国根据一项自动增长的调整公式使社会保障利益指数化,工资也指数化,即同消费品价格指数挂钩以自动调整,避免通货膨胀的影响。相反,那些靠变动收入维持生活者,则会从通货膨胀中得益,其货币收入会走在价格水平和生活费用上涨之前。例如,那些从利润获得收入的企业主就能从通货膨胀中获利。如果产品价格比资源价格上升得快,则企业的收益将比其成本增长得快。

其次,通货膨胀对储蓄者不利。随着价格上涨,存款的实际价值或购买力就会降低,因此那些口袋中有闲置货币和存款在银行的人将受到严重打击。对于保险金、养老金以及其他固定价值的证券财产等,它们本来是作为未雨绸缪和蓄资防老的,而在通货膨胀中其实际价值也会下降。

最后,通货膨胀可以在债务人和债权人之间发挥收入再分配的作用。具体来说,通货膨胀靠牺牲债权人的利益而使债务人获利。假如甲向乙借款 1 万美元,计划一年后归还,而这段时间内价格水平上升一倍,那么一年后甲归还给乙的 1 万美元相当于借时的一半。这里假定借贷双方没有预期到通货膨胀的影响。但如果一旦预期到通货膨胀,则上述的再分配就会改变。如果借贷的名义利率为 10%,而通货膨胀率为 20%,则实际利率为 -10%。实际利率为名义利率与通货膨胀率的差额。只要通货膨胀率大于名义利率,则实际利率就是负值。

2. 通货膨胀的产出效应

前面的研究中假定国民经济的实际产出固定在充分就业的水平,而实际上国民经济的产出水平是随着价格水平的变化而变化的。现对可能出现的三种情况进行分析。

第一种情况:随着通货膨胀的出现,产出增加。这就是需求拉上通货膨胀的刺激促进产出水平的提高。西方许多经济学家长期以来坚持该观点,即认为温和的或爬行的需求拉上的通货膨胀将刺激产出的扩大和就业的增加。

第二种情况:成本推进的通货膨胀引致失业。这里所指的是由通货膨胀引起产出与就业的下降。假定在原总需求水平下,经济实现了充分就业和物价稳定。如果发生成本推进的通货膨胀,则原来总需求所能购买的实际产品的数量将减少。也就是说,当成本推进的压力抬高物价水平时,一个已知的总需求只能在市场上支持一个较小的产出,因此实际产出会下降,失业会上升。

第三种情况:极度膨胀导致经济崩溃。有些经济学家认为,首先,在第一种情况下随着价格持续上升,居民和企业会产生通货膨胀预期。这样,人们就不会让自己的储蓄和现行的收入贬值,而宁愿在价格上升前将其花掉,从而产生过度的消费购买,因此储蓄和投资都会减少,导致经济增长率下降。其次,生活费用随着通货膨胀而上升,劳动者会要求提高工资,于是企业增加生产和扩大就业的积极性就会受挫。第三,企业在通货膨胀率上升时力求增加存货,以便在稍后按高价出售以增加利润,这种通货膨胀预期除了鼓励企业增加存货外,还可能鼓励企业增加新设备。然而,企业的这些行为在无法筹措到必需的资金(增加存货和购买设备都需要资金)时就会停止,银行会在适当时机拒绝继续为企业扩大信贷,银行利率也会上升。企业会越来越难获得贷款,被迫减少存货,导致生产收缩。第四,当出现恶性通货膨胀时,情况会变得更糟。若人们完全丧失对货币的信心,货币就再不执行其作为交换手段和储藏手段的职能。这时任何一个有理智的人将不愿再花精力去从事财富的生产和正当的经营,而会将更多的精力用于如何尽快将金钱花费出去,或进行种种投机活动。等价交换的正常买卖、经济合同的签订和履行、经营单位的经济核算以及银行的结算和信贷活动等都无法再实现,市场经济机制也无法正常运行,大规模的经济混乱也就不可避免。

正因为如此,西方政府和经济学家都主张对通货膨胀进行控制,但控制通货膨胀又可能对生产和就业产生影响。在第三节将讨论失业与通货膨胀的关系。

第二节　失　业

一、失业及其衡量

失业是指经济社会存在失业者的经济现象。何为失业者?并不是每一个没有工作的人

現代西方经济学教程

都是失业者。各个国家对失业者都有具体的界定,都体现了以下特点:失业者是指在一定年龄范围内,有劳动能力、愿意工作而没有工作并且在寻找工作的人。年龄范围之外的人不算失业者,如美国规定男性16～65周岁,英国规定男性16～60周岁;丧失工作能力者、在校学习者、不愿工作者、不寻找工作者等都不能计入失业范围;有的国家还规定未领取失业救济金、未进行失业注册者不计入失业范围。

衡量失业程度最重要的统计指标是失业率。失业率是失业者占劳动力的百分比,即

$$失业率＝(失业人数/劳动力总数)\times100\%$$

各个国家对工作年龄和失业范围有着不同的规定,因此按照不同的规定统计出来的失业率也不一致。失业率虽然不一定能准确地反映和衡量失业的严重程度,但它仍然是宏观经济中重要的衡量指标。表15-1是部分国家和地区的失业率。

表 15-1 部分国家和地区的失业率

单位:%

国家和地区	1990 年	2000 年	2003 年	2004 年	2005 年	2006 年
马 里				8.8		
马耳他		6.7	7.6	7.2	7.3	7.3
马提尼克		26.3	22.3	22.4	21.7	25.2
毛里求斯				8.5	9.6	9.1
摩尔多瓦		8.5	7.9	8.1	7.3	7.4
摩洛哥		13.6	11.9	10.8	11.0	9.7
荷属安的列斯	17.0	14.2	15.1			
新西兰	7.8	6.0	4.7	3.9	3.7	3.8
巴拿马		13.5	13.6	12.4	10.3	9.1
菲律宾	8.1	10.1	10.2	10.9	7.4	7.3
波 兰		16.1	19.6	19.0	17.7	13.8
葡萄牙	4.7	3.9	6.3	6.7	7.6	7.7
留尼汪		36.5	32.9	33.5	31.3	29.1
罗马尼亚		7.1	7.0	8.0	7.2	7.3
圣卢西亚		16.4	22.3	21.0		
圣马力诺	5.5	2.8	3.1	2.8		
沙特阿拉伯		4.6				6.3
塞拉利昂				2.8		
新加坡			5.9	5.8		4.5

二、失业的分类

一般说来,失业按其原因可分以下几类:

256

1. 摩擦性失业

摩擦性失业是因劳动力市场运行机制不完善或因经济变动过程中工作转换而产生的失业。它被看做一种求职性失业,即一方面存在职位空缺,另一方面存在着与此数量相对应的寻找工作的失业者,这是由于劳动力市场的信息不完备而造成的,厂商找到所需要的雇员和失业者找到合适的工作都需要花费一定的时间。在一个变化着的经济中,消费者的偏好会随时间的推移而改变,从而使某些行业衰退,产生过剩劳动力,而另一些行业新兴,需要大量增加劳动力。劳动者从一种职业或一个行业流向另一种职业或另一个行业时会因流动成本、职业技能、个人特长和居住地区等原因而出现困难,尽管此时存在着职位空缺,但仍会造成暂时的失业。摩擦性失业在任何时期都会存在,并随着经济结构变化加快而具有增大的趋势,但西方经济学家认为,摩擦性失业的存在与充分就业并不矛盾。

2. 季节性失业

季节性失业是指某些行业中由于工作的季节性而产生的失业。例如农业、旅游业和农产品加工业对劳动的需求有季节性,在需求淡季时就会存在失业。季节性失业也被看做一种"正常"的失业。

3. 周期性失业

周期性失业是指经济周期中的衰退或萧条阶段因需求下降而造成的失业。在经济衰退阶段,产品的生产和需求下降,此时因有效需求不足而使部分工人失业,这种失业是与经济的周期变化联系在一起的。周期性失业对各行业的影响是不同的,一般来说,需求的收入弹性越大的行业,其周期性失业的影响越严重,即人们收入下降、产品需求大幅度下降的行业,其周期性失业情况较严重。

4. 需求不足型失业

凯恩斯认为,如果一个经济的有效需求水平过低,不足以为每一个愿意按现行工资率就业者提供就业机会,即失业人数超过以现行工资率为基础的职位空缺,那么由此产生的失业便是需求不足型失业。另一方面,如果需求的增长速度低于劳动力的增长速度和劳动生产率的提高速度,由此产生的失业可称为增长不足型失业。

周期性失业和增长不足型失业是需求不足型失业的两种类型,但周期性失业是由需求的短期下降造成的,而增长不足型失业则由需求长期跟不上劳动力增加和劳动生产率提高造成的。这些都是凯恩斯主义的观点。按照新古典学派的见解,工资水平是有弹性的,它能调节劳动市场的供求关系,在有效需求不足的情况下劳动者之间的竞争会使实际工资下降,从而使劳动的供给减少,对劳动的需求增加,由此可消除需求不足型失业,所以新古典学派不承认存在这类失业。

5. 技术性失业

技术性失业是指由于技术进步或采用了节约劳动的机器而引起的失业。这种失业是因资本代替了劳动,从而造成工人失业。例如火车头改为电力机车后,就不再需要原有的火车司机,他们原有的劳动技艺要转移到其他行业是很困难的,由此造成了失业。这种失业是经济进步而必须付出的代价。

6. 结构性失业

结构性失业是指因经济结构变化、产业兴衰转移造成的失业。这种失业的特点也是失业与职位空缺并存。结构性失业与技术性失业有重叠部分,但除技术进步排挤劳动力外,国际竞争,非熟练工人缺乏培训,消费习惯改变,政府的财政、税收和金融政策对产业结构的影响等因素都可能导致结构性失业。结构性失业与摩擦性失业也有差异,两者的共同点是职位空缺与失业并存,但结构性失业更强调空缺职位所需要的劳动技能与失业工人所具备的劳动技能不相符合,或空缺职位不在失业工人所居住的地区,或失业工人无力支付昂贵的培训费用和迁转费用。因此,尽管失业工人能够获得劳动市场有关职位空缺的信息,但也无法填补空缺的职位。

7. 自愿失业

自愿失业是指工人所要求得到的实际工资超过其边际生产率,或不愿接受现行的工作条件而未被雇用所造成的失业。这种失业在西方不被看做真正的失业。凯恩斯提出与此相对的失业是非自愿失业,它是指具有劳动能力并愿意按现工资率就业,但由于有效需求不足而找不到工作所造成的失业,因而这种失业是可以提高总需求而被消除的,这种失业与需求不足型失业是一致的。

三、失业的代价

失业会给社会和个人带来损失,这就是社会和个人为失业而付出的代价。

对社会来说,失业表明一部分资源处于闲置状态,愿意工作并且有能力工作的劳动力资源未得到充分利用,这必然会引起实际产出的增长率低于充分就业时的、潜在的产出增长率。美国经济学家阿瑟·奥肯根据美国历年的经验数据研究后得出著名的奥肯定律:失业率提高1%,实际产出会损失3%,它描述了产出增长率与失业率变化之间呈反方向变化的关系。应当指出的是,奥肯定律是在统计研究的基础上得到的,产出变化与失业率变化不是固定的,例如美国20世纪60年代为1:3,20世纪70年代为1:2.5~1:2.7,20世纪80年代为1:2.5~1:2.9。

失业也给失业者本人及家庭造成了损失,因为他们失去了本来可用劳动换得的收入。失业津贴虽然能减轻这方面的损失,但毕竟弥补不了这种损失。况且对社会来说,失业津贴也是从有工作的个人、家庭和企业所纳税金中筹得的,因而失业津贴也会加重社会的负担。

此外,失业工人及其家庭的地位和声望也会因失业而下降,因而其身心健康也会受到影响。当失业率很高时,社会秩序也会受到影响。经济学家和社会学家根据调查认为,在严重的经济衰退即失业问题尖锐时,心脏病、酒精中毒、婴儿死亡、精神错乱、虐待儿童以及自杀的比率都会上升。

因此,降低失业率、实现充分就业成为政府进行宏观经济管理的重要目标之一。政府应采取多种对策来解决失业问题。一般来说,治理摩擦性失业要用完善劳动市场、沟通市场信息、促进人员流动的办法来解决;治理结构性失业要用增加人力资本投资、加强职工培训的办法来解决;治理周期性失业需要政府用财政政策和货币政策即总需求管理的办法来解决。

四、充分就业与自然失业率

充分就业几乎在任何时期都是头号宏观经济目标,那么怎样才算充分就业? 充分就业并不是百分之百就业,即使有足够的职位空缺,失业率也不会等于零,这是因为仍然存在摩擦性失业和结构性失业。在一个日新月异的经济中,永远存在职业流动和行业的结构性兴衰,所以总有少部分人处于失业状态。

有关充分就业的定义,西方经济学家曾提出几种观点。凯恩斯认为,如果"非自愿失业"已经消除,失业仅限于摩擦性失业和自愿失业,那么就实现了充分就业;有些经济学家认为,如果空缺职位总额恰好等于寻业人员的总额即需求不足型失业等于零,那么就实现了充分就业;有些经济学家认为,如果提高就业率时必须以通货膨胀为代价,那么就已实现了充分就业。

与充分就业相联系的一个概念是自然失业率。自然失业率是由货币主义代表人物弗里德曼提出的,它是指在没有货币因素干扰的情况下,当劳动市场和商品市场的自发供求力量起作用时,总需求和总供给处于均衡状态下的失业率。所谓没有货币因素干扰,是指失业率高低与通货膨胀率高低之间不存在替代关系。确定一定时期中自然失业率的大小是比较困难的,因为它取决于劳动力市场的结构特征,并且随时间的推移不断变化。技术进步的速度、劳动力和劳动生产率增长的速度、获取劳动力市场信息的费用和寻业的成本都将影响自然失业率的大小。

货币主义者提出自然失业率的概念在于反对凯恩斯"非自愿失业"的观点。货币主义者认为,在排除垄断的劳动市场中工资是有弹性的,劳工也有流动性,供求信息也较易获得,因而所有有劳动技能并愿意就业的人迟早会获得工作,失业属于摩擦性失业或结构性失业,且这种失业是不能以提高通货膨胀率为代价而消除的。

对于通货膨胀和失业究竟具有怎样的关系,凯恩斯主义者、货币主义者和理性预期学派都有着各自不同的看法。

第三节　通货膨胀和失业的关系

一、菲利普斯曲线

既然凯恩斯主义宏观经济政策的最高目标是没有通货膨胀的充分就业,那么通货膨胀和失业之间究竟存在怎样的关系？西方经济学说在研究通货膨胀与失业关系的重要理论是"菲利普斯曲线"。围绕这一理论，凯恩斯主义者、货币主义者和理性预期学派之间产生了很大的争议。

1958年，在英国工作的新西兰经济学家菲利普斯在《1861—1957年英国的失业与货币工资率变动之间的关系》一文中，根据对英国1861—1957年近100年间的统计数据的实证分析发现，货币工资增长率和失业率之间存在一种负相关的关系，这种关系可表示为

$$\Delta W_t = f(U_t)$$

其中 ΔW_t 表示 t 时期的货币工资增长率；U_t 表示 t 时期的失业率。两者具有负相关的函数关系。

将这种函数关系用曲线的形式反映出来就是菲利普斯曲线，如图15-3所示。图15-3中横轴表示失业率，左边的纵轴表示通货膨胀率，右边的纵轴表示货币工资的增长率。

在图15-3中，菲利普斯曲线自左上方向右下方倾斜，这表明货币工资增长率或通货膨胀率越低，失业率越高。从图中可看出，当失业率为5%时，货币工资增长率为3%，通货膨胀率为0；当失业率为4%，通货膨胀率为1%。

菲利普斯曲线本来只用于描述失业率与货币工资增长率之间的关系，但西方经济学家认为，由于工资是成本的主要构成部分，也是产品价格的主

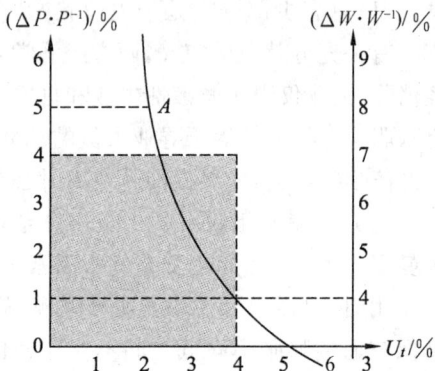

图 15-3　菲利普斯曲线

要构成部分，因此他们将菲利普斯曲线延伸为失业率与通货膨胀率的替代关系：当失业率高时，通货膨胀率就低。当然，通货膨胀率与货币工资增长率并不是一致的，两者的差额为劳动生产率的增长率。假定劳动生产率的年增长率为3%，货币工资也上升3%，则不会引起物价上涨，所以图15-3中左纵轴上的刻度比右纵轴上的刻度少3%。如果货币工资增长率超过劳动生产率的增长率时，物价就会随货币工资的上升而上涨。

菲利普斯曲线所表示的失业率与通货膨胀率之间的关系为实施政府干预、进行总需求管理提供了决策基础。这意味着可以用较高的通货膨胀率为代价来降低失业率或实现充分就业，而降低通货膨胀率和稳定物价则要以较高的失业率为代价。例如，假定政府认为失业率或通货膨胀率超过4%时社会将无法接受，那么4%的失业率或通货膨胀率就成为一定时期社会所能承受的最大极限，被称为"临界点"，图15-3中的阴影部分就是临界点以内的区域。如果通货膨胀率高达5%即图15-3中A点，政府可以通过紧缩性的财政政策或货币政策提高失业率，使失业率和通货膨胀率都控制在临界区内；如果失业率过高，政府可通过实施扩张性的财政政策或货币政策提高通货膨胀率，使两者也都处于临界区内。这就是所谓的相机抉择的做法。

　　菲利普斯曲线与标准的凯恩斯理论是有差异的。标准的凯恩斯理论认为,失业和通货膨胀两者不会并存,在未达到充分就业时增加总需求并不会引起通货膨胀,只有在充分就业后再增加总需求时才会引起通货膨胀;而菲利普斯曲线却表明失业和通货膨胀可以并存,两者是此消彼长的关系,只有高失业率和高通货膨胀率才不会并存。

二、按预期扩大的菲利普斯曲线

　　20世纪70年代以来,菲利普斯曲线所描述的失业率和通货膨胀率的交替关系发生了新的变化,即菲利普斯曲线向右上方移动了,其表现为只有以比先前更高的通货膨胀率为代价,才能将失业率降到一定的水平。假如以前用3%的通货膨胀率就能将失业率降到3%,那么现在必用7%的通货膨胀率才能做到这一点,如图15-4所示。

　　在图15-4中有两条菲利普斯曲线,PC_2是移动后的菲利普斯曲线。菲利普斯曲线PC_2与4%的临界点所划出的区域已不能相交,这表明现在无论怎样调控,都不能将失业率和通货膨胀率同时控制在4%之内。这条向右上方移动的菲利普斯曲线称为按预期扩大的菲利普斯曲线。

　　为什么菲利普斯曲线会向右上方移动呢?西方经济学家认为,原来的菲利普斯曲线PC_1(或称简单的菲利普斯曲线)反映的是通货膨胀预期为零时的失业率与通货膨胀

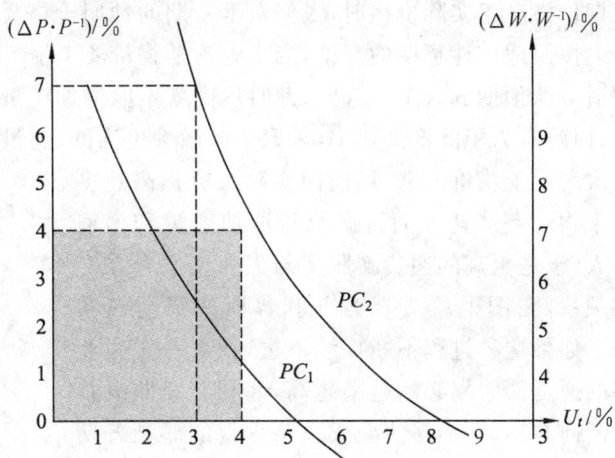

图15-4　按预期扩大的菲利普斯曲线

率之间的此消彼长的关系。如果通货膨胀连年上升,特别是政府利用菲利普斯曲线进行相机抉择,用高通货膨胀率换取低失业率时,就会形成一种通货膨胀预期。如果通货膨胀已被预期到了,工人就会要求提高货币工资以避免生活水平受通货膨胀影响。如果人们预期通货膨胀率以5%的速度增加,那么当货币工资率上升7%时,人们将认为实际工资只上升2%。因此,如果以往货币工资率上涨2%便能使失业率下降到3%,那么现在达到3%的失业率必须使货币工资率上涨7%,即以往的货币工资增长率2%与5%的通货膨胀预期之和。

　　凯恩斯主义者认为,按预期扩大的菲利普斯曲线依然表现出失业和通货膨胀之间的交替关系,只不过现在的交替关系表现为用更高的通货膨胀率来换取一定的失业率。

三、短期与长期菲利普斯曲线

货币主义者反对上述观点,他们认为菲利普斯曲线所表示的失业与通货膨胀之间的负相关关系只在短期内存在,在长期内菲利普斯曲线变为一条垂直线,此时通货膨胀率与失业率之间不存在相关关系。

为什么短期内通货膨胀率与失业率之间会存在交替关系呢? 货币主义者认为,如果工资合同是在没有通货膨胀预期的情况下订立的,那么当物价上涨时则会导致实际工资下降,因而厂商愿意扩大产量,增加就业。当工人发现实际工资下降时,他们会要求增加货币工资,但货币工资的增长总是滞后于物价上涨。弗里德曼用适应性预期的概念来解释人们的行为。所谓适应性预期是指人们在形成价格预期时会考虑上一期预期的误差,当上一期的预期价格高于实际价格时,人们对下一期的预期价格会相应减少,反之则相应增加。

按照适应性预期的理论,当工人预期物价要上涨5%时,便会要求增加货币工资,将5%的适应性预期放入工资合同,此时厂商就不愿增加产量和增雇工人了,失业率又回到原来水平;而政府为了降低失业率,采取了刺激性更强的、超过5%的通货膨胀政策,使工资的增长再次滞后于物价上涨,厂商因实际工资提高速度慢于物价上涨速度而再次愿意增加产量和增雇工人,于是更高的通货膨胀率与失业率又存在交替关系,在图上就表现为菲利普斯曲线向右移动。如果这种过程不断持续下去,换取一定失业率的通货膨胀率必然越来越高,菲利普斯曲线将不断向右移动,最终演变成一条垂直的菲利普斯曲线。这条垂直的菲利普斯曲线就是长期菲利普斯曲线,其形成过程可用图15-5表示。

假定起初通货膨胀率为零,人们没有通货膨胀预期,经济运行在图 15-5 中的 A 点。现在假

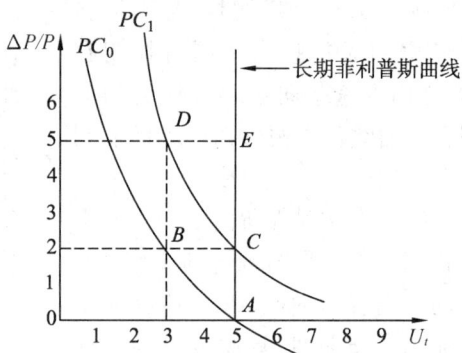

图 15-5 短期和长期菲利普斯曲线

定政府实行扩张性政策等原因总需求突然增加,通货膨胀率上升到2%。由于人们事先没有预计到通货膨胀,经济将沿菲利普斯曲线 PC_0 变动到 B 点,失业率从5%降到3%,通货膨胀率上升到2%。这就是通货膨胀和失业在短期中的交替关系。

假定通货膨胀率不是突然上升,而是经常上升,例如上升2%,则人们就会形成2%的通货膨胀率预期。此时工人会要求提高工资,若要求名义工资上升与预期的通货膨胀率同步,则企业会认为物价上升时工人实际工资没有降低,因而企业的雇工数又回到原来水平,失业率恢复到原先的自然失业率5%的水平上,从而经济到达 C 点。现在这2%的通货膨胀率就成为自然失业率水平上的通货膨胀率,而原先自然失业率水平上的通货膨胀率为零。如果此时政府再将失业率降到自然失业率以下的3%,则经济将沿菲利普斯曲线 PC_1 变动到 D

点,这时通货膨胀率为5%。如果5%的通货膨胀率成为工人预期的通货膨胀率,那么工人就会将5%的通货膨胀率放入下一轮工资谈判中。一旦这样,企业劳动使用量又会回到原先的自然失业率水平,经济到达 E 点。这样的过程不断重复,便形成一条 A,C,E 点相连的垂直的菲利普斯曲线,这就是长期菲利普斯曲线。这条长期菲利普斯曲线是联结每一条短期菲利普斯曲线中实际通货膨胀率与预期通货膨胀率相等之点的一条曲线。在短期中,实际通货膨胀率高于预期通货膨胀率时,经济就会沿着短期菲利普斯曲线向上移动到 B 点、D 点等而使失业率下降,此时通货膨胀和失业之间存在交替关系,但在长期中通货膨胀和失业之间没有交替关系。

短期菲利普斯曲线不断右移,不但会形成垂直的长期菲利普斯曲线,甚至可能形成向右上方倾斜的正相关曲线。如果实际通货膨胀率为3%,而人们预期通货膨胀率为5%,并以这一预期要求提高工资,则企业就会将雇工数减到原先水平,甚至低于原先水平。这样就会产生通货膨胀与失业并发的"滞胀"局面。

四、滞胀的治理

任何一个政府在任何情况下都要应付和处理失业与通货膨胀,尤其是当高失业率与高通货膨胀率并存时,政府进行干预的具体措施包括以下几项:

1. 工资与物价管制

宏观财政政策和宏观货币政策被认为不足以应付成本推进的通货膨胀。因此,有些西方经济学家建议采取工资与物价管制政策。这种政策又称为收入政策,主要是指限制工资收入增长率的政策。

工资与物价管制政策旨在限制工资上升,其矛头是对准工会的。这样做的理由是:只要工资不上升,物价就不会上升。此外,政府为了不使工会提出增加工资的要求,也常常采取管制物价的措施。但对物价的限制与对工资增长率的限制相比,前者是次要的,后者是主要的。

工资与物价管制的具体措施包括:(1) 硬性冻结,即禁止工资和物价上涨;(2) 工会与企业自愿议定,共同遵守限制工资收入增长率的措施;(3) 采取增税或减税等惩罚或奖励以限制工资收入增长率的政策,它又称以税收为基础的收入政策。凡遵守规定的工资增长界限的企业及其工人,就可以获得减税优待,以示奖励;凡违背这一规定的,就对企业加重征税。由于企业不按规定给工人增加工资将受到惩罚,雇主就可以此来拒绝工人增加工资的要求。

2. 人力投资

因劳工市场结构不协调而造成的失业被称为结构性失业,它是失业与职位空缺并存条件下的失业。政府的人力投资(即人力政策)被认为可以解决失业与职位空缺的矛盾,因为这将使不适应雇主要求的工人和失业者有机会重新接受训练,或将其迁移到适宜就业的地点去。

3. 部门之间的协调

考虑到通货膨胀的结构性和失业的结构性，一些西方经济学家建议应使各部门之间保持一定的比例关系。在经济波动过程中，经常会出现有些部门兴起而有些部门衰落的现象，这就产生了劳动力能否转移到新工作岗位的问题，而劳动力的转移问题也是一个技术适应问题。如果部门比例不协调，将加剧失业状况。不仅如此，为了避免因某些产品特别是关键性产品供求失调而推动物价上涨，部门之间保持一定的比例关系也是非常必要的。

4. 实行微观财政政策和微观货币政策

微观财政政策包括税收结构政策和公共支出的微观化。税收结构政策并不是变动税收总量，而是在一定的税收总量前提下，调节各种税的税率和施行的范围等。公共支出的微观化并不是变动财政支出总量，而是在一定的财政支出总量前提下，调节政府支出的项目和各种项目的数额。

微观财政政策的目的在于影响需求和供给的结构，以缓和由于供求失调引起的经济波动。微观货币政策包括调节利息率结构和信贷结构，它通过各种利息率差别的调整以及各种信贷数额和条件的变动来影响存款和贷款总额，以调节货币流通量。

尽管西方经济学家提出了许多可以缓和或消除通货膨胀与失业并发的措施，但实际上这些措施的效果十分有限。

五、理性预期和政策无效性

货币主义处处以凯恩斯主义对立面的姿态出现，反其道而行之。20世纪70年代从货币主义学派中分离出一种更为纯粹、更加极端的新学派，称为理性预期学派。该学派对凯恩斯主义的需求管理理论和政策否定得更为彻底，其理论实质是以更严密的形式重申正统的古典经济学。

理性预期是指人们事先根据各种资料、信息，运用有关理论和知识所作出合乎实际的预测。理性预期学派将理性预期概念和自然失业率结合起来，对菲利普斯曲线进行了比货币主义有过之而无不及的否定。理性预期假说认为，菲利普斯曲线不仅在长期内不能存在，而且在短期内也不存在。因为政府和公众的关系好像下棋的双方，但公众棋高一着，因其信息来源更广，决策更灵活，行动更迅速，致使政府每走一步，公众便知其后几步的走法，并可将其一一化解。政府只能采取出其不意的手段来欺骗公众，但这只能收效一时，公众会逐步修正预期，从而消除预期误差。例如在失业和通货膨胀的关系上，如果失业率较高，公众按理性预期事先估计到政府会采取通货膨胀政策，于是抢先一步将预期的通货膨胀率考虑到工资合同中，因此在政府推行扩张性政策时，由于货币工资率与物价同步上涨，实际工资没有下降，厂商并不扩大产量和增雇工人。政府即使在短期内也不能用提高通货膨胀率的方法来降低失业率。

因此，政府的相机抉择的政策是无效的，理性预期学派认为，政府不如干脆放弃这类政策。如果政府不干预或尽量少干预而让市场机制自行调节，经济会更加稳定。理性预期学派主张政府应该宣布一些一成不变的规则，例如公开宣布长期不变的货币供给的年增长率，这样才能使公众放弃预期政府政策倾向和进行防范的企图，使经济得以稳定增长。

20世纪80年代以来，理性预期学派有了重大发展，并在此基础上形成了新古典宏观经济学。新古典宏观经济学运用最优化行为假设、理性预期假说和市场出清假设，总结了一套主张政府应尽量少干预经济的自由主义思想。这套经济自由主义思想与20世纪80年代在西方形成的另一套思想——新凯恩斯主义正好相反。新凯恩斯主义者吸收理性预期学派某些观点，但非市场出清的重要假设使其主张政府干预经济，认为总需求管理的政策对稳定经济不仅是有效，也是完全必要的。

【案例】

CPI 为何能预警通货膨胀率

CPI 是 Consumer Price Index 的缩写，它的中文释义为消费品价格指数，是一个用来衡量和反映一国消费品价格水平的宏观经济指标。CPI 是同一种消费产品和服务与基年价格相对应的现期价格水平。例如，如果以2005年为基年，2005年的CPI取值为100，2006年的CPI则以基年价格指数为参照进行统计。若2006年的CPI是102，那么消费物价的增长率则为2%。

一般而言，各国国家统计局不是统计所有的消费品价格，而是会选择一定数量的有代表性的消费品种类对其进行追踪，并记录它们的价格所发生的变化。这些一定数量的有代表性的消费品种类，被称为"消费篮子"。为了准确反映一国物价水平变化对人们生活费用的影响，消费篮子中所选择的各大类商品所占的权重，必须能够反映社会大多数居民的消费结构。根据国家统计局新闻发言人郑京平2005年提供的数据看，我国CPI的构成或权重是这样的：食品为33.6%、烟酒及用品为14.4%、衣着为9%、居住为13.6%、交通及通讯为9.3%、家庭设备用品及服务为6.2%、娱乐教育文化用品及服务为4.5%。

我国的价格指数统计是由国家统计局城乡社会经济调查总队来组织实施的。由各省、自治区、直辖市及抽选的市、县城乡社会经济调查队，依据国家统计局统一制定的价格统计调查制度，向基层采集原始数据汇总后上报。消费价格指数的具体编制过程按以下步骤进行：(1)在全国选择具有代表性的大中小城市和县作为国家的调查地区(国家一级的调查市县目前有226个)，在此基础上再选择经营规模大、商品种类多的商场作为调查点；(2)选择消费量大、价格变动有代表性的商品，并选择与人民生活关系密切相关、销售量大、市场供给稳定、价格变化趋势有代表性的规格品；(3)派员直接到调查点登记调查，同时在全国聘请近万名辅助调查员协助登记调查；(4)根据近10万户城乡居民家庭消费支出构成确定消费品权数。

应该说，CPI是各国政府衡量一国通货膨胀率的最重要指标之一。衡量通货膨胀率的指标还有几种,如生产者价格指数(PPI,主要衡量生产资料的价格水平),国内总产值平减指数(衡量所有国内生产的产品和服务的价格)等。但是,各国政府通常都把 CPI 作为通货膨胀指标,并根据 CPI 的变化来制定货币政策以及相关的宏观经济政策,以实现物价稳定的宏观经济目标。这主要是因为,一国经济福利或一国最广大人民群众的福利水平是由最终产品和服务的消费水平决定的,而并非中间产品的价格水平。在货币收入给定不变的条件下,人民群众的福利水平很大程度上会受到消费品价格变动的影响。在原材料价格上升时,如果企业能消化吸收原材料价格的上涨,最终消费品的供给和价格不受很大影响,政府则不必对宏观经济进行调控。只有在 CPI 较快上升(如超过 3‰~5‰)时,才需要采取紧缩性的货币或财政政策进行调控,避免经济过热对百姓生活产生不利影响。2003—2006 年我国消费品价格指数涨幅分别是:1.2‰,3.9‰,1.8‰和 1.5‰。除 2004 年由于粮食价格快速上升引起了 CPI 的较大上涨外,其他年份 CPI 的上涨都较为温和,处在可控范围内。

目前,食品和居住仍是我国居民消费支出中最大的两项,各占约 33‰和 16‰。近年来,这两项价格的上涨也是最快的。粮食和住房供给及其价格变化对百姓生活影响非常大。从中国 13 亿人口日常生计出发,我国的长期经济政策必须保持粮食和居民普通住房的稳定供给。

就粮食的供给而言,首先,需要从源头上控制好 18 亿亩耕地面积的安全警戒线。据专家预测,我国人口最高峰时将达 15 亿,那时如果耕地面积少于 18 亿亩,将容易导致严重的社会危机。其次,需要建立工业反哺农业的长效机制,切实解决好"三农"问题,促进农业技术的提高,保护好农民生产粮食的积极性。对中国而言,即使经济进入重工业阶段甚至后工业化时代,农业仍然是国民经济的基础。这一点是不变的。

此外,从人民群众的根本利益出发,还需要促进房地产业的健康发展。近年来,随着经济发展和城市化进程的加快,房地产业得到了迅速发展。但是,房地产结构不合理,价格上涨过快已是有目共睹的问题。房地产具有双重属性和双重功能:作为耐用消费品,它满足了人们的消费需求;作为资产,则满足了人们的投资需求。中国是一个发展中国家,人均收入水平目前仍排在全球百位以后。在一个较长的历史时期内,如何更好地发挥房地产业的消费功能,仍应放在政策考虑的首要位置。

——资料摘自《解放日报》

【本章小结】

1. 从产生的原因看,通货膨胀可分为需求拉上的通货膨胀、成本推动的通货膨胀和结构性通货膨胀。由于通货膨胀会产生一系列负面经济效应,所以西方政府和经济学家都主张对通货膨胀进行控制,但有些经济学家又认为控制通货膨胀又可能对生产和就业产生影响。

2. 失业可通过失业率来衡量,尽管各个国家对工作年龄和失业范围有着不同的规定,按照不同的规定统计出来的失业率也不一致,但它仍然是宏观经济中重要的衡量指标。按失业产生的原因,失业可分为摩擦性失业、季节性失业、周期性失业、需求不足型失业、技术性失业、结构性失业和自愿失业等。失业给社会和个人都带来损失,这就是社会和个人为失业而付出的代价。

3. 对于通货膨胀和失业究竟具有怎样的关系,凯恩斯主义者、货币主义者和理性预期学派有着各自不同的看法。

【重要名词和术语】

通货膨胀　消费者价格指数　生产者价格指数　需求拉上的通货膨胀
成本推进的通货膨胀　失业　摩擦性失业　需求不足型失业　自愿失业
充分就业　菲利普斯曲线　理性预期

【复习思考题】

1. 高价格和通货膨胀的区别是什么?

2. 如果某房东说:"工资、公用事业及别的费用都涨了,我也只能提高房租。"这属于需求拉上的通货膨胀还是成本推进的通货膨胀? 如果某店主说:"可以提价,别愁卖不了,店门口排队争购的多着呢!"这又属于什么类型的通货膨胀?

3. 工资上涨会导致消费增加,试问工资推动型通货膨胀可否也看做需求拉动型通货膨胀?

4. 是否有劳动能力的人都有工作就是充分就业?

5. 什么是菲利普斯曲线?

6. 若价格水平 1950 年为 54,1960 年为 69,1970 年为 92,1980 年为 178。求 20 世纪 50 年代、60 年代和 70 年代的通货膨胀率各为多少?

7. 已知充分就业的国民收入是 12 000 亿美元,实际国民收入是 11 000 亿美元,边际消费倾向是 0.8,那么在增加 300 亿美元投资后,经济中会发生通货膨胀吗? 如果会发生,是属于需求拉上的通货膨胀还是成本推进的通货膨胀? 为什么?

8. 理性预期学派是如何得出政策无效性结论的?

第十六章

经济周期

【本章要点】

　　本章将围绕长期国民收入决定中一个重要的问题,即实际国民收入围绕长期趋势而作出的周期性波动问题展开分析。在介绍经济周期的含义与特征的基础上,本章还将介绍一些主要的经济周期理论。

　　经济发展的历史表明,经济的增长方式从来都不是按部就班、一成不变的。一个国家可以享受许多年令人兴奋的经济繁荣,而接下来也许就是一场经济衰退,甚至是一场金融危机,于是经济的总产出下降,利润和实际收入减少,大批工人失业。当经济逐渐衰退至谷底后便开始复苏。复苏的步伐可能较快也可能较慢,可能恢复不到原先的经济状况,也可能强劲得足以启动下一轮的经济扩张。

　　简言之,经济在沿着经济发展总体趋势的增长过程中,常常伴随着经济活动的上下波动,且呈现周期性变动的特征。

第一节　经济周期的含义与特征

一、经济周期的含义

　　所谓经济周期(又称商业周期或商业循环)是指国民总产出、总收入和总就业的波动。这种波动以经济中许多成分普遍而同期地扩张或收缩为特征,持续时间通常为2～10年。在现代宏观经济学中,经济周期发生在实际 GDP 相对于潜在 GDP 上升(扩张)或下降(收缩)的时期。

　　图 16-1 对经济周期进行了一般描述。

　　粗线表示潜在 GDP 的稳定增长趋势,细线表示实际 GDP 的变化情况。A 点表明经济处于萧条阶段,它位于经济周期的底部。B 点表明经济进入了复苏阶段。随着复苏进程的发展,产出到达趋势路径的上方即图中的 C 点,此时经济处于繁荣阶段。随后经济进入衰退期,此时产出增长速度低于产出增长趋势,甚至产出可能为负增长。E 点代表经济萧条期,然后经济又开始复苏,重新开始另一个经济周期。

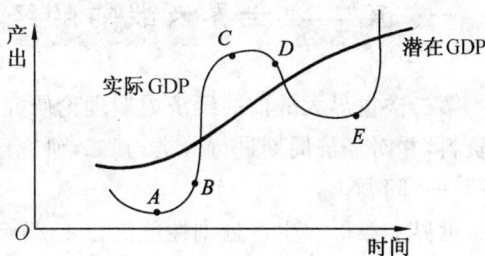

西方经济学家认为,经济周期的形式是不规则的,没有两个完全相同的经济周期,也没有像测定行星或钟摆那样的精确公式可用来预测经济周期的发生时间和持续时间。相反,经济周期可能更像天气一样变化无常。

图 16-1　经济周期

二、经济周期的特征

经济周期可以分为两个主要阶段,即衰退阶段和扩张阶段。衰退阶段的特征包括以下几方面:

(1) 通常消费者购买能力急剧下降,同时汽车和其他耐用品的存货会出人意料地增加。由于厂商会对此作出压缩生产的反应,所以实际 GDP 会下降,进而对工人和设备的企业投资也急剧下降。

(2) 各行业对劳动力的需求下降。首先是平均每周工作时间减少,其次是被解雇员工的数量和失业率上升。

(3) 产出下降导致通货膨胀步伐放慢;原材料需求下降导致其价格跌落。工资和服务的价格下降的可能性较小,但在经济衰退期其增长趋势会放慢。

(4) 企业利润在衰退阶段急剧下滑。由于预期到该情况,普通股票的价格一般都会下跌,同时由于对贷款的需求减少,利率在衰退阶段一般也会下降。

经济周期扩张阶段的情景恰好是衰退阶段的镜像,其所有特征正好与衰退阶段呈现相反方向的变动。

第二节　经济周期理论的简要回顾

西方经济学家研究经济周期已有两个多世纪,现以第二次世界大战为分界点对经济周期理论作一概述。

一、第二次世界大战前的经济周期理论研究

第二次世界大战前的经济周期理论研究集中于两个问题：其一，整理有关经济周期的历史资料，并对经济周期进行分类；其二，研究经济周期的原因，提出各种经济周期理论。先分析第一个问题。

世界上第一次生产过剩性危机在 1825 年发生于英国，此后经济学家就开始注意并研究这一问题，但大多将危机作为一种独立的事件进行研究。1860 年法国经济学家 C·朱格拉在其《论法国、英国和美国的商业危机及其发生周期》一书中提出，危机或恐慌并不是一种独立的现象，而是经济周期性波动的三个连续阶段（繁荣、危机、清算）中的一个阶段。这三个阶段反复出现形成周期性现象。C·朱格拉对较长时期内的工业经济周期进行深入研究，并根据生产、就业人数、物价等指标确定了经济中平均每一个周期为 9～10 年，这就是中周期，又称朱格拉周期。美国经济学家 A·汉森将这种周期称为"主要经济周期"，并根据统计资料计算出美国 1795—1937 年间共有 17 个这样的周期，其平均长度为 8.35 年。

1923 年，英国经济学家 J·基钦在《经济因素中的周期与趋势》中研究了 1890—1922 年间英国与美国的物价、银行结算、利率等指标，认为经济周期实际上分为主要周期与次要周期两种：主要周期即为中周期，次要周期为 3～4 年一次的短周期，又称为基钦周期。A·汉森根据统计资料计算出美国 1807—1937 年间共有 37 个基钦周期，其平均长度为 3.51 年。

1925 年，俄国经济学家康德拉季耶夫在《经济生活中的长期波动》中研究美国、英国、法国和其他一些国家长期的时间序列资料后，认为资本主义社会存在一种为期 50～60 年，平均长度约为 54 年的长期波动。这就是长周期，又称康德拉季耶夫周期。

康德拉季耶夫根据美国、英国、法国 100 多年内批发物价指数、利率、工资率、对外贸易量、煤铁产量与消耗量等的变动情况，认为 18 世纪末期后经历了三个长周期：第一个长周期从 1789—1849 年，上升部分为 25 年，下降部分为 35 年，共 60 年；第二个长周期从 1849—1896 年，上升部分为 24 年，下降部分为 23 年，共 47 年；第三个周期从 1896 年开始，上升部分为 24 年，1920 年后进入下降时期。

1930 年，美国经济学家 S·库兹涅茨在《生产和价格的长期运动》中认为存在一种与房屋建筑业相关的经济周期，这种周期长度在 15～25 年，平均长度约为 20 年。这也是一种长周期，被称为库兹涅茨周期或建筑业周期。

库兹涅茨主要研究了美国、英国、德国、法国、比利时等从 19 世纪初或中叶到 20 世纪初 60 种工农业主要产品的产量和 35 种工农业主要产品的价格变动的长期时间序列资料，剔除了其间短周期与中周期的变动，着重分析了有关序列资料中反映的长期消长过程，提出了在主要工业国家存在为期 15～25 年、平均长度为 20 年的长周期。这种周期与人口增长而引起的建筑业增长、衰退相关，是由建筑业的周期性变动引起的。此外，在工业国家中产量增长呈现出渐减的趋势。库兹涅茨提出的长周期受到了经济学界的重视。

奥地利经济学家 J·熊彼特在 1939 年出版的《经济周期》的第一卷中,对朱格拉周期、基钦周期和康德拉季耶夫周期进行了综合分析。熊彼特认为,每一个长周期包括六个中周期,每一个中周期包括三个短周期,其中短周期约为 40 个月,中周期约为 9～10 年,长周期为 48～60 年。熊彼特以重大创新为标志划分了三个长周期:第一个长周期从 18 世纪 80 年代到 1842 年,是"产业革命时期";第二个长周期从 1842—1897 年,是"蒸汽和钢铁时期";第三个长周期从 1897 年以后,是"电气、化学和汽车时期"。在每个长周期中仍有中等创新所引起的波动,这就形成了若干个中周期;在每个中周期中还有小创新所引起的波动,这就形成了若干个短周期。

再分析第二个问题。这一时期的西方经济学家根据对经济周期原因的研究提出了以下经济周期理论。

1. 纯货币理论

这种理论认为,经济周期是一种纯货币现象,经济中周期性的波动完全是由于银行体系交替地扩大和紧缩信用而造成的。在发达的资本主义社会,流通工具主要是银行信用,商人运用的资本也主要来自银行信用。当银行体系降低利率、扩大信用时,商人就会向银行增加借款,从而增加向生产者的订货。这样就引起生产的扩张和收入的增加,而收入的增加又引起对商品需求的增加和物价的上升,经济活动继续扩大使经济进入繁荣阶段。但是,银行扩大信用的能力并不是无限的,当银行体系被迫停止信用扩张,转而紧缩信用时,商人得不到贷款,就减少向生产者的订货,由此出现生产过剩的危机,经济进入萧条阶段。在萧条时期,资金逐渐回到银行,银行可以通过某些途径来扩大信用以促进经济复苏。根据这一理论,其他非货币因素也会引起局部的萧条,但只有货币因素才能引起普遍的萧条。

2. 投资过度理论

这是一种用生产资料的投资过多来解释经济周期的理论。这种理论认为,无论是什么原因引起投资增加,这种增加都会引起经济繁荣。这种繁荣首先表现为对投资品(即生产资料)需求的增加和投资品价格的上升,这更刺激了对资本品的投资。资本品生产的过度发展引起了消费品生产的减少,从而形成经济结构的失衡;而资本品生产过多必将引起资本品过剩,于是出现生产过剩危机,经济进入萧条时期。

3. 创新理论

这是一种用技术创新来解释经济周期的理论,它由熊彼特提出,属于外生经济周期理论。创新是指对生产要素的重新组合,例如采用新生产技术、新的企业组织形式,开辟新产品、新市场等。这种理论首先用技术创新来解释繁荣和衰退,即创新提高了企业的生产效率,为创新者带来了盈利,于是引起其他企业仿效,形成创新浪潮。创新浪潮使银行信用扩大,对资本品的需求增加,进而引起经济繁荣。随着创新的普及,盈利机会逐渐消失,银行信用紧缩,对资本品的需求减少,这就引起经济衰退。直至另一次创新出现,经济才再次繁荣。

4. 消费不足理论

这是一种历史悠久的理论,主要用于解释经济周期中出现危机阶段和生产过剩的原因,并没有形成解释整个经济周期过程的理论。消费不足理论的早期代表人物是英国经济学家马尔萨斯和法国经济学家西斯蒙第,近期代表人物是英国经济学家 J·霍布森。这种理论认为,经济中出现萧条与危机是因为社会对消费品的需求赶不上消费品的增长,而消费品的需求不足又引起资本品的需求不足,进而使整个经济出现生产过剩性危机。消费不足的根源则主要是由国民收入分配不平等所造成的穷人购买力不足和富人储蓄过度。这种理论属于内生经济周期理论。

5. 心理周期理论

这种理论强调心理预期对经济周期各个阶段形成的决定作用,认为预期对人们的经济行为有决定性的影响,乐观与悲观预期的交替引起了经济周期中繁荣与萧条的交替。当任何一种原因刺激投资活动以引起高涨后,人们对未来预期的乐观程度一般总会超过在合理的经济考虑下应有的程度,这就导致过多的投资,形成经济过度繁荣;而当这种过度乐观情绪所造成的错误被觉察后,又会变成不合理的过分悲观的预期,这就导致过度减少投资,引起经济萧条。

6. 太阳黑子理论

这种理论用太阳黑子来解释经济周期,认为太阳黑子的活动对农业生产的影响很大,而农业生产的状况又会影响工业及整个经济。太阳黑子的周期性决定了经济的周期性。具体来说,太阳黑子活动频繁就会使生产减产,农业的减产影响到工业、商业、工资、购买力、投资等各方面,从而引起整个经济萧条;相反,太阳黑子活动减少则使农业丰收,整个经济繁荣。该理论利用长期中太阳黑子活动周期与经济周期基本吻合的资料来证明其正确性。这种理论将经济周期的根本原因归结为太阳黑子的活动,是典型的外生经济周期理论。

二、第二次世界大战后的经济周期理论概述

第二次世界大战后出现了以下一些最重要的经济周期理论及其代表人物。

1. 货币主义经济周期理论

以弗里德曼为代表的货币主义(或货币学派)将经济周期归因于货币和信贷的扩张和收缩。该理论认为货币是影响总需求最基本的因素。例如,1981—1982 年美联储为对付通货膨胀而将名义利率提高到 18% 时,就引发过经济衰退。

2. 乘数-加速数模型

乘数-加速数模型的代表人物是萨缪尔森。该模型可解释乘数和加速数的相互作用是如何导致总需求发生有规律的周期波动的。

3. 政治周期理论

政治周期理论的代表人物是诺德豪斯。该理论将经济波动归因于政治家为重新当选而对财政政策和货币政策的操纵。

4. 均衡经济周期理论

均衡经济周期理论的代表人物是卢卡斯。该理论认为对价格和工资变动的错觉使人们提供过多或过少的劳动,从而导致产出和就业的周期性波动。

5. 实际经济周期理论

实际经济周期理论的代表人物是普雷斯科特。该理论认为经济周期主要是由于总供给冲击所造成的,某一部门的创新或技术变动所带来的影响会在经济中传播,进而引起经济的波动。

综合各种经济周期理论,可以将西方学者关于经济周期根源的论述划分为两类,即外因论和内因论。

外因论是在经济体系之外的某些波动的要素中寻找经济周期的根源,如战争、革命、选举、石油价格、发现金矿、移民,科学突破、技术创新甚至太阳黑子和天气,等等。

与外因论不同,内因论则是在经济体系内部寻找经济周期的机制和原因。这种理论认为,任何一次经济扩张都孕育着新的衰退和收缩,任何一次经济收缩也都包含着可能的复苏和扩张。西方经济周期理论众多,系统论述它们并不是本教材的任务。这里将论述两个比较有影响的经济周期模型,即作为内因论重要代表的乘数-加速数模型和作为外因论重要代表的实际经济周期模型。

第三节　乘数-加速数模型

一、加速原理

在宏观经济学中,产量水平的变动和投资支出数量之间的关系被称为加速原理。

一般来说,生产更多的产量需要更多的资本,进而需要投资以扩大资本存量。在一定的限度内,企业可能将现有的资本通过集约使用来生产更多的产品,但在任何时候企业总认为存在一个最优的资本对产量的比率。该比率不仅在行业与行业之间的差别较大,而且随着社会技术和生产环境的变动而变动。在宏观经济学中,为了减少复杂性,通常假定该比率在一定时间内保持不变。

若以 K 表示资本存量,Y 表示产量水平,v 表示资本-产量比,即一定时期每生产单位货币产量所要求的资本存量的货币额,则有

$$K = vY$$

由于 K 是存量而 Y 是流量,所以一般情况下有 $v > 1$。假定 $v = 3$,则生产 200 元的 Y,就需要 600 元的 K。

如果引入时期的概念,则 $(t-1)$ 时期的 K 和 Y 的关系可表示为

$$K_{t-1} = vY_{t-1}$$

如果产量从 Y_{t-1} 变动到 Y_t，则资本存量也将从 K_{t-1} 变动到 K_t，即

$$K_t = vY_t$$

于是资本存量的增加量是 $K_t = vY_{t-1}$，为了增加资本存量需要投资支出净额。若 I_t 是时期 t 的投资净额即净投资，则有

$$I_t = K_t - K_{t-1}$$

进而有

$$I_t = vY_t - vY_{t-1} = v(Y_t - Y_{t-1})$$

上式表明 t 时期的净投资额取决于产量从时期 $(t-1)$ 到 t 的变动量乘以资本-产量比。如果 $Y_t > Y_{t-1}$，则时期 t 将有正的净投资。净投资取决于产量水平的变动，变动的幅度大小取决于 v 的数值。资本-产量比 v 通常被称为加速数。

总投资由净投资与重置投资（或更新投资）构成，如果将重置投资视为折旧，则有

$$t \text{ 时期总投资} = v(Y_t - Y_{t-1}) + t \text{ 时期的折旧}$$

上述两式所表示的加速原理说明，如果加速数为大于 1 的常数，资本存量所需要的增加必须超过产量的增加。应当指出，加速原理发生作用是以资本存量得到充分利用，且生产技术不变，从而资本-产量比固定不变为前提的。

二、乘数-加速数模型的基本思想

乘数-加速数模型在试图将外部因素和内部因素相结合并对经济周期进行解释的同时，还特别强调投资变动的因素。假设新发明的出现使投资的数量增长，而投资数量的增长会通过乘数作用使收入增加。当收入增加时，人们会购买更多的物品，从而使整个社会的物品销售量增加。通过加速数的作用，销售量的增加将促进投资以更快的速度增长，而投资的增长又促进国民收入增长，从而销售量再次上升。如此循环往复，国民收入不断增大，于是社会便处于经济周期的扩张阶段。

然而，社会的资源毕竟是有限的，收入的增大迟早会达到资源所能容许的峰顶。一旦经济达到经济周期的峰顶，收入便不再增长，进而销售量也不再增长。根据加速原理，销售量停止增长意味着投资量将下降为零。投资的下降，收入的减少，从而使销售量也随之减少。根据加速原理，销售量的减少使投资进一步减少，而投资的下降又使国民收入进一步下降。如此循环往复，国民收入会持续下降，于是社会便处于经济周期的衰退阶段。

收入的持续下降使社会最终达到经济周期的谷底。这时由于在衰退阶段长时期所进行的负投资，生产设备逐年减少，所以仍在营业的一部分企业将会更新设备，于是随着投资的增加，收入开始上升。上升的国民收入通过加速数的作用又一次使经济进入扩张阶段，于是新的经济周期又开始了。

三、乘数-加速数模型

由萨缪尔森所提出的乘数-加速数模型的基本方程如下:

$$\begin{cases} Y_t = C_t + I_t + G_t \\ C_t = bY_{t-1} \quad (0 < b < 1) \\ I_t = v(C_t - C_{t-1}) \end{cases}$$

其中 $Y_t = C_t + I_t + G_t$ 为产品市场均衡公式即收入恒等式,为简单起见,假定政府购买 $G_t = G$ 为常数。$C_t = bY_{t-1}$ 为简单的消费函数,它表明本期消费是上一期收入的线性函数。$I_t = v(C_t - C_{t-1})$ 表示按加速原理依赖于本期与前期消费的改变量,其中 v 为加速数。

将上述三式联合,可得

$$Y_t = bY_{t-1} + v(C_t - C_{t-1}) + G_t$$

现用具体的数据来说明经济周期的波动,如表 16-1 所示。

表 16-1 乘数和加速数的相互作用

单元:亿元

时期 (t)	政府购买 (G_t)	从上期国民收入中 来的本期消费(C_t)	引致的本期私人 投资(I_t)	国民收入总额 (Y_t)	经济变化 趋势
1	1.00	0.00	0.00	1.00	—
2	1.00	0.50	0.50	2.00	复苏
3	1.00	1.00	0.50	2.50	繁荣
4	1.00	1.00	0.25	2.50	繁荣
5	1.00	1.25	0.00	2.25	衰退
6	1.00	1.25	−0.125	2.00	衰退
7	1.00	1.125	−0.125	1.875	萧条
8	1.00	1.00	−0.0625	1.875	萧条
9	1.00	0.9375	0.00	1.9375	复苏
10	1.00	0.9375	0.03125	2.00	复苏
11	1.00	0.96875	0.03125	2.03125	繁荣
12	1.00	1.015625	0.015625	2.03125	繁荣
13	1.00	1.015625	0.00	2.015625	衰退
14	1.00	1.0078125	−0.0078125	2.00	衰退

在表 16-1 中,假设边际消费倾向 $b = 0.5$,加速数 $v = 1$,政府每期开支 G_t 为 1 亿元。若不考虑第 1 期以前的情况,那么从上期国民收入中来的本期消费为零,因此,第 1 期的国民收入总额就是政府在第 1 期的支出 1 亿元。

第 2 期政府支出仍为 1 亿元,但由于第 1 期已有收入 1 亿元,在边际消费倾向为 0.5 的情况下,第 2 期的引致消费 $C_2 = bY_1 = 0.5 \times 1 = 0.5$ 亿元,第 2 期的引致投资 $I_2 = v(C_2 - C_1) =$

$1 \times (0.5-0) = 0.5$亿元,因此,第2期的国民收入$Y_t = C_t + I_t + G_t = 0.5+0.5+1 = 2$亿元。

同样可以计算出第3期收入为2.5亿元,第4期收入为2.5亿元等。因此,边际消费倾向越大,加速数越大,政府支出对国民收入的变动作用也越大。

西方经济学家指出,在社会经济生活中投资、收入和消费相互影响、相互调节,通过加速数作用上升的收入和消费会引致新的投资,通过乘数作用投资又使收入进一步增长。假定政府支出为固定量,则靠经济本身的力量自行调节时就会自发形成经济周期。经济周期中的各个阶段正是乘数与加速数交互作用而形成的:投资影响收入和消费(乘数作用),反过来收入和消费又影响投资(加速数作用)。两种作用相互影响形成了累积性的经济扩张或收缩的局面,这就是西方学者对经济波动所作出的一种解释。他们认为,只要政府对经济进行干预,就可以改变或缓和经济波动。例如,采取适当政策刺激投资,鼓励提高劳动生产率以提高加速数以及鼓励消费等,就能克服或缓和经济萧条。

第四节　实际经济周期理论

在实际经济周期理论产生前,美国经济学者卢卡斯提出并发展了货币经济周期模型。到20世纪80年代初,该模型同时陷入了理论上和经验上的困境。在理论方面,人们逐渐认识到信息障碍在实际生活中似乎并不特别重要,货币经济周期模型对包含货币与产出之间因果关系的经济周期没有作出令人能够接受的解释;在经验方面,尽管该模型在早期取得了一些成功,但支持"预期到的货币是中性的"这一主张的证据并非那么有力。在这种情况之下,从20世纪80年代初期开始,对总产量不稳定的新古典解释主要集中在实际冲击而非货币冲击,这就是所谓的实际经济周期理论。

一、作为波动源的技术冲击

新古典宏观经济学的实际周期理论认为,宏观经济经常受到一些实际因素的冲击,典型的例子是石油危机和农业歉收,还有诸如战争、人口增减、技术创新等。虽然冲击的具体原因有很多,但它们引起经济波动的途径是有限的:要么使人们的偏好发生变动,要么改变技术状况(或生产率),使可利用的资源发生变动等。实际经济周期理论认为最常见、最值得分析的就是技术冲击,因此,该理论中具有代表性的著作都将技术冲击作为波动源。

古典经济学在解释经济周期的扩张阶段时也提到了技术变化对产出和就业的正向影响,但那里的技术变化专指机器设备的革新。现代西方学者不仅用技术变化解释经济的增长,还用它解释劳动生产率的变动。为此,实际经济周期理论接受新古典增长理论对技术变化的定义,即技术变化包括任何使生产函数发生变动,而不涉及投入要素数量变化的因素。

根据这一宽松的定义,诸如管理的成功与失败等因素也将构成技术冲击,也会带来技术变化。现简单介绍实际经济周期的基本理论。

二、基本理论

在人口和劳动力固定的情况下,一个经济中所生产的实际收入取决于技术和资本存量,从而总量生产函数可以表示为

$$Y = zf(K)$$

其中 Y 为实际收入;K 为资本存量;z 为技术状况。

因此,生产中的技术变动便反映在 z 值的变化上,z 值的变动表现为生产函数的变动。假定资本折旧率为 d,则没有被折旧的资本存量为 $(1-d)K$,在所考察时期的期末经济中的可供利用的资源为当期产量与没有折旧的资本存量之和,即 $zf(K)+(1-d)K$。

实际经济周期理论假定经济中的每个人都具有相同的偏好,这相当于经济中存在着反映所有人利益的代表者。该理论进一步假定该代表者的偏好仅依赖于可延续未来无限期的每年消费,他每年对更多消费的偏好逐渐减少,即从消费获得的边际效用递减。因此该代表者最好的做法是在整个生命期内均匀地消费。

图 16-2 为生产函数和总资源函数的相关情况。

图 16-2 中,横轴 K 为资本存量,纵轴 J 表示实际收入、消费、下期的资本存量和投资等变量。总资源函数为 $zf(K)+(1-d)K$。图中向右下方倾斜的直线为经济中的约束线(又称消费和资本积累可能线),它反映消费与积累的关

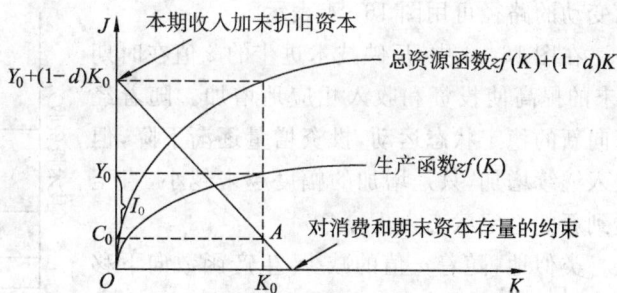

图 16-2　生产函数和总资源函数

系,当期供消费的最大量为当期收入与未折旧的资本量之和。如果当期可供利用资源被消费了,则下一期将没有资本存量。显然约束线的斜率为 -1,这是因为下一期一单位额外资本存量的增加正好来自当期一单位消费量的减少。约束线上的每一点都可供经济社会进行选择。假定约束线上的 A 点代表经济的稳定状态,这时下期资本存量为 K_0,投资为 I_0,消费为 C_0(忽略政府购买和净出口),实际收入为 Y_0。如果资本存量 K_0 保持不变,生产函数(总资源曲线)也不发生变动,则消费、投资和实际收入将重复下去。

现用图 16-3 来说明实际经济周期理论对宏观经济波动的解释。经济原有的稳定状态为图 16-3 中的 A_1 点,现在假定技术进步使 z 值从 z_0 增加到 z_1,则生产函数和总资源函数分别向上移动。对于原有的资本存量 K_0,产量增加到 Y_1,总资源增加到 $Y_1+(1-d)K_0$,从而使下期消费和资本积累相应地增加,这表现为约束线向右移动。如果新约束线中 A' 是被经济社会

所选择的点,则资本存量增加到 K_1,消费上升到 C_1。

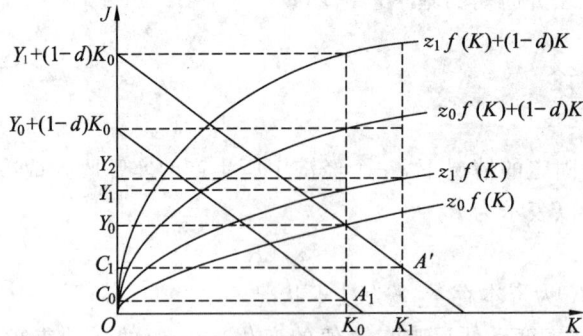

图 16-3　实际经济周期理论对宏观经济波动的解释

如果没有进一步的技术变化,在 K_1 水平的资本存量下,实际收入在下个时期进一步增加到 Y_2,相应地经济的总资源也将增加,在下一时期关于消费和资本存量的约束线又将向右移动。这些进一步的变动未在图中表示出来,但资源约束线向右移动会在接下来的时期内相继发生,其向右移动的幅度会越来越小。此时经济会向新的稳定状态收敛,直至资本存量、消费和投资都增加到各自新的稳态水平上。这种由于技术变化(冲击)所引起的投资、收入变动的路径可用图 16-4 表示。

在图 16-4 中,反映技术进步的 z 值在时期 1 末的提高使投资和收入相应地增加。随着经济向新的稳定状态运动,投资增量逐渐下降,但收入继续增加,只是增加的幅度越来越小,直至达到新的稳定状态为止。

类似地,随着 z 值的减少,生产函数向下移动,减少了可用资源,投资、资本存量、消费和收入的变动情形恰好相反。总之,实际经济周期理论强调技术的变化是收入和投资变动的根源。

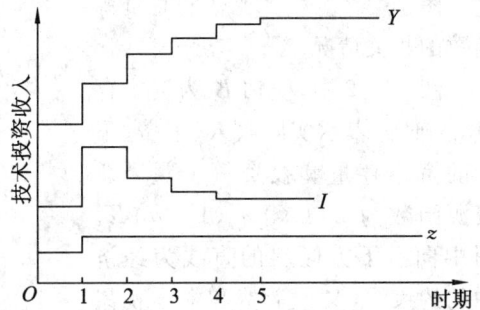

图 16-4　技术变化所引起的投资、收入变动

【本章小结】

1. 经济周期是指实际总产出和就业相对其潜在水平的波动。
2. 西方经济周期理论众多,但可以分为两大类,即内因论和外因论。内因论中较有影响的理论是乘数-加速数模型,外因论中目前较有影响的理论是实际经济周期理论

【重要名词和术语】

经济周期 资本-产量比例 加速数 乘数-加速数模型

【复习思考题】

1. 什么是实际经济周期理论?
2. 试用乘数论和加速原理说明经济周期波动情况。

第十七章

经济增长及经济发展

【本章要点】

本章围绕生产要素投入量、技术进步、储蓄和投资等影响长期经济增长的因素,通过对哈罗德-多马经济增长模型、新古典经济增长模型、经济增长因素和内生经济增长模型的分析讨论,试图揭示一个经济社会长期经济增长的决定原因,以此为政府制定促进经济增长的政策提供理论依据。

经济增长、经济发展与经济周期理论也是现代宏观经济学的重要理论,它涉及的主要问题有:经济增长的含义,经济增长的源泉;经济发展的含义,经济发展的促进因素;经济周期的含义及原因等。一般认为,经济增长由供给能力在长期中变动决定,经济发展强调战略的重要性,而经济周期由总需求在短期中变动决定。

第一节 经济增长

一、经济增长的含义

一般来说,经济增长是指一个国家或一个地区生产商品和劳务的能力的增长。如果考虑人口增加和价格变动情况,经济增长还应包括人均福利的增长。库兹涅茨将经济增长定义为:一个国家的经济增长是指为居民提供日益繁多的经济产品能力的长期上升,这种不断增长的能力是建立在先进技术与所需要的制度、思想意识的相应调整基础上的。他认为,经济增长应包括三个组成部分:(1) 提供产品能力的长期上升,不断提高国民生活水平,这是经济增长的结果,也是经济增长的标志;(2) 先进技术是经济增长的基础或必要条件;(3) 制度与意识的调整是技术得以发挥作用的充分条件。

二、经济增长的要素

到底是否存在促进经济增长的良方呢？需要说明的是，成功的国家促进经济增长并非经由同一条道路，有许多成功的策略可以维系经济的自我增长。例如，英国最早开始进行工业革命，包括发明蒸汽机和建立铁路、强调自由贸易等，并在 19 世纪成为世界经济的领导者。日本则相反，日本加入经济增长竞赛的时间较晚，最初是通过模仿外国技术、限制进口、保护国内工业，然后大力发展自己的制造业和电子业，最终成功地发展了本国经济。

虽然各国的发展途径各不相同，但所有曾经快速发展的国家都有一些共同点，其经济增长和经济发展的基本机制都是一样的。当初成就了英国和日本的这些因素，如今也开始适用于中国和印度等发展中国家。事实上，研究经济增长的经济学家已经发现，经济增长的发动机必定安装在相同的 4 个轮子上。这 4 个轮子即经济增长的要素：

(1) 人力资源(劳动供给、教育、纪律、激励)；

(2) 自然资源(土地、矿产、燃料、环境质量)；

(3) 资本(机器、工厂、道路)；

(4) 技术(科学、工程、管理、企业家才能)。

第二节　增长核算

经济增长的源泉可以通过增长核算的方法进行分析。增长核算方法将产出的增长分为两个不同的来源：生产要素的增加和技术进步。当生产要素只包括资本和劳动时，则增长核算方法将产出的增长分解为资本增加、劳动增加和技术进步 3 个来源。

一、增长核算方程

生产函数表示投入与产出间的数量关系，设经济的生产函数为

$$Y = A \cdot F(N, K)$$

式中 Y, N 和 K 分别为总产出、投入的劳动量和投入的资本量；A 为经济的技术状况，在某些文献中 A 又被称为全要素生产率(total factor productivity，TFP)。对上式，若劳动变动 ΔN，资本变动 ΔK，技术变动 ΔA，则由微分学以及微观经济学中边际产量的概念可知，产出的变动为

$$\Delta Y = MP_N \times \Delta N + MP_K \times \Delta K + F(N, K) \times \Delta A$$

式中 MP_N 和 MP_K 分别为劳动和资本的边际产品。将上式两边同除以 $Y = A \cdot F(N, K)$，

化简后得

$$\frac{\Delta Y}{Y} = \frac{MP_N}{Y}\Delta N + \frac{MP_K}{Y}\Delta K + \frac{\Delta A}{A}$$

上式进一步变形为

$$\frac{\Delta Y}{Y} = \left(\frac{MP_N \times N}{Y}\right)\frac{\Delta N}{N} + \left(\frac{MP_K \times K}{Y}\right)\frac{\Delta K}{K} + \frac{\Delta A}{A}$$

根据微观部分关于完全竞争市场的分析可知,在竞争性的市场上,厂商使用生产要素的原则是将要素需求量固定在使要素的边际产量等于要素实际价格的水平上,因此,表达式 $MP_N \times N$ 和 $MP_K \times K$ 分别为劳动和资本的收益,从而表达式 $\frac{MP_N \times N}{Y}$ 就是劳动收益在产出中所占的份额,简称劳动份额,并将其记为 α。同理,表达式 $\frac{MP_K \times K}{Y}$ 就是资本收益在产出中所占的份额,简称资本份额,并将其记为 β。于是上式可写为

$$\frac{\Delta Y}{Y} = \alpha \times \frac{\Delta N}{N} + \beta \times \frac{\Delta K}{K} + \frac{\dot{\Delta} A}{A}$$

即

产出增长＝(劳动份额×劳动增长)＋(资本份额×资本增长)＋技术进步

这就是增长核算的关键公式,它表示产出的增长可由三种力量(或因素)来解释,即劳动量变动、资本量变动和技术进步。换句话说,经济增长的源泉可被归结为生产要素的增长和技术进步。增长核算方程不仅被用来说明经济增长的源泉,而且被用来衡量经济的技术进步。一般地,由于技术进步无法直接观察到,需对其进行间接衡量。由

$$\frac{\Delta A}{A} = \frac{\Delta Y}{Y} - \alpha \times \frac{\Delta N}{N} - \beta \times \frac{\Delta K}{K}$$

可知,当已知劳动和资本在产出中所占的份额,并且产出、劳动和资本增长也已知时,经济中的技术进步可作为一个余量被计算出。因此,表达式 $\frac{\Delta A}{A}$ 有时被称为索洛余量。

二、经济增长因素分析

经济增长是一个复杂的经济和社会现象。增长核算方程虽然说明了经济增长的源泉,但在如何认识影响经济增长因素的问题上,人们还需要大量数据进行进一步分析,也需要将有关因素进一步细化。从现实角度看,影响经济增长的因素很多,正确认识和估计这些因素对经济增长的贡献和影响,对于理解和认识现实的经济增长和制定促进经济增长的政策都是至关重要的。因此,很多西方学者都投入这一研究领域,其中美国经济学家丹尼森的工作影响较大,现介绍丹尼森对经济增长因素的分析。

在分析经济增长因素时首先遇到的问题是经济增长因素的分类。丹尼森将经济增长因素

分为两大类:生产要素投入量和生产要素生产率。对于生产要素投入量,丹尼森将经济增长看成是劳动、资本和土地投入的结果,其中土地可以看成是不变的,其他两个则是可变的。对于要素生产率,丹尼森将它看成是产量与投量之比,即单位投入量的产出量。要素生产率主要取决于资源配置状况、规模经济和知识进展。具体而言,丹尼森将影响经济增长的因素归结为六个:(1)劳动;(2)资本存量的规模;(3)资源配置状况;(4)规模经济;(5)知识进展;(6)其他影响单位投入产量的因素。

　　丹尼森进行经济增长因素分析的目的,就是通过量的测定将产量增长率按照各个增长因素所作贡献分配到各个增长因素中,分配的结果用来比较长期经济增长中各个因素的相对重要性。在1985年出版的《1929—1982年美国经济增长趋势》一书中,丹尼森根据美国国民收入的历史统计数字对上述各个增长因素进行了考察和分析,其结果如表17-1所示。

表17-1　国民总收入增长的源泉(1929—1982年)

增长因素	增长率
总要素投入	1.9
劳动:1.34	
资本:0.56	
单位投入的产量	1.02
知识:0.66	
资源配置:0.23	
规模经济:0.26	
其他:-0.03	
国民收入	2.92

　　运用1929—1982年间的统计数据,丹尼森计算出在2.92%的年实际产量增长率中的1.9%应归功于要素投入的增加。从表17-1中可以看出,劳动力增加对经济增长的贡献相当大,其原因可以部分地从经济增长的分解式中得到解释,即劳动的产出弹性相对较大,所以劳动的增长率的权重也相对较大。

　　现在分析要素生产率增加或每单位要素投入产量的源泉。令人震惊的事实是,知识的进展解释了技术进步对经济增长约三分之二的贡献。此外,资源配置这一因素对要素生产率增加的贡献也不可忽视。例如人们从薪水少的工作"跳槽"到收入更好的工作,也会导致产量的增加或收入的增长,又如劳动力从农村到城市的就业而引起的生产要素的再配置。

　　规模经济也是经济增长的重要因素。从表17-1可以看到,收入年平均增长中超过10%部分要归功于经济中运作规模的扩大。当经济运作的规模扩大时,每单位产量所需的投入更少,这主要因为在小规模水平上使用技术经济的效率可能不高,在更大的生产规模上则会产生节约,带来规模经济效应。

　　据此,丹尼森的结论是:知识进展是发达资本主义国家最重要的增长因素。丹尼森所说的知识进展包括技术知识、管理知识的进步和由采用新知识而产生的结构、设备的更有效的设计,还包括从国内和国外有组织的研究、个别研究人员、发明家或者从简单的观察和经验中得来的知识。丹尼森所说的技术知识是关于物品的具体性质和如何具体制造、组合以便使用的知识。他认为,技术进步对经济增长的贡献是明显的,但只把生产率的增长看成大部分是采用新技术知识的结果则是错误的,他更强调管理知识重要性。管理知识就是广义的管理技术和企业组织方面的知识。丹尼森认为,管理和组织知识方面的进步更可能会降低生产成本,增加国民收入,因此它对国民收入的贡献比对改善产品物理特性的影响更大。总之,丹尼森认为,技术知识和管理知识进步的重要性是相同的,不能只重视前者而忽视后者。

第三节　新古典增长理论

从现代的角度看,宏观经济学对经济增长理论所进行的影响较大研究有两个时期:第一个时期是 20 世纪 50 年代后期和整个 60 年代;第二个时期是 20 世纪 80 年代后期与 90 年代初期。第一个时期的研究产生了新古典增长理论,第二个时期的研究产生了内生增长理论。本节考察新古典增长理论,下一节论述内生增长理论。

一、新古典增长理论的基本假定和思路

新古典增长理论的基本假定包括:(1) 社会储蓄函数为 $S=sY$,式中 s 是作为参数的储蓄率;(2) 劳动力按照不变的比率 n 增长;(3) 生产的规模报酬不变。

在暂不考虑技术进步的情况下,设经济的生产函数为

$$Y=F(N,K)$$

由上述假定可得

$$\lambda Y=F(\lambda N,\lambda K)$$

上式对任何正数 λ 都成立,特别地,今取 $\lambda=1/N$ 时有

$$Y/N=F(1,K/N)$$

为简便起见,假定全部人口都参与生产,则人均产量 Y/N 只取决于人均资本 K/N。若用 y 表示人均产量即 $y=\dfrac{Y}{N}$,k 表示人均资本即 $k=\dfrac{K}{N}$,则生产函数可表示为

$$y=f(k)$$

图 17-1 为人均生产函数曲线。从图 17-1 中可以看出,随着每个工人拥有的资本量的上升,即 k 值的增加,每个工人的产量也在增加,但由于报酬递减规律的作用,人均产量增加的速度是递减的。

根据增长率分解式,在新古典增长理论的基本假定和不考虑技术进步条件下,产出增长率就唯一地由资本增长率来解释。现细致地分析资本与产量的关系。

一般地,资本增长由储蓄(投资)决定,储蓄又依赖于收入,而收入或产量又要视资本而定。于是,资本、产量和储蓄(投资)之间建立了一个如图 17 - 2 所示的相互依赖的体系。

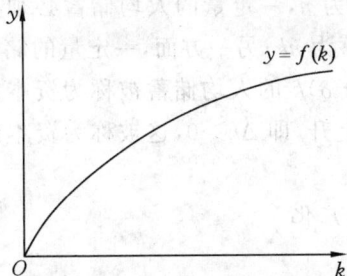

图 17 - 1　人均生产函数曲线　　　　图 17 - 2　资本、产量和储蓄(投资)之间的相互依赖

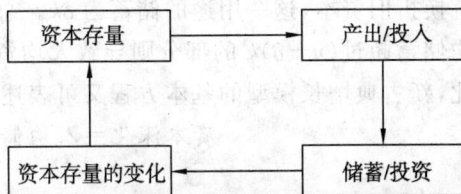

在上述体系中,资本对产出的影响可由人均生产函数来描述。资本存量变化对资本存量的影响是明显和直观的,无需进一步说明。产出对储蓄的影响可以用储蓄函数来描述。因此,在上述体系中需着重说明的是储蓄对资本存量变化的影响。

二、新古典增长模型的基本方程

在一个只包括家庭部门和企业部门的简单经济中,经济的均衡为

$$I = S$$

即投资或资本存量的增加等于储蓄。资本存量的变化等于投资减去折旧。当资本存量为 K 时,假定折旧是资本存量 K 的一个固定比率 $\delta K(0 < \delta < 1)$,则资本存量的变化 ΔK 为

$$\Delta K = I - \delta K$$

根据 $I = S = sY$,上式可写为

$$\Delta K = sY - \delta K$$

上式两边同时除以劳动数量 N,有

$$\Delta K / N = sy - \delta k$$

另一方面,由于注意到 $k = \dfrac{K}{N}$ 和 $\dfrac{\Delta N}{N} = n$,k 的增长率可写为

$$\frac{\Delta k}{k} = \frac{\Delta K}{K} - \frac{\Delta N}{N} = \frac{\Delta K}{K} - n$$

于是有

$$\Delta K = (\Delta k / k)K + nK$$

上式两端同除以 N,则有

$$\frac{\Delta K}{N} = \Delta k + nk$$

将 $\dfrac{\Delta K}{N}=sy-\delta k$ 和 $\dfrac{\Delta K}{N}=\Delta k+nk$ 合并后消去 $\Delta K/N$,则有

$$\Delta k=sy-(n+\delta)k$$

上式是新古典增长模型的基本方程,这一关系式表明人均资本的增加等于人均储蓄 sy 减去 $(n+\delta)k$ 项。$(n+\delta)k$ 项可理解为:劳动力的增长率为 n,一定量的人均储蓄必须用于装备新工人,每个工人占有的资本为 k,则这一用途的储蓄为 nk;另一方面,一定量的储蓄必须用于替换折旧资本,这一用途的储蓄为 δk。总计为 $(n+\delta)k$ 的人均储蓄被称为资本的广化。人均储蓄超过 $(n+\delta)k$ 的部分则导致人均资本 k 的上升,即 $\Delta k>0$,这被称为资本的深化。因此,新古典增长模型的基本方程又可表述为

$$资本深化=人均储蓄-资本广化$$

三、稳态分析

在新古典增长模型中,稳态是指一种长期均衡状态。在稳态时人均资本达到均衡值并维持在均衡水平不变,在忽略技术变化的条件下,人均产量也达到稳定状态。因此,在稳态之下 k 和 y 达到一个持久性的水平。

根据稳态的定义,要实现稳态即 $\Delta k=0$,则人均储蓄必须恰好等于资本的广化。换句话说,新古典增长理论中的稳态条件是

$$sy=(n+\delta)k$$

需要注意的是,稳态虽然意味着 y 和 k 为固定值,但总产量和资本存量都在增长。实际上,在稳态中总产量、总的资本存量的增长率均与劳动力的增长率相等,即均为 n。由于劳动人口以速度 n 增长,且 $y=\dfrac{Y}{N}$ 在稳态时也为固定值,因此总产量 Y 也必须按比率 n 增长。

总之,在新古典增长理论的框架内稳态意味着

$$\frac{\Delta Y}{Y}=\frac{\Delta N}{N}=\frac{\Delta K}{K}=n$$

新古典增长模型的稳态可以用图 $17-3$ 进行分析。图中 $sf(k)$ 曲线为人均储蓄曲线。由于储蓄率 s 介于 0 和 1 之间,故人均储蓄曲线与人均生产函数曲线具有同样形状,但位于人均生产函数曲线的下方。在这一坐标系下,通过原点且斜率为 $(n+\delta)$ 的直线表示资本的广化,即 $(n+\delta)k$ 项。

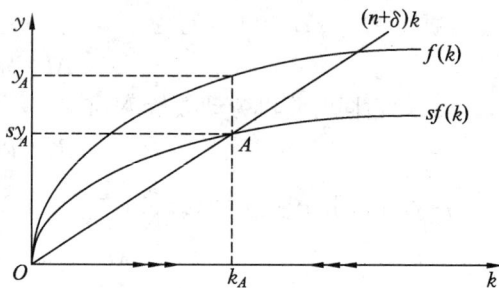

图 17-3　经济增长的稳态

根据上述分析,在稳态时有 $sy=(n+\delta)k$,因此,在图 $17-3$ 中 $(n+\delta)k$ 曲线和 $sf(k)$ 曲

线必定相交,交点 A 所对应的人均资本为 k_A,人均产量为 y_A,这时人均储蓄恰好等于资本广化的需要,即 $sy_A=(n+\delta)k_A$,或者说人均储蓄恰好能为不断增长的人口提供资本(设备)和替换折旧资本而不会引起人均资本的变化。

在 A 点左侧,$sf(k)$ 曲线比 $(n+\delta)k$ 线高,这表明储蓄高于资本广化的需要,因此当经济运行在 A 点左侧时存在着资本深化。资本深化意味着每个工人占有的资本存量上升,即 $\Delta k>0$,也就是说,在 A 点左侧经济中的人均资本 k 有上升的趋势,如横轴上向右的箭头所示。随着时间的推移,k 向 k_A 逼近,使最终用于资本广化所需的资本数量增加到 k_A 点,在这一点上所有储蓄都仅用于保持人均资本 k 不变,经济达到稳定状态。在 A 点右侧,情况正好相反,人均储蓄不能满足资本广化的需要,这时有 $\Delta k<0$。因此,在 A 点右侧人均资本 k 有下降的趋势,如横轴上向左的箭头所示。

现分析经济向稳态过渡的时期中经济增长的情况。当经济处于资本深化的阶段时,y 和 k 会逐步上升,也就是说 Y/N 和 K/N 向其稳态值接近。如果 Y/N 上升,则 Y 增长得比 N 快,因而 $\Delta Y/Y>\Delta N/N=n$,这表明在资本深化阶段,产量增长率高于其稳态值。这意味着在其他条件相同的情况下,资本贫乏国家的增长快于资本富裕国家。随着资本存量的深化即 k 接近于 k_A,增长率会逐渐降低。同理,如果资本富裕国家的人均资本下降(即 k 大于 k_A 且向 k_A 逼近)时,那么产量的增长率就会降到 n 以下。

综上所述,当经济偏离稳定状态时,无论人均资本过多还是过少,都存在着某种力量使其恢复到长期的均衡。这表明新古典增长理论展示了一个稳定的动态增长过程。

此外,新古典增长理论中的稳态条件所确定的人均资本量和由人均生产函数确定的人均产量在一定程度上解释了"为什么一些国家如此富裕,而另一些国家那么贫穷"的原因。

因此,可将人均生产函数设定成一种特定形式,即 $y=f(k)=k^\alpha$,其中参数 α 介于 0 和 1 之间,则由稳态条件可得

$$sk^\alpha=(n+\delta)k$$

求得

$$k_A=[s/(n+\delta)]^{\frac{1}{1-\alpha}}$$

由人均生产函数又可求得稳态下的人均产出量 y_A 为

$$y_A=[s/(n+\delta)]^{\frac{\alpha}{1-\alpha}}$$

上式表明,若其他条件相同,储蓄率或投资率较高的国家通常比较富裕。在这些国家中,劳动力人均资本量较高,因此人均产量也较高。相反,根据新古典增长模型,人口增长率较高的国家通常比较贫穷。面对人口增长,这些国家为保持资本-劳动比率不变,需要把更大比例的收入用于储蓄和投资。这种资本广化的要求使资本深化变得更为困难,从而使人均资本量减少。

从总体上说,新古典增长理论的预言与事实数据是一致的。投资率较高的国家平均要比投资率较低的国家富裕,人口增长率较高的国家平均要比人口增长率低的国家贫穷。从

这点上说,新古典增长理论得到了事实数据的证实。

需要指出的是,当经济处于稳态时,k 和 y 都是固定不变的。由于收入固定不变,故其增长率为零,这时总收入以与人口增长率相同的增长率增长,即增长率为 n。可见,稳态增长率不受储蓄率的影响,这是新古典增长理论的一个关键结论。

四、储蓄率的增加

图 17-4 表示了储蓄率增加影响产量增长的情形。

图 17-4 中,经济最初位于 C 点的稳态均衡。现在假定人们增加储蓄,这使储蓄曲线上移至 $s'f(k)$ 的位置,此时新的稳态为 C'。由 C 点和 C' 点可知,储蓄的增加提高了稳态的人均资本和人均产量。

对于由 C 点到 C' 点的转变,这里需要指出两点。第一,从短期看,高储蓄率也导致了总产量和人均产量增长率的增加,这一结论可从人均资本从初始稳态的 k_0 上升到新的稳态 k' 的事实中得出。因为增加人均资本的唯一途径是资本存量应比劳动力增长得更快,进而引起产量更快的增长。第二,由于 C 点和 C' 点都是稳态,按照对于稳态的分析,稳态中的产量增长率是独立于储蓄率的。从长期看,随着资本积累,增长率逐渐降低,最终又回落到人口增长率的水平。图 17-5 概括了人均产出和增长率随时间变化的轨迹。

图 17-5(a)显示了人均收入的时间路径。储蓄率的上升导致人均资本上升,从而增加人均产量,直到达到新的稳态为止。图 17-5(b)则显示了产量增长率的时间路径。储蓄率的增加导致资本积累,从而带动产量取得暂时性的较高增长。但随着资本积累,产量的增长最终会回落到人口增长率的水平。

总之,新古典增长理论认为,储蓄率的增加不能影响稳态增长率,但确实能提高收入的稳态水平,即储蓄率的增加只有水平效应,绝没有增长效应。

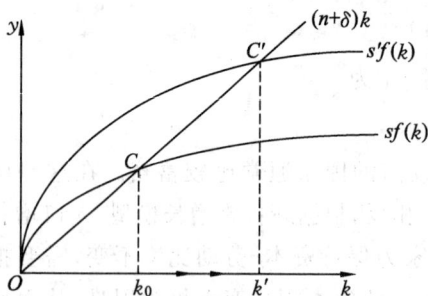

图 17-4 储蓄率增加的影响

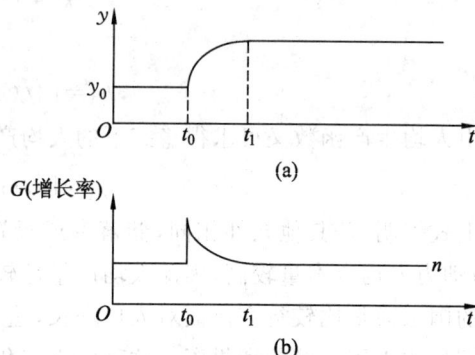

图 17-5 人均产出和增长率随时间变化的轨迹

五、人口增长

新古典增长理论虽然假定劳动力按一个不变的比率 n 增长,但当把 n 作为参数时,就可以说明人口增长对产量增长的影响,如图 17-6 所示。

图 17-6 中,经济最初位于 A 点的稳态均衡。现在假定人口增长率从 n 增加到 n',则图 17-6 中的 $(n+\delta)k$ 线便移动 $(n'+\delta)k$ 线,这时新的稳态均衡为 A' 点。由 A' 点与 A 点可知,人口增长率的增加降低了人均资本的稳态水平(从原来的 k_A 减少到 k'),进而降低了人均产量的稳态水平,这是从新古典增长理论得出的又一重要结论。西方学者进一步指出,由人口增长率上升产生的人均产量下降正是许多发展中国家面临的问题。两个储蓄率相同的国家仅仅由于人口增长率的不同,其人均收入水平也会大不相同。

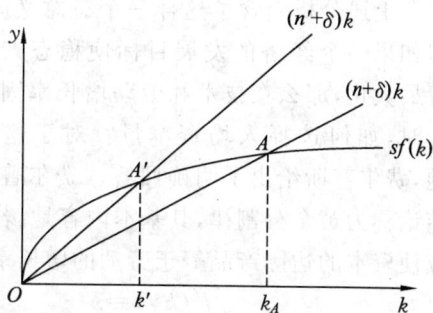

图 17-6　人口增长的影响

对人口增长进行比较静态分析的另一个重要结论是,人口增长率的上升增加了总产量的稳态增长率。理解这一结论的要点关键应懂得稳态的真正含义,并且注意到 A' 点和 A 点都是稳态均衡点。

六、资本的黄金分割津

从上述分析可知,储蓄率可以影响稳态的人均资本水平,而人均资本水平又决定人均产量。从全社会的角度看,产出可用于消费和积累两方面。产出一定时,消费增多了,积累就减少了,反之亦然。因此,如何处理好累积与消费的关系是一个不容忽视的问题。显然,这个问题的解决取决于人们对经济发展目标的认识。

许多西方学者认为,经济增长是一个长期的动态过程,因此,提高一个国家人均消费水平是一个国家经济发展的根本目的。在这一认识下,经济学家费尔普斯于 1961 年建立了与人均消费最大化相联系的人均资本应满足的关系式。这一关系式被称为黄金分割率,如图 17-7 所示。

在图 17-7 中,横坐标表示稳态时的人均资本,纵坐标表示与稳态相对应人均产量、人均储蓄和人均消费。由图 17-7 可知,在稳态时人均消费在图形上可表示为曲线 $f(k)$ 与直线 nk 之间的距离(为得出黄金分割律的最初形式,这里假定不存在折旧,即参数 $\delta=0$)。从图中可看出,如果一个经济中选择较低的稳态人均资本水平,例如 $\bar{k}$,则这时人均消费等于较小的距离 TT';如果一个经济中选择较高的稳态人均资本水平,例如 k^+,则人均消费仍然

等于较小的距离 $X'X$,这时虽然人均产出较高,但人均储蓄(或投资)的需要量也很大,因而人均消费仍然不高;如果经济选择很高的稳态人均资本水平,如 k_1'',这时根本就没有任何产出用于消费了。

上述分析暗含了这样一个有意义问题,即如果一个经济的发展目标使稳态人均消费最大化,那么在技术和劳动增长率固定不变时,如何选择人均资本量? 对于这一问题,费尔普斯给出了明确回答。费尔普斯的

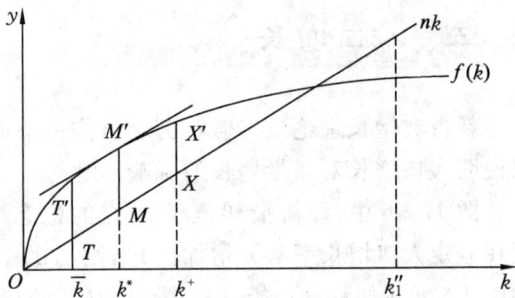

图 17 - 7　经济增长的黄金分割率

结论称为黄金分割律,其基本内容是:若使稳态人均消费达到最大,稳态人均资本量的选择应使资本的边际产品等于劳动的增长率,用方程可表示为

$$f'(k^*) = n$$

黄金分割律可以用图形的方式进行论证。借助图 17 - 7,问题可转化为在图中如何选择 k 以使曲线 $f(k)$ 和直线 nk 之间的正向距离最大。从图中可知,选择 k^* 时稳态的人均消费等于线段 MM' 的长度。从图中还可以看出,在 k^* 处曲线 $f(k)$ 的切线的斜率与直线 nk 的斜率应相等,由于直线 nk 的斜率为 n,而曲线 $f(k)$ 在 k^* 处的斜率为 $f'(k^*)$,故有 $f'(k^*) = n$ 成立。

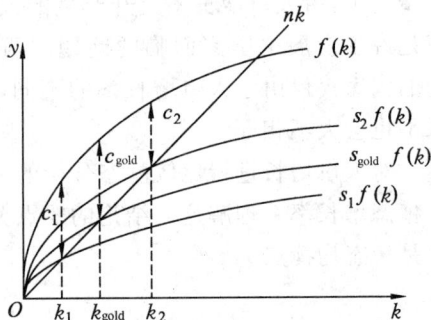

图 17 - 8　消费水平与储蓄率的关系

从黄金分割律可知,在稳态时如果一个经济中人均资本量多于黄金分割律的水平,则通过消费掉一部分资本以使平均每个人的资本下降到黄金分割律的水平,就能够提高人均消费水平。另一方面,如果一个经济中拥有的人均资本少于黄金分割律的水平,则该经济提高人均消费的途径是缩减消费,增加储蓄,直到人均资本达到黄金分割律的水平。

需要指出的是,一个经济并不会自动地趋向于黄金分割律所对应的稳态资本量。如果人们想要得到黄金分割律所对应的稳态资本存量,那么就需要一种特定的储蓄率来支持它,如图 17 - 8 所示。

七、考虑技术进步的新古典增长理论

前面对于新古典增长理论的论述都是在没有考虑技术进步的情况下进行的,现在引入技术进步这一因素,以进一步考察新古典增长理论。现在经济中的生产函数可写为

$$Y = F(AN, K)$$

在上述生产函数中存在着技术进步,当作为技术状态的变量 A 随时间的推移增大时,它表明经济中劳动效率提高了。20 世纪最有影响的劳动效率提高的例子就是亨利·福特通过流水线进行大规模生产的创新,根据当时的观察计算,这一技术进步将一些工人组装一辆汽车主要部件的时间从 12.5 小时缩短到 5 小时。

在生产函数中,表达式 AN 被称为有效劳动,在这种情况下,新古典增长理论对生产函数变为:产出 Y 是资本 K 和有效劳动 AN 的一次齐次函数,故对一切 $\lambda > 0$,有

$$\lambda Y = F(\lambda AN, \lambda K)$$

设 $\lambda = 1/AN$,则有 $Y/AN = F(1, K/AN)$。如果记 $\bar{y} = Y/AN$,称其为按有效劳动平均的产量;记 $\bar{k} = K/AN$,称其为有效劳动平均的资本,则有

$$\bar{y} = f(\bar{k})$$

其中 $f(\bar{k}) = F(1, \bar{k})$

新古典增长理论的一个重要假设为技术进步是外生给定的,即假定 A 以固定的比率 g 增长。此时可以证明,新古典增长模型的基本方程为

$$\Delta \bar{k} = s\bar{y} - (n+g+\delta)\bar{k}$$

图 17-9 为引入技术进步的新古典增长模型的稳态分析图。

从图 17-9 中可以看到,就稳态分析而言,引入技术进步并没有对稳态分析的结论产生较大影响。假定经济初始状态为有效劳动平均的资本等于 $\bar{k}_0$,它低于其稳定状态值,则随着时间的推移,$\bar{k}$ 逐渐提高。因为在 $\bar{k}_0$ 处,经济的投资量超过了为维持不变所必需的数量,导致 $\bar{k}$ 增加到 $\bar{k}_0^*$ 处,即达到 $s\bar{y} = (n+g+\delta)\bar{k}$ 为止,这时经济处于稳定状态。这种稳定状态代表经济的长期均衡。

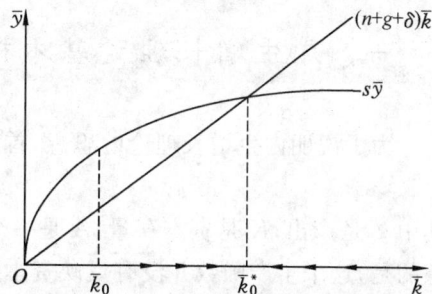

图 17-9 引入技术进步的新古典增长模型

表 17-2 表示在考虑技术进步情况下,新古典增长模型在稳态时 4 个重要变量的增长率。

表 17-2 技术进步的新古典增长模型中的稳态增长率

变量	稳态增长率
按有效劳动平均的资本	0
按有效劳动平均的产量	0
人均产出	g
总产出	$n+g$

因此,在考虑技术进步后,新古典增长模型可以解释一些国家生活水平的持续提高。由表 17-2 可知,技术进步会引起人均产出的持续增长。一旦经济处于稳定状态,人均产出的增长率只取决于技术进步的比率。也就是说,根据新古典增长理论,只有技术进步才能解释

生活水平(即人均产出)的长期上升。

第四节　内生增长理论

经济增长理论的另一个目的是用于解释在世界上大部分地方生活水平长期提高的现象。新古典增长理论说明这种长期增长必定来自技术进步,但技术进步又来自哪里呢?在新古典增长理论中,技术进步只是个假设!

为了充分理解经济增长的过程,人们需要超越新古典增长理论以建立解释技术进步的模型,这种使增长率内生化的理论探索被称为内生增长理论。

一、内生增长理论基本模型

为了说明内生增长理论的思想,首先建立一个很简单的生产函数

$$Y = AK$$

其中 Y 是产出;K 是资本存量;A 是一个常量,它衡量一单位资本所生产的产出量。需要注意的是,这个生产函数并没有反映资本边际收益递减的性质。无论资本量为多少,额外一单位资本生产 A 单位的额外产出。资本边际收益递减不是内生增长模型和新古典增长模型的关键区别。

现仍假设收入中的某一比例 s 用于储蓄和投资,因此,经济中的资本积累由下式描述:

$$\Delta K = sY - \delta K$$

上式表明资本存量的变动(ΔK)等于投资(sY)减去折旧(δK)。它与生产函数 $Y = AK$ 结合进行运算后可得

$$\frac{\Delta Y}{Y} = \frac{\Delta K}{K} = sA - \delta$$

这一公式表明了决定产出增长率 $\Delta Y/Y$ 的因素。需要注意的是,即使没有外生技术进步的假设,经济的收入也会一直增长。

因此,生产函数的简单变动就可从根本上改变对经济增长的预测。在新古典增长理论中,储蓄引起了经济的暂时增长,但资本边际收益递减最终使经济增长达到只取决于外生技术进步的稳定状态。与此相比,在这种内生增长模型中储蓄和投资会引起长期增长。

放弃资本边际收益递减的假设是否合理?这取决于人们如何解释生产函数 $Y = AK$ 中的变量 K。如果 K 只包括通常意义下经济中的厂房设备存量,那么假设资本边际收益递减就是自然而然的;但内生增长理论的支持者认为,如果对 K 进行更广义的解释,资本边际收益不变(而不是边际收益递减)的假设更加合理。一些西方学者认为,知识是经济生产中的

一种重要投入——无论是用它来生产物品与劳务,还是用它来提供新知识。如果将知识看做一种资本,则与通常意义上的资本相比,假设知识表现出边际收益递减的性质就不合理了。实际上,过去几百年来科学与技术创新增长的速度,使一些西方学者认为存在知识收益递增。如果接受知识是一种资本的观点,那么假设资本边际收益不变的内生增长模型就更合理地描述了长期经济增长。

被称为 AK 模型的内生增长模型提供了一条内生化稳态增长率的途径。如果可被累积的生产要素有固定报酬,那么稳态增长率将被这些要素的积累率所影响。从前面分析可知,储蓄率 s 越高,产出增长率也将越高。此外,这一模型也暗示那些能永久提高投资率的政府政策会不断提高经济增长率。

二、两部门模型

内生增长理论研究的思路是努力建立一个上述生产部门的模型,以便对支配技术进步的力量提供更好的描述。

假定经济中存在两个部门,分别称为制造业企业和研究性大学。企业生产物品与劳务,这些物品与劳务被用于消费和物质资本投资。大学生产被称为"知识"的生产要素,这两个部门都免费利用知识。企业的生产函数、大学的生产函数以及资本积累方程分别为

$$\begin{cases} Y=F[K,(1-u)EN] & \text{企业的生产函数} \\ \Delta E=g(u)E & \text{大学的生产函数} \\ \Delta K=sY-\delta K & \text{资本积累方程} \end{cases}$$

其中 u 是在大学的劳动力比例;$(1-u)$ 是在企业的劳动力比例;E 是知识存量;函数 $g(u)$ 为知识增长如何取决于在大学的劳动力比例的函数。一般地,假设企业生产函数是规模收益不变的,如果资本存量 K 和所谓有效工人的数量即 $(1-u)EN$ 翻一番,那么物品与劳务产出 Y 也翻一番。

如果将物质资本存量 K 和知识存量 E 都翻一番,根据以上关系式和假定可知,这时经济中两个部门的产出也都翻一番。因此,与 AK 模型类似,该模型也可以在不假设生产函数中有外生变动情况下引起长期增长。这里的长期增长是内部产生的,因为大学的知识创造是不会停止的。

此外,该模型也与新古典增长模型类似。如果在大学的劳动力比例 u 是不变的,那么知识存量 E 就按不变的比率 $g(u)$ 增长。这在本质上是与新古典增长理论中的劳动增进型技术进步是一样的。这个模型的其余部分包括企业的生产函数、资本积累方程也与新古典增长模型相同。因此,对任何一个既定的 u 值,内生增长模型也与新古典增长模型同样发挥作用。

对内生增长理论的进一步介绍超出了本书范围,但应该指出,这一增长理论的新发展深化了人们对增长过程的认识,同时该理论对技术创新过程提供了更为全面的认识。

第五节　促进经济增长的政策

由增长核算方程可知,政府可以通过影响经济增长的三个因素即技术进步、资本形成和劳动投入来促进经济增长。

一、鼓励技术进步

索洛模型表明人均收入的持续增长来自技术进步。虽然索洛模型没有解释技术进步的原因,在一定程度上无法理解技术进步的决定作用,但其许多公共政策的目的在于鼓励技术进步。例如,专利制度赋予新产品发明者以暂时的垄断权力。当一个人或一个企业发明了一种新产品,发明者可以申请专利。如果认定该产品的确是原创性的,政府将授予专利,专利保障发明者在规定年限内排他性地生产该产品。发明者可从其发明中获得利润,尽管只是暂时的,但专利制度提高了个人和企业从事研究的积极性。类似的例子还有为进行研究和开发的企业提供税收减免政策。

教育是政府在改善技术增长方面的一个重要领域。一支高素质的研究与开发团队是改善技术进步的一个关键因素。

美国政府长期以来在创造和传播技术知识方面发挥着重要作用。美国政府很早就开始资助耕作方法研究,并建议农民如何最好地利用自己的土地。近年来,美国政府通过空军和国家航空航天局支持空间研究,同时像国家科学基金这样的政府机构也持续直接资助大学的基础研究。

二、鼓励资本形成

根据增长核算方程,资本存量的上升会促进经济增长。从直观角度看,由于资本是被生产出来的生产要素,因此,一个社会可以改变其所拥有的资本量。如果今天经济生产了大量新资本品,那么明天它就将拥有大量资本存量,并能生产出更多的各种物品与劳务。另一方面,资本存量的增长是由储蓄和投资推动的,因此,鼓励资本形成便主要归结为鼓励储蓄和投资。这是政府促进经济增长的一种方法,而且在长期中也是提高一国公民生活水平的一种方法。

三、增加劳动供给

增长核算方程表明,增加劳动供给会引起经济增长。显然,所得税的提高将减少工人的工作所得，从而降低工作积极性；与之相反，所得税的减免是加强激励、促使人们努力工作的一个途径。

与劳动供给相关联的一个概念是人力资本，它是指劳动者通过教育和培训所获得的知识和技能。尽管基本的新古典增长模型只包括物质资本，而且也没有尽力解释劳动效率，但人力资本在许多方面与物质资本类似。与物质资本一样，人力资本也提高了一国生产物品和劳务的能力。因此，政府政策提高生活水平的一种方法是提供良好的教育、培训体系，并鼓励人们利用这样的体系。

第六节　经济发展

一、发展中国家的概念

世界银行曾按人均收入将世界各国划分为低收入国家、中低收入国家、中上等收入国家和高收入国家四类。各等级收入标准在不同年份会有变化，属于各等级的国家在各个年份也会有变化，但各类收入国家在一定历史时期仍具有一定的相对稳定性。例如，美国、日本、法国、德国、加拿大、澳大利亚等20多个国家大体总属于高收入国家。低收入国家、中低收入国家、中上等收入国家总称为发展中国家，有时也被称为欠发达国家或不发达国家，历史上也曾被称为落后国家。这三类收入的国家范围很广，其中有些国家如韩国、新加坡、马来西亚等20多年来经济发展得相当迅速，但大部分国家仍处于比较贫困甚至十分贫穷的境地，包括非洲、拉丁美洲及亚洲相当多的国家。这些经济落后国家最重要的特征是人均收入低，人们过着贫苦的生活，营养不良，文化水平低，预期寿命短。发展中国家大约有40％的人口年收入无法提供足够的营养。发达国家只占世界人口的1/4，但消费着世界产量的3/4，而占世界人口3/4的发展中国家仅占有世界收入的1/4。这些发展中国家的人口绝大部分居住在农村，劳动特别繁重，工具相当原始，生产效率低下，缺医少药，文盲比例很高。如果用人均实际GDP、出生时预期寿命、儿童入学率、成人识字率等指标来衡量经济和社会发展程度，发展中国家尤其是一些特别落后国家的指标都极低。"贫困落后"可以说是这些国家状况的简要总概括。

二、阻碍经济发展的因素

造成发展中国家贫困落后的因素是什么？经济学家提出了种种看法，但都离不开对于生产因素的分析，因为任何一国经济的基础总是生产。国家之所以贫穷，就是因为缺乏资本、劳动、自然资源和技术这些要素的投入。

先分析资本短缺。穷国人均收入低,即使其消费水平低,绝大部分收入还是被消费掉,储蓄极有限,它形成资本的能力极低,从而生产率也难以提高,收入水平就无法提高。这样就形成了一个低收入到低收入的恶性循环。

再分析劳动要素。发展中国家劳动数量在人口迅速增加的形势下总是过剩,但质量很低,它体现在劳动力中就是知识和技巧相当少,无法操作现代化装备。越贫穷的国家中人口增长越快的原因是:农民没有社会保障,只能养儿防老,而高儿童死亡率又促使其父母不得不多生,加上子女的抚育成本低,以及现代化避孕知识和手段缺乏,高出生率就不可避免。正如人们所说:富人家里多财产,穷人家里多孩子。对整个国家来说,情况同样如此。对许多贫穷国家来说,既呈现“穷了多生,多生了穷”的循环局面,又呈现人力资本短缺和只会干粗活的普通劳动者严重过剩并存的局面。

自然资源是生产中不可缺少的条件。许多贫困国家的自然条件很恶劣,但也有些贫穷国家的资源并不少。例如非洲某些国家矿藏丰富,但仍很穷;相反,有些国家(如日本)自然资源并不十分丰富,却很发达。这表明国家能否富起来关键并不在自然资源本身,而在于如何对待和利用这些资源。

技术进步是经济发展最重要的因素。科学技术具有很大外部性,发展中国家完全可以模仿发达国家的先进技术,而不必从头研究和开发。此时的问题是有没有这样的人才(科学家、工程师等)去进行模仿,有没有这样的资金用以购买代表先进技术的设备,有没有这样具有创业精神和创新意识的企业家去引进和利用先进技术。

除了生产因素的制约,市场也是制约经济发展的重要因素。从购买力角度看,或许十个穷人不如一个富人。如果产品没有销路,企业只能关门。显然,贫穷国家的低购买力也成为生产发展的制约因素。

此外,在发展中国家还存在一种较为流行的观点,即认为贫穷国家是发达国家剥削的产物。尽管殖民统治的时代早已过去,但现在许多落后国家在经济上仍依附于发达国家。发达国家通过诸如不平等贸易等手段影响着发展中国家的经济,损害贫穷国家的利益。因此,要求建立“国际经济新秩序”的呼声在国际舞台上越来越响亮。

然而,如果进一步深层次思考,就可发现一个更为重要的因素在阻碍那些贫穷国家的经济发展,那就是制度、政权和秩序。就资本短缺来看,发展中国家人均收入低不等于人人收入低,大多数家庭贫困不排除仍有少部分家庭是富的。这些富人很少进行储蓄和投资的积极性,宁肯做炫耀性消费或将资金转移到国外,这是因为国内缺乏投资的激励机制,缺乏安全的投资环境,政局经常动荡不安。对于人力资源,发展中国家并不是完全没有人才,但有本领的人才都谋求国外发展,或在国外留学后不回国,其原因是那些国家缺乏吸引人才的制度和环境。资源禀赋问题,情况同样如此。总之,推动发展中国家发展经济从根本上说是制度、政权和秩序,包括稳定的政局、明晰的产权、良好的投资环境、强有力的激励机制、健康的市场秩序、健全的立法和司法等。此外,政府还需要实行一系列正确的发展战略。

三、发展战略

发展中国家经济发展究竟应采取怎样的发展战略,对这一问题人们反复思考,各国也不断实践。这里应注意发展战略中的几个重大问题。

一是工业化和农业发展的关系问题。经济发达国家基本上都是高度工业化国家,城市人口占总人口的大多数,工业生产率远高于农业。于是许多发展中国家在政治上独立后都致力于发展工业,甚至不惜以牺牲农业来求取工业的发展。但实践证明,这种做法并不可取。工业不但需要大量资本,还需要市场。离开了农业的发展、农民收入的提高,工业不仅资金无法积累,国内市场也不能开拓。发展农业所需资金较少,还可容纳大量劳动力。实践证明,大力发展农业,将使这些后进国家经济的基础更扎实些,因此,较好的办法是农业与工业同时协调发展。

二是计划指令与市场调节的关系问题。任何一个国家发展经济时都要选择资源配置方式,究竟是市场导向还是政府计划指导?很多发展中国家原来都倾向实行政府计划干预,因为这些国家原来商品经济不发达,不相信市场力量能指导经济发展,加上文化传统和宗教信仰等与市场经济不合拍,因此,不少后进国家在经济发展中不但有目标指引,还在价格、产量、就业、工程项目等方面存在直接指令和控制。但实践证明,政府行政命令的经济效果都不理想,不但造成资源配置错位,效率低下,还造成寻租之风盛行、物资短缺等问题。在这样的情况下,许多国家开始放松行政命令式的经济控制,逐步转向在计划指导下的市场配置轨道。

三是进口替代与出口推动的关系问题。不少发展中国家为了发展本国工业,都曾不同程度地实行一种支持发展那些能生产替代进口产品的本国工业的贸易战略,包括使用关税、进口限额等手段,但结果往往事与愿违。进口高关税(有时高达 200%)虽然使国内工业不受国际竞争影响,但也使受保护的企业丧失了改进技术、降低成本、提高产品质量、增加花色品种的动力,造成经济效率低下,资源大量浪费,生产者和消费者都享受不到国际分工的好处,该进口的不能进口,该出口的不能出口,外汇短缺状况更严重。与进口替代相反的是出口推动战略。二战后日本在这一战略实施中取得了惊人成就。自 1970 年开始,亚洲一些国家和地区如韩国、新加坡、马来西亚、中国台湾地区和中国香港地区通过出口推动也取得了高速增长的成就。出口推动战略主要包括用汇率、税收、信贷等各种手段对出口产品生产予以大力支持,但随着世界市场竞争日益激烈,这一战略也面临严峻挑战。

四是人口控制与自由放任的关系问题。人口增长过快一直是困扰落后国家经济发展的难题。由于人口增长过快,资本积累、人力资本投资、市场需求及生态环境等一系列问题都难以解决。为了打破"贫穷—多生—贫穷"的怪圈,一些有识之士和政府开始重视人口控制,以加速经济发展,提高人均收入。控制人口就得实行计划生育。生育是夫妻的权利,但计划生育也是其应承担的义务。在实行计划生育问题上,绝不能放任自流。固然,一个国家经济高度发展了,文化水平普遍提高了,即使人均预期寿命大大延长了,由于生育率的大幅下降,人口自然增长率也会迅速下降。但一个国家在贫困阶段,人们不可能自觉降低生育率。一个必要的措施是实行严格的计划生育,用行政的、法律的、经济的和思想教育等各种手段努力把出生率降下来。如果说物质生产领域应该实行市场调节,那么人口生产领域完全有必要用计划和行政命令加以控制。可惜,不是每个后进国家都能成功做到这一点,在这方面中国取得了令人瞩目的成就。

四、发展经济学

第二次世界大战结束以后,亚非拉广大地区的殖民地和附属国纷纷走上政治独立道路,在经济上各自选择不同道路和方式谋求发展,从而在世界上出现了众多发展中国家。这些国家如何根据各自特点发展经济,引起了许多经济学家的关注和研究。于是从 20 世纪 40 年代末以来,逐步形成了一种研究发展中国家如何发展经济的理论,这就是发展经济学。

发展经济学产生至今已经历了三个阶段。从 20 世纪 40 年代末到 60 年代末为第一阶段,该阶段的主要思路是结构主义,认为发展中国家内部与外部都存在着与发达国家不同的社会结构,需要进行结构改革;为了发展,应强调工业化,注重物质资本积累,实行国家集中的计划管理,实行进口替代的贸易战略。当时不少发展中国家和地区也确实推行了封闭式的、以资本积累为中心的进口替代型的工业化发展路线。这条路线虽然取得了一些成效,但也在经济上造成了多方面不良后果,尤其是农业停滞,受保护的工业竞争力弱,集中的计划管理体制缺乏效率等。于是,从 20 世纪 60 年代末以来发展经济学进入了第二个发展阶段。在第二阶段上,发展经济学以新古典主义思路为主,主张以经济自由的新古典经济学思路取代结构主义思路,不赞成忽视农业而片面强调工业化,不赞成只重物质资本而忽视人力资本开发,不赞成搞封闭式进口替代而不重视经济开放,不赞成金融抑制而主张金融自由化,不赞成集中计划管理而主张充分发挥市场的作用。在新古典主义复兴推动下,不少发展中国家纷纷走上改革开放道路,并取得了令人瞩目的成就,特别是出现了所谓"东亚奇迹"。但经济发展中又出现了一些单靠新古典主义思路难以解释和解决的问题,促使发展经济学又发展到一个以新古典政治经济学思路为指导的第三阶段,其特征是突破了新古典主义对经济分析是超越时空的纯经济分析的局限,重视制度、历史、法律等非经济因素对经济发展的影响,主要内容包括经济发展研究中的新制度经济学、新历史经济学、寻租理论、新经济增长理论等。

【案例】

经济增长是指一国一定时期内总产出的增加。经济增长通常用一国实际 GDP 的年增长率来衡量。与此密切相关的一个概念是人均实际 GDP 的增长率,它决定一国生活水平提高的速度。

在任何一个时点上经济增长速度有多快都是非常重要的。今天在增长率上的细小差别会在未来转变为经济活动水平的巨大差异，因为经济增长是年复一年累积而成的。这个概念很容易通过下面的例子来说明。

假定现在有两个国家，分别为 A 国和 B 国，而且每个国家的实际 GDP 均为 1 000 亿美元。但是，A 国每年经济增长率为 3％，而 B 国每年经济增长率为 2％。一年之后，A 国实际 GDP 为 1 030 亿美元，B 国实际 GDP 为 1 020 亿美元。又过一年之后，A 国实际 GDP 为 1 060.9 亿美元，而 B 国实际 GDP 仅为 1 040.4 亿美元。注意在第二年两国实际 GDP 的差距比第一年的差距大，因为每一个后来的年份都为 A 国提供了一个更高的 GDP 增长水平。

美国的实际人均国内生产总值（GDP）以美元来衡量，从 1870 年的 2 244 美元上升到 1990 年的 18 258 美元，增长了 7.1 倍。这一实际人均 GDP 的增长对应于每年 1.75％ 的增长率。这一成绩使得美国在 1990 年拥有世界最高水平的实际人均 GDP。

为了评价增长率上很微小的差异与长时期结合起来所造成的后果，可以计算一下如果美国自从 1870 年以来是以每年 0.75％ 即以低于它实际速度 1 个百分点的速度增长的话，那么到 1990 年它会在怎样的位置。每年 0.75％ 的增长率接近于印度（每年 0.640）、巴基斯坦（每年 0.880）和菲律宾（每年 0.860）在长期中——从 1900 年到 1987 年——所实现的增长率。如果美国在 1870 年是以实际人均 GDP 2 244 美元开始，而在接下去的 120 年间以每年 0.75％ 的速度增长，则到 1990 年它的真实人均 GDP 将为 5 519 美元，仅为 1870 年值的 2.5 倍及 1990 年 18 258 美元实际值的 30％。如果是这样，它将不再排名世界第一，而在 127 个国家中仅名列第 37 位。换言之，如果增长率每年只低 1 个百分点，那么 1990 年的美国实际人均 GDP 将接近于墨西哥和匈牙利，而比葡萄牙和希腊还要低近 1 000 美元。

再假定美国实际人均 GDP 自 1870 年以来以每年高出其实际值 1 个百分点即 2.75％ 的速度增长，这一更高的增长率接近于在长期中日本（从 1890 年到 1990 年每年 2.95％）和中国台湾地区（从 1900 年至 1987 年每年 2.75％）所经历的增长速度。如果美国仍然在 1870 年以 2 244 美元的真实人均 GDP 开始，且在接下来的 120 年间以每年 2.75％ 的速度增长，那么它 1990 年的真实人均 GDP 将达到 60 841 美元——27 倍于 1870 年值，也 3.3 倍于 1990 年 18 258 美元的实际值。60 841 美元的真实人均 GDP 大大超越了任何国家的历史经验数据，而且事实上也是不可行的。但是，我们可以说每年 1.75％ 的美国长期增长的持续，意味着美国到 2059 年可以达到 60 841 美元的实际人均 GDP 水平。

100 多年前，日本并不是一个富国，1890 年日本人均 GDP 为 842 美元，远低于当时的阿根廷的水平。但是，从 1890 年至 1990 年，靠着 GDP 按照 3％ 的速度增长，日本已成为当今的经济超级大国，到 1994 年，日本人均 GDP 已达 16 144 美元，远高于阿根廷 1987 年人均 GDP 3 302 美元的水平。

【本章小结】

1. 经济增长是指一个经济产量的增加,其中产量既可以表示为经济的总产量,也可以表示为人均产量。经济增长的程度可以用增长率来描述。
2. 在新古典增长模型的稳定状态时,人均收入增长率仅仅由外生的技术进步率所决定。储蓄率的增加不能影响稳态增长率,但确实能提高收入的稳态水平。人口增长率的上升增加了总产量的稳态增长率。
3. 内生增长理论试图解释在新古典增长模型中作为外生变量的技术进步变量。

【重要名词和术语】

经济增长　经济发展

【复习思考题】

1. 试说明经济增长与经济发展的关系。
2. 经济增长的源泉是什么?
3. 什么是新古典增长模型的公式?它有什么含义?
4. 设一个经济的人均生产函数 $y=\sqrt{k}$。如果储蓄率为 28%,人口增长率为 1%,技术进步速度为 2%,折旧率为 4%,那么该经济的稳态产出为多少?如果储蓄率下降到 10%,而人口增长率上升到 4%,这时经济的稳态产出为多少?
5. 已知资本增长率 $g_k=2\%$,劳动增长率 $g_l=0.8\%$,产出增长率 $g_y=3.1\%$,资本的国民收入份额 $\alpha=0.25\%$,在这些条件下,技术进步对经济增长的贡献为多少?
6. 在新古典增长模型中,人均生产函数 $y=f(k)=2k-0.5k^2$,人均储蓄率为 0.3,人口增长率为 0.03。

试求:

(1) 使经济均衡增长的 k 值;
(2) 与黄金分割律对应的人均资本量。

第十八章

主要经济学流派

【本章要点】

本章简要介绍经济学发展过程中一些主要的经济学流派,重点介绍了其主要的理论与政策主张,包括前古典时期的经济思想、古典经济理论、新古典经济理论、奥地利学派及凯恩斯经济学及其发展历程。

前面各章讨论了现代西方经济学的基本体系,实际上经济学的现状是不能令人满意的,经济学家在所有理论问题上从未达成一致,所有的理论问题都存在着争论,在预测经济政策方面更是存在着严重的分歧。自 1870 年"边际革命"以来,经济学被新古典经济理论所统治,这一理论以生产函数和消费偏好的技术关系为基础来讨论资源的最优配置问题,并以此为前提来解释所有的现实问题。但经济学所要解释的现实问题是不是这种技术关系或资源的最优配置呢?

经济理论的发展和争论正是围绕着这种技术关系和社会关系的矛盾展开的,因为西方经济学家所要解释的对象是存在特定资本主义经济关系的社会。如果稀缺资源的有效配置可以用相对价格来表示,则资本主义经济关系就表现在以货币量值为基础的总量关系上,这些总量关系并不取决于相对价格,而取决于货币金融体系。这里的货币并不表示价格水平,而是表示资本主义经济关系,这种资本主义经济关系用最简单的话讲,就是一种比谁挣钱多的游戏,而货币则是这一游戏的核心。

第一节 前古典时期的经济思想

一、重商主义

1. 重商主义概述

重商主义(mercantilism)也称作"商业本位"。重商主义是 18 世纪在欧洲广受欢迎的政治经济体制,也是以极度垄断和特许形式为特征的商业资本主义发展时期的重要经济思想。作为一种经济思想,重商主义统治欧洲长达两个多世纪,并且经历了由早期重商主义到晚期重商主义的发展阶段,但两者之间的跨越尚不足以破坏重商主义经济思想的根本一致性。早期的重商主义者倾向于把国民财富等同于金属货币,实际上是把货币与资本等同起来,并主张限制出口,以阻止货币流向国外;晚期的重商主义者主要试图分析贸易条件,以便能够确保国际收支的盈余和货币的净流入。

重商主义的一个重要特点是提出了商人的概念,而商人的概念实际上就是货币价值概念,即通过贱买贵卖使预付的货币不断增值。在重商主义者看来,货币即意味着资本,其目的在于获取货币的增值或利润,其中的利润就来自支出的货币成本与得到的货币收益的差额。因此,重商主义与强调实物经济的新古典主流经济学的不同之处在于,重商主义从一开始就强调货币,认为金银(即货币)就是财富,一切经济活动的目的都是为了攫取金银(如15世纪—16世纪中叶的早期重商主义)。从这一基本观念出发,重商主义继而认为除了开采金银矿藏外,对外贸易才是货币财富的真正源泉(如16世纪下半叶—17世纪的晚期重商主义)。

2. 重商主义产生的时期及背景

重商主义是资产阶级最初的经济学说,产生和发展于欧洲资本原始积累时期,反映这一时期商业资本的利益和要求。重商主义对资本主义生产方式进行了最初的理论考察。

15世纪末,西欧社会进入封建社会的瓦解时期,资本主义生产关系开始萌芽和成长。地理大发现扩大了世界市场,给商业、航海业、工业以极大刺激。商业资本发挥着突出的作用,促进了各国国内市场的统一和世界市场的形成,推动了对外贸易的发展。在商业资本加强的同时,西欧一些国家建立起封建专制的中央集权国家,并运用国家力量支持商业资本的发展。随着商业资本的发展和国家支持商业资本政策的实施,产生了从理论上阐述这些经济政策的需要,并逐渐形成了重商主义的理论。

重商主义是西欧封建制度向资本主义制度过渡时期(资本原始积累时期)的一种经济哲学。重商主义抛弃了西欧封建社会经院哲学的教义和伦理规范,开始用世俗的眼光并依据商业资本家的经验去观察和解释社会经济现象。重商主义以商业资本的运动为考察对象,从流通领域研究了货币—商品—货币的运动。

3. 重商主义的贸易观点和经济思想

重商主义认为贵金属(货币)是衡量财富的唯一标准,一切经济活动的目的就是为了获取金银。除开采金银矿藏外,对外贸易才是货币财富的真正的来源。因此,欲使国家变得富强,就应尽量保障出口大于进口,因为只有贸易出超才会导致贵金属的净流入。一国拥有的贵金属越多,就会越富有、越强大。因此政府应该竭力鼓励出口,不主张甚至限制商品(尤其是奢侈品)进口。

由于所有贸易参加国不可能同时出超,而且任一时点上的金银总量也是固定的,因此一国的获利总是基于其他国家的损失,即国际贸易是一种"零和博弈"。

二、重农学派

1. 重农学派概述

18 世纪中期,以"自然秩序"作为整个经济思想体系基础的重农学派,第一次明确提出在人类社会中存在着不以人们意志为转移的客观经济规律,从而为经济学提出了认识客观规律的任务。此后的古典经济学者都是沿着这条道路前进的,如亚当·斯密"看不见的手"所表明的资本主义市场经济的自动协调机制;大卫·李嘉图虽摒弃了自然秩序而以功利主义为出发点,但他也研究由国民收入、资本、工资与利润等总量的测量所表明的资本积累和收入分配变动规律;马克思则把政治经济学的研究对象明确定义为资本主义的生产关系,他所要研究的正是这种特定经济制度下产生的雇佣劳动、资本和剩余价值问题,而不是一般生产或技术关系,其"最终目的就是揭示现代社会的经济运动规律"。显然,这种始于重农学派对经济发展规律的认识方法就成为后来古典经济理论和马克思经济学的传统。

2. 重农学派的主要代表人物

魁奈是重农学派的创始人和首领。有人曾认为古尔奈也是该学派的创始人之一,但古尔奈除了经济自由放任的主张外,并没有提出任何重农学派的主要论点。魁奈无疑首创了重农主义所有的理论,其代表作《经济表》就是该理论体系的全面总结。

18 世纪 50—70 年代,在魁奈的周围逐渐出现了一批追随者,形成了一个有较完整理论体系和共同信念的派别,同时也是一个有明确的纲领和组织的政治、学术团体。他们不仅定期举行讨论学术问题的集会,还创办了作为学派喉舌的刊物——《农业、商业、财政杂志》和《公民日志》。

杜尔哥是继魁奈后重农学派最重要的代表人物。杜尔哥深受魁奈的影响但不是魁奈的门徒,也几乎没有参加所谓"经济学家"的派系活动,其著作《关于财富的形成和分配的考察》是重农主义的重要文献。他发展、修正了魁奈和其追随者的论点,使重农主义作为资产阶级思想体系的特征具有更加鲜明的表现。重农主义在杜尔哥时期发展到最高峰。

3. 重农学派与社会制度

重农学派实际上是第一个对资本主义生产进行分析的体系,但它也是封建制度、土地产权统治的资产阶级的翻版。封建主义是从资产阶级生产的角度来说明的,而资本主义则是以大农业改造封建制度的臆想进行发展的。因此,封建主义就具有资产阶级的性质,资产阶级社会获得了封建主义的外观。这一实质和外观的矛盾几乎出现于重农主义所有的理论中。

重农学派在当时法国的宫廷、贵族、达官中获得良好声誉,甚至在巴黎所谓社会显贵名流的社交场合中,也都以称道农业改革和穿着带有农家色彩的装束为时尚。在法国以外的当时欧洲许多国家的统治者,如俄罗斯的叶卡捷琳娜二世、瑞典的古斯塔夫三世、托斯卡纳的利奥波德二世、西班牙的查理三世、奥地利的约瑟夫二世、那不勒斯的斐迪南一世等也对重农主义的学说和主张产生一定的兴趣。但重农主义的学说也引起了革命的或进步的启蒙思想家们的反感,例如伏尔泰就在《有四十个埃居的人》中对重农主义学说的臆想进行了无情的讽刺与嘲弄。

另一方面,重农学派也欺骗了他们自己。重农学派中绝大多数是达官贵人,其利益是和法国当时的封建制度甚至与波旁王朝密切联系在一起的。重农学派没有认识到,其所鼓吹的是一个与现存的封建社会相对立,并且只有消灭现存社会才能建立起来的新资本主义制度,而总以为他们所企求的只是对旧制度的改良,改良的目的是巩固现存的制度。

4. 重农学派的观点和主张

(1) 自然秩序

自然秩序是重农主义体系的哲学基础,是法国资产阶级大革命前在启蒙学派思想影响下形成的。杜邦·德·奈穆尔在为重农主义体系下定义时,明确地称之为"自然秩序的科学"。

重农主义者认为,人类社会与物质世界都存在着不以人们意志为转移的客观规律,这就是自然秩序。自然秩序是永恒的、理想的、至善的,但社会的自然秩序不同于物质世界的规律,它没有绝对的约束力,人们可以以自己的意志来接受或否定它,以建立社会的人为秩序。后者表现为不同时代、不同国度的各种政治、经济制度和法令规章等。

重农主义者认为,如果人们认识自然秩序并按其准则来制定人为秩序,这个社会就处于健康状态;反之,如果人为秩序违背了自然秩序,社会就处于疾病状态。重农主义者认为当时的法国社会由于人为的社会秩序违背了自然的社会秩序而处于疾病状态,其任务就是为医治这种疾病而提出处方。

重农主义的自然秩序学说第一次确认在人类社会存在着客观规律,从而为政治经济学提出了认识客观规律的任务。这一认识成为古典政治经济学的传统,创立了把社会经济看做是一个可以测定的制度的概念。这一概念意味着社会经济受到一定客观规律的制约;经济范畴间存在着相互的内在联系;事物的发展具有理论上的可预测性。资产阶级古典政治经济学的全部理论和政策就建立在这一概念上,但由于阶级局限性,重农主义者既把人类社会客观规律看做永恒的规律,又认为社会某一特定历史阶段的规律同样支配着一切社会形式的抽象规律。

重农主义的自然秩序实质上是被理想化了的资本主义社会。人身自由和私有财产是自然秩序所规定的人类的基本权利,是天赋人权的主要内容。自然秩序的实质是个人的利益和公众利益的统一,而这种统一又只能在自由体系之下才能得到实现,于是重农主义者就从自然秩序引申到经济自由主义。

"自由放任"的准则可能最早源于法国商人勒让德而由古尔奈予以箴言化,只是到了重农学派时期才真正成为标志着新时代的战斗口号。

(2) 纯产品学说

纯产品学说是重农主义理论的核心。重农主义的全部体系都围绕该学说而展开,一切政策也以之为基础。重农主义者认为财富是物质产品,财富的来源不是流通而是生产,因此财富的生产意味着物质的创造及其数量的增加。在各经济部门中,重农主义者认为只有农业才生产财富,因为只有农业既生产物质产品,又能在投入和产出的使用价值中表现为物质财富数量的增加;工业不创造物质财富而只变更或组合已存在的物质财富的形态,商业也不创造任何物质财富而只变更其市场的时、地。农业中投入和产出的使用价值的差额构成了"纯产品"。

重视农业是法国古典政治经济学的传统。法国古典政治经济学的创始人布阿吉尔贝尔自称为农业的辩护人,认为农业是一个国家富强的基础。重农主义者继承了这一传统,并以纯产品学说论证了农业是一个国家财富的来源和一切社会收入的基础,为这一传统观点提供了理论基础。

纯产品学说是重农学派的剩余价值学说。重农学派实际上以农业资本来概括一般资本,以农业资本主义经营概括资本主义生产。租地农场主作为产业资本的实际代表,指导着全部经济运动。农业按资本主义大规模经营方式经营,土地直接耕作者是雇佣工人。生产不仅创造使用价值,也创造价值,而生产动机则是获得"纯产品"即剩余价值,地租就是其具体的表现形式。

在"纯产品"的基础上,重农学派提出了废除其他赋税、只征收一种单一地租税的主张,认为"纯产品"是赋税唯一可能的来源。"纯产品"归结为地租,于是地租就是唯一能赋税的收入。在复合税制下,赋税的负担即使不直接加在地租上,也会通过转嫁间接归于地主,因此重农学派认为不如直截了当地取消一切杂税,改而征收单一地租税。由于简化租制会减少征收费用,这种改革实际上减轻了地主的负担。

(3)资本的流通和再生产

重农学派在分析社会财富、资本的流通和再生产方面作出了重要贡献。他们分析了资本在劳动过程中借以组成的物质要素,研究了资本在流通中所采取的形式,社会总产品通过货币的中介在社会三个阶级间的流通过程,它表现为社会总资本的再生产过程。同时,重农学派在再生产过程中还分析了各社会阶级收入来源、资本和所得的交换,再生产消费和最终消费的关系,农业和工业两大部门之间的流通等。这些都在魁奈的《经济表》中得到了全面阐述。

第二节 古典经济理论

在法国资产阶级革命爆发的 1776 年,亚当·斯密在英国发表了著名的《国民财富的性质和原因的研究》(简称《国富论》),这部学术著作很快就在官方流传,成为国会议员讨论经济政策的理论依据。亚当·斯密的"看不见的手"直至今天依然在强有力地影响着经济政策制定者的思想,而这正是基于亚当·斯密在《国富论》中所建立的对资本主义经济运行的系统分析。亚当·斯密的著作所表明的经济学研究方法和体系,在其后的 100 年中被大卫·李嘉图、马尔萨斯、穆勒等人继承和发展,建立了在经济思想史上被称为古典经济学的思想体系。这种古典经济学体系所要探讨的是资本主义经济的运行和资本主义产生时期所面临的现实问题,亚当·斯密《国富论》的主题是冲破传统的制度以建立资本主义自由竞争的博弈规则,大卫·李嘉图则通过《谷物法》和金本位问题的争论来讨论资本积累或资本原始积累过程中的问题,而马尔萨斯以及西斯蒙第则提出了资本主义经济中的生产过剩和有效需求问题,他们所建立的古典一般均衡体系则为"宏观经济"研究提供了理论基础。本节主要介绍亚当·斯密及大卫·李嘉图的经济理论。

一、亚当·斯密的经济理论

亚当·斯密在继承和发展了前古典学派众多学者研究成果的基础上,于 1776 年出版了其最主要的经济学著作——《国富论》,从而在经济学说史上第一次创立了比较完备的古典政治经济学的理论体系,亚当·斯密被誉为古典政治经济学派的创始人和代表者。当代英国著名学者哈奇森(Hutchison)将其称之为"亚当·斯密革命","亚当·斯密的《国富论》标志着经济思想史上的一个新纪元或者说一场革命";而马克思则从宏观的角度认为,只有《国富论》才真正把资本主义政治经济学发展为一个完整的体系,"在亚当·斯密那里,政治经济学已发展为某种整体,它所包括的范围在一定程度上已经形成"。

古往今来,人们对亚当·斯密和《国富论》的了解大多始于著名的"看不见的手"所表明的"最明白最单纯的自然自由制度"这一原理。然而,对于这一著名原理所要说明和论证的性质,却往往又成为争论的焦点。1870 年"边际革命"之后兴起的新古典主流经济学家们,将以总量关系为基础的古典学派"宏观经济学"的研究方向转变为资源配置的"微观经济学",所以新古典主流经济学家们始终倾向于认为,亚当·斯密"看不见的手"原理所要表明的是新古典的相对价格决定和资源优化配置问题。显然,这一观点是在完全排除了经济制度与社会关系,而将其仅仅作为一种技术关系研究的基础上所作出的,那么它是否真正符合亚当·斯密的本意呢?实际上,在亚当·斯密的研究中从来没有,而且也根本不可能舍弃对社会关系的关注。相反,对整个社会阶级关系或明或暗地剖析,正是贯穿于亚当·斯密《国富论》的主线,其全部的理论如分工和交换、价值和价格、剩余分配理论以及资本积累理论等都是围绕这一主线而依次展开的。

在这种意义上亚当·斯密的"看不见的手"原理所要表明的,不仅仅是一种新古典的单纯的技术关系,而是一种基于"经济人"自利心而确立的、在增进国民财富生产中作为资本主义经济关系核心的资本与劳动的总量关系,即需要存在总资本、总收入、收入中工资与利润的份额及总资本的利润率概念。在上述分析的基础上,亚当·斯密提出了由古典剩余理论所决定的"自然利润率"的概念,由此建立起古典一般均衡模型。正是在这一点上,新古典经济学家把古典理论与新古典理论相混淆,把亚当·斯密"看不见的手"混同于由技术关系所决定的供求均衡或瓦尔拉斯一般均衡。实际上,由亚当·斯密"看不见的手"著名原理阐述的古典一般均衡理论所要说明的是,资本主义经济中为获取利润的竞争在统一利润率的驱使下所达到的古典均衡状态。就统一利润率的均衡来讲,这一概念所表示的完全是一种总量的社会关系,而与技术无关,它始终不能脱离资本主义的经济制度这一根本的分析框架。著名马克思主义经济学家多布曾就此指出,"就像孟德维尔的《蜜蜂的寓言》(Fable of the Bees)一样,在亚当·斯密'看不见的手'的比喻下所掩盖着的,是资本主义经济制度的一般概念,它表明了资本主义特定的经济规律,这是古典政治经济学无可比拟的一大贡献"。以此为契机,包括亚当·斯密在内的古典经济学派主要从总量社会关系的角度出发,通过生产过程而非流通领域来寻找社会剩余的源泉。这样,他们的理论就在解释了剩余产品怎样被生产资料所有者占有并作为地租、利润和工资三方面的收入进行分配的基础上,深刻地揭露了这种制度特有的、不可避免的阶级利益冲突,以及在剩余价值产生、分配和积累过程中所萌发的种种矛盾;而亚当·斯密则因在深入探讨这一"内在联系"中所显示的丰富想像力,受到了马克思的赞赏。

18世纪下半叶,英国的工厂手工业已然走入资本主义的轨道,这促使亚当·斯密开始以资本主义生产作为自己的研究对象。从产业资本利益的立场出发,亚当·斯密既批判了重商主义者所主张的只有对外贸易才是财富来源的观点,又矫正了重农主义者认为只有农业劳动才创造财富的偏见,从而在经济学说史上第一次宣称了任何生产部门的劳动都是财富的源泉。在亚当·斯密看来,国民财富就是一个国家所生产的商品总量,整个《国富论》对国民财富的性质和原因所作的研究也就是要增进一国的国民财富,就像亚当·斯密所说,"其目的在于富国裕民"。因此,尽管亚当·斯密也认为消费是所有生产的目的,但他当时所主要关心的只是生产,即如何通过生产来增进一国的国富;但由于工业革命使生产得以增加,经济冲突的问题变得越来越紧迫,随后在大卫·李嘉图的思想中,分配就开始取代生产而成为中心问题。同时,正是由于对生产的强调,才使得亚当·斯密将财富的规定与人们的劳动紧密联系在一起。亚当·斯密指出,"一国国民每年的劳动,本来就是供给这个国家每年消费的一切生活必需品和和便利品的源泉。构成这种必需品和便利品的,或是本国劳动的直接产物,或是用这类产物从外国购进来的物品。"这是亚当·斯密研究的结论,也是其展开所有论述的切入点。

那么,劳动又是如何增进一国国民财富呢?亚当·斯密认为,增加国民土地劳动年产物的方法有二:(1)增加生产工人的数目;(2)增加受雇工人的生产力。也就是说,亚当·斯密认为国民财富的增长决定于两个因素,一个是提高生产性劳动对非生产性劳动的比例即增加生产工人的人数,另一个是提高在业工人的劳动生产率。

二、大卫·李嘉图的经济理论

大卫·李嘉图是英国古典经济学的伟大代表者。作为18世纪末19世纪初期英国产业革命的产物,大卫·李嘉图的主要经济学著作《政治经济学及赋税原理》(简称《原理》)的问世,被誉为是继亚当·斯密《国富论》出版以来对后世产生最重要影响的著作之一,因而大卫·李嘉图又被马克思称为"古典政治经济学的完成者"和"英国工业资产阶级的伟大思想家"。不过,大卫·李嘉图本人也承认,除了亚当·斯密的《国富论》之外,其整个经济理论体系的形成还得益于很多同时代人的帮助,其间詹姆斯·安德森、马尔萨斯和霍华德·威斯特等学者的著作都起了很大的作用。尤其是1815年要求限制谷物进口的《谷物法》(Corn Laws)在英国的颁布,更是引起了以维护土地贵族利益而拥护该法案的马尔萨斯与代表英国产业资产阶级利益而反对该法案的大卫·李嘉图之间对地租问题的一系列争论,它直接促成了大卫·李嘉图的著名文章《论谷物低价对资本利润的影响》(简称《论利润》)一文的发表,该文所论述的单一部门谷物比的分配模型为两年后出版的《原理》一书奠定了基础。1817年以价值分配问题作为研究核心的《原理》的问世,奠定了大卫·李嘉图在英国古典政治经济学说史上的权威地位,从而也被哈奇森称为是一场经济学上的"革命";而美国当代经济史学家斯皮格尔则对该部著作作了最为简洁的评论,"大卫·李嘉图的贡献在于他创造了一种思想体系"。

第三节　新古典经济理论

一、边际革命

19世纪70年代,由杰文斯(1871年)、门格尔(1871年)和瓦尔拉斯(1874年)各自独立地发表了以边际效用价值论为基础的新经济学著作,这就是经济学发展史上的"边际革命"。边际主义的兴起标志着新古典经济学的产生。

边际生产力理论正式将资本定义为一种与土地、劳动相同的生产要素,生产要素的价格直接与各自的稀缺性相联系,并由这种生产要素的供求关系所决定。因此,在这种分析方法中,利润率将作为资本要素的价格是由资本的供给和需求决定的,当资本变得更加稀缺时,利润率将相应地上升。克拉克、希克斯、索洛和萨缪尔森是在资本边际生产力理论的发展过程中最重要的经济学家。

资本边际生产力理论的起源可以追溯到大卫·李嘉图的地租理论和报酬递减,其主要内容是:在农业生产中的土地上一次次地增加一定比例的劳动和资本,农业产品将不断增加,但增加的幅度不断下降,直至最后增加的产值等于最后投入的资本和劳动的费用。克拉克认为在大卫·李嘉图的理论中,劳动和资本是一种综合性的生产要素,这一生产要素得到的报酬等于它的边际产品,而土地得到剩余部分,即总产出与其他要素报酬的差额。克拉克将大卫·李嘉图的这一理论推广到更一般的情况,得出了要素报酬决定的一般性原则,即所有可变要素得到的报酬都等于它的边际产品,而固定要素投入得到剩余部分。既然在理论分析中,每种要素的投入数量都可以被视为是可变的或者固定的,因此,边际生产力原则应当作为所有要素报酬决定的一般性原则。在均衡状态下,所有要素都将以各自的边际生产力为基础获得各自的报酬。克拉克首次在本质上提出了边际生产力原理的现代模式,虽然以前的学者在某些方面应用过这一理论,但都没有意识到这一原则的普遍性。在均衡状态下,利润率等于资本的边际产品(价值),并在资本这一要素更加稀缺时上升,而包括工资在内的其他要素价格将会下降。

边际生产力理论的命题要形成一个具有内在逻辑一致性的完整理论,还必须以边际生产力为基础发展相应的分配理论,并使其与要素投入和产出之间的技术关系相一致。这意味着按照每种要素的边际生产力决定的要素报酬的总额应当与全部产出相等。

第四节　奥地利学派

1. 奥地利学派概述

奥地利学派是近代资产阶级经济学边际效用学派中最主要的一个学派。它产生于19世纪70年代,流行于19世纪末20世纪初。因其创始人门格尔和继承者维塞尔、柏姆·巴维克都是奥地利人,都是维也纳大学教授,都用边际效用的个人消费心理来建立其理论体系,所以奥地利学派也被称为维也纳学派或心理学派。

奥地利学派反对德国历史学派否定抽象演绎的方法以及否定理论经济学和一般规律的错误态度,也反对英国古典学派及其庸俗追随者的价值论和分配论,特别反对大卫·李嘉图的劳动价值论。它认为社会是个人的集合,个人的经济活动是国民经济的缩影,通过对个人经济活动的演绎、推理就足以说明错综复杂的现实经济现象。

奥地利学派把社会现实关系中的"经济人"抽象还原为追求消费欲望满足的孤立个人;把政治经济学的研究对象从人与人之间的生产关系,改变为研究人与物的关系,研究消费者对消费品的主观评价,把政治经济学变成主观主义的个人消费心理学。

2. 奥地利学派的经济理论主张

奥地利学派的理论核心是主观价值论,即边际效用价值论。与萨伊等人的"效用价值论"不同,边际效用价值论认为:一件东西要有价值,除具有效用外,还必须"稀少"即数量有限,以致它的得或失成为物主快乐或痛苦所必不可少的条件。

例如,一杯水对井边的人而言,倒掉也毫不在乎,此时这杯水只有效用而无价值;但对沙漠旅行者而言,水壶中剩下的最后一杯水如甘泉玉器,于是这杯水就产生了价值。奥地利学派承认这是主观价值,并认为经济学中的价值就应该只限于这种主观价值,市场价格无非是根据这种主观价值所作的估价而已。

奥地利学派也有各不相同的分配理论,门格尔认为劳动、资本和土地的收入是它们各自提供的效用的报酬;维塞尔则把它们当做补全财货价值中各个组成要素的价值"归属"问题;柏姆·巴维克则以现在财货的边际效用估价高于未来财货的"时差利息论"进行解释。

奥地利学派的边际效用价值论和分配论,是同马克思的劳动价值论和剩余价值论针锋相对的。它的主要论点有:价值是主观的,是物对人的欲望满足的重要性;价值的成因是效用与稀少性;价值量的大小也只取决于边际效用的大小,与社会必要劳动无关;价值产生于消费领域,不是生产资料将其价值转移到产品中,相反是产品价值赋予其生产资料以价值;资本和土地的收入,或者各自提供效用的报酬,或者产生于现在财货与将来财货的不同估价,与剥削劳动毫不相干。总之,奥地利学派完全抹煞了劳动在价值创造中的决定性作用。

20世纪30年代以来,以米塞斯和哈耶克为代表的一些奥地利经济学家继承了奥地利学派的传统理论并作了一些补充。他们反对马克思主义,也反对主张国家调节经济的凯恩斯主义,竭力鼓吹自由主义,崇拜市场自发势力而诽谤社会主义的计划经济,通常称之为新奥地利学派。

第五节　凯恩斯学派

一、凯恩斯经济学

凯恩斯经济学产生于20世纪30年代,它的出现不是偶然的,而是有其复杂而深刻的经济根源。凯恩斯经济学是"30年代大萧条"的直接产物,也是国家垄断资本主义发展的必然产物。

(一)凯恩斯经济学——20世纪30年代大萧条的直接产物

1929—1933年,资本主义世界爆发了空前严重经济大危机。这次大危机震撼了各主要资本主义国家,席卷了所有的殖民地和半殖民地。整个资本主义世界在经历了长达4年之久的大危机后,又陷入了长期的特种萧条之中。西方国家称这次大危机和接踵而至的特种萧条为"30年代大萧条"。

面对着空前严重的危机和失业,统治阶级和统治集团不再欣赏那种否认危机和失业可能性的传统经济学,而是希望出现一种新经济学,这种新经济学要承认危机和失业,但不要承认危机和失业的根源在于资本主义制度;要论证资本主义制度可以防止危机和失业,而不要只是空泛议论;要攻击马克思主义和社会主义制度,而不允许任何转向马克思主义、转向科学社会主义的思潮存在和蔓延。

凯恩斯经济学正是在这样一种符合统治阶级和统治集团愿望的新经济学,它是1929—1933年大危机的直接产物。

(二) 凯恩斯经济学——国家垄断资本主义的必然产物

第一次世界大战前,国家垄断资本主义开始出现。在大战期间,这种国家垄断资本主义迅速发展,并带有非常时期的军事性质。面对着迅速发展的国家垄断资本主义,统治阶级和统治集团希望一种新经济学反对自由放任主义,主张国家干预主义;要讲"一只看得见的手"的作用,不要只讲"一只看不见的手"的作用;要维护国家垄断资本主义,要在理论上论证在实践中已经在做的事,而不是持反对或批评立场。凯恩斯经济学正是在这样一种符合统治阶级和统治集团愿望的新经济学,它是国家垄断资本主义的必然产物。

(三) 凯恩斯经济学产生的学术背景

在凯恩斯经济学产生和传播以前,占统治地位的经济学是以马歇尔、庇古等人为代表的传统经济学。而凡勃仑在1900年第一次用"新古典"一词来描述马歇尔经济学。后来西方经济学普遍接受"新古典学派"、"新古典经济学"这些固定含义的用语来称马歇尔、庇古等人及其经济学理论。

新古典经济学无论在理论方面或政策方面,都支配着统治阶级和学术界的经济思想。凯恩斯本人也是在新古典经济学的熏陶下成长起来的。

凯恩斯经济学批评了新古典经济学中的就业理论,继承了重商主义的国家干预学说、马尔萨斯的有效需求不足学说、孟德维尔的高消费促进繁荣的学说以及霍布森的过度储蓄导致失业和经济萧条学说。

二、新古典综合派

新古典综合派又称后凯恩斯主流派,是产生于美国的现代凯恩斯主义的一个重要学派。新古典综合派试图在凯恩斯的总量经济范畴基础上,用新古典的个量分析的理论和方法去构造一个所谓和谐统一的新经济学殿堂。

(一) 新古典综合派的形成

新古典综合派是在第二次世界大战后新的经济历史条件下,在诠释、扩展凯恩斯主义的过程中,融合新古典经济学而形成的。

1. 新古典综合派的由来

凯恩斯的《通论》问世后,西方经济学家们对其大加推崇。为了使凯恩斯主义更易为经济学界所接受,较好地为西方国家制定经济政策服务,不少被称为"凯恩斯主义者"的经济学家们开始发表研究、解释《通论》的论著,并对它进行修订和理论扩展工作。他们对《通论》的拓展研究因第二次世界大战后历史条件的改变而变得日益迫切。新古典综合派正是战后经济发展变化的、新的历史条件下的产物。新古典综合派虽然是在二次大战后形成的,但对凯恩斯主义和新古典学说的综合起始于战前。

2. 新古典综合派的代表人物和主要著作

(1) 阿尔文·汉森

阿尔文·汉森是新古典综合派的先驱者、美国著名的凯恩斯主义者,被誉为美国凯恩斯主义的建筑设计师。在理论上,汉森原是研究经济周期和危机理论的,是新古典经济理论的信奉者,对凯恩斯理论曾持有异议。1937年起,他到哈佛大学任教后转向信奉凯恩斯理论,并在美国积极鼓吹和传播凯恩斯主义。他宣传凯恩斯主义著作,使凯恩斯理论"通俗化"、"美国化"。他的代表著作有《充分复苏,还是停滞》、《财政政策与经济周期》、《经济政策和充分就业》、《货币理论与财政政策》、《凯恩斯学说指南》、《美国的经济》、《20世纪60年代的经济学》。

(2) 约翰·理查德·希克斯

希克斯在1972年获得诺贝尔经济学奖。他一生发表的论著甚多,所设计的理论范围也较为广阔。希克斯引进一般均衡和序数效用分析构成其价值理论,从而使英美正统经济学大为改观。他在评论凯恩斯《通论》时所提出的 IS-LM 模型,在现代经济学中被广泛运用。希克斯的代表著作有《价值与资本》、《消费者剩余理论的重建》、《对经济周期理论的贡献》、《需求理论的修正》、《资本与成长》。

(3) 保罗·A·萨缪尔森

萨缪尔森是美国著名经济学家、新古典综合派最主要的代表人物。1970年他因推动了静态和动态经济理论,提高了经济科学的定量分析水平而获得诺贝尔经济学奖。萨缪尔森几乎在西方经济学的各个方面均有自己的改正、补充、精炼或发展。他的主要著作有《经济分析的基础》、《经济学》、与多夫曼和索洛合著《线性规划和经济分析》,主要论文有《乘数分析和加速原理的联合作用》、《国际贸易和生产价格的均衡》、《资本理论的寓言和现实性:代用的生产函数》、《处于困境的自由主义者》等。

(4) 詹姆士·托宾

托宾是美国著名经济学家、计量经济学家,新古典综合派的主要代表人物之一,于1981年获得诺贝尔经济学奖。托宾的研究侧重于货币方面,究其根源是金融市场及有关问题。他较突出的成就是资产选择理论和货币经济成长理论。资产选择理论是他获得诺贝尔奖的代表理论。他的主要著作有《国民经济政策》、《经济学论文集:宏观经济学》、《10年来的新经济学》、《经济学论文集:消费和经济计量学》等。

（5）罗伯特·M·索洛

索洛于 1987 年获得诺贝尔经济学奖，是直接在萨缪尔森指导下培养起来的经济学家，是新古典综合派的主要代表之一。他的研究成果主要表现在资本理论和经济成长理论方面。他与多尔夫曼等合著的《线性规划和经济分析》一书是其最有名的著作。他的代表作有《线性规划与经济分析》、《资本理论与报酬率》、《美国的失败性质与原因》、《增长理论：说明》以及论文《经济增长理论》等。

（6）弗兰科·莫迪利安尼

莫迪利安尼于 1985 年获诺贝尔经济学奖。他在理论上的重要贡献是提出了储蓄的生命周期假说和公司财务定理。他的代表性著作有《国民收入和国际贸易》，1980 年出版三卷集的论文集：《宏观经济学论》（第一卷）、《储蓄的生命周期假说》（第二卷）和《财政理论和其他论文集》（第三卷）。

（7）阿瑟·奥肯

奥肯于 1956 年获哥伦比亚大学经济学博士学位，曾经是肯尼迪与约翰逊两任总统的经济顾问。他在理论上的主要贡献是分析了平等与效率的替换关系，提出了估算"可能产出额"的"奥肯定理"，其代表作为《繁荣政治经济学》、《平等与效率》。

三、后凯恩斯学派

（一）后凯恩斯学派的形成和基本特点

1．后凯恩斯学派的形成

后凯恩斯派是在与新古典综合派的争论中形成和发展起来的。凯恩斯的《通论》问世后，凯恩斯的追随者们对《通论》中若干论点的理解和现实问题的看法发生分歧，逐渐形成两个对立的学派：新古典综合派和后凯恩斯学派。前者以有美国剑桥之称的麻省理工学院为中心，后者以英国剑桥大学为中心。因此，两派之争又称为"两个剑桥之争"。

2．后凯恩斯学派理论的基本特点

后凯恩斯主义反对新古典综合派的微观经济理论，坚持凯恩斯的宏观经济理论，力图使两种理论进一步分裂。后凯恩斯学派在批判新古典综合派的同时，积极阐明自己的论点。该学派在理论上基本特点为：

（1）将凯恩斯的短期、比较静态分析拓展为长期、动态化分析。

（2）后凯恩斯主义反对新古典综合派恢复传统经济学均衡分析方法。

（3）强调收入分配理论。

（4）批判边际生产力分配论。

（5）强调货币会导致资本主义经济不稳定。

（6）重视规范分析的方法。

3. 后凯恩斯学派的主要代表人物

后凯恩斯学派的主要代表人物有琼·罗宾逊、尼古拉·卡尔多、皮罗·斯拉法、卢伊季·帕西内蒂等。

（二）后凯恩斯学派的价值理论

后凯恩斯学派的代表性价值理论是斯拉法的价值理论。斯拉法价值理论的贡献在于，他尝试着在建渊源于古典经济学家和马克思的价值分析方法。在大卫·李嘉图等古典经济学家们的著作中，剩余价值是重要的概念。斯拉法认为，大卫·李嘉图坚持了劳动价值论，但没有解决统一价值标准问题，马克思也没有解决这一问题。新古典学派用"边际效用"这个主观概念来解释价值更是错误，他自己编造的一套"标准合成商品生产体系"，简称"标准体系"，设计出一种"合成商品"来充当价值尺度，以为这就解决了大卫·李嘉图的问题。由"标准体系"可以得知利润率与工资之间存在此消彼长的关系：R为剩余产品相对价值，由它生产的技术条件决定。利润率越高，工资就越低。

后凯恩斯学派的经济政策主张，是依据其收入分配理论提出的。他们主张：

（1）改进先行税收制度，实现收入均等化。

（2）通过政府的福利措施，缓解"富裕中的贫困"的现象。

（3）对投资进行全面的社会管制，克服经济盲目增长，把经济社会纳入凯恩斯所设想的"长期充分就业长"的轨道。

四、新凯恩斯学派

（一）新凯恩斯学派的由来和发展

1. 原凯恩斯主义与新凯恩斯主义

凯恩斯主义曾在西方宏观经济学领域长期处于主流经济学地位。但是，自20世纪60年代末70年代初以来，凯恩斯主义由于不能解释滞胀现象而受到与其对立的主张自由经济的学派的批评。凯恩斯主义无力应付现实和理论的挑战而陷入困境，从主流派正统经济学宝座上跌落下来。经济自由主义的思潮席卷西方宏观经济领域，凯恩斯主义日趋衰微。新凯恩斯主义的出现，使凯恩斯主义从困境中走了出来。

2. 新凯恩斯主义形成的理论背景

新凯恩斯主义产生的客观条件是，原凯恩斯主义的理论缺陷和新古典宏观经济学在解释现实问题时效微力乏。原凯恩斯主义的不足和新古典宏观经济学在理论上的进展，给新凯恩斯主义者以有益的启迪。新凯恩斯主义是原凯恩斯主义受新古典宏观经济学打击后，吸取凯恩斯主义与其对立的学派斗争中的经验教训而形成，并在与新古典宏观经济学的斗争中不断发展，是原凯恩斯主义的复兴。

3. 新凯恩斯主义的假设条件和特点

非市场出清假设是新凯恩斯主义最重要的假设,这一假设来自原凯恩斯主义。但是,两者的非市场出清理论存在着重大的差别。新凯恩斯主义的假设条件是:

(1)假定工资和价格有粘性,即工资和价格不是不能调整,而是可以调整的,知识调整十分慢,须耗费相当的时日。

(2)新凯恩斯主义模型增添了原凯恩斯模型所忽略的两个假设:一是经济当事人最大化原则,二是理性预期。

新凯恩斯主义经济学的特征是否认新古典的二分法,认为经济是非瓦尔拉斯均衡,实际不完全性是重要的。

(二)新凯恩斯主义价格粘性论

新凯恩斯主义的价格粘性论可以分为两类:一是名义价格粘性论;二是实际价格粘性论。

1. 名义价格粘性论

(1)菜单成本论

有关菜单成本论的文献很多,其中代表性理论有菜单成本和经济周期论、近似理性经济周期模型、实际刚性和货币非中性论等。

(2)交错调整价格论

交错调整理论认为,在不完全竞争市场中,厂商为了实现利润最大化,通常采用交错而不是同步方式调整价格。

2. 实际价格粘性论

新凯恩斯主义的实际价格粘性论,除了上面提到的"实际刚性和货币非中性论"外,还有厂商信誉论、需求非对称性论、投入产出表理论、寡头市场和价格粘性论。

(三)新凯恩斯主义劳动市场论

新凯恩斯主义的劳动市场论克服了凯恩斯主义指明的权限,维护了凯恩斯主义劳动市场非出清的信条。新凯恩斯主义劳动市场论的关键性假设是工资粘性,归纳起来不外乎两类:一是名义工资粘性论;二是实际工资粘性论。

1. 名义工资粘性论

新凯恩斯主义关于名义工资粘性的代表性理论有交错调整工资论和长期劳动合同论等。

2. 实际工资粘性论

新凯恩斯主义关于实际工资粘性的理论比较多,其典型理论有隐含合同论、效率工资论和失业滞后论。

隐含合同论包括公开信息隐含合同论和非对称信息隐含合同论。效率工资论的主要内容包括以下三方面:效率工资和劳动市场、效率工资的微观基础、效率工资和失业。失业滞后论也包括三方面:纯局内人的工资调整、有局外人压力的工资调整、失业的持久性和工资调整。

（四）新凯恩斯主义信贷配给论

新凯恩斯主义信贷配给论从信贷市场中信息非对称性出发，论述了利率和贷款抵押的选择效应会导致信贷市场出现信贷配给，信贷市场会失灵，政府干预有积极作用。

1. 利率的选择效应和信贷配给

利率有两种选择：一是正向选择，二是反向选择。利率的正向选择效应是指利率的增加能提高银行的收益，它是利率对银行收益的直接影响。利率还对厂商有激励作用，能改变厂商对待风险的态度。银行利用利率的反向选择效应作为检测机制，可以辨识出厂商稀罕风险的程度和将贷款给不同厂商的风险性。银行最优利率通常不等于市场出清时的利率，所以信贷市场出现配给。信贷市场出现配给是自由信贷市场中银行依据利率的选择效应，为实现利润最大化目标、理性行事的结果，不是国家干预的产物。

2. 贷款抵押的选择效应和信贷配给

贷款抵押品有正向选择效应和反向选择效应。前者是指当信贷市场存在超额需求时，银行通过提高贷款抵押品水平来增加还贷款的可靠性，减少坏账的风险，增加银行收入，同时还抑制了借款者对贷款的需求。后者是指贷款抵押品水平的递增会增加贷款的风险，降低还款的可靠性。银行可以根据这两者确定最佳抵押品水平。新凯恩斯主义的信贷配给论指出，由于信贷市场中利率机制和配给机制同时起作用，信贷市场会出现多重均衡态，市场机制失灵，通过政府干预才能纠正市场失灵。

（五）新凯恩斯学派的政策主张

1. 新凯恩斯主义的价格政策

新凯恩斯主义者的价格政策建议的主旨是抑制价格粘性，使价格富有弹性，以修复失灵的市场机制，稳定总产量。新凯恩斯主义者在交错调整价格论和菜单成本论中提出了大体相似的政策建议。这两个政策建议都主张通过政策干预去协调经济人的行为，纠正市场失灵，基本上是正确的，只是缺乏可操作性。

2. 新凯恩斯主义的就业政策

新凯恩斯主义的劳动工资理论，在微观经济学基础上阐释了工资粘性和失业问题，并提出若干关于工资就业的政策。这些政策建议主要集中于局内-局外人理论和交错劳动合同论等理论。新凯恩斯主义的就业政策照样集中于增加工资弹性，减少失业，其政策思路是合理的，但带有较强的理想色彩，具体实施起来有一定的难度。此外，由政府出面干预劳动合同，在资本主义国家中缺乏可行性。

3. 新凯恩斯主义的货币政策和信贷政策

（1）货币政策

新凯恩斯主义者认为，为了实现稳定产出的目标，政府的货币政策应是：货币量市场的调整与影响价格的实际扰动相适应，与引起价格变动的名义扰动反向行事。然而这两种政策对雇员的影响是不同的,前者意味着产出稳定时,雇员工资不太稳定,而后者意味着产出稳定时,雇员工资比较稳定。

（2）信贷政策

新凯恩斯主义的信贷政策建议是:政府从社会福利最大化出发,应该干预信贷市场。利用贷款补贴或提供信贷担保等手段去降低市场利率,使那些有社会效益的项目能够获得贷款。

【案例】

凯恩斯生平及学术成就

凯恩斯1883年6月5日生于英格兰的剑桥。在少年时代,凯恩斯的数学成绩突出,14岁那年获得了伊顿公学奖学金。1902年被保送进入纽卡斯尔学院学习数学。1909年3月,凯恩斯的论文《概率论》顺利通过,经过修订后于1921年出版。

1908年,凯恩斯应马歇尔之聘为经济学讲师。1911年,由于马歇尔的推荐,28岁的凯恩斯出任《经济学杂志》主编。这一杂志是英国皇家经济学会的季刊,凯恩斯负责这一杂志长达30多年之久,并发表了不少文章。

1913年,印度的经济问题十分严重。凯恩斯这一年出版的《印度的通货和财政》是其第一本经济学著作。他因此而成为英国皇家印度通货与财政委员会会员,参加政府的重要工作。

1914年,第一次世界大战爆发。不久,凯恩斯在这一年进入财政部工作,主要职责是处理协约国之间的金融问题。1919年,他担任英国财政部出席巴黎和会的首席代表,并以顾问身份出席四强会议。1925年,凯恩斯跟逃亡英国的俄国芭蕾舞演员莉迪娅·露波可娃结婚。他们曾数次去过俄国。

凯恩斯对经济问题的研究最初主要是对货币理论的研究。1923年,凯恩斯出版《货币改革论》,这是他将1922年在报纸上发表的一系列文章经过修改、编纂而成的,主要是讨论战后的经济政策。凯恩斯研究货币理论的另一部著作是1930年出版的两卷本的《货币论》。这部著作的上卷是货币的纯理论,下卷是货币的应用理论。凯恩斯向传统经济学挑战的是其第三部著作:《就业、利息和通货膨胀》(简称《通论》)。《通论》是在20世纪30年代大萧条爆发以后孕育的,于1936年问世。

《通论》出版后不久,凯恩斯患了心脏病。此后,他著作不算很多。1937年发表了《就业通论》一文,说明他的就业理论的基本内容。1940年,凯恩斯出版小册子《如何筹措战费》,这是他为财政大臣提出的战时财政计划,销路很广。

1942年6月,被封为勋爵。

1946年4月21日,凯恩斯因心脏病突然发作去世。

【本章小结】

1. 重商主义是资产阶级最初的经济学说,产生和发展于欧洲资本原始积累时期,反映这一时期商业资本的利益和要求。它对资本主义生产方式进行了最初的理论考察。

2. 重农主义第一次明确了在人类社会中存在着不以人们意志为转移的客观经济规律,从而为经济学提出了认识客观规律的任务。

3. 亚当·斯密"看不见的手"原理所要表明的,就不仅仅是一种新古典的单纯的技术关系,而是一种基于"经济人"自利心而确立的、在增进国民财富生产中作为资本主义经济关系核心的资本与劳动的总量关系。

4. 凯恩斯经济学反对自由放任主义,主张国家干预主义。

5. 新凯恩斯主义的劳动市场论克服了凯恩斯主义指明的权限,维护了凯恩斯主义劳动市场非出清的信条。新凯恩斯主义劳动市场论的关键性假设是工资粘性。

【重要名词和术语】

重商主义　重农学派　奥地利学派　新凯恩斯主义

【复习思考题】

1. 重农主义开始于什么时候?结束于什么时候?为什么它存在的时间如此短暂?

2. 重农学派在哪些方面反对重商主义?

参 考 文 献

[1] 刘厚俊. 现代西方经济学. 南京:南京大学出版社,2008.
[2] 李汉君. 西方经济学. 北京:经济管理出版社,2008.
[3] 戴厚良. 西方经济学简明读本. 北京:中国石化出版,2008.
[4] 陈淑君. 西方经济学. 成都:西南财经大学出版社,2008.
[5] 隋建华,孙战文. 西方经济学. 北京:国防工业出版社,2008.
[6] 孙宇晖,刘静暖. 西方经济学基础. 北京:中国经济出版社,2008.
[7] 潘军,胡武贤. 西方经济学. 广州:华南理工大学出版社,2008.
[8] 陈孝胜,李超. 西方经济学实用教程. 北京:中国林业出版社,2008.
[9] 李翀. 现代西方经济学原理. 广州:中山大学出版社,2007.
[10] 张树安,李桂荣,曹阳. 西方经济学. 北京:科学出版社,2007.
[11] 章昌裕. 西方经济学原理. 北京:清华大学出版社,2007.
[12] 董长瑞. 西方经济学. 3 版. 北京:经济科学出版社,2006.
[13] 李素萍. 西方经济学. 北京:北京理工大学出版社,2006.
[14] 段文斌. 西方经济学原理. 天津:南开大学出版社,2006.
[15] 许纯祯,吴宇晖,张东辉. 西方经济学. 北京:高等教育出版社,2005.
[16] 高鸿业. 西方经济学:微观部分. 4 版. 北京:中国人民大学出版社,2007.
[17] 高鸿业. 西方经济学:宏观部分. 4 版. 北京:中国人民大学出版社,2007.
[18] 尹伯成. 西方经济学简明教程. 6 版. 上海:格致出版社,2008.
[19] 杰弗里·萨克斯,费利普·拉雷恩. 全球视角的宏观经济学. 费方域,译. 上海:上海人民出版社,2004.
[20] 曼昆. 经济学原理:微观经济学分册. 4 版. 梁小民,译. 北京:北京大学出版社,2006.
[21] 曼昆. 经济学原理:宏观经济学分册. 4 版. 梁小民,译. 北京:北京大学出版社,2006.
[22] 萨缪尔森. 经济学. 18 版. 北京:人民邮电出版社,2008.
[23] 斯蒂格利茨. 经济学. 3 版. 北京:中国人民大学出版社,2005.
[24] 刘厚俊. 现代西方经济学原理. 南京:南京大学出版社,2005.
[25] 赵炳新,张立达. 西方经济学教程. 济南:山东人民出版社,2002.
[26] 尹伯成. 西方经济学简明教程. 上海:上海人民出版社,2008.